21世纪普通高等院校系列规划教材

餐饮管理

Canyin Guanli

（第三版）

主　编　王瑛　王向东
副主编　孟悦

西南财经大学出版社
中国·成都

图书在版编目(CIP)数据

餐饮管理/王瑛,王向东主编.—3版.—成都:西南财经大学出版社,2018.6
ISBN 978-7-5504-3522-3

Ⅰ.①餐… Ⅱ.①王…②王… Ⅲ.①饮食业—经济管理
Ⅳ.①F719.3

中国版本图书馆CIP数据核字(2018)第123597号

餐饮管理(第三版)

主　编:王　瑛　王向东
副主编:孟　悦

责任编辑:植　苗
责任校对:王青清
封面设计:杨红鹰　张姗姗
责任印制:朱曼丽

出版发行	西南财经大学出版社(四川省成都市光华村街55号)
网　　址	http://www.bookcj.com
电子邮件	bookcj@foxmail.com
邮政编码	610074
电　　话	028-87353785　87352368
照　　排	四川胜翔数码印务设计有限公司
印　　刷	郫县犀浦印刷厂
成品尺寸	185mm×260mm
印　　张	18.5
字　　数	412千字
版　　次	2018年6月第3版
印　　次	2018年6月第1次印刷
印　　数	1—2000册
书　　号	ISBN 978-7-5504-3522-3
定　　价	39.80元

21 世纪普通高等院校系列规划教材
编　委　会

总序

为推进中国高等教育事业可持续发展，经国务院批准，教育部、财政部启动实施了“高等学校本科教学质量与教学改革工程”（下面简称“本科质量工程”），《国家教育中长期发展规划纲要（2010—2020）》也强调全面实施“高等学校本科教学质量与教学改革工程”的重要性。这是落实“把高等教育的工作重点放在提高质量上”的战略部署，在新时期实施的一项意义重大的本科教学改革举措。“本科质量工程”以提高高等学校本科教学质量为目标，以推进改革和实现优质资源共享为手段，按照“分类指导、鼓励特色、重在改革”的原则，对推进课程建设、优化专业结构、改革培养模式、提高培养质量发挥了重要的作用。为满足本科层次经济类、管理类教学改革与发展的需求，培养具有国际视野、批判精神、创新意识和精湛业务的高素质应用型和复合型人才，迫切需要普通本科院校经管类学院开展深度合作，加强信息交流。在此背景下，我们协调和组织部分高等院校特别是四川的高校，通过定期召开普通本科院校经济管理学院院长联席会议，就学术前沿、教育教学改革、人才培养、学科建设、师资建设和社会科学研究等方面的问题进行广泛交流、研讨和合作。

为了切实推进“本科质量工程”，2008 年的第一次联席会议将“精品课程、教材建设与资源共享”作为讨论、落实的重点。与会人员对普通本科的教材内容建设问题进行了深入探讨并认为，在高等教育进入大众化教育的新时期，各普通高校使用的教材与其分类人才培养模式脱节，除少数 985 高校定位创新拔尖型和学术型人才外，大多数高校定位于培养复合型和应用型经管人才，而现有的经管类教材存在理论性较深、实践性不强、针对性不够等问题，需要编写一套满足复合型和应用型人才培养要求的高质量的普通本科教材，以促进人才培养和课程体系的合理构建，推动教学内容和教学方法的改革创新，形成指向明确、定位清晰和特色鲜明的课程体系，奋力推进经济管理类高等教育质量的稳步提高。与会人员一致认为，共同打造符合高教改革潮流、深刻把握普通本科教育内涵特征、满足教学需求的系列规划教材，非常必要。鉴于此，本编委会与西南财经大学出版社合作，组织了三十余所普通本科院校的经济学类、管理学类的学院教师共同编写本系列规划教材。

本系列规划教材编写的指导思想是：在适度的基础知识与理论体系覆盖下，针对普通本科院校学生的特点，夯实基础，强化实训。编写时，一是注重教材的科学性和前沿性，二是注重教材的基础性，三是注重教材的实践性，力争使本系列教材做到“教师易教、学生乐学、方便实用”。

本系列规划教材以立体化、系列化和精品化为特色。一是除纸质教材外，还建设课件、视频、案例、习题等数字化教学资源；二是力争做到“基础课横向广覆盖，专业课纵向成系统”；三是力争把每种教材都打造成精品，让多数教材能成为省级精品课教材、部分教材成为国家级精品课教材。

为了编好本系列教材，在西南财经大学出版社的协调下，经过多次磋商和讨论，成立了首届编委会，首届编委会主任委员由西华大学管理学院院长章道云教授担任。2017 年由于相关学院院长职务变动，经协商调整了编委会的构成。调整后的编委会由西南财经大学副校长张邦富教授任名誉主任，蒋远胜教授任主任，李成文教授、张华教授、周佩教授、赵鹏程教授、傅江景教授、董洪清教授任副主任，二十余所院校经济管理及相关学院院长或教授任编委会委员。

在编委会的组织、协调下，该系列教材由各院校具有丰富教学经验并有教授或副教授职称的教师担任主编，由各书主编拟订大纲，经编委会审核后再编写。同时，每一种教材均吸收多所院校的教师参加编写，以集众家之长。自 2008 年启动以来，经过近十年的打造，现在已出版了公共基础、工商管理、财务与会计、旅游管理、电子商务、国际商务、专业实训、金融经济、综合类九大系列近百种教材。该系列教材出版后，社会反响好，师生认可度高。截至 2017 年年底，已有 30 多种图书获评四川省“十二五”规划教材，多个品种成为省级精品课程教材，教材在西南地区甚至全国普通高校的影响力也在不断增强。

当前，中国特色社会主义进入了新时代，我们要建设教育强国，习近平总书记在党的十九大报告对高等教育提出明确要求，加快一流大学和一流学科（简称“双一流”）建设，实现高等教育内涵式发展。“双一流”建设的核心是提升学校自身的办学水平，关键是提高人才培养质量和学科建设水平，同时办学声誉得到国际社会的认可。为此，高等学校要更新教育思想观念，遵循教育教学规律，坚持内涵发展，进一步深化本科人才培养模式改革。而教材是体现高校教学内容和方法的知识载体，是高等院校教学中最基本的工具，也是高校人才培养的基础，因此，高校必须加强教材建设。

为适应“双一流”建设的需要，全面提升高校人才培养质量，构建学术型人才和应用型人才分类、通识教育和专业教育结合的培养制度，满足普通本科院校教师和学生需求，需要对已出版的教材进行升级换代。一是结合教学需要对现有教材进行精心打造。具体而言，贯穿厚基础、重双创的理念，突出创新性、应用性、操作性的特色，反映新知识、新技术和新成果的学科前沿；利用数字技术平台，加快数字化教材建设，打造立体化的优质教学资源库，嵌入可供学生自主学习和个性化学习的网络资源模块；二是根据学科发展的需要，不断补充新的教材，特别是规划旅游类、实训类、应用型教材。

我们希望，通过编委会、主编和编写人员及使用教材的师生共同努力，将此系列教材打造成适应新时期普通本科院校需要的高质量教材。在此，我们对各经济管理学院领导的大力支持、各位作者的智力成果以及西南财经大学出版社的辛勤劳动表示衷心的感谢！

21 世纪普通高等院校系列规划教材编委会

2018 年 5 月

第三版前言

餐饮管理是高等学校旅游管理类专业的主干课程，教材建设需要与时俱进。本书第二版于2015年1月在第一版基础上修订，持续受到相关院校的欢迎，同时他们也对本书提出了很多好的修改建议，加上主编一直主讲此门课程，在这一领域的研究又有了更深的见解和认识，此次修订正是在这一前提下进行的。

本书在此次修订时，继续保持了第二版的成功之处，即以餐饮经营活动的运作流程为中心线索，整体内容结构设计循序渐进，全面地阐述了餐饮事业发展的概况、餐饮服务中的基本技能及餐饮事业各环节的管理理论和基本要求，强调了餐饮成本控制过程和餐饮营销这两个关键问题，力求做到基础理论简明扼要，业务内容具体形象，操作方法简单实用，结构层次系统连贯。在本书每章前后分别设置有学习目的、基本内容和本章小结、案例分析与思考、实训指导，使本书系统性、实用性、可操作性兼具，既方便教学，也方便学生自主学习。

本书除可作为本科旅游管理专业、酒店管理专业教材外，也适合酒店餐饮部和独立经营餐饮的企业使用。

本书第一版第一章、第八章、第九章由王向东、邱亚莉编写，第二章由杨艳蓉、王瑛编写，第三章由尹奇凤、杨艳蓉编写，第四章由王瑛编写，第五章由尹奇凤编写，第六章、第七章、第十章由熊金银、孟悦编写，全书由王瑛统稿，是众多学者集体智慧的结晶。第二版、第三版由王瑛修订。

本书在编写过程中参考了大量有关餐饮管理与营销的国内外书籍和文献，谨向原文献作者致以敬意。同时，西南财经大学出版社的老师们对本书付梓付出了艰苦劳动，编者在此表示衷心感谢。

由于编者的学识及能力有限，书中遗漏与错误之处在所难免，恳请广大专家、同行和读者批评指正，以使本书不断充实完善。

王　瑛

2018年4月

目 录

第一章　餐饮管理概述

【学习目的】

了解餐饮业发展的历史和现状；
掌握餐饮管理的内容、要素、要求；
明确餐饮经营和管理的发展趋势。

【基本内容】

★餐饮业的发展状况：
国内餐饮业的发展历程；
国内餐饮业存在的主要问题；
国外餐饮业发展简介。
★餐饮管理的内容与要素：
餐饮管理的内容；
餐饮管理的要素。
★餐饮管理的基本要求：
掌握客源，以销定产；
注重食品卫生，确保客人安全；
正确掌握毛利，维护供求双方利益；
适应多种需求，提供优质服务。
★餐饮经营和管理的发展趋势：
餐饮经营发展趋势；
餐饮管理发展趋势。

【教学指导】

本章以教师讲述为主，同时安排学生通过市场调查或通过网络查阅来掌握本章的主要内容。

第一节　餐饮业的发展概况

餐饮业是利用餐饮设备、经营场所，为客人提供饮食产品和消费服务的生产经营服务性行业。餐饮业的发展追随着社会经济的发展和人类文明的进程，从最初生理上的果腹需求发展到今天精神上、文化上的享受，而餐饮业也随着这个进程完成了从低级到高级、从简单到复杂、从无序化到行业化的蜕变，成为了人类社会活动的重要组成部分。

一、国内餐饮业的发展历程

我国餐饮业的发展历程见图 1－1。

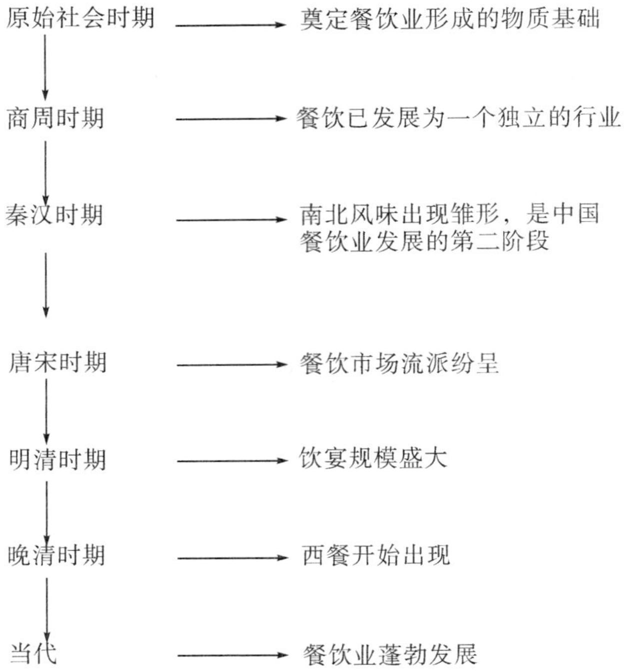

图 1－1　我国餐饮业的发展历程

（一）萌芽与积累阶段

50 万年前的北京人已经知道用火烧熟的食物的味道比生食好，烹饪由此发端。

商周时期，餐饮业的萌芽已见端倪。随着社会生产力的发展，出现了剩余产品，以商品交换为目的的外出活动逐渐增多。外出者常借宿于寺庙或民家，且由其提供简陋的饭食，偶尔支付一点微薄的酬劳。

秦汉时期，餐饮业开始具有商业目的。生产力的发展，使得商人、官宦往来络绎不绝，在各处通商大邑出现了“客舍”或“亭栈”等小旅店，为来往的官宦和客商提供基本食宿，换取一些利润。餐饮业主已经有了经营意识，开始采取一些取悦客人的经营方法。此时中国已开始与西域进行通商贸易，这不但使原产西域的各种原料传入中原，而且繁荣的商业也促进了餐饮业的发展。

到了唐宋，餐饮业进入了一个鼎盛时期，餐饮业的体系结构、档次更加健全，除了提供普通饮食服务的店家，还出现了只卖酒或面食的“专卖店”；有的店家开始在饮食服务中添加其他内容，如西湖游船将游览带入用餐过程；档次方面也进行了细化，如接待达官贵人的是高级酒店，接待普通民众的是普通酒店，而为社会底层服务的就是走街串巷的饮食挑子。

晚清时期，餐饮业的发展百花齐放。列强入侵，为中国的餐饮业带来了多元化，在通商口岸及沿海城市出现了西菜馆。随着封建统治的灭亡，我国进入了军阀混战时期，人员的大量流动使得各地方的菜式快速融合交流。

总的来看，历经千年，虽然餐饮业得到了一定的发展，表面上形成了行业的格局，但从现实意义上来说，它只是弱、小、散的个体企业，只是家庭谋生的手段，并且没有行业规范和管理法规。

（二）餐饮行业的发展与繁荣阶段

中华人民共和国成立初期，国内经济开始缓慢复苏，餐饮业的发展基本处于停滞状态，直到改革开放后才迅速加快发展步伐。改革开放以来，国家政策的放开、社会经济的发展、行业协会的规范、外资和国际品牌的进入以及消费观念和消费方式的转变等因素推动了餐饮行业的快速扩张和发展。时至今日，我国餐饮业已经成为国民经济发展新的增长点，是扩大内需、吸纳社会就业的重要途径，更是发展我国外向型经济的一个重要领域。改革开放 30 多年来，我国餐饮业的发展经历了起步、发展、腾飞三个阶段。

1. 起步

20 世纪 70 年代末至 80 年代，我国经济政策率先在餐饮业上放开，允许个体私营经济形态的存在。市场的开放催生了一大批个体私营饭馆，普遍以家庭经营为主，呈现为规模小、档次低、烹饪技术含量不高（以家常为主）的特点，它们以价格优势和方便实惠的定位赢得了市场的认可。社会餐饮的大量产生虽然使传统的国营餐馆受到了不小的冲击，但它们活跃了市场，丰富了行业结构，为餐饮业的行业构建和长足发展打下了坚实的基础。正是在这样的背景下，经万里、王震、习仲勋等党和国家领导同志的倡导，原商业部部长刘毅精心策划，中国烹饪协会于 1987 年正式宣告成立，地方餐饮行业协会也如雨后春笋般建立。这意味着中国的餐饮市场从此走上了行业化发展道路，有了正规的行业规范和管理法规。

2. 发展

20 世纪 90 年代，随着收入水平的提高和消费观念的改变，人们对餐饮的需求量不断攀升，并且在档次、风味和服务上有了更高的要求。餐饮投资大幅增加，国际品牌纷纷进入，外资和合资企业涌现。一些本土品牌和国际品牌在全国范围内实施连锁经营，以扩大规模、占领市场。这些餐饮企业以不同的服务档次和风格各异的经营特色充实了餐饮业的行业架构。餐饮市场愈加繁荣，从业人员数量剧增，餐饮收入逐年上升，带动了大批相关行业的发展。餐饮业已开始成为国民经济新的增长点，是拉动内需的重要方式。

3. 腾飞

进入 21 世纪以来，我国餐饮业增长势头不减，发展更加成熟，而市场的竞争也更加激烈。餐饮企业在进行外延发展的同时，更加注重内涵文化建设，努力打造企业形象、培育企业品牌，积极推进产业化、国际化和现代化进程，开始输出品牌与经营管理，品牌创新和连锁经营力度增强，现代餐饮发展步伐加快。如果说连锁经营是数量上的扩张，那么品牌竞争就是质量上的提升。在这样的发展态势下，“北京全聚德”“内蒙古小肥羊”“重庆小天鹅”等一大批餐饮企业不断提升自我、发展品牌，竞相扩大经营规模，足迹也延伸至国外。

我国餐饮业在社会需求和经济发展的大背景下，行业总体规模日益扩大，拉动消费、繁荣市场、安置就业和带动产业经济发展的能力越来越突出，在国民经济中的地位和作用得到不断提升和加强。

二、国外餐饮业发展简介

国外餐饮业起源于古代地中海沿岸的繁荣国家，基本定型于中世纪，其发展除受本土因素影响外，还受到世界科学技术、经济发展的影响，它的步伐追随着整个西方的文明进程，在不同历史时期涌现出的中心国家的餐饮业最具代表性。

公元前3000年，埃及成为统一的国家。当时宫廷饮食十分丰富，法老每餐进食30种菜肴，并饮用啤酒、葡萄酒、果酒等酒水。公元前1700年，古埃及已有酒店存在，考古学家发现了同一时期或更早时期的菜单，上面记载的基本是面包、禽类、羊肉、烤鱼和水果等食物。

继古埃及之后，古希腊成为西方文明的中心。酒店多设在各种庙宇旁边，体现了浓厚的宗教色彩。牲畜首先被送到庙宇中敬奉神灵，祭祀之后再把牲畜抬到酒店烹制，让大家分享。当时，煎、炸、焖、蒸、烤、煮等多种烹调方法已出现，技艺高超的名厨也深受人们尊敬。约在公元前3世纪，雅典人发明了第一辆冷盘手推车，厨师把用甜葡萄酒浸过的面包片、海扇贝和鲟鱼装在盘子里，推入餐厅供人们选择享用，这种方式对今天的餐饮业仍有影响。当时古希腊的酒店主已经开始向旅行者提供食品和饮料，主要包括地中海地区的谷物、橄榄油、葡萄酒、奶酪、蔬菜和肉食等。

受希腊文化的影响，古罗马逐渐重视烹饪文化，餐饮业的发展颇具规模。庞贝古城的考古发现表明当时的客栈、餐馆和酒店十分兴盛，至今仍能分辨出118家此类遗址。

14世纪，随着奥斯曼帝国的扩张和伊斯兰教传播的影响，土耳其形成了以烤羊肉为其传统名菜的独特烹饪风格，对形成和发展伊斯兰教国家的餐饮习俗和餐饮业有重大影响，因而土耳其被公认为世界三大烹饪王国之一。

16世纪中叶，意大利成为欧洲文艺复兴的中心，艺术、科学的繁荣和商业经济的发展，使烹饪技艺博采众长，吸收世界各地烹饪精华，形成了追求奢华、注重排场、典雅华丽的风格，意大利因此而被誉为“欧洲烹调之母”，同时也被认为是西餐的发源地。

18世纪中期，法国成为欧洲政治、经济和文化中心。法国发达的农牧渔业为烹饪和餐饮业的发展创造了优越的物质条件。法国菜选料广泛，烹饪方法考究，大量使用复合调料，使菜肴味道浓郁、丰富多彩，烹饪技艺和菜肴组合比较科学，并注意保留食品的热量和营养成分，形成了独具特色的法国餐饮风格。20世纪60年代，法国又提出“自由烹饪”的口号，改革传统烹饪工艺，力求烹制时间短、味道鲜，以适应现代生活的要求。法国菜受到人们的普遍欢迎，在世界上广为传播，法国也被公认为是世界烹饪王国。

20世纪，美国成为世界第一工业强国，它的烹饪和餐饮是世界各地移民（主要来自欧洲、非洲和亚洲）和土著印第安人传统习惯的大融合。为适应社会经济迅速发展、生活节奏加快的需求，餐饮业出现了革新性的变化，注重营养、求新、求快。至今，其“营养丰富、快速简便”的餐饮特色，随着国际经贸交流的迅猛发展推向世界各地。如麦当劳快餐就是在欧、亚各地小吃基础上的新创造，以营养丰富、快速简便、口味统一的特色在世界各地得到普遍认可。

如今，在全球影响较大的应是美国餐饮业。以麦当劳①、肯德基为代表的美国快餐企业凭借雄厚的资本优势和先进的管理模式，以连锁经营的方式，在国际餐饮市场上不断扩张，占据了相当可观的份额，成为国际餐饮市场的绝对主流。其中，麦当劳是世界零售食品服务业的领先者，麦当劳公司旗下最知名的“麦当劳”品牌拥有超过32 000家快餐厅，分布在全球121个国家和地区。另外，麦当劳公司现在还掌控着其他一些餐饮品牌，如墨西哥大玉米饼快餐店。

[补充阅读1-1] 西餐发展简史

据有关史料记载，早在公元前5世纪，在古希腊的西西里岛上，就出现了高度发达的烹饪文化。在当时很讲究烹调方法，煎、炸、烤、焖、蒸、煮、熏等烹调方法均已出现，而技术高超的名厨师在社会上很受尊重。许多王公贵族在自己家中试做调味品，每种调味品都由多种原料复合而成。尽管当时烹饪文化有了相当的发展，但人们的用餐方法仍是以手抓食为主。西餐餐桌上的刀、叉、匙都是由厨房用的工具演变而来的。

15世纪时出现了餐桌共用餐刀。个人用的餐刀，大约出现在17世纪。那时的餐刀是尖头形。后来，据说法国黎希留，看到有的就餐者在宴会上用餐刀尖剔牙，觉得很不雅观。于是，他便下令将餐刀由尖头形改为圆头形，于是圆头形餐刀一直沿用到现在。

勺子作为厨房用具，在远古时期早已被人们使用，餐桌上用的汤匙是在17世纪才出现的。至于茶匙，则是红茶传入欧洲后的产物。

叉子原来只在厨房中使用。10世纪拜占庭时期，餐桌上曾出现过较小型的银质叉子，但只是昙花一现。直到1894年，英国还不允许水兵使用餐叉和餐匙，据说使用这些餐具给人的感觉不像男子汉。

餐巾早在古罗马时期就出现了，不过一直没有被大多数人接受。15世纪，人们习惯于用舌头舔手，或用上衣揩手，还有的用面包片擦手。在上层社会仍有部分人有用手抓食的习惯。当时，就餐桌旁几乎都有狗的存在，这是因为人们就餐时用手抓食后，用面包片擦手，然后把脏面包片丢给狗，故而出现了人在桌上用餐、狗在桌下吞食面

① 麦当劳（中国）有限公司于2017年10月12日正式更名为金拱门（中国）有限公司，其各地分公司也陆续更名。麦当劳金色拱门形状的标志在西方有个著名的昵称——Golden Arch，直译是“金拱门”。

包片及残骨、碎肉的场面。

15世纪中叶是欧洲的文艺复兴时期，饮食同文艺一样，以意大利为中心发展起来，在贵族举行的宴会上涌现出各种名菜、细点，驰名世界的空心面就是在那时出现的。

到了16世纪中叶，法国安利二世的王后卡特利努·美黛希斯非常喜欢研究烹调方法。她从意大利雇用了7批技艺高超的烹调大师，在贵族中传授烹调技术，这不仅使宫廷的菜点质量显著提高，同时使烹饪技法广为流传，促使法国的烹饪业迅速发展起来。与此同时，她为了改变不文明的用餐陋习，还明文规定了用餐规则，规定用手抓食、舔手或用上衣擦手都是不文明行为，只有用餐巾才是有礼貌的表现。

后来，法国有位叫蒙福特的人，在举行宴会时，为了让客人预先知道宴席的所有菜品，让管家在宴会前用羊皮纸写好菜名，放置在每个座位前。据说这就是最初的西餐菜单。

在这期间，伟大的艺术家达·芬奇的油画杰作《最后的晚餐》描绘了餐桌上的面包、仔牛肉、冷盘、葡萄酒、餐刀及玻璃杯等物。这个当时基督教徒欢度复活节的圣餐场面，已经大体具备了现代西餐的雏形。

1638—1715年，由于讲究饮食而被人们称为“美食家”的法国国王路易十四在宫廷中发起了烹饪大赛，给予优胜者奖章及奖赏，从而推动了烹饪业的蓬勃发展，一时间宫廷内佳肴层出不穷。当时研制出来的菜肴称为宫廷菜，独成一系，在宫廷举行宴会时，一餐往往有60多道菜肴。在宫廷的影响下，上层社会盛行大摆宴席，菜单上有冷盘、汤、肉食、禽类、水果、点心，品种已接近现代西餐，西餐逐步趋于完善。

宫廷和上层社会的烹饪热，直接推动了整个社会的烹饪业发展，1765年法国出现了餐厅。1789年法国大革命后，面对一般顾客的餐厅像雨后春笋般发展起来，供餐形式采取每人一份的方法。不久出现了零点的菜肴，但只是简化了的宫廷菜。19世纪初期，餐桌上的规矩大致与现在相同。第二次世界大战以后，出现了许多新的餐具，不仅配套，而且还有着严格的摆放及使用方法。

现在的西餐中大量使用精美的瓷器餐具，包括菜盘、汤盘、点心盘、面包盘、茶盘、茶碗、咖啡碗及双耳清汤碗等。事实上，在中国青花瓷器传入欧洲之前，西餐中使用的用具只有金属器皿、玻璃器皿和软质陶器。当时，陶器在西餐中广泛使用，但和瓷器相比显得粗糙、厚重、丑陋。到了16世纪，淡雅、精美的中国青花瓷传入欧洲，受到了欧洲人的喜爱，于是欧洲人便开始了瓷器的研制。1710年德国多列士出现了欧洲最早的瓷窑——曼斯窑。1717年，法国建起了赛尔窑。接着，英国烧制出了洁白的骨灰瓷器，造型、质地不断更新，目前世界十大名骨瓷全在英国。美国、意大利随后也开始生产瓷器，逐渐地，瓷器餐具便在西餐中安家落户了。

［资料来源］董秀兰．西餐烹调基础［M］．4版．北京：中国劳动社会保障出版社，2015.

第二节　餐饮管理的内容与要素

管理其实是一种抽象概念。何谓管理？管，即管人、管物、管目标；理，即理财、理物、理关系。餐饮管理是对餐饮企业整个产、供、销运营环节的组织、监控和管理，通过对企业各类资源的有效配置、对员工工作的监管、对各项经营指标的控制来保障企业顺利运转。

一、餐饮管理的内容

（一）餐饮企业人力资源管理

员工是餐饮企业运行的前提条件，对人力资源的管理是餐饮管理的首要任务，包括人员的选配、培训、考核、激励等具体内容。

1. 人员数量配备

管理人员应根据企业的规模、档次和经营特点来确立组织机构、管理层次和管理幅度，配备合理数量的管理人员和一线员工。应对企业内各岗位进行分工界定并明确工作职责，确实做到以岗定人，避免因编制不够影响服务质量和人员冗余导致成本浪费的情况发生。

2. 人员配备与培训

在为企业选拔人才的时候，需要先确定岗位人员的职能条件，依据条件通过合适的渠道招聘新员工，按科学的方法和程序对应聘人员进行资格审核和能力测试，力求让正确的人在正确的岗位上工作。新员工的就职培训、老员工的继续培训、培训主题与方式的确定、培训活动的组织与实施等工作都是餐饮企业人力资源管理人员的工作内容。

3. 考核与激励

餐饮管理人员应建立科学合理的考核激励机制，提高管理和服务技能，促进服务质量的提升。具体内容包括：设计企业各级别、各岗位的考核内容、考核方式和考核频率，适时组织实施考核，对考核结果进行分析评价并提出可行性建议；以制度形式明确奖惩条例，为员工提供进修或晋级的机会，建设企业文化，营造良好团队氛围，以企业精神激励员工，提高员工忠诚度。

4. 保持员工队伍的动态平衡

餐饮业因其行业特点，是一个员工流动性较大的行业。管理者应以一定的方式方法将人员流动控制在适当的幅度内，保持企业员工的相对稳定。在工作中不能单纯地靠制度留人，应该从员工的角度为其考虑，根据实际情况以情留人、以薪留人、以发展空间留人。对于在职员工，也要适时进行优化组合，以使企业的人力资源发挥更大效用。

（二）物资原料管理

餐饮企业的生产和服务对设备设施和原材料的依赖性很强。设备设施的投入与维护，餐具、用具的使用以及原材料的管理都是餐饮管理的重要内容。这是餐饮企业运营的最根本的保障，管理的好坏直接影响到经营的成败或经营的连续性。

1. 设施设备管理

餐饮管理人员应该对能够提高餐饮生产及服务质量方面的新的设施、设备提出合理化建议，对陈旧的设备、设施提出更新或完善计划。具体包括对拟新增或改造的设施、设备进行成本收益分析，充分掌握产品资讯，以高性价比作为选择的主要指标，在设施、设备投入使用前，要对具体操作者进行培训，要建立设施、设备的维护和保养机制，确保责任落实到人。

2. 餐具、用具管理

餐具、用具在餐饮生产和服务中的使用频率极高，对它的选择和使用直接影响到产品的质量。对餐具、用具的配备，正常损耗的核定，添补、调整的计划，以及此类物品的保管、养护等方面的管理，是餐饮管理不可忽视的组成内容。

3. 食品原材料管理

食品原材料是餐饮生产经营的先决条件，对它的管理是事关成本和出品质量的基本前提。首先，要掌握进货渠道。随着市场的成熟，原材料的采购方式由从前的农贸市场购买的单一途径转变为今天的多渠道进货，有供货商送货上门、配送中心配送、集团统一采购以及网络订货等多种形式，但无论哪一种渠道，管理人员都应该审核供货商资质，确保原料的来源正常、合法。其次，把好原材料质量关。建立原材料管理制度，由专人监控原材料购进、保存、使用的每一个环节，防止质量不合格材料进门，杜绝不合格原料上灶，更不允许其出堂；最后，保持合理库存量，控制原材料进货数量和周期。合理的原材料库存量是保证生产和控制成本的重要前提，管理者应以企业的经营规模、销售水平、原材料的季节和保质期为依据核算出合理的库存量，并将进货的数量和周期数据化，加强管理和监控。

（三）产品质量管理

餐饮产品质量是餐饮企业的生命线，直接决定着企业的成败，对产品质量进行管理是餐饮管理的重要内容。餐饮产品既包括实物产品又包括无形产品。

1. 有形产品的质量管理

在餐饮企业中，应该坚持“让客人看到的永远是最完美的”的原则。无论是厨房的菜品还是餐厅的设施、设备，都应该把质量放在第一位。对于菜品质量的管理应该从菜品的设计开始，与主厨一起，根据企业的经营特色设计适销对路的产品并不断推陈出新；然后在菜肴出堂前对其进行色、香、味、形、器皿全方位的检查；最后还要对菜品上桌的次序、服务的方式进行监控。餐厅的设施、设备、装修、摆设主要是为了方便顾客，营造良好用餐氛围，在设计之初就应该考虑美观、舒适、方便等多方面因素，在日常营业时要注意对设施、设备的清洁和维护，为顾客创造一个温馨舒适的就餐环境。

2. 无形产品的质量管理

餐饮企业的无形产品既包括员工的服务，又包括餐厅的氛围和环境。餐饮消费最终是由员工提供服务帮助顾客完成的，服务质量的高低直接影响到顾客对企业的态度和印象，服务质量管理首先要设计合理有效的工作流程，用统一标准来规范服务，提高员工各方面的素质，包括服务技能、职业道德和服务态度、工作效率等。在服务规范、技艺成熟的基础上，提供个性化服务，是服务质量管理的更高要求。餐厅的氛围和环境是顾客选择消费场所的条件之一，良好的就餐环境能给人带来愉悦感受，可以影响用餐时间和人均消费。对餐厅氛围和环境的管理，首先要控制餐厅的环境指标，如温度、湿度、气味等；其次要利用用餐环境装修、家具、摆设来创造美观、大方、雅致的视觉效果；最后要善于使用灯光、音响来营造温馨和谐的氛围。

（四）食品安全管理

2009 年 2 月，随着《食品安全法》的颁布，食品安全卫生管理工作已经上升到一个全新的高度，国家将抓紧修订完善餐饮消费环节相关的食品安全监管法规制度，组织制定餐饮服务许可管理办法，逐步提高餐饮业开办门槛。对此，餐饮企业应该调整思路，从战略的高度思考并完善食品安全管理工作。首先，应该从思想上重视食品安全问题，通过培训、宣传和一系列规章制度提高全体员工对此的认识，甚至可以根据需要设立“食品安全管理师”这一职位；其次，全面检查包括原料采购、储存、烹制、出品的整个菜品生产过程，用科学的手段和技术进行管理，特别是要加大对熟食、卤味、盒饭、冷菜等高风险食品和餐具清洗消毒等重点环节的监督检查力度；最后，要长期不懈地做好食品安全管理工作，以制度来保障、以标准来规范。

（五）产品销售管理

利润最大化、成本最小化是餐饮经营管理的努力方向。餐饮企业经营效益是把企业收入和支出进行比较和计量的结果，它直接反映了企业的营业状况、盈利水平和成本控制效果。经营效益是一个量化指标，是考核和评价餐饮管理者管理工作成功与否的关键所在。餐饮企业的经营效益好坏依赖于餐饮产品的销售情况，因此对餐饮产品的销售工作管理显得尤为重要。

1. 设计菜单

菜单设计是餐饮企业产品销售的第一个环节，菜单上的内容就是企业所提供产品的清单，是进行生产、销售、市场推广的依据。首先要确定花色品种，根据企业的规模、档次、经营特色及客源市场的需求来安排菜单的花色品种，要求结构合理、迎合消费者喜好；其次是要确定产品价格，产品的价格直接关系到企业的收益，同时也影响着产品的销售效果，所以应根据财会人员的成本收益的核算结果灵活确定价格，如正价、特价、折扣价，等等；最后要对菜单的印刷样式进行设计，一般包括菜单的选材、尺寸、文字、图案、色彩等方面的设计和确定。

2. 制定产品销售指标和计划，明确销售任务

根据餐饮企业投资经营目标，结合企业内部和外部经营环境，依据毛利及成本水平核算，制定出餐饮产品的生产和销售的指标体系。指标体系中不仅包括时间性指标如长期、中期和短期指标，还包括各类技术性分解指标如上座率、翻台率、人均消费、餐具损耗率等。根据具体指标制订工作计划，明确销售任务。

3. 组织人员开展产品的销售工作

餐饮产品销售工作的开展首先要选拔合适的人员，成立相应的销售机构，主要从事产品的销售工作，将工作计划和销售任务下达；然后就要开展有效的客源组织工作，必须通过各种方式吸引顾客光临。第一，要以广告或者公关活动为载体，扩大企业知

名度；第二，要组织专门的销售人员开发新客户，管理客户档案，加强与老客户的联系，如回访顾客以及逢年过节或客户生日的时候送上祝福；第三，要设计、组织各种营销活动以吸引顾客、扩大销售，如周末特价、新菜品尝、主题餐饮月，等等；第四，应该采取灵活的生产和销售方式，方便顾客、扩大销售。传统的餐饮产品生产和销售都是按菜单生产，购买与消费在店堂完成。如今，消费者的需求发生了多样性的改变，餐饮企业也应该主动去适应消费者需求的变化。在生产方式的管理上，不一定完全按照餐厅菜单来生产，可以依据消费者的特殊要求量身定做，甚至可以由消费者进行现场指导或是亲自操作；在销售方式上，可以打破店堂的限制，将服务延伸出去，如食品外卖、厨师外派、便民窗口等形式。

4. 对任务、指标完成情况进行全程监控

在企业的运营过程中，随时关注指标的动态，以量化数据来衡量任务的进展情况，一旦发现经营中的风险，必须及时采取措施规避和排除。餐饮企业内外经营环境的变化常使企业面临各类难以预见的风险的威胁。在正视风险的同时，应该想方设法采取措施进行防范和补救。首先要针对发生率较高的风险制定防范措施和处理预案。其次在风险发生时应该积极进行补救。经营风险的补救是指在防范风险的基础上，在风险发生之后，积极采取有效措施，以减轻风险带来的损失。

5. 对一定时期内的任务指标完成情况进行反馈

在一定时期内，对本期的销售任务完成情况和指标达到程度进行分析和总结，及时对结果做出反馈。对完成或未能完成的指标均进行原因分析，根据实际情况提出改进或完善方案。最后还应以奖惩的形式来体现员工工作的效果，以此对员工进行鞭策和激励。

（六）餐饮企业日常工作管理

对餐饮企业的日常工作进行管理，主要目的是使企业的生产经营活动规范、有序、高效。一方面应该建立制度以规范工作流程，另一方面要建立督导机制，以制度为准则，对日常工作进行指导和监督。

餐饮企业的日常工作主要是通过人工操作来完成的，随意性较大，管理者需要从企业运转和顾客需要的角度，设计制定与餐饮企业规模档次、目标定位相吻合的各项操作规范，具体体现在行政、生产和服务三方面。有效的行政运转是餐厅正常营业的保障，制度应从原料申购、申领程序与方式，信息传递渠道与方式，质量管理体系建立与运作等方面加以规范。生产方面制度应该明确其操作程序，如接单后的处理程序、做菜的先后顺序等；还应对生产标准进行规定，如菜品各原料的配量、出菜的时间等；另外，对于生产的安全与卫生，也应以详尽的描述和准确的指标加以规范。餐厅服务方面，应将各项服务工作程序化、标准化，如托盘、斟酒、分菜、摆台、撤台等服务技能的规范和顾客退换菜点、寄存酒水、结账收款等对客服务的程序和方法。

对于工作流程以制度加以规范后是否有效实施、执行情况怎么样，管理者应建立完善的督导机制。这项工作包括设立逐级督导的模式，采取定期大质检、不定期抽查、员工自查和征询顾客意见等督导方法，最终将督导结果落实到具体的人或事，从而使督导与效率、督导与培训、督导与完善管理做到有机统一，相互促进。

二、餐饮管理的要素

（一）规章制度是餐饮管理的关键

企业的管理是按从人管人到制度管人再到文化熏陶人的进程发展的，所以企业的发展要靠好的规章制度来保障。餐饮企业的各个部门都应该把规章制度建立起来，如岗位职责、工作标准、奖惩条例、绩效考核、损耗报废、员工手册、管理条例等，都要建立好、完善好，做到有章可循。

（二）菜品与服务是餐饮企业的生命力

菜品与服务构成了餐饮产品的整体，二者相辅相成互为补充，是餐饮企业吸引力之所在，直接关系到企业的受欢迎程度、市场和效益，是餐饮企业的生命力。好的菜品如果辅以优质的服务，顾客的满意度会超出菜品本身；而反之，菜品不错但服务质量低下，则会使客人的满意度大打折扣。厨房与餐厅完美配合，才能使整个餐饮企业生命力更加旺盛。

（三）成本控制是利润所在

餐饮企业要想有盈利，就必须抓好成本控制与财务管理。只有成本控制好了，才能取得好的经营利润。成本控制不能急功近利，为降低成本而忽视菜品与服务的质量，应该集思广益、开源节流，科学地进行控制，如对设备的及时维修与合理保养，可以延长设备的使用寿命，能为企业节约固定资产的投入。采购的物料则要求物美价廉、时令鲜活、及时到位，这样才能保证制作出精美的菜肴，降低厨房生产成本。对于厨房采购原料的价格控制，餐饮管理人员与财务人员应共同对市场做定期调查，了解厨房用料的实际价格，一般每周调查一次，增强物料价格的透明度，统一定价。只有这样才能有效地控制成本支出，防止营私舞弊行为。向多个市场、多个供货商采购，可以防止物料价格被垄断，可以买到更多质优价廉的原料。在库房管理中，应尽可能做到降低库存，这样既能降低损耗，又能提高资金周转率。再就是员工的工资福利占用了餐饮企业10%左右的成本，要根据工作需要，合理设置岗位，既不能人浮于事，又不可人手不足，要以保证企业顺利运转为前提。

（四）公关营销是效益的保障

好的产品要有好的宣传策划，宣传策划能树立鲜明的企业形象，创造出品牌效益。餐饮企业可通过参加公益活动、广告、举办活动、促销、走访老客户、把握良性事件等方式来塑造企业形象，提高企业的知名度、美誉度。另外，要树立全员营销意识，可通过加大提成力度、工资与效益挂钩等手段来激发员工的营销积极性。

（五）安全与卫生是头等大事

安全生产是工作中的重中之重，一定要把安全生产放在首位；没有安全就没有一切，就谈不上经济效益。江泽民同志说过，“隐患险于明火，防范胜于救灾，责任重于泰山”，可见预防的重要性，所以我们要警钟长鸣，不能麻痹大意。要严格制定并遵循安全检查制度，注意人身安全、财产安全、经营安全；及时排查安全隐患，如餐厅的地毯、电器、烟头，厨房的食品安全、电气设备、操作规范等。

卫生是餐饮行业的头等大事，要监控好各项卫生，如个人、食品、器具、环境等各方面的卫生，保证为客人营造一个卫生、安全、舒适的消费环境。

第三节 餐饮管理的基本要求

一、掌握客源，以销定产

餐饮产品一般是就地生产、就地销售、就地服务的。由于生产出的菜品容易腐败变质，保持其色、香、味、形就必须要有较强的时间观念。由于菜品生产过程短，随产随销，因此，必须坚持掌握客源，以销定产。管理人员必须根据市场环境、历史资料、当地气候、天气变化等情况，做好预测分析。掌握每天、每餐次就餐客人的数量及其对花色品种和产品质量的要求，并据此安排食品原材料供应和组织生产过程，以防止产销脱节，影响客人消费需求和业务活动的正常开展。

二、注重食品卫生，确保客人安全

餐饮经营过程中，客人流动性大，餐饮管理过程又是一种社会化劳动过程。因此，餐饮卫生好坏，直接关系到客人的身心健康。如果发生食物中毒或疾病传染，不仅会造成人身伤害和重大经济损失，而且会严重影响企业声誉和餐饮事业的发展。因此，餐饮管理必须十分重视食品卫生，确保客人安全。这要求管理人员必须严格执行食品卫生法。从食品原材料的采购、验收、储藏、发料到加工、切配、烹制和销售都要建立一套严格的卫生管理制度。库房、厨房要坚持消毒，冷荤食品、重要宴会要坚持化验，做到层层负责、层层检查、层层把关，以确保餐饮产品新鲜可口、清洁卫生。

三、正确掌握毛利，维护供求双方利益

餐饮经营的毛利率高低，直接影响企业经济效益和消费者的利益。餐饮毛利率分综合毛利率和分类毛利率两种，不同产品的毛利率是不相同的。正确掌握毛利、维护供求双方利益，要区别不同情况，坚持因时、因店、因花色品种和对象而制宜。它要求管理人员正确执行餐饮价格政策，区别不同情况，制定毛利率标准。分类毛利率要有高有低，综合毛利率要有控制幅度，既要发挥市场调节的作用，又要维护供求双方的利益；既要扩大销售，又要在降低成本上下功夫。要定期检查毛利率执行结果，并根据市场供求关系作必要的调整。

四、适应多种需求，提供优质服务

餐饮管理市场范围广泛，客人消费层次复杂多变，既有生理需要，又有精神享受需要，其中宴会服务更以享受成分为主。因此，餐饮管理必须适应客人多种需求，提

供优质服务。这要求管理人员必须根据客人的身份、地位、饮食爱好、消费特点和支付能力，研究不同类型客人的消费需求和消费心理，有针对性地提供优质服务。在产品安排上坚持品种多样、档次合理。在产品质量上突出风味特点，注重色、香、味、形。在服务质量上坚持一视同仁，做到热情、礼貌、耐心、细致、周到，以满足客人多层次的物质和文化生活需要，提供优质服务。

第四节　餐饮经营和管理的发展趋势

经营是筹划企业的营销活动以达到预期目标的总称。餐饮经营以市场为对象，以产品销售为手段，筹划并管理餐饮产品的供、产、销活动，以满足客人需求，获得优良的经济效益。餐饮管理指通过计划、组织、控制等手段，督导员工达到工作目标。一种通俗的说法就是，餐饮经营是为餐饮企业制定目标和实现目标所需要的战略、策略，是宏观的调控，主外；而餐饮管理所做的工作就是制定一系列操作细则，促使员工积极工作达到目标，是微观的控制，做的是内部的工作，主内。把握餐饮经营和管理的未来发展趋势，对餐饮管理工作是非常必要的。

一、餐饮经营发展趋势

（一）特色化经营

近年来，我国餐饮业发展迅猛，餐饮市场发生了很大变化，市场竞争日趋激烈。竞争是市场经济的主题，怎么样在优胜劣汰的市场经济大潮中立于不败之地，一直是众多企业长久以来思索与探讨的问题。餐饮业是最早与国际接轨的行业之一，然而加入 WTO 不但未能给国内餐饮业带来期待中的机遇，而且随着国外品牌饭店集团的大举进入，带来的是更加残酷与无情的商战。市场经济的竞争是无情的，但同时市场经济的竞争也是最公平的，变幻莫测的市场不以人的意志为转移，因此，要想在纷争的市场中持续保持竞争的优势地位，一定要不断适应市场变化，提升自身的竞争实力，打造核心专长，走特色化经营的路子。自从哈墨和普拉哈拉德 1990 年提出“核心专长”的概念以来，在各国的经营管理实践中，核心专长的理论备受重视和欢迎。核心专长是企业可持续发展的独特的本质，它应符合五个基本要求：价值优越性、异质性、难以模仿性、不可交易性、难以替代性。对餐饮业而言，核心专长就是餐厅的特色化经营。特色化经营能给餐厅带来具有特色的技巧能力及知识组合，具有独特和不易模仿的特点。

（二）集团化经营

餐饮业的发展得益于改革开放。21 世纪，由于餐饮市场不断扩大，餐饮业市场细分化格局正在日趋完善，规模餐饮、连锁经营已成为餐饮发展的必然趋势，加之餐饮外部环境日益改善，餐饮交流的空前活跃，使得全国餐饮业总体繁荣，持续发展。餐饮集团正是在这样的背景下，乘势形成、发展、壮大的。餐饮集团化经营乃是必然，集团餐饮正以其特有的优势、旺盛的活力蓬勃兴起。

餐饮迅速发展，既是政策引导的结果，又有自身发展的优势，比如不受投资规模限制、投资回报直接，等等。迅猛发展必然带来激烈竞争。竞争的表象就是社会各界公认的餐饮“围城”现象，即每天有众多新的餐饮企业诞生，每天也有若干原先在经营的餐饮店歇业。其实，这种现象并不能简单地说饭店多了、餐饮店过剩，而应该视为餐饮经营结构档次需要调整，管理、技术水平需要提高、完善。透视表面，餐饮的竞争实际主要表现在两大方面：一方面，竞争使得都市餐饮风味集市化，丰富了口味、繁荣了市场，给消费者带来了实际利益；另一方面，竞争不可避免地引来降价促销，降价促销的实质是将餐饮带入到了微利经营、低成本运作的时代。这既给消费者带来实惠，又给餐饮经营单位带来长期和巨大的压力。它要求餐饮生产经营单位，其一要不断开发低成本、低售价产品，以维持一定的销售率，保证应有利润。其二要在占餐饮成本近40%的原材料成本节约上狠下功夫，这样才可能抓住成本控制矛盾的主要方面。而集中采购、大批量进货、统一加工、分别配送，既是集团化餐饮经营的特征和便利，又是餐饮竞争所追求的低成本、高效率的有效做法。因此，集团餐饮在成本的降低上比起单个、独立的餐饮生产经营单位也是很有优势的。

竞争促进了餐饮集团化的进程，餐饮集团的形成又给餐饮企业带来了明显优势，除了集中、统一、大批量进货，减少企业原料成本开支；产品集中或部分集中开发，节省厨师劳务技术成本支出外，集团餐饮在目前的优势还表现在：统一格调，统一形象，系统的CIS设计，容易产生广泛的社会影响和口碑，容易获得客人的品牌认同感，便于吸引和招揽客人，扩大经营。

（三）多元化经营

多元化发展则是分散市场风险、拓展经营范围的重要方式。在未来一段时期内，企业并购、连锁经营和多元化经营将是一个产业发展的重要趋势。

随着餐饮企业数量的增加、档次的提高，餐饮业传统的单一经营方式已不适应市场形势，餐饮企业逐渐向多元化经营发展。从20世纪80年代末开始，多种新型餐饮业态及形式在我国的餐饮市场迅猛发展起来，改变了餐饮市场的格局，对提升中国餐饮业起到了积极的作用。如发端于20世纪80年代末的洋快餐业，20世纪90年代产生的休闲餐饮、主题餐饮业态等。中餐在中国城市餐饮市场上的地位可能将由“绝对主体”转变为“相对主体”。入世后，中国餐饮市场的多元化趋势得到进一步加强，国内美食百花齐放，外国美食争奇斗妍，餐厅风格成为重要卖点。因此，餐饮企业在对自身定位时，必须对这种趋势有所认识，积极拓宽经营领域，发展多种经营，增强餐饮企业的整体实力和市场应变能力，提高餐饮企业经济效益和抗风险的能力。

（四）灵活化经营

传统餐饮产品的生产、销售通常为坐地经营、就地消费的“现炒现卖”，其经营的形式受到时间和空间的限制。随着生产技术水平的不断提高与移动网络的飞速发展，餐饮产品经营形式的灵活性日益显著。把星级酒店的服务和菜品“搬”到了户外，可以说是“鱼与熊掌兼得”。而超市里各种小包装的冷冻食品，又是餐饮产品经营形式灵活化的又一体现，把餐饮生产的最后一道加热工序留给了顾客，打破了餐饮经营的时间限制。外卖需求带动外卖订餐经营的快速发展，美团外卖、饿了么、百度外卖等平台竞争的核心主要集中在了物流和商家供应链两个方面。灵活的餐饮经营形式多种多样，唯一共通的是灵活快捷的餐饮产品经营形式可以把握市场的盲点，创造和占领市场。

二、餐饮管理的发展趋势

（一）规范化操作管理

我国餐饮企业各级各类管理者面临的最大困扰之一就是管理工作不够规范化，直接导致工作混乱无序、费时费力，员工不能正确地做事。世界500强企业，强就强在规范化的管理，由于规范化，极大部分管理工作成为常规，有条不紊，省力高效。餐饮企业无论是管理还是服务，都要与国际标准接轨，才能顺利发展。按标准规范组织企业经营活动，有利于快速提高餐饮企业管理水平。餐饮业标准规范主要有餐饮产品的质量标准、服务标准、卫生标准、定价标准、餐饮产品生产标准以及餐饮设备设施及场地规划标准等。应积极引导餐饮企业采用国际标准，在餐饮行业推广国际标准和国家标准认证，推动传统餐饮业向现代餐饮业转变，加速餐饮企业集团化、产业化、国际化。

（二）信息化管理

在现代社会，信息是一种资源。对客源市场、产品市场及竞争对手信息的搜集、利用和开发，能为餐饮企业增加财富。因此，餐饮企业要建立信息中心或市场开发部，并与地区行业和有关的信息网络建立密切联系，以便及时抓住经营和发展机会。餐饮企业要依据信息资源管理和组织企业的经营活动，使企业经营管理工作更为现代化。

（三）企业文化建设

餐饮企业是一个实体，是一个集合设计与运作在一起的系统，包括了生产系统、服务系统、操作系统等。在这个体系里，文化是一种传承、一种延续。企业的任何政策、任何方法，都必须在这上面生根，企业才能成长、壮大。企业文化需要长期累积及创新，并使之成为一种传统。

（四）团队精神建设

餐饮企业最重要的资源是人，尤其是每一位与顾客接触、直接服务于顾客的员工，他们才是了解顾客及掌握客源的关键人物，因此，企业管理者要依靠员工管理企业。餐饮业讲求的是团队精神。马里奥特集团有这样一句格言："只有善待员工，员工才能更好地服务于顾客。"员工的自尊能受到充分的尊重，能力能得到充分的肯定，员工才会对公司产生信心与向心力，才能使员工在工作岗位上安心工作，降低流动率。员工只有在一个和谐环境中工作，才能积极参与到企业各方面、各环节的管理中来，关心企业的成长，提建议、出主意，自然也能以更亲切的态度服务于他们的顾客，也就能留住客人。

（五）加大力度推广职业经理制度

由中国烹饪协会起草的《餐饮业职业经理人评定条件》经国家发展改革委员会、国家标准化管理委员会批准，从2005年2月1日起开始实施。标准规定，餐饮业职业经理人分为职业经理人和高级职业经理人两个等级，等级划分以餐饮管理知识、管理能力、个人品质、从业经历、职业道德、经营业绩、创新能力、考核成绩等为依据；申请职业经理人资格还需经过培训、考核，高级职业经理人从符合条件的职业经理人中产生并经进一步的培训、考核；餐饮业职业经理人的资格有效期为5年，期满后，经过培训、考核或复查，合格者可保留原资格或申请晋升为高级职业经理人，否则取消相应资格。餐饮企业通过市场取得生产要素，逐步聘用专业的经营管理人才组织生产经营活动，有助于实现企业效益最大化。

［补充阅读1-2］网络餐饮监管新政解读

《网络餐饮服务食品安全监督管理办法》（以下简称《办法》）于2018年1月1日起正式生效。

《办法》：入网餐饮服务提供者应当具有实体经营门店并依法取得食品经营许可证，并按照食品经营许可证载明的主体业态、经营项目从事经营活动，不得超范围经营。

网络餐饮服务第三方平台提供者应当对入网餐饮服务提供者的食品经营许可证进行审查，保证入网餐饮服务提供者食品经营许可证载明的经营场所等许可信息真实。

入网餐饮服务提供者应当在自己的加工操作区内加工食品，不得将订单委托其他食品经营者加工制作。网络销售的餐饮食品应当与实体店销售的餐饮食品质量安全保持一致。

［解读］网络餐饮服务平台要对入网餐饮服务提供者的食品经营许可证进行审查，与入网商家签订食品安全责任协议，登记入网商家的名称、地址、法定代表人、负责人及联系方式等信息，确保入网商家具有实体经营门店，确保其许可证载明的经营场所等信息真实可靠，确保其按照许可的主体业态和经营项目从事经营活动，不得超范围经营。

平台公示的信息应当真实，如果有变更，应当及时更新。要加强对入网商家经营行为的抽查和监测，确保其经营行为持续合规，确保线上线下餐食服务同标同质，不得委托加工制作。发现违法违规的，要及时制止并报告入网商家所在地县级食品药品监督管理部门。发现严重违法的，要立即停止提供网络交易平台服务。

《办法》：网络餐饮服务第三方平台提供者应当设置专门的食品安全管理机构，配备专职食品安全管理人员，每年对食品安全管理人员进行培训和考核。网络餐饮服务第三方平台提供者应当建立并执行入网餐饮服务提供者审查登记、食品安全违法行为制止及报告、严重违法行为平台服务停止、食品安全事故处置等制度，并在网络平台上公开相关制度。

［解读］网络餐饮服务平台要设置专门的食品安全管理机构，配备专职的食品安全管理人员，定期进行培训和考核。要建立入网餐饮服务提供者审查登记等相关制度，

并在平台上及时公开，接受社会监督。

平台要建立投诉举报处理制度，公开投诉举报电话、渠道和方式，对消费者的投诉举报，要及时进行处理，确保消费者合法权益。

《办法》：网络餐饮服务第三方平台提供者和入网餐饮服务提供者应当加强对送餐人员的食品安全培训和管理。

送餐人员应当保持个人卫生，使用安全、无害的配送容器，保持容器清洁，并定期进行清洗消毒。送餐人员应当核对配送食品，保证配送过程食品不受污染。

网络餐饮服务第三方平台提供者和自建网站餐饮服务提供者应当履行记录义务，如实记录网络订餐的订单信息，包括食品的名称、下单时间、送餐人员、送达时间以及收货地址，信息保存时间不得少于6个月。

［解读］网络餐饮服务平台要制定送餐服务管理规范，加强送餐人员管理和食品安全知识培训，保障送餐人员个人卫生，保障配送容器安全无害、清洁卫生，还要关心“外卖小哥”身心健康，保障他们的合法权益。

平台提供食品容器、餐具和包装材料的，要保证所提供的容器、餐具、包装等无毒、清洁。鼓励使用可降解的食品容器、餐具和包装。要严格落实记录制度，如实记录网上订单信息，包括餐食名称、下单时间、送餐人员、送达时间和收货地址等，做到来源可查、去向可追、责任可究。

［资料来源］http://finance.sina.com.cn/roll/2018-01-01/doc-ifyqcsft8914077.shtml.

本章小结

本章介绍了餐饮业的发展状况、餐饮管理内容和要素、餐饮管理的基本要求以及餐饮经营和管理的发展趋势。这些内容的集合，构成了学习餐饮管理与服务理论的基础和必要条件。

复习思考题

1. 回顾餐饮业改革开放以来的发展历程，请谈谈对餐饮业未来发展的看法。
2. 餐饮管理的内容有哪些？
3. 餐饮经营管理应该达到什么样的要求？
4. 餐饮业的多元化发展对经营管理提出了怎样的要求？

案例分析与思考：冒菜文艺小馆产品创新

冒菜作为川菜系的一个单品，被称为“一个人的火锅”。

冒菜品类扩张难以摆脱的痛点包括：定价尴尬，每客单价30~40元，介于快餐和正餐之间；发源于川渝地区，品类广谱性不够。

武汉某冒菜文艺小馆，在每客单价32元的情况下，56平方米的小店，月流水达30万元。

尽管冒菜在川渝地区的接受度已经很高，但从一个市场到另一个市场，需要对市场进行教育。对冒菜文艺小馆来说，首要问题是在武汉消费者中普及冒菜是什么，并用最快的速度占领市场。冒菜文艺小馆用的方式是，打造一个爆款，单点突破，先行占领消费者心智。这个爆款怎么做呢？冒菜最大的特点就是食材丰富，“冒菜冒一切”，而海鲜又是很高价值感的食材，符合现代人追求消费升级的趋势，就干脆把海鲜和冒菜结合起来。于是，一款龙利鱼冒菜诞生了，除了龙利鱼，还有基围虾、鱿鱼、墨鱼仔等海鲜食材。复盘一下龙利鱼冒菜成为爆款的过程，分为三个阶段：①产品研发出来后，先小范围内测，然后就把龙利鱼冒菜这个单品提炼出来；②门店所有的物料宣传，都围绕这一款龙利鱼冒菜，打进消费者内心；③在武汉当地的吃喝玩乐公众号、武汉市地铁站，投放广告，分发优惠券，吸引更多人来体验。就这样，龙利鱼冒菜作为一个爆款，在长达一年的时间内，复购率达60%，吸引无数客流，陪伴冒菜文艺小馆度过了创业初期，品牌也获得极大曝光。

除此之外，冒菜文艺小馆引入泰式味型，原创咖喱、冬阴功口味冒菜，汤底浓度、口味按季节调整，迎合年轻人喜好；按套餐售卖，比如蜀香嫩鸡肉、金汤牛百叶、川香鲜毛肚，等等。这样的售卖方式，效率大大提高，平均日翻台能够达到30次以上；除了在产品上做出的种种创新，在环境体验上，冒菜文艺小馆为了跟传统街边冒菜馆区隔，也为了迎合城市年轻消费者的需求，营造了“文艺化”的就餐环境。

［资料来源］http://www.sohu.com/a/222172677_100012929 资料整理

思考题：

试分析冒菜文艺小馆经营成功的原因。

实训指导

实训项目：认识与理解餐饮管理。

实训要求：通过案例及实证分析，训练学生对餐饮管理进行正确认识和理解。

项目组织：科学分组，任务分配；广泛调研，小组讨论；任务汇报，项目评价。

项目评价：小组互评；教师评价。

第二章　餐饮经营策划

【学习目的】

懂得如何进行餐饮市场定位；
了解餐饮经营范围；
掌握餐饮企业选址要求；
懂得餐饮企业名称、标志和招牌设计；
了解餐饮经营计划的特点、内容和编制。

【基本内容】

★餐饮市场定位：
餐饮市场分类；
餐饮目标市场的选择；
餐饮市场定位。
★餐饮经营范围：
单一经营；
纵向经营；
多样化经营。
★餐饮企业选址：
餐厅选址应考虑的因素；
餐饮企业经营场所的选择；
餐饮企业筹建。
★餐饮企业名称、标志和招牌：
餐饮企业名称设计的一般规律与原则；
餐饮企业标志设计；
餐饮企业的招牌。
★餐饮经营计划：
餐饮经营计划的特点；
餐饮经营计划内容；
餐饮经营计划的编制。

【教学指导】

本章应注重在教学的过程中引导学生的自我思维。同时可结合市场定位的内容，让学生对校园周围的某一餐饮店进行定位诊断。

策划就是人们认识、分析、判断、推理、预测、构思、想象、设计、运筹、规划的过程。整个过程，充满了创造性思维。现代社会，几乎各个领域、各个方面都能见到策划的踪迹。社会的发展，使餐饮市场竞争极为激烈，消费观念日新月异。据统计，餐饮店开业5年左右，由于种种原因，生意好、能继续生存下来的餐厅不过10%，形成高增长率和高淘汰率同时存在。怎样才能使企业在当今饮食行业的激烈竞争中站稳脚跟、经营取胜并创造效益呢？靠的是策划。现在，策划的重要性越来越突出。在时代潮流的要求下，策划已经成为餐饮企业最重要的工作。餐饮经营策划就是根据对餐饮市场变化趋势的分析判断，对企业未来的经营行为进行的超前筹划。

第一节　餐饮市场定位

餐饮企业对于市场的开发，关键在于抓住顾客。餐饮企业必须依靠充足的客源来维持其一定的销售额并不断发展自身。所以，一个餐饮企业经营成败的关键因素就是市场定位。从通常意义上讲，定位是餐饮企业市场营销中一项重要的战略性任务，市场定位如果正确，它就会生意兴隆，顾客盈门，从而获得成功；反之，必将导致企业的经营处于萧条状态，终至失败。

一、餐饮市场分类

让顾客满意已经成为餐饮业经营管理者的共识。现代餐饮店顾客的需求极具个性化特征，表现为进餐目的的差异性和消费需求的多样性，尤其表现在同样消费中的不同层次需要。餐饮业的市场竞争、顾客需求的多样化，客观上要求餐饮企业发挥自身的优势，细分目标市场，进行专门化经营，采取错位竞争的战略，体现自身的个性化特征。所谓市场细分，是指餐厅按照某种相对固定、相对独特的标准，将整个餐饮市场划分为不同的、具有相对统一特征的小市场。显然，市场细分就是从广阔而复杂的市场中，根据顾客的爱好、需求、购买行为、地域分布等因素，寻找出适合购买本餐厅产品或服务的具体消费对象，并以此作为本餐厅营销的目标市场。

（一）餐饮市场细分的作用

市场细分作为餐饮企业选择目标市场的基本环节，其作用主要有：

1. 有利于餐饮企业分析和发掘新的市场机会

通过市场细分，餐饮企业不但可以了解整体市场的情况，还可以较具体地了解每一细分市场的实际购买量、潜在需求量等，从中分析市场需求的满足程度。那些尚未得到满足的需求，就有可能成为企业进入的目标市场。同时，通过市场细分，企业增加了对市场情况的认识深度，有利于预测产品的购买量和潜在需求量，便于动态地掌握消费者对产品的满足程度和同类竞争产品的优缺点，使企业不断对自己的产品改进、创新，以适应市场的发展和变化。

2. 有利于餐饮企业有针对性地制定和调整市场经营策略

在市场细分基础上，选择出目标市场，企业可以针对各个细分市场的具体情况，制定各种与其相适应的经营策略，有针对性地开展营销活动，以满足不同细分市场的需要。

3. 有利于餐饮企业集中自身优势投向最有利的目标市场

经过市场细分，餐饮企业可根据自身优势和各个不同细分市场的需求特点，调整产品种类和生产经营规模，使企业的有限资金和物质资源能集中使用到适销对路产品的生产经营上去，发挥其最大的经济效用。通过市场细分，尽可能满足整体市场所有的差别需求，以产品的多样化来增强企业的竞争能力。力量单薄的小型餐饮企业，在整体市场上缺乏强有力的竞争手段，可通过市场细分选择出一个或几个符合自己能力的细分市场作为目标市场，并集中全部力量去夺取局部市场上的相对优势。

（二）餐饮市场细分的标准

影响餐饮消费需求的因素是多方面的，而且非常复杂，顾客的生活环境、社会经济地位、人口特点、生活方式、性格、购买行为等对餐饮消费的需求都有不同程度的影响，从而使顾客的餐饮消费需求多种多样、千差万别，这些区别就是市场细分的依据。

1. 以人口学因素为基准的市场细分

具有代表性的人口学因素有年龄、性别、家庭人口结构等。

（1）按年龄标准细分

人口年龄是餐饮市场细分中最主要的变量之一。人们在不同年龄阶段，对餐饮消费的需求往往有很大的差别。餐饮市场一般根据儿童、青年、中年、老年等标准来划分。按年龄标准细分的市场较具有现实性，因为处于人生历程各阶段的消费者一般都会根据自己的收入状况、家庭周期来支配自己的购买行为。中年人年富力强，收入往往不菲，比较讲究食宿和享乐条件，是当今人数最多、潜力最大的市场。老年人市场是比较引人注目的市场，如何进一步开发老年人餐饮市场已成为世界餐饮业广泛关注的课题。青年人市场虽然总体消费水平不高，但仍是一个人数众多、不容忽视的市场。青年人精力、体力都处于最佳状态，时间或金钱的障碍几乎都不能遏制其外出就餐的热情。在我国，由于独生子女政策的执行，以及中国文化的固有特点，儿童市场也有其自身特点，需要加以关注。例如，麦当劳在中国主要瞄准的就是儿童市场，而肯德基则注重吸引中青年一代。

（2）按性别细分

酒吧、咖啡屋等特殊类型的餐饮企业，一般可根据性别特征来确定目标市场，如闹市中心的摩托吧经常是男士们光顾的地方，而欧式风格的咖啡长廊却多是女人的聚集地。男性消费者在消费行为和消费动机等方面与女性消费者会有很大差别。如在进行餐饮消费时，女性比较关注环境和价格，男性更注重服务和整体感受。因此，消费者的性别是影响餐饮消费和餐饮经营的重要因素之一。

（3）按家庭结构标准细分

家庭结构直接影响到家庭负担及消费行为。餐饮市场更加注重满足单身族、丁克家庭以及三口之家的消费要求。据调查，年轻的三口之家不仅在外用餐的频率高，而且每次的消费额也高。

2. 以社会经济因素为依据的市场细分

社会经济因素包括受教育程度、职业、收入水平、余暇时间等。

（1）按受教育程度细分

同属某一收入水平的阶层，受教育程度的高低会使个人需求产生某些差别。受教育程度不同的消费者在旨趣、生活方式、文化素养、价值观念等方面都会表现出一定的差异，从而影响到他们的餐饮消费行为和消费习惯。如受教育程度高的消费者，对餐饮消费的卫生条件、环境布置的要求比较高。

（2）按职业细分

消费者的职业不同也会引起消费差异。这种差异，部分原因在于从事不同职业的人所获收入的不同，但相当一部分差别是由职业特点引起的。如公司职员因时间关系一般只能以便捷的快餐为午餐，而业务人员要经常应酬商务交往，则需要商务餐。

（3）按收入水平细分

收入水平的高低，不仅决定着消费需求的多寡，而且也决定着消费层次的高低。收入对消费的影响还涉及消费行为、消费习惯等方面。高收入者在餐饮消费时，主要考虑菜品的质量与服务，对价格考虑较少；而低收入者则会经常考虑菜品是否经济实惠、质价相符，往往权衡再三，才决定购买。

3. 以生活方式为依据的市场细分

生活方式决定了一个人或群体的生活习惯、价值观。选择生活方式标准进行市场细分，不仅明确了目标市场的特点和特定产品的顾客层，还为市场营销指明了方向。生活方式的类型很多，如地位型、享乐型、朴素型、时髦型等。特别是随着社会的进步，人类物质生活水平的提高，人们在温饱等低层次的需求得到满足之后，就会在自我价值、自我实现方面提出更高的要求。因此，企业以心理标准来细分市场，根据不同消费群体的生活方式、个性及所处的社会阶层，有针对性地改善餐厅环境，提高菜品质量，以满足其需要，就显得更为重要。

总之，餐饮市场的分类是一项复杂而又系统的工作，往往需要综合以上各个标准（既要考虑年龄、家庭结构，还要考虑职业、收入及生活方式等）才能进行有效的分类。

二、餐饮目标市场的选择

正确进行市场预测和市场细分，是餐饮企业经营选择目标市场的基础。目标市场是指可进入的细分市场中，最适合餐饮店经营特色、最有可能购买本餐饮店餐饮产品的消费群体，同时也是餐饮店重点进行营销的那部分市场。每个餐饮店都有必要将有限的资金和精力集中在招徕最有可能购买自己产品，从而使餐饮经营获得营业额和利润的目标市场上。

（一）选择目标市场的依据

餐饮店通常选择销售额较大、销售额增长率较高、利润幅度大、竞争对手少、营销渠道简单的细分市场作为目标市场。选择目标市场应考虑以下因素：

1. 市场份额大

市场份额大，即准备开发的客源市场消费群体大、人数多、有消费能力，能保证开发后的市场带来经济效益。

2. 有发展潜力

餐饮店准备开发的目标市场，虽然可能目前份额不算大，但随着时间的推移，相关环境因素的完善，会有较大的发展，会给餐饮店带来许多销售机会。餐饮店营销人员应分析本地区具有较大销售潜力的细分市场，以免忽视有潜力的细分市场，从而失去有可能属于自己的目标市场。

3. 市场暂未饱和

市场暂未饱和指该细分市场尚处于供不应求的状态，竞争尚不激烈或未被竞争对手控制，本餐饮店可以大显身手。未饱和的目标市场可以使餐饮店充分利用其资源，发挥其优势，开发新产品，满足消费者的新需求。

4. 本餐饮店能力

选择目标市场时，应了解本餐饮店餐饮部的资源状况，分析本餐饮店餐饮设施和服务状况，考虑餐饮店是否有条件招徕并接待各类细分市场的消费者。首先要详细地研究各细分市场的需求，研究他们对餐饮店产品和服务方面最重要的需求内容是什么。分析餐饮店现有产品和服务是否能满足顾客的需求，有哪些方面没有得到满足，是否可以通过提高产品和服务质量去适应这些需求。明确了餐饮店自身的能力，才能为选择目标市场提供可靠的依据。

5. 竞争对手状况

竞争对手的招徕能力如何，对本餐饮店目标市场的选择有很大影响。餐饮店在选择目标市场时要考虑竞争对手的客观条件及有可能对本企业构成的威胁，应避免因选择相同的目标市场而与竞争对手发生直接冲突。

（二）目标市场确定的程序

确定目标市场，是餐饮店最重要的市场调研活动之一。餐饮店的目标市场是那些最具有潜力并且餐饮店最有能力经营的细分市场，它可能是一个，也可能是多个。

1. 确定餐饮经营范围

餐饮经营的项目很多，不同的经营项目为餐饮店创造的盈利是不同的。餐饮店应根据自身条件，综合各方面的因素来确定经营范围，并为确定的经营范围确定目标市场。

2. 进行市场细分

影响市场细分的因素很多，包括地理因素、人口特征因素、消费行为因素等方面。首先根据收集的信息和市场实际情况进行细分因素分析，再根据细分因素将市场划分为若干个细分市场。

3. 定性分析

定性分析是指对各细分市场的性质进行分析。如细分市场消费者的消费态度、价值观念，细分市场的发展趋势、变化情况、增长形势以及专家们对各细分市场的看法。

4. 定量分析

定量分析是指用具体的数量标准来衡量和预测各细分市场的现实容量和潜在能力。市场定量分析的内容有市场的需求量、销售量、营业额、市场占有率、市场增长率等。

5. 市场评估

经定性和定量分析后获得的信息，为确定目标市场提供了依据，但在最终选定餐饮店目标市场时，必须对可能成为餐饮店目标市场的细分市场进行衡量和评估。

（1）可衡量性：即用某种数量指标和数量单位（如市场需求量、消费者购买力等）来衡量。

（2）可达性：即餐饮店能通过广告和其他促销手段有效地到达目标市场。

（3）可行性：即细分市场必须具有足够潜力，值得餐饮店开发和经营，并能帮助餐饮店确定营销策略，带来可观的利润。

（4）持久性：即细分市场能持续较长时间，具有较长的生命力，而不是昙花一现。

（5）可防性：指餐饮店能按照划分出来的细分市场来确定较有效的营销策略。同时，细分市场能保证餐饮店的竞争能力，使餐饮店在竞争中处于领先地位。

三、餐饮市场定位

定位，是由美国著名营销专家艾尔·列斯（Al Ries）与杰克·特罗（Jack Trout）于20世纪70年代早期提出的营销概念，其核心观点是定位是对产品未来的潜在顾客的脑海里确定一个合理的位置，也就是把产品定位在未来潜在顾客的心目中。定位的基本原则不是去创造某种新奇的或与众不同的东西，而是去操纵人们心中原本的想法，去打开联想之结，目的是在顾客心目中占据有利地位。从市场学的角度通俗理解，定位就是跑马圈地，就是在较多的消费者当中以及消费者的多层次消费需求中，锁定要为之服务的人群，以及确定如何满足其需求层次的决策。

餐饮市场定位是指餐饮经营者在一定条件下选择一定类型的客源，在合适的消费环境中用质价相符的产品和服务来开展业务经营活动的市场营销手段。对餐饮企业进行市场定位有很多种方法。美国的一些营销学者曾提出过一种被称为5Ds的模型（Document、Decide、Differentiate、Design、Deliver），即：①识别需要：分析和识别目标顾客最看重的利益或要素；②确定形象：决定要向选定的目标市场推出的形象；③识别优势：识别竞争者的状况并确定本企业的产品和服务如何有别于竞争者；④传递设计：将这些有别于竞争者的长处纳入产品或服务之中，运用营销组合手段将这些不同之处传递给目标市场；⑤落实承诺：将所承诺的利益提供给消费者。

实际上，一个餐饮企业的定位战略可以有多种不同的考虑途径。很多餐饮企业的营销实践表明，餐饮企业定位战略的制定大致可以有以下几种可供选择的方法：

（一）根据餐饮产品特点进行定位

这是最为常见的一种定位方法，即根据自己餐饮产品的某种或某些优点，或者说是根据目标顾客所看重的某种或某些利益去进行定位。对于餐饮企业来说，这些优点或利益的基础可以是本餐饮店的建筑风格、坐落地点、服务项目、服务质量、房间和装潢的设计与质量，或者这些方面产品特色的任何组合。

（二）根据价格进行定位

国际上有些餐饮店则是根据产品价格来考虑自己的定位。采用这种方法进行定位的餐饮店将其产品的价格作为反映其质量的标志。众所周知，产品价格的重要作用之一便是象征产品的质量。产品越具有特色，即产品的性能越高或者提供的服务越周到，其价格也就越高。对于一个提供全方位餐饮服务的高档餐饮店来说，为自己的餐饮产品制定高价，本身就会对顾客起到一种知觉暗示作用，即他们可以在这里得到周到的高等级服务。在不同市场需求情况下，低价薄利多销与高价厚利少销都能帮助餐饮店实现销售收入，从而达到销售利润最大化的目标。

（三）根据消费群体定位

餐饮企业选择合适的消费者群体作为自己的目标市场。通常，餐饮店不会只选择某一类消费群体为目标市场，而是根据餐饮店的实际情况选择几类消费群体作为自己产品和服务的对象。做好目标市场消费群体定位的基本方法是：第一，做好市场调查。掌握当地市场的客源数量、规模、类型、档次结构、消费水平、支付能力、市场竞争状况等。第二，分析市场可进入、可渗透的程度。包括可选目标市场规模大小、客户类型、客源层次、市场份额高低、发展潜力大小、各种餐厅上座率高低等。第三，分析目标市场消费群体的市场需求，包括对餐饮企业的消费环境、产品风味、产品质量、产品价格、可以接受的价格波动幅度、人均消费的支付能力等。第四，最终选择和确定目标市场的消费群体，完成市场客源定位。这一定位要最终落实到企业的不同餐厅的预测上座率和接待人次上，包括酒店餐饮的中餐厅、西餐厅、风味餐厅、宴会厅、咖啡厅和独立餐饮企业的大众散座餐厅、各种包房、雅间餐厅等。

（四）根据服务质量标准定位

即餐饮企业以优良的服务标准为消费者提供产品和服务。餐厅和酒吧等场所的服务都牵涉到服务质量标准的决策问题。确定什么样的服务质量标准，完全应依目标市场及餐饮店所处的竞争地位而定。服务质量标准定位的具体方法是：①制定餐厅服务的通用质量标准，严格贯彻落实。具体包括餐厅服务态度、着装仪表、礼节礼貌、服务语言、职业道德、清洁卫生、形体动作、客人投诉处理标准等。②制定各岗位服务程序和操作标准，逐级督导贯彻实施。具体包括餐厅迎宾领位、桌面服务、传菜、酒水等各个岗位的操作标准。逐级督导检查，及时纠正偏差，保证质量标准定位的具体落实，确保提供优质服务。

市场定位是一项比较细致而又复杂的工作，餐饮企业必须根据市场对商品、服务、质量、价格、舒适程度等方面的需求情况，并自我评价本企业在顾客心目中的定位、受欢迎的程度、独特形象等，通过营销调查、信息反馈，才能准确制定出市场定位策略。

第二节　餐饮经营范围

通常来说，要使企业保持长期稳定的经营，避免将有限的资源分布得过于分散，集中投资力量而不使经营范围过大，就必须根据目标顾客的需求和特征，进行市场定位，然后来确定经营范围，并相应地划出市场区域，有针对性地进行宣传营销。

一、单一经营

单一经营是指餐饮企业将自己的生产、服务集中在某一个产品或某一类别产品上。

单一经营的优势：

首先，由于企业集中于一项专门业务，有利于企业形成自己独特的经营能力和经营特色，容易创出名牌和树立企业形象。国际上以“汉堡大王”麦当劳快餐和“烹鸡专家”肯德基为代表，国内以“全聚德烤鸭”和“狗不理包子”等企业为单一经营的优秀代表。

其次，由于企业集中于特定的餐饮产品，企业能在确定的目标市场下将全部精力集中于产品开发和技术创新上并发挥专业优势。如专门经营“北京烤鸭”的全聚德，能够与目标顾客保持稳定的关系，有利于企业在市场上树立稳定持久的信誉。

最后，采用单一经营的企业在满足顾客需要、开发新的产品和服务、应付市场竞争、影响市场发展趋势等方面能够率先创新，成为市场的带头人。

虽然单一经营具有如此多的优势，但我们仍应看到其存在的风险。其中最大的风险是，一旦餐饮消费市场对企业产品的需求发生了不利的变化，由于其经营的产品品种单一，整个企业的经营收益必将大大下降。这就要求企业必须具有雄厚资金和敏锐的洞察力以应付市场变化，并不断根据市场的变化来改进和提高产品质量，寻求新的市场机会和市场需求。

二、纵向经营

（一）纵向经营方式

纵向经营是单一经营内容的扩展，它实际上就是扩大单一经营业务的经营范围。纵向经营有后向与前向两种不同的发展方向，如果把产品（服务）的推广、促销、广告、服务等作为“后向经营”，那么创造或挖掘细分客户的需求、创造顾客价值、追求最大限度地满足客户的需求就是“前向经营”。餐饮业主要采用前向经营。前向经营是将企业的经营业务向前延伸，进入原材料供应和产品开发的经营范围。如一些餐饮企业采用中心厨房式经营，就可以为本企业节约原材料成本，还可以为其他企业配送原料。

采取纵向经营主要从利润、质量角度来考虑，可以获得低成本优势和高质量原料。如麦当劳和肯德基都建有自己的养畜场和加工厂，为保持产品特色建立后向经营基地，不但稳定了原料来源渠道，还可以保证不断地提供新鲜、高质量的原料。

（二）纵向经营的限制条件

首先，企业的纵向经营扩张战略可能会受到一系列条件的制约。如采用完整的纵向经营扩张战略意味着大量的资金投入，将可能使企业背上沉重的债务负担。

其次，采用纵向经营扩张战略需要有一定的技术力量，要承担更多的风险，而且使得企业的经营管理过程更为复杂。在纵向产品生产流程中，各个生产阶段的规模经济是不同的，各阶段之间要做到投入产出量的准确衔接往往十分困难。

（三）纵向经营应注意的事项

首先，实行纵向经营要与企业的长远战略利益和经营目标相适应。

其次，实行纵向经营要能在一定的程度上加强企业在主要经营业务上的市场地位。

最后，实行纵向经营要能在一定的程度上更充分地利用企业的各种资源。

企业实行纵向经营可以有两种途径。其一是从企业内部发展，逐步扩大生产经营规模；其二是兼并或联营一批企业。

一般的企业如果能够完成从原材料供应到将产品送到最终消费者手中的生产经营全过程的话，就可以自行控制生产经营过程的全部环节，不会在某个环节上受制于人。当然，实践中能够真正实现这一全过程集约化经营的企业总是少数，只有达到一定规模的餐饮企业才具备这一实力，大多数的餐饮企业还是需要和其他相关企业合作才能完成销售任务。

三、多样化经营

企业环境的变化以及未来的走向会对企业的战略决策产生很大的影响，当餐饮企业经营达到一定规模的时候，企业应该不断审视自身的优势和行业的发展前景，及时进行必要的调整和扩张，以期实现企业的平稳、高效、快速增长。这时就必须采用多样化经营。多样化经营可以有两种主要的形式，即相关多样化经营和非相关多样化经营。

（一）相关多样化经营

相关多样化经营是指企业新发展的业务与原有业务相互间具有战略上的适应性，它们在技术工艺、销售渠道、市场管理技巧、产品等方面具有共同或者相近的特点。相关多元化可以使企业在核心产品的推动下，沿其主营业务向下或向上发展连带产品，以分散经营风险，保持其竞争优势。一般来讲，所谓核心业务是指一个多样化经营的企业所从事的时间较长、经验比较丰富、仍有技术专长和竞争优势并能带来主要利润收入的业务。当企业进行相关多样化经营，将其技术专长和竞争优势扩展到相关的业务时，就可以发挥其技术专长和竞争优势的最大效益。

企业可以通过多种方式开展相关多样化经营。常见的相关多样化经营方式：①进行密切相关产品的经营，如传统餐馆兼营快餐；②以企业现有技术为基础开展相关多样化经营；③通过提高现有设备的利用率开展相关多样化经营；④充分利用现有原材料资源的多样化经营；⑤利用餐饮企业已有的商标和信誉开展相关多样化经营。如麦当劳公司利用自己的商标经营儿童玩具。

(二) 非相关多样化经营

非相关多样化经营又称混合多元化或复合多元化，指企业新发展的业务与原有业务之间没有明显的战略适应性，所增加的产品是新产品，服务领域也是新市场，如生产化学工业产品公司同时兼营首饰、纺织、旅游业等。这种跨行业的多元化经营既非没有核心业务，也并非层次不分，同时在各项核心业务的发展时序上也不应一哄而起。相反，这种多样化是以一种或几种核心业务来支撑的多样化，只有在核心业务已具有优势，占有较大市场份额并形成稳定收入时，才能再去发展另一核心业务。选择非相关多样化经营战略一定要稳步推进，因为这种多样化有效扩张不是若干行业的简单相加，而应该作为竞争力的集合。餐饮企业开展非相关多样化经营，一般是在其经济实力相当雄厚、市场地位巩固、品牌具有一定社会吸引力时采用。尽管如此，还应对市场进行认真分析，对不太熟悉、没有经验的行业，不要轻易进入。一般情况下，餐饮企业进行非相关多样化经营是为完善企业功能而开展，如餐饮企业经营娱乐项目、餐饮企业经营客房等业务。

[补充阅读2-1] 跨界经营餐饮

1. 家居+餐饮——营造生活方式

宜家向来都被称为跨界餐饮的“黑马”。起初只是为了延长顾客在店内停留的时间而创办了餐厅，没想到餐饮却成了宜家营业收入的重要组成部分。菜品虽说很少创新，但价格足够亲民，依托背后强大的供应链与运营管理的支撑，营造舒适生活氛围，更贴近品牌理念。

无印良品跨界餐饮的目的并不是简单的进军餐饮市场，而是希望通过跨界将品牌传播的文化和简约的生活方式传递给顾客，让顾客从购买行为转变为价值观认同。

2. 互联网跨界+餐饮——收割大波的关注与热点

与其他行业跨界餐饮不同，互联网选择快闪店、联合餐饮的方式，利用互联网的营销思维做餐饮，短期内快速引爆品牌。

相比传统餐饮的可维持，互联网跨界更考虑贴近消费者，达到快速消费的目的，且快速让品牌得到曝光与关注。

好的跨界是放大优势，是叠加，传统餐饮又将如何面对？传统思维的餐饮人如果还是站在“原地”思考问题，终有一天，会被跨界餐饮淘汰。传统餐饮其实需要融入更多新鲜元素，而不是一成不变。

[资料来源] 根据 http://www.sohu.com/a/224844938_374819 资料整理.

第三节　餐饮企业选址

餐饮产品与制造业产品不同，不是将产品从生产地向顾客消费地输送，而是将顾客吸引到餐饮店内来就餐，因而餐厅的地理位置对餐饮经营的成败有很大影响。好的店址，有利于餐厅合理做好长期投资、减少浪费，也有利于餐厅制定科学的营销策略。有人把餐饮业称为“选址的行业”，只要餐厅位置选择恰当，就等于成功了一半。餐厅的经营管理者不仅要懂得去利用和发挥其原先的地形、地貌优势，弥补不足，还要学会充分考虑地区经济的发展优势、交通条件、人口状况、消费习俗等，凭借地区经济的发展优势，在一个完整构思理念的支配下，寻找合适的位置。

一、营业区域选择应考虑的因素

（一）选择具有发展潜力的区域

1. 经济发展较快、较活跃的区域

餐饮消费是在人们有足够的收入满足日常衣、食、住、行等基本需要之后的可自由支配收入的支付。一个地区人们的收入水平、物价水平都会影响到人们可用于消费的收入数量和他们必须支付的价格。一般来说，当人们的收入增加时，人们愿意支付更高价值的产品和服务，尤其在餐饮消费的质量和档次上会有所提高。一个经济繁荣、商业活动频繁的地区，人们外出就餐的机会也多。因此，餐饮企业一般应选择在经济繁荣、经济发展速度较快的地区。

2. 与政府的发展规划相一致

餐饮企业的区域选择要考虑到地区的宏观区域规划，一定要向有关部门进行区域发展规划方面的咨询。因为区域规划往往会涉及道路的拓宽延长、建筑的拆迁和重建以及人流迁移。如果未经分析，餐厅就盲目上马，在成本收回之前就遇到了拆迁等问题，餐厅经营无疑将蒙受损失，或失去原有的地理优势。同时，掌握区域规划后，便于我们根据不同区域类型，确定不同经营形式、内容和经营规格等。与政府的发展规划相一致，不仅有利于企业确定地理优势，而且具有发展潜力优势。另外，还要分析当地市政规划与大规模开发计划实施的可能性。

（二）处理好群体规模与单体垄断的辩证关系

一般区位的选择以避开竞争对手为好，否则容易引发价格战。但是竞争既是一种威胁，又是一种潜在的有利条件。如果市场容量大，同类餐厅在适度竞争的情况下，以“同行同市”的形态出现，反而容易形成规模效应。同类的店铺集中在一起，使得顾客拥有广泛的选择余地，因而往往会吸引更多的顾客来此消费，形成规模优势。而一些主题非常鲜明的餐厅，也可寻求相对僻静的区位，发挥其单体垄断优势。

（三）选择适合于本企业经营活动的地点区域

地点特征是指与餐饮经营活动相关的位置特征。如餐饮企业经营所在的区域与政治中心、商业中心、旅游中心、文化中心以及饮食服务区的距离和方向，一般以相近为宜，因为在消费过程中，距离近可以产生连带消费作用。这就要求餐饮企业经营的项目和服务内容与地点特征相一致。因此要注意影响市场区域大小的因素。餐厅的档次越高，人们的购买决策就越慎重，为就餐愿花的时间也就更多些。一家有特色的、闻名的餐厅，人们往往愿意花较多的时间前来就餐，而经济餐馆和快餐店的购买决策属于即时决策，人们一般不会为吃顿快餐而坐车或走很多的路。餐厅所处的地理位置也影响市场区域的大小。位于商业中心的餐馆比僻静区的餐厅市场范围小些。因为商业中心交通往来和存车都不太方便。台湾省的餐饮管理学家认为，在商业中心的餐厅的市场区，是以餐厅为中心，200 米距离为半径的圆圈为第一商圈；在较僻静的城镇，半径为 300 米；市郊路段为 2 千米；如果是大厦内的餐饮店，则以大厦为第一商圈。

（四）选择有利于降低企业经营成本的区域

餐饮企业经营的关键因素之一是经营成本。在选择经营区域时就应充分考虑所在地区影响经营成本的因素。

1. 土地价格或建筑物租金

地价或租金是在逐渐上涨的，而且餐饮企业在投资时，土地费用或建筑物租金所占的比重也是较大的。城市不同区域、不同街道、不同地段，其地价或租金相差是很大的，因此在选址时，应选择地价或租金合理的、有较大潜在优势的位置。假日餐饮店的创始人威尔逊，一般把新建酒店土地购置费控制在总造价的 10% 以内。

2. 能源供应

能源主要是指水、电、天然气等，它是餐饮经营过程中必须具备的基本条件。如果这一区域能源价格过高，将直接影响企业经营的成本。要说明的是，水的质量也很重要，因为水质的好坏直接关系到烹饪的效果。

3. 原材料的供应及价格水平

餐饮企业每天都必须大量采购鲜活的原材料，如果所在地区原材料供应不足，会影响餐饮企业的服务水平和声誉，如从外地空运会增加成本。如果原材料有供应，那么货源是否充足、价格是否合理、价格是否稳定，都是餐饮企业选择区域时需要考虑的因素。

4. 劳动力供应状况及工资成本

餐饮企业属于劳动密集型企业，需要很多掌握专项技术的人员，如厨师或管理人员，具有一定技能、操作娴熟的服务人员等。这一区域市场上是否可供应足够的具有餐饮专业知识的劳动力，以及他们的工资标准等，也是应考虑的经济因素之一。

5. 税收负担

餐饮企业所在地区的税收政策、税收比例或额度，是选择投资区域应考虑的因素。

6. 贷款及利率

投资贷款是否容易获得，利率高低等影响贷款的成本，这是选择营业区域时考虑的又一个重要因素。

7. 社区服务

社区服务包括治安、消防、垃圾废物处理以及其他服务。目标地点所需服务的设施、费用和质量都是应该被评估的，这些信息可从当地政府相关部门获得。

（五）选择适合企业市场特征的营业区域

通过对区域内人口、收入、就业人数及类型、工商企业、旅游资源、交通运输等方面统计数据的分析，来研究餐饮营业区域的特点。

1. 区域内的人口特点

区域内人口的数量及人口素质影响了对餐饮的需求量；区域内人口年龄结构、职业结构影响了餐饮的消费习惯和消费方式；观光人口（流动人口）的增加，扩大了对餐饮的需求。

2. 区域内的餐饮需求特征

不同的市场区域餐饮需求不同，包括对餐饮需求的内容、服务方式不同。经营者应根据区域内餐饮需求特征来确定营业区域。在商业零售店、服务部门，购物者的餐饮需求是方便、卫生的食品；在宾馆、商务写字楼，住店客人的餐饮需求是具有一定品位的、价格适中的食品；在交通中心（机场、车站、码头），旅行者对餐饮的需求是快捷的食品；在学校，师生对餐饮的需求是营养、卫生、食品；在政府部门，招待客人的餐饮需求是有一定档次的食品。

二、餐饮企业经营场所的选择

餐饮企业的选址是一项复杂的工程，我们在选择餐饮经营场所时要遵循餐饮企业选址的因素和原则，在营业区域已确定的基础上，还应确定具体的经营场所。在具体的选址过程中，应遵循以下原则。

（一）作好目标市场分析

任何餐饮企业，都要根据其目标市场，研究其作息规律，按所在地人们行进、停留的规律选址，使顾客容易接近。餐厅原则上应选择在顾客容易接近的地段和位置，因为在很大程度上，顾客是以方便性来决定进入哪家餐馆的。

（二）综合配套

选址时要注意，现代餐饮企业经营，一般都与休闲娱乐、住宿等相关行业配套。配套的方式一般有两种：一是自身配套，即大型餐饮企业建立既有餐饮又有娱乐和消闲设施乃至住宿的综合企业。二是与附近设施配套，即将地址选择在有住宿和娱乐设施或购物中心的附近，形成一种互补的经营方式，如在高级宾馆区建立适合住店客人用餐的餐饮企业即是出于此意。同时，选址时还要考虑与周围环境的配套，包括卫生环境、建筑物、美化环境以及绿化环境等；与基础设施的配套，主要是指区位内实现“三通一平”，即通水、通电、通气、道路平。

（三）可见度好

餐饮企业的可见度是指餐饮企业位置的明显程度。比如说选址的位置无论在街头、街中还是街尾，应让顾客从任何一个角度看，都能获得对餐饮企业的规模外观的感知。当然，这需要从建筑、装饰等几个方面来完善。一般而言，连锁餐厅宜紧靠某条主要街道、繁华的商业区域或某个公寓区。

（四）考虑投资预期目标

餐饮企业在选择地点时，除考虑外部因素外，还应考虑自身的条件，如经营品种、方式等。要以能实现预期投资目标的地点来衡量地理位置的优越程度。如在繁华的商业街上（地理位置好、租金高）开一家中高档餐饮企业，其销售额和利润远不如快餐企业大（顾客主要来自购物者和商场服务员）。

［补充阅读2－2］麦当劳的选址策略

麦当劳的成功，除了品牌优势外，在选址方面更具敏锐目光，善于进驻具有发展潜力的地区。其选址策略包括：

（1）建频密网络。麦当劳的目标消费群是家庭成员和年轻人，所以在选址上，人潮聚集地是其最主要的考虑因素。例如在商业中心的儿童用品商店或青少年运动产品连锁店附近，便会积极进驻；至于靠近繁忙地铁站的周边，在不同的出口，也会设置分店，为顾客提供方便，以频密的网络，抢夺来自四面八方的顾客。

（2）对地区进行评估。做生意是长线的投资，所以在拣选落脚地时，麦当劳都会做市场调查，对据点进行为期3～6个月的严密考察。考察的内容，包括进驻城市的规划与发展、人口变动、消费和收入水平等，如果发现是正在或已经老化的城市，则会打退堂鼓。相反，若有兴建中的新型住宅区、学校和商场等，则会将其纳入考虑的范围。

（3）装潢抢眼。除了底楼外，麦当劳也会在商场等一楼设店，而设店位置往往靠近玻璃窗，从落地玻璃窗可以看到顾客在店内的消费行为，借此吸引街外过客的目光，以取得视觉上的优势，从而诱使顾客进店。

（4）不打激进牌。虽然不少品牌都希望抢得黄金铺位，但昂贵的租金往往在运营成本中占了很大的比重。麦当劳在内地的对策是不打激进牌，例如在上海松江和金山区，便先发展其他二线据点，打响知名度和凝聚人流后，吸引代理高价店铺的地产商主动招手，然后再做出议价行动，这样才能获得投资回报。

（5）优势互动。麦当劳在百货公司也会开“店中店”，以吸引喜欢逛百货公司的顾客，尤其在知名度高的品牌旁边开店，如家乐福超市等，以达到优势互动的好处。至于年轻人喜欢逛的购物商场，也会为其带来稳定的客源。

［资料来源］http：//www. canyin168. com/glyy/xd/dz/200701/4437. html.

三、餐饮企业筹建

通过可行性分析和市场调研，确定了目标市场和经营方向后，便进入餐饮经营的筹建阶段，在筹建阶段应估算各项有关费用。

（一）土地和建筑物的费用估算

土地费用弹性不大，一般不用估算。建筑费用包括建筑设备和工具费用，可以通过不同途径进行估算，如按每个餐座所占费用计算；或参考近期刚刚建好的同种类型的餐厅建筑费用等。餐厅建筑费用是经营者根据经营方针和规模进行的基本投资之一，可以采用招标的形式，通过竞争达到降低费用的目的。

（二）家具和设备的费用

家具和设备的费用估算由经营者和室内设计师及餐饮服务顾问共同研究决定。这些费用主要由餐饮经营规模、提供的产品和服务方式等因素决定。

（三）业务设备费用

包括经营所需的餐具类如瓷器、玻璃器皿、银器；布草类如台布、餐巾、员工制服；另外还包括菜单制作费用等。这些业务设备的费用估算，是在每项所需数量和费用计算的基础上产生的。

（四）运营费用

除上述各项费用开支外，企业必须有一定数量的运营费用，用以维持餐厅的开业和正常营业，如办理营业执照、卫生许可证等相关开业手续的费用；开业费用；广告推销费用；职工培训费用；采购食品原料的费用；前期的员工工资，等等。

第四节　餐饮企业名称、标志和招牌

任何一个企业都和人一样要有自己的名称。名称伴随着企业整个经营过程，具有传递信息、引起注意、树立形象的重要作用。餐饮企业名称不仅是对这一企业的称谓，也代表着这个企业的品牌。所以，餐饮企业不仅要有好的名字，还要有合适的表现形式，这就是标志。名称、标志是餐饮企业投资的重要组成部分，好的名称和标志有助于企业树立良好的公众形象，有助于企业的长远发展。

一、餐饮企业名称设计的一般规律与原则

餐饮企业名称是企业形象的首要元素，是企业文化浓缩的符号。有了好名称，才能建立起形象鲜明的企业，否则，将是“皮之不存，毛将焉附”。所以在餐饮企业策划设计名称时，应了解名称设计的一般规律与原则。

（一）餐饮企业名称设计的一般规律

1. 符合国家法律和相关法规

餐饮企业命名一定要符合相关法律法规。在正式命名之前，这一点一定要落实清楚，不要与之相冲突，以免给企业带来巨大损失。特别是一些已经注册并享有专属权的名称，在自己的餐饮企业命名时一定不能与其重复。如“假日”“香格里拉”“肯德基”“马克西姆”等名称都是专属名称。

2. 传达企业理念与精神

企业理念，是餐饮企业形象的精髓和核心，它将指导企业在生产和经营过程中，形成哲理性的根本指导思想和基本观念。企业精神，则是餐饮企业形象的重要组成部

分，是企业核心价值观的体现，是企业每个员工共同的信念、信仰和群体意识，是企业形成凝聚力的强大动力，是充分发挥每个员工的积极性、合作性、创造性的强大精神武器。

在设计餐饮企业名称时，要为以后的企业理念、精神的提炼和确立打下坚实的基础，使企业名称在今后的传播中，能起到加强和宣传企业理念、企业精神的作用，真正让企业名称体现出“名副其实，名正言顺”的效果。如上海嘉宾餐饮有限公司，其名称一看就知道企业理念是全心为宾客服务，一切为了宾客。

3. 读音响亮上口，给人以好印象

企业名称的读音必须考虑两个方面：

（1）声母、韵母、声调不宜相同，要有差别。如果所取的名称的声母或韵母相同，则读起来既不响亮又很拗口，从而影响企业形象。如“歌高阁”声母都是“G”，“老狼来”声母都是“L”，“兰蔓”韵母都是“an”，读音不顺。如将其改成“歌顿阁”“野山狼”，就比较有个性，且读音好听了。

（2）音调，就是读音的平仄。一、二声为平，三、四声为仄。也就是说，餐饮企业名称的文字读音也要有声调变化，给人以抑扬顿挫之感。

（3）名字的读音应避免不吉利、不文雅的谐音。取名时，也要注意吉利。吉利不是迷信，是一种民俗，是一种人的心理现象在社会生活中的反映。所以，应注意这点。

4. 字形易认、易读，字义明确清楚

字形从视觉上给客人一种感受，所以要从整体上给人易认、易读的设计效果。餐饮企业的名称是用来被大家读、记和传播用的，在选字时应避免用生僻的、难认的、繁体的字，因为这样的字，客人看不懂、读不出，印象虽然深刻，但无法交流，不便于传播。如“凤翥阁”中的“翥”是个不常用的字，没有多少人能读懂它，传播起来就很困难。另外字形的结构要有整体性和新颖性。例如“楼外楼”“聚春园”“渝加渔”都是很好的字形的组合，具有艺术感染力，使人回味无穷。

字义包括本意和寓意两个方面，寄托着起名者对所起名称的希望和追求，同时又反映出起名者与被起名者的性格特征。名实相符，表达行业特征，才能提高企业形象和产品形象的知名度和美誉度。如著名的假日餐饮店集团，其字体简单易认，含义一目了然，就是让宾客感觉像回到了家一样轻松自然。否则，可能是知名度提高了，但美誉度却一落千丈。

（二）餐饮企业名称设计要求

从可口可乐（Coca Cola）、索尼（Sony）等世界名牌的标准名称来看，表现出四大共同特点，即简明扼要、朗朗上口、意向准确、诱发联想。这些品牌名称对餐饮企业名称设计具有很多借鉴和指导意义。

1. 应与餐厅档次一致

餐饮企业的投资者和经营者，在确定自己餐厅的名称之前，首先应明确该企业的档次、规模、目标客源的层次。如果确定经营档次是豪华餐厅，面向高端顾客，并且餐厅的装饰、菜品和服务都是按高标准设计和实施的，那么餐饮企业就应取一个高贵、豪华的名称，如金碧花园酒店。这既有助于向顾客传达一个明确的信息，又有助于塑造餐饮企业的形象。如果是大众化的实惠型餐饮企业，就应该有个通俗易懂的朗朗上口的名称，如“食餐饱”餐厅、“好又来”餐饮店。

2. 应与餐饮企业的目标市场相适应

餐饮企业面对的市场需求具有明显不同的档次。因此，餐饮企业的投资者，在投资初期就已经确定了规模和档次，也就是选定了目标市场。所以，其名称应与既定的目标市场相适应。如果餐厅经营的主要品种是面向西方人的，可以取洋名；如果经营的是快餐店，那么取名要新，针对工薪阶层、上班族，使名称涵盖面大，适用面广，如“对又来快餐店”。

3. 名称应考虑到世界各地的通用性和民族性

这要求在命名时不仅要考虑本国语言中名称的原形、音、义的特征，还要兼顾国际上其他语言翻译出来的含义及发音。如“雪碧”碳酸饮料，英文名称是“Sprite”，但是在翻译成中文的时候没有直接音译，而是考虑了中国人的理解习惯和商品特点，结果迅速占领了中国市场。

我们中华民族有着悠久的历史和灿烂的文化，我们的文字有形有音有义，当几个单字联成词汇后，有独特的含意和深刻的寓意，体现我们传统文化集体潜意识的延续力，如全聚德烤鸭店。所以我们在为本土餐饮企业设计名称时，除了某种特殊的偏好之外，不应该有崇洋媚外的心态，把企业名称设计成外语的译音，会给人不中不洋、不爽不快的感觉。

4. 追求简洁明快

按中国人的习惯以及人的记忆规律，一个名称的字节最好不超过四个。餐厅的名字也要遵循这个规律，最好是二至三字，这样顾客称呼上口，用词响亮，笔画少，容易记忆。一个读音困难、拼写太长的名称，往往会影响企业的传播效果和经营状况。国外一些著名的企业进入中国，将店名译成中文时，尽量做到字数少、笔画少、记读容易，如“必胜客”“马克西姆”“肯德基”。在为企业起名时，要简洁明快，言简意赅，给人干脆愉悦的感觉，为企业今后的发展兴旺打下坚实的基础；切忌拖泥带水，表达不清，所指不明，给人不知所云的感觉。

5. 新颖别致，不落俗套

无论是在视觉上还是在听觉上，均要新颖别致，不落俗套，使消费者感到可信可近，能提高和激发消费者认名的兴趣，从而建立企业良好的形象。如娃哈哈，名称来源于人们最基本的愉快的表达方式，即哈哈笑的基本发音。

6. 一旦选定名称，就不要轻易更改

要让大多数人熟悉餐饮企业名称是不容易的，这需要时间，需要各方面的努力，所以不要轻易改变，以利于销售，树立企业形象。

二、餐饮企业标志设计

在 CI 设计中的 VI 视觉要素中，标志是核心要素。企业标志是指那些造型单纯、意义明确的统一、标准的视觉符号，一般是企业的文字名称、图案记号或两者相结合的一种设计。标志具有象征功能、识别功能，是企业形象、特征、信誉和文化的浓缩，一个设计杰出的、符合企业理念的标志，会增加人们对企业的信赖感和权威感，在社会大众的心目中，它就是一个企业或某品牌的代表。

（一）标志的功能

一个标志代表着一个企业、一个品牌，它能向人们准确地传递信息。例如当我们看到一个金黄色的双拱门时，就知道它是一家麦当劳快餐店。因此，标志在企业的经营活动中具有特殊的功能。

1. 识别功能

识别功能是标志的基本功能，它能将该企业与其他企业区别开，便于消费者辨别和记忆，强化消费者对该企业的感知和认定。

2. 寓意功能

一个标志总有其深刻的意义，它不仅体现着企业的经营理念，象征着经营者美好的追求和愿望。同时，通过标志，也可以唤起消费者的注意和联想，进而起到一种促销的作用。

3. 保护功能

标志在国家的商标管理机构注册后，就取得了专用权，受到法律的保护，禁止他人假冒和仿造使用，这不仅可以保护正当的市场竞争，维护经营者的信誉和经济利益，也可以维护消费者的利益。

（二）标志的类型

目前，餐饮企业的标志共有以下四种类型：

1. 文字标志

文字标志一般均以企业名称为基础，然后加以字体造型而成。广东“东东云吞面”是一家食品快餐连锁店，其标志是“东”字的草书体，象征筷子和面条的可视图形。

2. 字母标志

字母标志有两种类型，一种是汉语拼音的造型，另一种是英文字母的造型。汉语拼音造型一般是将该企业名称的声母组合在一起或者是第一个字的声母。如五粮液的标志就是以“W”为中心，用两个同心圆圈住，中间用代表五种粮食的直线连接，寓意深刻。

3. 图形标志

用图形作标志，简洁、明快、生动，能给人留下深刻的印象和美的享受。例如，深圳野力肥牛火锅城店标为一头牛的图形，它以醒目的写实牛头突出酒家特色，使人一目了然，过目难忘。还有北京国际餐饮店标志为圆形的地球状，意为面向全世界；主体为我国的古代酒具——爵，表示酒店。

4. 复合标志

此为图形和文字复合而成的标志，这是目前用得最多的。复合标志的优点十分明显，它不仅能标识企业类型、经营特色，还能使人了解企业的精神和品味。例如西安清雅斋饭庄店标为英文字母 Q（即店名的汉语拼音字头）的字形，主体为伊斯兰教清真寺的建筑造型，店标底色为伊斯兰教崇尚的墨绿色，富有独特的民族风情和地方特色。

（三）标志设计的原则

餐饮企业标志的设计，要通过策划、构思、设计、修改、定稿等一系列的复杂过程，因此，在设计时，不仅要投入必要的人力和财力，还要慎重，力争达到一劳永逸的效果。所以，在设计时应该遵循下列原则：

1. 简洁、明快

标志不仅是消费者辨认企业的途径，也是增强企业广告宣传效果的最好手段。因此，标识设计应该简洁、明快，让人一见就能借助于无意识记忆迅速理解和记忆。

简洁、明快，并不是说图文简单、缺少内涵，而是说图文看起来清楚明了，不造成视觉上的负担或让人难解、误解。往往越简洁的标志，寓意越深刻，传播越容易。很多驰名的产品，其标志都是非常简明的。

2. 寓意丰富

作为标志，一般应有寓意，让人一看就能从中感受到该企业的经营特征。寓意要准确贴切，通俗易懂，以让人一见即可理解为佳。如上海百乐门大酒店由繁体字的“门”经巧妙变化而成中国传统拱门的基本图形，又似一笑口常开的脸面，其嘴的形状如酒杯，而笑眯眯的眼则意为微笑服务，又隐含“进我店门，百事快乐”之意，图形创意奇巧但又寓意明显，让人记忆深刻，过目不忘。

3. 新颖、独特

标志设计还应该新颖、独特，只有新颖才能引人注目，只有独特才易于与其他标志相区别，而形成鲜明印象。

新颖、独特的前提是必须研究本企业与众不同的基本特征，然后再寻求与众不同的表现手法。当然，要与众不同，就必须首先研究其他企业的标志。这种研究是必要的，不仅是为了独特、有新意，也是为了避免以后在法律上发生纠纷。

4. 精致巧妙

标志的设计还应该精致。无论选材、制作还是标准字、标准色，都应该给人一种精致、考究的感觉。巧妙主要表现在构思、造型，标准字与标准色的搭配上。精致与巧妙，是标志设计富于艺术性的根本所在，应避免那些生硬、牵强、松散的设计形象。

三、餐饮企业的招牌

餐饮企业的标志设计完以后，要通过一定的形式表现出来，它可以制成徽章、招牌、牌匾以及印刷在其他物品上，将本企业的信息传播出去。

自古以来，餐饮业就非常重视招牌的设计和制作。招牌悬挂在店铺门前，形象直观地推介商品，使人望物明义，一目了然，用以招徕和吸引顾客。

（一）传统招牌的种类

餐饮业以招牌来吸引和招徕顾客的历史可追溯到2000多年前的春秋战国时期。传统的招牌主要有酒旗和幌子，幌子也是由酒旗演变而来的。

1. 酒旗

酒旗也叫“酒招”，最初为无字布帘，后来，喜欢舞文弄墨的古代人在布帘上题写了店铺名号和简单的经营范围。由于布帘容易褪色损坏，后来便用木牌代替，于是出现了今天很常见的各式招牌。

2. 幌子

原指布幔，古代酒肆常在门前悬挂，一则吸引路人视线，二则提示路人这里是酒馆，久而久之便成为酒店特有的一种标志，所以有人称为“酒帘子”或“酒望子”。现在，在东北的乡镇还能看到用红布、蓝布（清真餐饮店）或红绒线、红（蓝）塑料布制成的幌子。

（二）现代餐饮企业的招牌

现代企业招牌是企业的标识，展示着企业的形象和市场定位。随着社会经济发展，现代餐饮企业招牌也向多元化方向发展。

1. 霓虹灯招牌

霓虹灯招牌可适应餐饮企业晚上营业的需要，不仅能引起消费者的注意，还能制造热烈和光怪陆离的气氛，以达到美化城市、促进销售的目的。因此，霓虹灯招牌是目前普遍使用的一种招牌。但是，从环境保护和节约能源的角度讲，霓虹灯招牌不应该成为主要的招牌类型。

2. 悬吊式招牌

悬吊式招牌是横挂或竖挂在餐饮企业门口一侧的招牌。这种招牌像一把刀突出了餐饮企业的门面，所以又称“刀匾”。这种招牌一般都是双面印有企业名称或标志，让来往的行人注意。这种招牌有的设计成灯箱式，也有的镶上霓虹灯，是常见的招牌之一。

3. 镶嵌式招牌

镶嵌式招牌就是将企业的名称、标志镶嵌在企业的墙上，以示企业性质的招牌。这种招牌设计简便，但要充分考虑字体大小、颜色与建筑物的高低和色彩的关系。一般来说，字的大小应与建筑物的大小成正比，字的颜色要与底色形成较强烈的反差，只有这样才能突出招牌。

4. 横立式招牌

横立式招牌是最常见的一种招牌，横立在企业门的上方或贴在门面上。这种形式的招牌是企业装饰门面的重要方法之一。

除上述几种招牌类型以外，还有人物、动物、模拟实物等造型的招牌，这些招牌具有生动性、夸张性和趣味性，是招牌发展的一种趋势。

第五节 餐饮经营计划

一、餐饮经营计划的特点

经营计划是企业经营目标和管理任务的具体体现，它直接决定了企业的人、财、物等资源的调配和业务经营活动的组织，并影响资金使用和经济效益。正确预测计划指标、编制经营计划、合理确定计划目标、做好计划管理，是餐饮管理的首要条件和基本要求。

（一）目标性

从实质上说，计划管理就是确定目标，组织业务活动的开展，保证计划指标的实现。因此，餐饮经营计划必须以企业经营方针为指导，分析客观环境，掌握市场供求关系的变化，在收集计划资料的基础上，做好预测。然后通过财政预算，对餐饮收入、成本、费用、利润等做出全面安排。这些指标一经确定和分解，就成为企业、部门和基层管理的具体奋斗目标，指导餐饮管理各项业务活动的开展。因此，餐饮经营计划实质上是对目标管理的具体运用。

（二）层次性

餐饮经营计划有店级计划、部门计划、基层作业计划。餐饮部门内部还有食品原材料采购计划、厨房生产计划、各餐厅销售计划、成本计划等。从计划指标的安排看，各级、各部门、各餐厅的计划都是互相联系、互相依存的。下一级的计划指标既是对上一级计划指标的分解，又是制定上一级计划指标的基础。因此，餐饮管理应建立在国家引导市场、市场调节企业的运行机制的基础上。企业内部计划的编制和执行都应坚持逐级负责、逐级考核的原则。

（三）综合性

编制经营计划是一项综合性较强的工作，它涉及企业各部门、各环节、各项业务活动的开展。具体来说，经营计划业务上涉及采购、储藏、生产和销售，内容上涉及各级、各部门的收入、成本、费用和利润，计划的贯彻执行涉及业务管理的全过程，体现在供、产、销活动的各个方面。因此，餐饮经营计划必须以经济效益为中心、以销售预测为起点、以业务经营活动为主体、以经营措施为保证，具有较强的综合性。

（四）专业性

编制经营计划是一项专业技术性较强的工作。在编制计划以前，要做好调查研究，分析经营环境，掌握市场供求关系的变化。在编制过程中，要做好销售预测，搞好财政预算，合理安排各种指标。执行过程中又要利用信息反馈，掌握计划进展和可能出现的偏差，发挥计划控制职能。因此，餐饮管理人员只有掌握这些专业技术，并善于灵活运用，才能做好计划管理工作。

二、餐饮经营计划的内容

经营计划是企业经营目标和管理任务的具体体现，它直接决定了企业人、财、物等资源的配置方向和业务经营活动的组织，并影响资金使用和经济效益。

（一）销售计划

销售是市场营销的本质表现和对各种交易行为的直接反映。餐饮销售计划是根据市场需求，在确定产品风味和花色品种的基础上，分析企业档次结构、接待对象、接待能力而制定的，其内容主要包括餐厅接待人次、上座率、人均消费、不同餐厅的食品收入、饮料收入、烟草收入和其他收入及总销售额等。

（二）产品生产计划

厨房生产是餐饮业务经营活动的中心环节之一。生产过程的组织直接影响产品质量、客人需求和食品原材料消耗，是确保销售计划得以顺利完成的基本条件。餐饮产品生产计划是以餐厅销售计划为基础，通过计划指标的分解来制定的。它以短期计划为主，其内容主要包括花色品种安排、食品原材料消耗、厨师任务安排、单位产品成本控制等。

（三）食品原材料计划

食品原材料是保证餐饮产品生产需要，完成销售计划的前提和保证。其计划指标以食品原材料采购为主。计划的内容主要包括采购成本、库房储备、资金周转、期初库存、期末库存等。

（四）餐厅服务计划

餐厅服务过程就是餐饮产品的销售过程。餐厅服务质量是餐饮管理的生命，它直接影响客人需求、产品销售和营业收入的最终完成。餐厅服务计划以提高服务质量、扩大产品销售为中心，根据餐厅类型、就餐环境和接待服务规格来制定。其内容主要包括服务程序安排、服务质量标准、人均接待人次、职工人均创收、人均创汇、人均创利、优质服务达标率、客人满意程度、投诉降低率等。

（五）营业利润计划

营业利润是餐饮企业经济效益的本质表现。营业收入减去营业成本、营业费用和营业税金就是营业利润。营业利润计划包括税金安排和利润分配。因此，计划指标内容应包括利润额、利润率、成本利润率、资金利润率等。表 2－1 列出了餐饮企业中重要的经营计划指标。

表 2－1　　餐饮管理经营计划指标

编号	名称	公式	含义
1	餐厅定员	＝座位数×餐次×计划期天数	反映餐厅接待能力

表2－1(续)

编号	名称	公式	含义
2	座位利用率	$=\frac{日就餐人次}{餐厅座位数}\times 100\%$	反映座位周转次数
3	餐厅上座率	$=\frac{计划期接待人次}{同期餐厅定员}\times 100\%$	接待能力利用程度
4	食品人均消费	$=\frac{食品销售收入}{接待人次}$	客人食品消费水平
5	饮料比率	$\frac{饮料销售额}{食品销售额}\times 100\%$	饮料经营程度
6	饮料计划收入	＝食物收入×饮料比率＋服务费	反映饮料营业水平
7	餐饮计划收入	＝接待人次×食物人均消费＋饮料收入＋服务费	反映餐厅营业水平
8	日均营业额	$=\frac{计划期销售收入}{营业天数}$	反映每日营业量大小
9	座位日均销售额	$=\frac{计划期销售收入}{餐厅座位数\times 营业天数}$	餐厅座位日营业水平
10	餐饮毛利率	$=\frac{营业收入-原材料成本}{营业收入}\times 100\%$	反映价格水平
11	餐饮成本率	$=\frac{原材料成本额}{营业收入}\times 100\%$	反映餐饮成本水平
12	喜爱程度	$=\frac{某种菜肴销售份数}{就餐客人人次}\times 100\%$	不同菜点销售程度
13	销售利润率	$=\frac{销售利润额}{销售收入}\times 100\%$	反映餐饮销售利润水平
14	餐饮流通费用	＝∑各项费用额	反映餐饮费用大小
15	餐饮利润额	＝营业收入×（1－成本率－费用率－营业税率）	反映营业利润大小
16	餐饮利润率	$\frac{计划期利润额}{营业收入}\times 100\%$	餐饮利润水平
17	人均接待客次	$=\frac{客人就餐人次}{餐厅（厨房）职工人数}$	职工劳动强度
18	计划期库存量	＝期初库存＋本期进货－本期出库	反映库存水平
19	平均库存	$=\frac{期初库存+期末库存}{2}$	月度在库规模

表2－1（续）

编号	名称	公式	含义
20	流动资金周转天数	$=\frac{\text{计划期营业收入}}{\text{同期流动资金平均占用}}$	反映流动资金管理效果
21	流动资金周转天数	$=\frac{\text{流动资金平均占用}\times\text{计划天数}}{\text{营业收入}}$ $=\frac{\text{流动资金平均占用}}{\text{日均营业收入}}$	
22	餐饮成本额	＝营业收入×（1－毛利率）	反映成本大小
23	边际利润率	＝毛利率－变动费用率 $=\frac{\text{销售份额}-\text{变动费用}}{\text{营业收入}}\times 100\%$ $=\frac{\text{销售份额}-\text{变动费用}}{\text{销售份额}}$	反映边际贡献大小
24	餐饮保本收入	$=\frac{\text{固定费用}}{\text{边际利润率}}$	反映餐饮盈利点高低
25	目标营业额	$=\frac{\text{固定费用}+\text{目标利润}}{\text{边际利润率}}$	计划利润下的收入水平
26	餐饮利润额	＝计划收入×边际利润率－固定费用	反映利润大小
27	成本利润率	$=\frac{\text{计划期利润额}}{\text{营业成本}}\times 100\%$	成本利用效果
28	资金利润率	$=\frac{\text{计划期利润额}}{\text{平均资金占用}}\times 100\%$	资金利用效果
29	流动资金利润率	$=\frac{\text{计划期利润额}}{\text{流动资金平均占用}}\times 100\%$	流动资金利用效果
30	投资利润率	$=\frac{\text{年度利润}}{\text{总投资}}\times 100\%$	反映投资效果
31	投资偿还期	$=\frac{\text{总投资}+\text{利息}}{\text{年利润}+\text{年折旧}}+\text{建造周期}$	反映投资回收效果
32	库存周转率	$=\frac{\text{出库货物总额}}{\text{平均库存}}\times 100\%$	反映库存周转快慢
33	客单平均消费	$=\frac{\text{餐厅销售收入}}{\text{客单重量}}\times 100\%$	反映就餐客人消费状况
34	食品原材料净料率	$=\frac{\text{净料重量}}{\text{毛料重量}}\times 100\%$	反映原材料利用程度
35	净料价格	$=\frac{\text{毛料价}}{1-\text{损耗率}}$	净料单位成本
36	某种菜生产份数	＝就餐总人次×喜爱程度	产品生产份数安排

［资料来源］蔡万坤．餐饮管理［M］．北京：高等教育出版社，2008.

三、餐饮经营计划的编制与落实

（一）餐饮经营计划编制与落实

餐饮经营计划是一个重要的管理工具。它的编制与落实须遵循以下程序。

1. 分析经营环境，搜集计划资料

分析经营环境、搜集计划资料是计划管理的前提和基础。分析经营环境主要指市场环境。它要求在认真做好市场调查的基础上，掌握市场动向、市场特点、发展趋势和市场竞争状况，然后结合本企业的实际情况，分析企业顾客类型、档次结构、需求变化、产品风味、花色品种、价格水平、服务质量等同市场需求的适应程度，找出自己的优势和不足，为确定餐饮经营方向和计划目标提供客观依据。搜集包括地区旅游接待人次、停留天数、旅客流量等以及其他餐饮企业近年来的接待人次、餐厅上座率及人均消费等资料，在此基础上预测各餐厅的上座率、接待人次、人均消费和营业收入。

2. 分析食品原材料消耗

制定各餐厅标准成本，观测成本额、成本率，确定成本降低率指标。

3. 分析营业费用

根据业务需要和计划收入分析营业费用构成及其比例关系，预测各项费用消耗，确定费用降低率指标。

4. 预测餐饮利润目标

分析营业收入、营业成本、营业费用和营业利润的相互关系，预测餐饮利润目标。

5. 根据原始记录和统计分析编制经营计划

原始记录和统计分析既是企业积累、收集计划资料的基础，预测、确定计划指标的前提，又是执行计划、发挥计划控制职能的重要基础工作。在餐饮计划管理中，从食品原材料采购、储藏、入库验收、领料发料、厨房生产到餐厅销售，都必须建立原始记录制度，做好原始记录工作。其工作内容：班组设原始记录员，每天记录各项收入、成本、费用、接待人次等的实际发生额；部门设统计员，逐日、逐月、逐季分类统计各项计划指标的完成结果；财务部门分类核算，做好分析工作。将原始记录和统计分析结合起来，既为餐饮经营计划编制提供了原始依据，又为计划管理提供了信息反馈，成为各级管理人员加强计划控制，指导餐饮业务经营活动顺利开展的重要决策参考。

6. 搞好综合平衡，落实计划指标

实事求是、综合平衡是计划管理的基本原则。餐饮计划方案完成以后，还要搞好综合平衡，落实计划指标。其具体任务是：审查收入、成本、费用和利润的相互关系；审查采购资金、储备资金、周转资金的比例关系，使之保持衔接和协调；审查收入、成本、费用和利润在各部门之间的相互关系，使资源分配和计划任务在各部门之间保持协调发展。在此基础上，企业召开计划会议，经过分析讨论，做出计划决策，形成各项计划指标，为业务经营活动的开展提供客观依据。

7. 发挥控制职能，完成计划任务

编制计划方案，落实计划指标后，执行计划的过程就是发挥计划控制职能，完成计划任务的过程。要重点做好三方面的工作：第一，以餐厅、厨房为基础，分解计划指标，明确各级、各部门及其各月、各季具体奋斗目标，将全体职工的注意力引导到计划任务上来，为共同完成计划任务而努力工作。第二，建立信息反馈系统，逐日、逐周、逐季统计计划指标完成情况，发现问题，及时纠正偏差，发挥计划控制职能。第三，根据各级、各部门计划完成结果，合理分配劳动报酬，奖勤罚懒，择优汰劣，保证计划任务的顺利完成。

（二）营业收入计划的编制方法

餐饮经营计划的编制是以营业收入计划为起点的，编制营业收入计划一般分为三个步骤。

1. 确定餐厅上座率和接待人次

它要求以餐厅为基础，根据历史资料和接待能力，分析市场发展趋势和准备采取的推销措施，将产品供给和市场需求结合起来，确定餐厅上座率和接待人次。其中，宾馆接待人次要充分考虑住店客人，同时又要考虑店外客人需要。住店客人的接待人次一般是根据客房出租率计划分析住店客人到不同餐厅用餐的比率，店外客人则可根据历史资料和市场发展趋势来确定。

2. 确定餐厅人均消费

确定人均餐饮消费应将食物和饮料分开进行，确定食品人均消费额和饮料销售比率，部分国营餐饮店和涉外餐馆的餐饮人均消费将食物和饮料一起计算，不管属于哪一种形式，都要考虑三个因素：一是各餐厅已经达到的水平，二是市场环境可能对餐饮人均消费带来的影响，三是不同餐厅的档次结构和不同餐次的客人消费水平。

3. 编制营业收入计划方案

营业收入计划一般可通过季节指数分解到各月，也可逐月确定。季节指数的确定，既可以餐厅为基础，又可以全部餐饮销售额为基础。营业收入计划方案都以餐厅为基础，最后汇总，形成食品、饮料和其他收入计划。

（三）营业成本计划的编制方法

餐饮营业成本包括食物成本和饮料成本。编制营业成本计划的工作步骤一般分为五个步骤。

1. 确定不同餐厅的食品毛利率标准

根据市场供求关系和企业价格政策，结合企业餐饮管理实际，确定餐厅的毛利率标准。毛利率标准一经确定，餐厅食品的成本率和成本额也就确定了。其计算公式为：

食物成本率 = 1 − 毛利率

食物成本额 = 计划收入 × 成本率

2. 编制饮料成本计划

各餐厅的饮料成本以进价成本为基础，它受饮料销售额和上期成本率两个因素的影响，其计算公式为：

饮料成本额 = 去年实绩 ×（1 ± 销售额增减率）×（1 − 成本降低率）

$$计划成本率 = \frac{饮料成本额}{计划收入} \times 100\%$$

3. 编制职工餐厅成本计划

我国的宾馆饭店、涉外餐馆的职工餐属于职工福利，在管理体制上分两种情况：一是职工餐厅归餐饮部管理，其原材料成本从餐饮部转拨。二是职工餐厅归企业总务部管辖，其成本计划不在餐饮部编制。一般来说，三星级以上的餐饮店都是单独核算的，职工餐厅不要求盈利，其成本率较高。编制方法是：

成本额 = 去年实绩 ×（1 − 成本降低率）

$$成本率 = \frac{成本额}{计划收入} \times 100\%$$

4. 确定签单成本消耗

企业为了开发市场，组织客源，推销产品和开展业务经营活动，需要一部分交际费，它是列入计划的。其中相当一部分用于餐饮消费。当这部分费用发生时，均由有关主管人员签单，列入餐厅成本消耗，在企业或部门交际费用中列出。因此签单成本也是餐厅餐饮成本内容之一，其计划额一般根据企业销售额和交际费及历史统计资料来确定。

5. 编制餐饮成本计划方案

编制时，职工餐厅成本和签单成本计划必须单列，以保证成本计划的真实性，有利于餐饮成本控制。如果职工餐厅归企业总务部管理，单独核算，则不列入企业餐饮部门经营计划。

（四）营业费用计划的编制方法

餐饮营业费用计划指标根据费用项目不同而变化，其主要确定方法有六种。

1. 财务分摊预算法

这种方法以财务会计报表为基础，结合餐饮费用实际消耗或占用来确定计划费用额。它主要适用于房屋折旧、家具及厨房设备折旧等费用预算，其具体方法有使用年限折旧法、综合折旧率法、工作量折旧法等多种。具体采用哪种方法，均由企业财务部门统一掌握，并预算出企业各部门的折旧额，作为餐饮管理计划指标。

2. 销售额比例预算法

这种方法以餐饮计划销售额为基础，分析费用消耗比例，参阅历史统计资料来确定费用计划额。它主要适用于餐饮管理费用、销售费用、维修费用、装饰费用、餐具茶具消耗等费用指标预算。具体方法是先确定上述费用占餐饮计划销售额的比例，由此确定计划额。

3. 人事成本预算法

餐饮管理人事成本分为固定人事成本和可变性人事成本。前者以职工人数为基础，确定人均需要量，其内容包括固定工资、浮动升级、职工膳食、副食补贴、物价补贴、医疗补助、退休统筹等。后者主要指餐饮管理中计划安排的职工奖金、临时工、季节工等人员的成本消耗。固定人事成本的预算方法是：

人事成本 = 人均需要量 × 职工平均人数

可变性人事成本一般根据餐饮管理经济效益的高低和业务需要大致确定。

4. 业务量变动法

这种方法以历史统计资料为基础，分析费用消耗合理程度，结合餐饮业务量的增减变化来确定计划费用额。它主要适用于水费、电费、燃料费、洗涤费等可变性费用指标预算。这些费用一般是随餐饮业务量的变化而变化的。其预算公式为：

可变性费用额 = 上年实绩 × （1 ± 业务增减率） × （1 − 费用降低率）

5. 不可预见性费用预算法

不可预见性费用是指企业管理中常常发生的捐助、赞助、摊派等费用消耗。这些费用支出往往是不可预见的，但又是必然会发生的。这部分费用一般在全店统一列支，做出计划安排。其预算方法一般根据历史统计资料大致确定。

6. 营业性税金预算方法

营业性税金主要指在营业费用中列支的税金支出。其内容包括印花税、车船使用税、土地使用税、房产税、资金占用税五种。预算方法是根据企业实际情况和国家规定的税种税率，各税种分别预算。在餐饮管理中，一般在全店统一列支，只有营业税需要在部门计划中单列。

（五）营业利润计划的编制方法

餐饮营业利润计划的编制，主要是将收入、成本和费用计划汇总，形成计划方案。其方法分为两个步骤。

1. 编制餐饮计划营业明细表

它以餐厅为基础，将各餐厅营业收入、营业成本和营业毛利汇总，形成计划方案，作为餐饮管理成本控制的主要依据。

2. 编制餐饮管理利润计划表

在餐饮店宾馆以部门为基础，在涉外餐馆则既可以部门为基础，也可以全店为基础。其方法是将整个餐饮管理的收入、成本、费用汇总，形成餐饮管理损益计划表。它是餐饮经营计划的本质内容。其中，营业明细表是利润计划表的补充。两者结合使用，成为餐饮业务管理的重要工具。

本章小结

本章介绍了餐饮企业如何进行餐饮市场定位、经营范围的选择、选址、设计餐饮企业名称及标志和招牌、编制餐饮经营计划。本章内容是对餐饮经营管理以市场为起点和终点的最好诠释。

复习思考题

1. 餐饮企业如何根据经营区域的特征进行市场定位？
2. 餐饮目标市场应具备哪些条件？
3. 单一经营、纵向经营、多元化经营的优劣势各是什么？
4. 餐饮企业营业区域选择应考虑哪些因素？
5. 餐饮企业名称设计的要求及取名技巧是什么？
6. 餐饮企业标牌在不同场所的作用是什么？
7. 请以你所在的实习餐饮店为例，说明年度餐饮经营计划的编制需要完成哪些任务？

案例分析与思考：高校周边餐饮蓬勃发展

如今的高等院校，无论校内校外，各类餐馆都已经悄然兴起，庞大的高校餐饮市场已经形成，这是任何经营者都无法否认的事实。高校餐厅的成功也许并不为饭店界所注意，但针对特定客源的针对性营销也能给经营者以足够的启示。事实上，在消费水平全面提高的今天，客源结构已呈现多极化，并非只有商务旅游者才是餐饮市场的目标。当然，这种“靠山吃山”的做法也是大有学问的。

广州某大学门口有一学府饭店。店主黄先生本是该学校某系教师，后来学校院系调整，黄先生暂时赋闲在家。黄先生几乎每天都要外出吃饭。时间一长，便有了开餐馆的念头。接着就是找门面、筹资金、办执照，一番紧锣密鼓的筹备后，便有了今天的学府饭店。黄先生执教多年，十分熟悉青年学生的消费特点和消费心理，他开餐饮店的指导思想就是：“靠山吃山，靠水吃水，靠着学校，就得围绕着学生做文章。”青年学生思想单纯，喜欢文化氛围浓厚的环境。黄先生就将饭店中农村来的服务员全部换掉，在校园里招了批大学生钟点工。学生们利用课余时间来这里锻炼锻炼，也可以补贴一下生活。整个餐厅里真的做到了“谈笑有鸿儒，往来无白丁”。学生们思想活跃，迫切想了解各类信息。黄先生便自任主编，组织几个中文系的“笔杆子”，将每天的国内外要闻和体育新闻及人才交流信息、饭店的特别菜肴介绍编成一份“信息日报”，就餐的学生人手一份，用完餐后带回学校又是一份绝妙的广告。学生们边看报，边聊天，饭厅里气氛热烈，就像课间讨论一样。

学生们来自全国各地、五湖四海。他们大多没有收入，主要靠父母供养，支付能力不强，但又喜爱社交，没有养家糊口的负担，所以特别爱“撮一顿”。黄先生针对这些特点，没有将饭厅装饰得富丽堂皇，而是简朴整洁。四壁上悬挂着描绘祖国各地风土人情的油画，学子们无不见景生情，惦念故乡。为了让学生们吃得开心，黄先生特意让厨师准备了各式地方风味菜肴，有湖南人爱吃的辣椒、东北人爱吃的猪肉炖粉条……学生们在这里可以任意享用久违了的家乡风味。收费也很便宜，基本与学校饭堂的小炒价格持平。学生们真正是“吃得开心，走得顺心”。

足球比赛是学生们的节日。每到重大赛事举行之际，铁杆球迷们便开始四处找电视。黄先生将四台彩电一字排开，贴出告示免费欢迎球迷观战。一时间，餐饮店里，人声鼎沸、群情激昂，黄先生也兴奋地当起了业余“球评”。不用说，这些铁杆球迷不久又将成为餐饮店的铁杆主顾。越来越多的人知道了学府饭店的大名，越来越多的人光临学府饭店。

[资料来源] http://vip.6to23.com/adec/Jyzcls/008.htm.

思考题：

“回头客”市场是怎样建立起来的?

实训指导

实训项目：餐厅选址。

实训要求：分组对所在城市餐饮业进行市场调研；根据小组调研结果，进行餐饮目标市场定位分析；根据目标市场定位分析结果，确定餐厅类型，明确小组餐厅的选址情况。

实训组织：科学分组，任务分配；市场调研，小组讨论；任务汇报，作品展示；项目评价，选址确定。

项目评价：小组互评；教师评价。

第三章　菜单的设计与制作

【学习目的】

了解菜单的重要性；
掌握菜单的策划；
懂得菜单的设计和制作。

【基本内容】

★菜单概述：
菜单的定义；
菜单的由来；
菜单的种类；
菜单的作用。
★菜单的策划：
策划菜单；
选择菜点。
★菜单的设计和制作：
菜单设计的原则；
菜单设计的内容；
菜单内容的安排；
菜单的设计。

【教学指导】

指导学生以小组为单位设计菜单，要求综合考虑书中所提出的各项因素，并分析成本和定价。

在餐饮经营与管理中，菜单的策划与设计是餐饮经营中一个至关重要的环节。菜单策划是餐饮产品的生产、服务和销售的总纲，菜单的设计制作是餐饮服务与管理中主要的和基础性的工作。

第一节　菜单概述

餐厅所有的销售都是从菜单开始的，菜单是决定餐厅经营主题的决定性因素之一。只有充分了解菜单的内涵和作用，才能设计出一套理想的菜单。

一、菜单的定义

“菜单”一词最早来源于拉丁语“minutus”，意为指示备忘录。菜单现在的英文名为“menu”，语源为法文中的“Le menu”，原意为食品的清单或项目单。根据《牛津词典》，其意义为“在宴会或点餐时，供应菜肴的详细清单、账单”。

人们经常会把菜单与菜谱、食谱弄混，实际上它们是截然不同的概念。菜谱是描述某一菜肴制作方法和制作过程的食谱。食谱是为了合理调配食物以达到合理营养的要求而安排的膳食计划，根据就餐者的营养需要量（如生理的或因病的特殊需要）、饮食习惯和食物的供应情况，制订在一定时期内（通常为一周）每餐用料和菜肴配制的计划，包括采用主、副食品的种类、数量、烹调方法等。而菜单则是指餐厅中使用的可供顾客选择的所有菜品的一览表，即菜单是向客人介绍餐饮经营商品的目录单，其主要内容包括食品、饮料的品种和价格。

二、菜单的由来

关于菜单的由来，有很多种不同的版本，主要有以下三种。第一种版本是“法国人版”：菜单源自1498年的蒙福特公爵。他在每次宴会前，总命人用一张羊皮纸写上厨师所要做的菜的名单，放在客人座位上。第二种版本是“英国人版”：16世纪的布朗斯威克公爵，在私邸宴请亲朋好友，席间每上一道菜，公爵都要看看自己面前的菜单，边吃边欣赏。旁人纷纷效仿，并逐渐普及。第三种版本是“民间版本”：菜单源于欧洲，尤其是法式西餐厅，厨师把菜单的内容用粉笔写在黑板上，并挂在餐厅墙上，由就餐者选择他们所需要的食物和菜肴。随着时间的推移，欧洲一些知名餐厅也把每天供应就餐者的食物和菜肴的名称写在纸上或卡片上。

据资料记载，第一份详细记载并列有各项菜肴细目的菜单出现在1571年一名法国贵族的婚宴典礼上。之后的法国国王路易十六不但讲究菜式的结构，而且重视菜单的制作。后来，菜单就演变成了王公贵族及富豪宴客时不可缺少的物品。欧洲保存的最早菜单主要是为聚餐会备餐用的食品单，它主要用于厨房备餐，一般不给顾客看。法国大革命后，餐厅逐渐把挂在餐厅墙上的菜单发展成提供给顾客的单独的菜单。后来人们又在菜单的设计上做了很多努力来增强菜单的吸引力，并且菜单的形式也发生了很大的变化。

中国烹饪的历史较长，很早就有了记述菜肴的文字。但是，这些文字大多是菜谱、食谱，主要侧重于记载菜肴、食品的配料、制作方法、火候及烹饪时间等。

三、菜单的种类

菜单的种类多种多样，根据不同的分类标准，可以把菜单划分为很多不同的类型。按照经营风味分类，菜单可以分为中餐菜单、西餐菜单和其他风味菜单等。按照用餐时间分类，菜单可以分为早餐菜单、午餐菜单、晚餐菜单、夜宵菜单等。按照用餐形式划分，菜单可以分为宴会菜单、自助餐菜单、冷餐酒会菜单、客房送餐菜单等。按照菜单的使用周期划分，菜单可以分为固定性菜单、循环性菜单和即时性菜单等。按照菜单价格形式划分，菜单可以分为零点菜单、套餐菜单等。按照菜单装帧制作方式划分，菜单可以分为合卡式菜单、招贴式菜单、纸垫式菜单、活页式菜单、立牌式象形菜单、迷你型小菜单等。

在酒店，我们通常按照菜单的功能将其划分成零点菜单、套菜菜单、特色餐厅菜单和特种菜单。

（一）零点菜单

零点菜单，又称点菜菜单、单点菜单，是针对零散客人点菜准备的一种菜单，也是最常见、使用最广泛的一种菜单形式。这种菜单的特点是每一道菜都要标明价格。在零点菜单上分门别类标明菜式品种的名称、规格及其对应的价格，宾客可以根据自己的喜好和消费能力自由点菜。

在零点菜单的餐别上可以有早餐和正餐两种，一般正餐包括午餐和晚餐，通常午、晚餐使用相同的菜单。

1. 早餐零点菜单

从目前中式早餐菜单经营项目来看，中式早餐零点菜单一般可分为粥类、点心类、小菜类和甜品类。有些餐馆还提供水果。大多数饭店早餐不经营酒类。在我国的南方包括香港、澳门地区，早餐以品种齐全、经营灵活著称，形成了自己独特的粤式风格。在我国的大部分地区，早餐点心的品种相对固定，一般多为油条、面条、馄饨、烧卖、包子、饺子等。而西式早餐零点菜单一般包括果汁与水果类、餐包类、奶与麦片类、蛋与火腿类和饮品类。

2. 正餐零点菜单

中式正餐零点菜单有不同的形式，一种是传统式的，以原料的类型进行分类，如冷菜类、海河鲜类、家禽类、畜肉类、蔬菜类、羹汤类、主食类、甜品类、饮料类等；另一种是流行式的，不拘泥于传统的类别，将特色菜肴体现出来，如风味凉菜、烧卤类、野味类、家庭小灶、家常砂锅系列、江南风味类、竹筒风味类等。

西式正餐零点菜单一般按照就餐顺序分类编排菜肴项目，其分类的种类主要有开胃品、汤、主菜及附属菜、沙拉与汉堡类、甜点、酒水饮料。

（二）套菜菜单

套菜菜单，又称和菜菜单、定食菜单和公司菜单，就是将各种类型的菜肴，经过合理的搭配以后组合在一起的菜单编排形式。中式套菜就是在冷盘、热炒、汤、主食各个类别中选配若干个菜，按照一定的原则组合在一起以一个价格销售的形式。而西式的套菜就是将开胃菜、汤、主菜、甜点等各个类别选配几个菜肴组合在一起以一个价格销售的形式。

套菜菜单通常分为普通套菜、团队套菜和宴会套菜。

1. 普通套菜

普通套菜就是一个人或几个人吃一顿饭所需要的几种主食、菜肴或饮料的组合，通常提供一种或几种价格供用餐者选择，可以免去客人点菜的麻烦。

普通套菜菜单包括中式早餐套菜菜单、中式正餐套菜菜单、中式下午餐套菜菜单、西式早餐套菜菜单、西式正餐套菜菜单。其中，中式早餐套菜菜单根据各地风俗不同形式也有所不同，但无论何种形式，粥、点心、茶等品种是一致的。中式正餐套菜菜单的种类很多，经济型的大众套餐深受工薪阶层的欢迎。在南方很多地方，由于气候和生活习惯的不同，还有下午餐，其实下午餐的主要内容与正餐大致相同，只是在菜单的选择上更多地选用小吃类食品，而就餐形式更加自由、随意。

西式早餐套菜菜单包括英式早餐套餐、美式早餐套餐和欧陆式早餐套餐，大多数西式早餐套菜菜单都有固定的格式。一般欧陆式早餐主要有果汁、面包加黄油、果酱、咖啡、牛乳或茶。美式早餐在此基础上加了鸡蛋配咸肉、火腿或香肠。英式早餐是在美式早餐的基础上加各种谷麦片或麦片粥。在香港地区，有些饭店将西式早餐进行简化，并结合中式早餐，从而形成中国人能够接受的一种早餐套菜菜单。而西式正餐套菜菜单，较全面的由一份开胃品、一份汤、一份主菜、面包加黄油、甜点及咖啡组成，最简单的可以由一份汤、一份主菜加面包和黄油组成。

2. 团队套菜菜单

团队套菜菜单以各种会议或旅游团队为服务对象，根据客人的订餐标准进行设计。除了高档会议和豪华团队外，团队套菜多是便餐，多以实惠的家常菜肴为主，菜品经济实惠，搭配有致。

3. 宴会菜单

宴会菜单是按照宴会主办者的要求，根据宴请规格和标准、所宴请客人的特点、宴请宾主单位等诸多因素设计制定的专用菜点。从宴会的形式上来分，可以分为桌筵式和自助式，其中中餐多用桌筵式，主要有庆典式、商务式和特色式；而西餐多用自助式，主要有自助餐、鸡尾酒会和冷餐酒会。桌筵式菜单根据其宴请对象、宴席规格、宴请目的等而有所不同，但由于中餐习惯上的要求，通常由三大组菜组成，一是冷菜，二是热菜、大菜、汤、甜品，三是主食、点心、水果等。而自助式菜单由于从西方传来，更多地采用冷食、点心。

宴会菜单既讲究规格，又必须考虑菜单的组合及品质、价格，还需要按照季节的变化安排时令菜单。大多数宴会档次比较高，都有特定的目的或主题，并且用餐进程缓慢，欣赏、评价菜肴的机会较多，因此宴会菜单需要精心设计制作，力求菜单艺术与生产、服务技术有机完美地结合。

（三）特色餐厅菜单

特色餐厅主要是专门经营特色风味产品的餐厅，由于这类风味餐厅产品少而精，对于喜好某一食品的顾客极具吸引力。

1. 快餐店菜单

快餐是一种世界范围的产业。无论是中式快餐还是西式快餐，其最大的特点就是快速的产品制作和方便的食用方式。

2. 风味餐馆菜单

风味餐馆一般是提供特色餐饮的餐馆，其种类很多，可以经营单一产品，也可以经营多种产品，价格便宜，经济实惠，重点突出菜肴的风味特色，如火锅菜单、面食专卖店菜单等。

（四）特种菜单

特种菜单一般是为特殊行业或部门服务的。

1. 客房送餐菜单

由于客房送餐是餐厅的额外服务，因此大多数饭店都会收取一定的服务费。餐厅送餐到客房需要一定的时间，在服务中要有辅助设备作保证，如保温车、保温容器等。同时，菜单中不要选择烹制方法复杂或加工时间长的菜肴。

客房送餐菜单形式多样，可以以菜单的形式出现，可以挂于门把手上，也可以放在床头。

2. 航空菜单

航空菜单提供给乘坐飞机的乘客使用。航空菜单的菜式通常不复杂，多以西餐的形式出现，一般附有中英文文字说明。

3. POP 菜单

POP 菜单（Point of Purchase Advertisement），又称卖场广告菜单，一般将饭店经营的特色菜肴或全部菜肴写在纸张、餐巾、桌面、墙壁等地方，以起到宣传、推广的作用。

四、菜单的作用

菜单是饭店餐饮部出售的食品、饮料等的名称和价格的一览表，也是客人挑选、品尝菜肴的最主要依据。全面地理解和发挥菜单的作用是菜单策划和设计的前提与基础。

（一）菜单是沟通产品信息的桥梁

餐厅通过菜单向客人介绍餐厅提供的产品，推销餐饮服务，体现餐厅的经营特色。客人通过菜单了解餐厅的类别、特色、产品及其价格，并选择自己需要的菜肴和服务。因此，菜单是连接餐厅与客人的桥梁。

（二）菜单是餐饮经营的计划书

菜单在整个餐饮经营活动中起着计划和控制作用，是一项重要的管理工具。菜单影响着餐厅人员的配备和选择，影响着餐饮设备和用具的选择和购置，影响着食品原料的采购和储藏，影响着餐饮成本和利润，影响着厨房布局和餐厅装饰。

1. 菜单影响餐饮设备的选择和购置

餐饮企业选择和购置设备的种类、规格、质量和数量的时候，要考虑菜单上菜肴的品种、质量和特色。因此，菜单是餐饮企业选择和购置设备的依据和指南，在一定程度上决定了餐饮企业的设备成本。

2. 菜单决定了厨师和服务员的配备

餐饮企业必须根据菜单上菜肴制作和服务的要求，配备厨房和餐厅员工，并以既定菜单内容为依据对员工进行培训，使他们达到相应的技术水平。

3. 菜单决定了食品原料的采购和储藏活动

食品原料的采购和储藏是餐饮企业业务活动的必要环节，而菜单的内容在一定程度上决定着采购和储藏活动的规模、方法和要求。

4. 菜单决定了餐饮成本的高低

餐饮成本管理需从菜单设计开始，用料珍稀、价格昂贵的菜肴过多，必然导致原料的成本较高；而精雕细刻、过多装饰的菜肴过多，又会相应增加企业的劳动力成本。因此，菜单在体现餐饮服务规格、风格的同时，也决定了餐饮成本的高低。菜单制定得是否科学合理，是餐饮企业成本管理的首要环节。

5. 菜单影响着厨房布局和餐厅装饰

厨房是加工制作餐饮产品的场所，厨房内各种设备、工具的定位布局，应当以适合既定菜单内容的加工制作需要为准则；餐厅装饰的目的是形成餐饮产品理想的销售环境，因此，装饰的主题立意、风格情调以及饰物陈设、色彩灯光等，都应根据菜单内容的特点来精心设计，以达到从整体环境上体现餐饮风格、氛围，烘托餐饮特色的效果。

（三）菜单是餐饮促销的手段

菜单不仅通过信息向客人进行促销，而且餐厅还通过菜单的艺术设计来展现餐厅的形象。菜单上不仅配有文字，往往还配有图案，附有食品的图例。菜单的艺术设计美观给人以感性认识和视觉刺激。菜单内容的编排、菜单上的菜点和图片均会增强就餐者的食欲和影响客人对菜点的选择，能促进菜肴的销售。

（四）菜单是餐饮销售的工具

餐饮企业通过菜单来推销餐饮产品和餐饮服务，使之成为一个很好的营销工具。菜单是管理人员分析菜肴销售情况的基础性资料。管理人员可以通过定期地对菜单上每项菜肴的销售情况、顾客喜爱程度、菜肴的价格敏感度进行分析和调查，从中发现菜点生产计划、菜点烹制技术、菜点定价以及菜点选择方面的问题，从而更有效地更换菜点品种，改进生产计划和烹调技术，改善菜点的促销方法和定价方法，完成餐饮企业的菜肴销售工作。

（五）菜单是传播餐饮文化、引导美食时尚的使者

菜单是餐厅主题、等级和特色的标志。菜单的设计和制作是餐厅主题气氛的缩影，与餐厅的装潢布置相一致。菜单上所列出的菜点品种的数量、品质和价格，体现了餐

厅的等级和特色。同时，菜单的艺术性设计也反映了菜单设计者对美的鉴赏力和创造力。菜单不仅是餐厅的一种点缀，更是餐厅的重要标志。而且，菜单的艺术性会感染宾客的情绪，会成为宾客愉快就餐经历中的一个美好记忆。

第二节 菜单的策划

在餐饮经营中，每个餐饮企业都以菜单的形式表现自己的经营内容。

一、策划菜单

一个新开张的餐饮企业首先应该了解菜单，通过对菜单的分析、整理选择自己的经营目标，然后进行定位。在确定可行的前提下，考察竞争对手，分析市场，为菜单设计提供参考。

（一）经营目标的定位

经营目标的定位就是要确定餐饮企业经营的方向、选择经营的档次和顾客群以及面对的竞争对手，从而确定自己的经营范围。

1. 主营方向

确定餐饮企业的经营方向就是要确定企业的经营风格，是小吃、快餐、特色餐厅还是酒楼，不同的经营风格有着不同的经营模式。

2. 经营档次

经营的档次有高、中、低三种。就实际经营效果来看，走中间路线的难度较大。一般选择高档和低档为佳。一般来说，走高档路线需要有强大的资金作为后盾，而走低档路线尽管投资较少，但竞争对手很多，也需要经营出特色。事实上，以上只是对经营档次的一个大体分类。实际工作中，高档、中档和低档的每一档次中还可以进行进一步的细分。

3. 面向顾客

餐饮企业经营的主要对象是顾客。每一个餐饮企业的知名度、美誉度和品牌效应是其顾客群范围大小的决定性因素。对于一般新开张的餐饮企业来说，不具备知名度、美誉度和品牌效应，因此其顾客群的来源以自己企业周围一定范围作为选择对象。通常来说，一般顾客愿意在步行 10 ~ 15 分钟的时间范围内、开车或乘车在 20 ~ 30 分钟之内的范围区域就餐。在餐饮经营中，有一种现象值得注意，那就是有特色、名气大的餐厅，人们愿意花时间前去就餐，而快餐店和经济餐馆的选择属于即时性决策，人们一般不会为吃一顿无关紧要的饭而开车、乘车或走路前往。

一个餐厅无论其规模多大、实力多么雄厚，也不可能满足市场上各种类别的需求，它只能满足市场上某一类或几类群体的需求，因此餐厅必须选择一群或数群具有相似消费特点的顾客作为目标市场，以便更好、更有效地满足顾客需求。

新开张的餐饮企业首先要考察自己周边范围内的顾客，尽可能地得到这些顾客的饮食消费资料，要让周边的顾客认可自己的产品，然后努力创造品牌、扩大影响力。

（二）市场竞争

对竞争对手了解是新开张企业最基本的工作思路。可以通过查看菜单、体验服务等明察暗访手段来了解竞争对手的情况，从而做出自己的菜单计划。

1. 选定竞争对手

任何竞争都是要有对手的，在众多的餐饮企业中一定要挑选对自己构成直接威胁的竞争对手，即直接竞争对手。直接竞争对手就是在本餐厅的中心市场区域内与本餐厅的经营范围和目标市场相似、提供类似产品和服务的餐饮企业。

2. 调查的主要内容

对直接竞争对手的调查主要包括以下几个方面的内容：餐厅面积、餐座数、座位周转率；营业时间和状况；菜单的菜系和供餐方式、经营范围及价格水平范围；餐厅环境；服务状况；生意和盈利动态；客源和变化情况；菜单变更情况以及价格变化情况等。这些情况对于本企业目标的选定和调整、确定菜单的主要菜点和价格水平都有重要的参考价值。

（三）餐厅主题

餐厅主题就是餐厅的总体风情和格调所表现出来的饮食文化。菜单的策划和设计应能体现出餐厅特定的主题和风格。

如今餐厅主题呈现出多元文化的特征，它以特定的社会发展阶段为背景，按照一定的历史沿革、文化传统、风俗时尚来展现自然的或人文的、多姿多彩的古今中外饮食文化的魅力。餐厅的主题广泛，涉及不同时期、不同国家和地域的文化艺术、风土人情、历史人物、宗教信仰、生活方式等。餐厅主题决定了餐饮经营目标和组织形式。以特定菜系和风味为主题的餐厅，侧重于表现餐饮产品的特色、品质、服务等；而文化主题餐厅则侧重于文化品位，通过营造环境气氛来创造一定的文化氛围。

餐厅的运作应围绕餐厅主题这个中心开展。餐厅主题为餐饮产品的开发、菜单的设计、服务方式的运用和就餐氛围的营造提供了客观依据。菜单的核心内容，即菜点品种的特色、品质，必须反映餐厅主题的饮食内涵和特征。菜单价格的定位必须与决定餐厅主题的目标客源市场的消费层次相适应。菜单设计的艺术性和技术性应与餐厅主题的文化性相一致，使菜单成为餐厅主题形象的一个标志。

（四）生产条件

1. 餐饮工作人员的能力

餐饮工作人员主要包括厨房的各类厨师、点心制作师与调酒师及餐饮服务人员等。策划和设计菜单时首先要考虑厨师的烹饪技术水平。一般情况下，要尽量设计厨师能生产和厨师有条件生产的菜点品种。对于餐饮产品制作人员的分析项目包括年龄结构、餐系和菜系结构、受教育及文化层次结构、工作经历状况、技术等级状况、整体性别比例状况等。餐饮服务人员的素质和能力也是设计菜单时要考虑的因素，若没有他们悉心的服务，菜单的营销目标就无法实现。

2. 餐饮设施设备状况

在策划和设计菜单时，应根据餐饮设施设备的生产能力进行，即餐饮设施设备能否保质保量、高效地按照菜单的要求生产菜点。具体而言，在设计菜单时，必须考虑设施设备的生产能力，应避免过多地使用某一种设备而让其他设备闲置，要及时调整菜单，让所有设备都能得到均衡使用。若生产设备和服务设施不足或缺少，会限制菜肴品种的生产。随着社会经济的发展和科学技术的提高，饭店、厨房对先进设备的依赖性加大，因此在策划和设计菜单时应充分考虑到厨房设施设备的现代化水平和餐饮服务设施的电脑化、网络化水平。

（五）原材料采购

凡是列入菜单的菜点品种，厨房必须无条件地保证供应，这是一条相当重要但极易被忽视的原则。某些餐厅菜单上的菜点虽然丰富多彩，但顾客点菜时却常常缺这少那，结果招来顾客的不满。究其原因，通常是采购制度不完善和采购计划不细致造成原材料断档和菜点脱销。因此，在策划和设计菜单时，必须充分掌握各种原材料的采购情况。设计菜单中所需的食品原材料，在采购时应本着“四适当”的原则，即在适当的地点，以适当的价格，在适当的供应商那里采购适当数量和质量的食品原材料。菜单设计者还应充分重视现有的库存原料，特别是那些易损坏的原料，可以考虑根据具体情况增设当日特选菜点进行推销，或做适当的处理。

（六）成本控制及盈利能力

餐饮盈利主要取决于以下几个因素：餐位数、周转率、营业时间、顾客消费水平、劳动力及其他成本开支等。菜单上的菜点作为一种商品是为销售而生产的，设计菜单时要从供需两个方面来考虑菜点的成本和价格。根据国家有关物价政策和餐厅的规模等级、经营目标、客源市场来确定餐饮产品的总体毛利率，严格进行成本控制。

二、选择菜点

在选择菜点时，既要反映出餐厅的经营特色和风格，又要能满足顾客的就餐需求。在这个前提下，要确定菜肴的种类和数量，并进行菜肴的可行性评估，从而确定菜单的主要内容。菜单可以在具体的餐饮活动中得到实施和修正。

在策划和设计菜单、选择菜点时应注意以下几个方面的内容：

（一）菜系的风味和独特性

1. 突出地方风味，保持经营特色

我国几千年饮食文化的发展形成了众多的具有地方风味特色的菜系。在风味选择上，餐厅可以采取单纯经营某一种风味的菜品和以某一种菜系风味为主、兼营其他菜系的菜品两种策略（见表3－1）。

表 3－1　　中国各菜系特点表

菜系	主要地域	特色	代表菜肴
鲁菜	由济南和胶东两部分地方风味组成	以清香、鲜嫩、味纯著称，讲究清汤和奶汤的调制，烹调重视火候，爆、炒、烧、炸、焖、扒有特长	糖醋黄河鲤鱼、葱烧海参、德州扒鸡
川菜	有成都、重庆两个流派	味型多，有“一菜一格，百菜百味”之誉	鱼香肉丝、宫保鸡丁、麻婆豆腐、回锅肉
粤菜	有广州、潮州、东江三个流派	选料广博，讲究鲜嫩爽滑且季节性强，使用独特风味的调料	三蛇龙虎会、脆皮乳猪、竹丝鸡烩五色
淮扬菜	由扬州、苏州、南京等地方共同发展而成	以清淡味雅著称，选料讲究；重视刀工和火候；特别强调菜肴的本味	淮扬狮子头、糖醋鳜鱼、无锡肉骨头、三套鸭、碧螺虾仁等
浙菜	由杭州、宁波、绍兴等地方菜构成	重原汁原味，擅长红焖、蒸煮	西湖醋鱼、东坡肉、龙井虾仁等
闽菜	由福州、泉州、厦门、漳州等地发展起来	以海鲜见长，具有鲜、淡、香、烂，稍带甜酸辣的独特风味	佛跳墙、鸡汁燕窝等
湘菜	湘江流域、洞庭湖地区、湘西山区等菜组成	制作精细，用料广泛，讲究原料的入味，重油，重辣	麻辣子鸡、冰糖湘莲、清蒸水鱼
徽菜	由皖南、沿江和沿淮地方风味构成	以烹制山珍野味著称	葡萄鱼、清炒鳝糊、符离集烧鸡

2. 继承、发扬与创新

菜品创新是历史发展的必然，没有菜品的创新，就没有饮食文化的发展。任何一个餐厅在设计菜单时，除要保持其风味特色和传统特色外，还要不断开发新品种，创本店名菜，树立本店的形象。所谓“名师出名菜、名菜兴名店、名店出名师”即是如此。有不少餐厅将其创新菜品冠以本店的名称，这是一个值得借鉴的做法。

3. 中西融合

中、西餐菜品的融合也是设计菜单时要考虑的因素。过分强调正宗菜品和正宗风味不一定会收到理想效果。餐厅可以西餐中做，也可以中餐西吃，以满足客人多品位（味）的需求，为餐厅创造更多的利润。

（二）迎合目标消费群体的口味需求

口味是顾客对菜点的主要需求指针。不同的消费群体对菜点风味、口味的需求取向是不同的，因此，在策划和设计菜单时应根据自己的餐厅主题和经营目标，选择适合目标消费群体口味需求的菜点。

（三）菜肴应与就餐氛围、环境相协调

菜点并非在任何情况下都是越精细越好，应与就餐氛围、就餐环境相协调，这样主客双方才会感觉舒适。因此，在策划和设计菜单时，应选择与就餐氛围和就餐环境相协调的菜点。

(四) 菜品数量与生产和服务条件相适应

菜单上列出的菜点应该无条件地保证供应，这是毋庸置疑的原则。若菜点的总数过多，势必会增加保障供应的难度，而菜点数量过少又不方便客人选择，也会影响餐厅的经营业绩。因此，在策划和设计菜单时，应在厨房生产硬件条件具备、生产人员及技术许可、餐厅服务力所能及的前提下综合平衡，确定菜点的数量，列入菜单常规经营。一个大型宴会要求众多的菜品同时上齐，或者在最短的时间内上齐，这对于厨房的生产能力和操作速度是一个考验。因此，在设计这种菜单时，一定要考虑这些菜品能不能做到同时服务。

(五) 菜点组合结构平衡

无论哪种形式的菜单，都应在以下几个方面进行综合平衡：

1. 原料搭配平衡

每种菜肴都有各自的主料、配料，菜肴与菜肴之间的主料和配料应区别选用，以满足顾客对不同原料菜肴的需要。如同样是汤类菜，其主料应分别安排鸡、鱼、肉、蛋、蔬菜等，以便给就餐者更多的选择余地。

2. 菜肴价格平衡

同一目标市场的顾客，因为其需求和消费水平不同，对菜肴价格的接受能力也会有所不同。因此，菜肴的价格应尽量在一定的范围内有高、中、低的搭配，以满足不同消费能力顾客的消费需求。

3. 菜点口味、口感平衡

在策划和设计菜单时，不同口味、不同质地的菜肴应尽可能地都安排，以满足不同年龄、不同区域、不同口味消费者的需求。

4. 烹调方法、技术难度平衡

在每类原料的菜肴中，应包含有不同烹制方法的菜肴，同时其制作的难易程度也应搭配均衡，既满足消费者的需求又体现餐饮企业的实力。

5. 菜点营养结构平衡

在策划、设计菜单和选择、搭配菜肴时，要注意各种营养成分的菜肴都有所包括，以方便就餐者自行选择、搭配菜点。另外，为客人推荐或组合产品时，也要考虑菜点营养成分的合理搭配（见表3－2）。

表3－2　**食品营养素的功能和来源**

营养素	主要功能	食物来源
蛋白质	蛋白质是由氨基酸组成的具有一定架构的高分子化合物，是与生命、生命活动紧密联系在一起的物质。功能：构成组织和细胞的重要成分，其含量约占人体总固体量的45%；用于更新和修补组织细胞，并参与物质代谢及生理功能的调控；提供能量。人体每天所需热能大约有10%～15%来自于蛋白质	牛奶及奶制品（含有全部必需氨基酸）、家禽、肉类（瘦肉）、鱼类、蛋类
脂肪	脂肪的主要功能是供给人体热量，保护内脏，保持体温	动植物油

表3-2（续）

营养素	主要功能	食物来源
碳水化合物	食物中的碳水化合物主要是淀粉与糖，人每天总热量的50%～70%靠糖供给。糖缺乏不好，过量食糖也不利	蔗糖、谷物、水果、坚果、部分蔬菜
维生素	维生素又名维他命，是维持人体生命活动必需的一类有机物质，也是保持人体健康的重要活性物质。人缺乏维生素，物质代谢发生障碍，产生维生素缺乏症。但过多食用也会有害	各种蔬菜、水果
无机盐	构成机体组织的重要材料；调节体液平衡；维持机体酸碱平衡；酶系统的活化剂	牛奶、肉类、调味品、糙米、小米、鸡蛋黄、豆类、海产品等
膳食纤维	对于促进良好的消化和排泄有很重要的作用	胡萝卜、黄豆、玉米、燕麦、大麦等

（六）选择受欢迎、毛利较大的品种

如何选择呢？关键是对菜肴的销售状况进行定量分析。菜肴销售状况的定量分析就是对菜单上各种菜肴的销售情况进行调查，分析哪些菜肴最受顾客欢迎，用顾客欢迎指数表示；分析哪些菜肴盈利最大，一般来说，价格越高的菜毛利额越大，用销售额指数表示。这种分析方法称为ME分析法，也称为菜单工程，是英文Menu Engineering的缩写。任何一家餐厅的餐饮产品，不外乎就是如图3-1所示的四种情况。

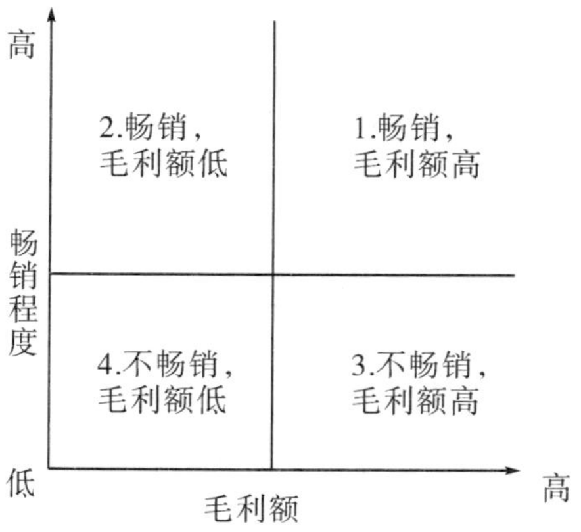

图3-1　ME分析中菜品的分类

很明显，第一类菜品是餐厅最希望出售的，因为这类菜既受顾客欢迎，又能给餐厅带来较高的利润，所以，在设计新菜单时，这类菜品应绝对保留。第四类菜品既不畅销，又不能带来较高的利润，在新菜单中，应去掉这些菜品。值得说明的是，在进行ME分析时，不应将餐厅提供的所有菜品、饮料放在一起进行分析，而应按类进行分析，因为只有在同一类中进行比较分析，才能看出上下高低，分析才有意义。

对菜肴进行分类，是做菜肴状况定量分析的第一步。菜单一般分几类列出菜名，各类菜肴之间竞争不大，但是同类菜肴之间会相互竞争，在同类菜肴中，一道菜的畅销会剥夺其他菜的销售额。所以在分析时，先将菜单的菜肴按不同的类别划分出来，对相互竞争的同类菜肴进行详细分析。

顾客欢迎指数、销售额指数分析。首先了解顾客欢迎指数、销售额指数概念：顾客欢迎指数表示顾客对某种菜的喜欢程度，以顾客对各种菜购买的相对数量来表示。

$$顾客欢迎指数=\frac{某菜销售数的百分比}{每份菜应售的百分比}$$

$$各菜应售百分比=\frac{100\%}{某类菜肴菜品总数}$$

仅分析研究菜肴的顾客欢迎指数还不够，还要进行菜肴的盈利性分析。一般通过销售额指数来研究。

$$销售额指数=\frac{某菜销售额的百分比}{每份菜应售的百分比}$$

不管分析的菜肴项目有多少，任何一类菜的顾客欢迎指数和销售额指数的平均值总是1，超过1的就是顾客喜欢的菜，也就是高利润的菜。这样，我们可以把要分析的菜品分为四类，并对各类菜品分别制定不同的产品策略。

例如，某餐厅菜单上的汤类品种共有5个，某统计期各汤的销售份数、顾客欢迎指数和销售额指数如表3-3所示：

表3-3　　菜肴销售状况定量分析

类名	销售份数	销售数百分比	顾客欢迎指数	价格（元）	销售额（元/天）	销售额百分比	销售额指数	评论	相应的产品政策
花螺炖凤翅	300	26%	1.3	25	7 500	16.1%	0.8	畅销，低利润	作为吸引品或取消
上汤螺片	150	13%	0.65	20	3 000	6.5%	0.3	不畅销，低利润	取消
冬虫炖鲍	100	9%	0.45	40	4 000	8.6%	0.4	不畅销，低利润	取消
洋参炖乌鸡	400	35%	1.75	50	20 000	43%	2.2	畅销，高利润	保留
葱米水鱼	200	17%	0.85	60	12 000	25.8%	1.3	不畅销，高利润	吸引高档客人或取消
总计/平均值	1150	20%	1	—	46 500	20%	1	—	—

菜肴销售状况定量分析的原始数据来自于点菜单，汇总账单上各种菜的销售份数和价格，便可以算出顾客欢迎指数和销售额指数。这些统计与计算工作均可由电脑处理，既准确又快捷。对于不同的菜品可采取不同的对策：

（1）畅销、高利润菜品：既受顾客欢迎又能盈利，在计划菜品时应当保留。

（2）畅销、低利润菜品：一般可用于薄利多销的低档餐厅。如果价格不是太低而又较受顾客欢迎，可以保留，使之起到吸引顾客到餐厅来就餐的作用。因为顾客进了餐厅后还会点别的菜，所以这样的畅销菜有时甚至于赔一点也值。但有时盈利很低而又十分畅销的菜，也可能转移顾客的注意力，挤掉那些盈利大的菜品的生意。如果这些菜明显地影响盈利高的菜品的销售，就应果断地取消这些菜。

（3）不畅销、高利润的菜。不畅销、高利润的菜可以用来迎合一些愿意支付高价的客人。高价菜毛利额大，如果不是太不畅销的话，可以保留。但如果销售量太小，会使菜单失去吸引力，所以在较长时间内销售量一直很小的菜应该取消。

（4）不畅销、低利润菜品。不畅销、低利润菜一般应取消。但有的菜品如果顾客欢迎度和销售额指数都不算太低，接近 0.8 左右，又在营养平衡、原料平衡和价格平衡上有需要的，仍可保留。

需要说明的是，这种分析方法有它的不足之处，但仍不失为一种行之有效的方法。

（七）符合国家的环保要求和有关动植物保护法规

饮食不仅体现了民族文化，也体现了民族素质。环境保护与可持续发展是当今社会的重要议题。菜品的制作应符合国家有关环境保护的制度和规定。所有违反国家野生动物保护法规和国家环保要求的行为，都应制止。

第三节　菜单的设计与制作

一、菜单设计的原则

菜单设计的依据是我们设计菜单的出发点，而菜单设计的原则是在具体设计菜单品种时所要顾及和遵循的。

（一）适应餐饮发展的趋势

一份好的菜单应该适应当前餐饮市场的发展趋势。在具体设计和选择经营哪些菜点时，要了解当前的饮食现状和当地的消费习俗，比如顾客喜欢什么，流行什么，什么卖得最好，什么销量最高，只有掌握了这些情况，才能选择和设计出适应市场需要的菜单。

（二）树立餐厅形象，体现经营风味

各种餐厅的菜单设计应反映经营风味，有利于树立餐厅形象。如高档饭店的餐厅，菜单设计应高雅庄重，菜品名贵价高；海味餐厅、野味餐厅可配备不同的图案，反映各自的风格等。无论哪个菜系，其菜肴都是由大众风味、家常风味、宴席、食肆风味组成的，都存在着高、中、低三个档次。因此，选择菜肴时应与企业的形象、档次相适应。

（三）品种要平衡

菜单中所列的品种应该适应同一目标市场中对菜点口味的不同要求的需要，尤其是中餐菜单，更应该充分注意到我国人民在饮食需求上的多样性和挑剔性。光是大鱼

大肉不行，光是蔬菜也不行，一种原料仅有一种做法更不行。因此，要注意品种的平衡。

（四）创造竞争优势，保证利润目标

菜单的设计与制定要充分做好市场调查，掌握客人需求变化，有利于开展市场竞争。因此，要充分考虑顾客的喜爱程度，突出本餐厅重点风味产品和重点推销产品。菜单要定期调整，花色品种要循环更新，使客人有新鲜感。价格制定在成本核算的基础上，要有利于竞争，在条件基本相同的情况下，应略低于竞争对手。产品毛利率要分类掌握，一般主食毛利较低，冷盘毛利较高，主菜毛利最高，面点毛利可区别掌握。材料费高、加工精细、享受成分高的特殊风味产品，毛利率要适当高些。具体毛利标准的掌握要根据餐厅档次、设备条件、接待对象、消费水平的不同而变化。

二、菜单设计的内容

菜单也是餐厅的推销工具。菜单内容的编写关系到如何完整地把餐厅菜品信息传递给顾客，同时也影响餐饮企业的各项工作安排和经营。如果菜单设计得有特色，必定能吸引和引导顾客选择。具体来说，一张菜单的内容通常由五个部分组成：

（一）菜品的名称和价格

菜品的名称会直接影响顾客的选择。顾客未曾尝试过某菜，往往会凭名称去挑选，因为菜单上的品名会在就餐客人的头脑中产生一种联想。顾客对就餐是否满意在很大程度上取决于看了菜单品名后对菜品产生的期望值，而更重要的是，餐厅提供的菜品能否满足顾客的期望。菜品名和价格要具有真实性。这种真实性要求全面，它包括：

1. 菜品名称真实

菜品名应该好听，但必须真实，不能太离奇。国际餐馆协会对顾客进行调查后发现，那些充满想象力、离奇和故弄玄虚的名字，顾客不熟悉或不符实的名字，不容易被顾客接受，只有那种小型的、以常客为主的餐厅可用不寻常的名字。向大众开放的餐厅应该采用名实相符并为顾客熟悉的菜名。当然也有餐厅用独特名字获得成功的。

2. 菜品的质量真实

菜品的质量真实包括原料的质量和规格要与菜单的介绍相一致。如菜品名为炸牛里脊，餐厅就不能供应炸牛腿肉。产品的产地必须真实。如果品名是烤新西兰牛排，那么原料必须从新西兰进口。菜品的份额必须准确。菜单上介绍份额为300克的烤肉就必须是300克。菜品的新鲜程度应准确，如果菜单上写的是新鲜蔬菜，就不应该提供罐头或速冻食品。

3. 菜品价格真实

菜单上的价格应该与实际供应的一样。如果餐厅加收服务费，则必须在菜单上加以注明，若有价格调整要立即改动菜单。

4. 外文名字正确

菜单是餐厅质量的一种标志。如果西餐厅将菜单的英文或法文名字搞错或拼写错误，则说明该西餐厅对该国的烹调根本不熟悉或对质量控制不严，这样就会使顾客对餐厅产生不信任感。

5. 菜单上列出的产品应保证供应

既然菜单上有，就应该保证供应，否则会让顾客产生不好的印象。

(二) 菜品的介绍

菜单上要对一些产品进行介绍。这种介绍可代替服务员向顾客介绍，减少顾客选菜的时间。菜品介绍的内容有：

(1) 主要配料以及一些独特的浇汁和调料。有些配料要注明规格，如肉类要注明是里脊还是腿肉等，有些配料需注明质量如新鲜橘子的汁、河鲜或人工养殖等。

(2) 菜品的烹调和服务方法。某些菜品具有独特的烹调方法和服务方法，必须加以介绍，而普通的方法则不需介绍。

(3) 菜品的份额。有些菜品要注明每份的量。如果以重量表示是指烹调后菜品的重量，有的菜品还注明数量，如美式早餐套餐注明有两个农式煎蛋。

对菜品的介绍有利于推销菜品。菜单上的介绍要注意引导顾客去订那些餐厅希望销售的菜肴，因此要着重介绍高价菜、名牌菜。同时，还要介绍一些名字表意不太清楚的菜。

餐厅的菜单中，往往有许多菜仅凭名字难以让客人明白是什么样的菜，客人难以做出菜品的选择决策。例如西餐菜单上有一个品名是“Any Pork in a Storm”，译成中文是“暴风雨猪肉”。它是某餐厅的特色菜。如不加介绍，客人难以知道它是什么样的菜。餐厅在菜单上作了如下介绍：“山核桃熏咸肉、维也纳咸牛肉、瑞士奶酪、海甘蓝沙拉，配合法式面包趁热上菜。”这样介绍菜，令人明白并能吸引客人。又如中餐菜单上有一个名为“叫花鸡”的菜，译成英文为“Beggar's Chicken”。若不作介绍，会给客人一种不好的印象而不去点这个菜，应该加上一段英文和中文说明：“镶有肉丁、火腿、海鲜、香料的童子鸡，外裹荷叶和特殊焙泥等烤制而成。Chicken stuffed with diced pork，ham，fine herbs and seafood wrapped in lotus leaves and special mud；and roast.”这样，客人不仅会清楚是什么菜，并且会产生兴趣，愿意去尝试而点此菜。

对菜品的介绍不宜过多，非信息性介绍会使顾客感到厌烦，使顾客拒绝菜单而不产生购买行为或不再光顾该餐厅。但如果一张菜单就像产品目录那样平板地列出菜名和价格，这张菜单也会显得过于枯燥。

(三) 告示性信息

每张菜单都应提供一些告示性信息。告示性信息必须十分简洁，一般有以下内容：

(1) 餐厅的名字。通常安排在封面。

(2) 餐厅的特色风味。如果餐厅具有某些特色风味而餐厅名又反映不出来，就要在菜单封面的餐厅名下列出其风味。例如：

马来餐馆

(清真风味)

(3) 餐厅的地址、电话和商标记号。一般列在菜单的封底下方。有的菜单还列出餐厅在城市中的位置。

（4）餐厅经营的时间。列在封面或封底。

（5）餐厅加收的费用。如果餐厅加收服务费，要在菜单的内页上注明，如果餐厅只收外汇也必须注明。例如在菜单上注上这样一句话："所有价目均加10%服务费，请用外汇券结账。"

（四）机构性信息

有的菜单上还介绍餐厅的概况、历史背景和餐厅的特点。许多餐厅需要推销自己的特色，而菜单是推销的最佳途径。例如肯德基家乡鸡餐馆的菜单介绍了这个国际集团的规模、这种炸鸡的烹调特色以及肯德基家乡鸡餐厅的产生和历史背景。

（五）特色菜推销

1. 什么样的菜品需要特殊推销

一家成功的餐厅，一般不会将菜单上的菜品作"同样处理"。无论哪一类菜品、汤类、热炒、主食，如果每个菜品与其他菜品作同样处理，就显不出重点。一张好的菜单应有一些菜能得到"特殊处理"，以引起顾客的特别注意。从餐厅经营的角度出发，有两类菜品应得到特殊处理：第一类是能使餐厅扬名的菜品。一家餐厅总要有意识地推出几种菜品使餐厅出名，这些菜应有独特的特色且价格不能贵。这些能使餐厅出名的菜品应该得到特殊处理。第二类是愿意多销售的菜品。价格高、毛利大、容易烹调的菜是管理人员最愿意销售的菜。西菜中的开胃品、主菜、甜品一般盈利较大并容易制作，应列在显眼的位置。

特殊菜品的推销主要有两大作用：对畅销菜、名牌菜做宣传；对高利润但不太畅销的菜作推销，使它们成为既畅销、利润又高的菜。

2. 特殊推销菜品的类别

特殊推销菜品有以下四类：

第一类是特殊的菜品。一般指一种畅销或高利润的菜。这种特殊菜品可以是经常销售的某种菜品，也可以是时令菜。时令菜容易吸引客人，也能获取高利润。

第二类是特殊套餐。推销一些特殊套餐能提高销售额，增强推销效果。例如北京丽都饭店在各国国庆节时推出该国的风味套餐，并配合演出该国的文娱节目，吸引了驻京的各国朋友。

第三类是每日时菜。有的菜单上留出空间来上每日的特色菜和时令菜，以增加菜单的新鲜感。

第四类是特色烹调菜。有些餐厅以独特的烹调方法来推销一些特殊菜。例如有的餐厅推出主厨特色菜：主厨特色汤、主厨特色沙拉、主厨特色主菜等。

3. 如何进行特殊推销

在菜单上对重点推销的菜作特殊处理的方法有多种：

（1）用粗体字、大号字体或特殊字体列出菜名。

（2）增加对特殊菜品介绍的内容，对特殊菜进行较为详细的推销性介绍。

（3）采用框框、线条或其他图案使特色菜比其他菜更为引人注目。

（4）放在菜单上容易引人注目的位置。

(5) 放上漂亮的菜品彩色照片。

三、菜单内容的安排

(一) 按就餐顺序排列

菜单的内容一般按就餐顺序排列，因为顾客一般按就餐顺序点菜，也希望菜单按就餐顺序编排，以便能很快找到菜品的类别而不致漏点。中餐菜单的排列顺序一般是冷盘、热菜（分类排列）、汤羹、面点、饮料。西餐菜单的顺序一般是开胃品、汤、沙拉、主菜、配菜、甜品、饮料。

(二) 按视线顺序排列

菜品编排顺序要考虑菜单的不同位置对顾客视线的吸引力。按照常规编排原则，主菜应该尽量列在醒目的位置：单页菜单应列在单页的中间，二页菜单应该列在右页，三页菜单应该列在中页，四页菜单应该列在第二页和第三页。

但是，菜单的编排也要注意眼光集中点的推销效应，要将重点推销的菜列在醒目之处。菜品在菜单上的位置对于菜单的推销有很大的影响。要使推销效果显著就必须遵循两大原则，即最早和最晚原则。列在第一项和最后一项的菜品最能吸引人们的注意，并能在人们头脑中留下最深刻的印象。因此，应将盈利最大的菜品放在顾客第一眼和最后一眼注意的地方。经过调查发现，顾客几乎总是能注意到同类产品的第一个和最后一个菜品。

(三) 有些重点推销的菜、名牌菜、高价菜和特色菜或套菜可以单独进行推销

这些菜不要列在各类菜通常的位置，应该放在菜单显眼的位置。不同大小的菜单其令人注目的重点推销区是不同的。

1. 单页菜单

单页菜单应以横线将菜单对分，菜单的上半部是重点推销区（见图3-2）。

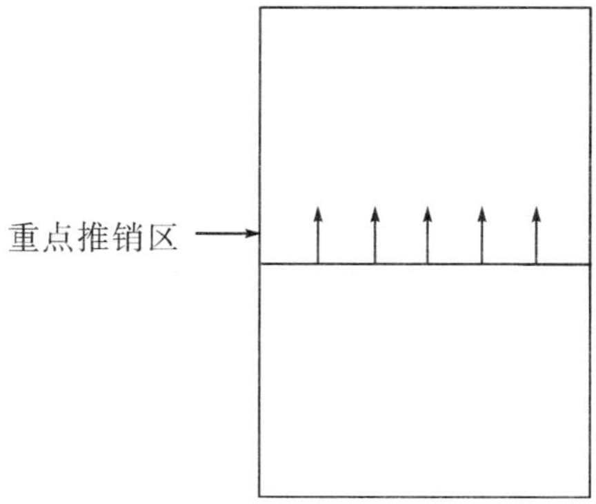

图3-2

2. 二页菜单

二页菜单的右上角为重点推销区，该区域是以上边及右边的3/4作出的一个三角

形（见图3－3）。

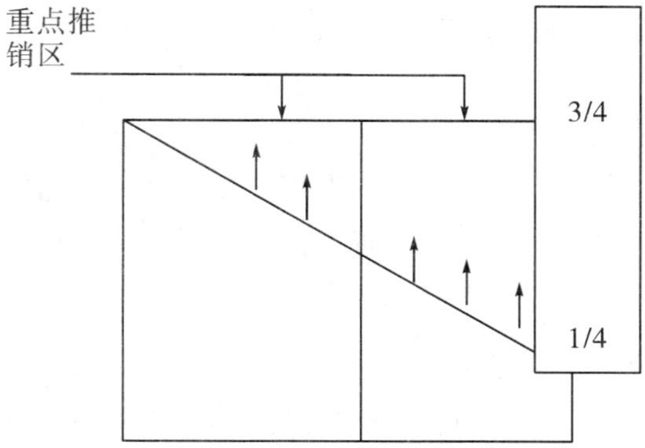

图3－3

3. 三页菜单

三页菜单进行菜品推销很有利。中间部分是人们打开菜单首先注意的地方。如果顾客的眼睛首先注意到普通的菜品和饮料，会立即对菜单失去兴趣。使用三页菜单，人们一般首先注意其正中位置，然后移到右上角，接着移向左上角，再到左下角，之后眼光又回到正中，再到右下角，最后回到正中及正中之上方（见图3－4）。对人们眼睛注意力研究的结果表明，人们对正中部分的注视程度是对全部菜单注视程度的七倍。因而中页的中部是最显眼之处，应列上餐厅最需要推销的菜品。

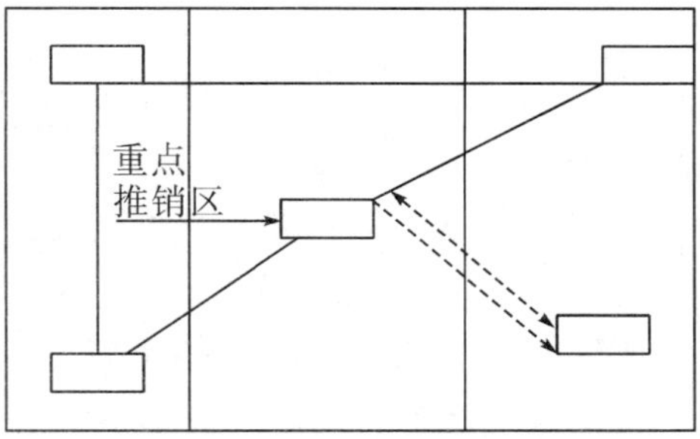

图3－4

四、菜单的设计

（一）菜单的设计要注意艺术、美观

菜单要请艺术家设计，一张漂亮的菜单会增加人们的就餐情绪，制造合适的就餐气氛。菜单的设计要与餐厅的经营宗旨相匹配，要体现和推销餐厅的形象。例如一家牛排餐馆，它菜单的封面具有菜品的图形，一家海鲜馆的菜单封面上则印有新鲜活鱼的图案，这种设计能立即反映出餐厅提供什么菜式。菜单的设计要与餐厅的环境、餐具和餐桌的色调相协调。一家高档餐馆应有设计高雅精致的菜单。

（二）菜单的尺寸应合适

美国餐厅协会对顾客的调查证明，菜单的最理想尺寸为23cm×30cm，这样的尺寸顾客拿起来感觉舒服。尺寸太大，顾客拿起来不方便；尺寸太小，会因篇幅过小而文字过密，难以阅读。菜单的篇幅上应保持一定的空白。篇幅上的空白会使字体突出，易读，并避免杂乱。如果菜单的文字所占篇幅多于50%，会使菜单看上去又挤又乱，会妨碍顾客阅读和挑选菜品。菜单四边的空白应宽度相等，给人以均匀之感。左边字首应排齐。

（三）仔细选择菜单字体

菜单的字体要为餐厅制造气氛，反映餐厅的环境。它与餐厅的商标一样，是餐厅形象的一个重要组成部分。菜单的颜色、标记、字体可作为鉴别餐厅的特征。一旦选定了字体和标记图案，这种图案和标记就不仅可用在菜单上，还可用在火柴盒上、餐巾纸上、餐垫上、餐桌广告牌上及其他推销品上。使用令人容易辨认的字体和标记，能使顾客感到餐厅的食品和饮料、服务质量具有一定的标准从而留下深刻印象。仿宋、黑体等字体，较多地被用于菜单的正文，而隶书则常用于菜肴类别的题头说明。在使用外文时，应尽量避免使用圆体字母，宜用一般常见的印刷体。为使菜单的字体易于辨认，字体不宜过小。要使顾客在餐厅的光线下特别是在晚间的灯光下也能容易地阅读。根据调查统计，最易被就餐者阅读的字是二号字和三号字，其中以三号字最为理想。

（四）巧用颜色和照片

菜单的颜色能起到推销菜品的作用。在菜单上使用颜色和照片是当代餐厅的一种潮流。菜单颜色的作用是具有装饰作用，使菜单更具有吸引力，更令人产生兴趣；颜色能显示餐厅的风格和气氛，因此菜单的颜色要与餐厅的环境以及餐桌和餐具的颜色相协调。菜单上使用颜色，能增加美观和推销效果。但色彩越多，印刷成本越高；单色菜单成本最低。如果采用色纸，不但能增加菜单的色彩、美化菜单的外观，而且还不增加印刷成本。菜单不宜选用颜色过深的色纸，以免因文字不突出而影响顾客阅读。另一种经济的办法是在菜单上使用一条宽的彩色带，彩色带能改善菜单的外观和色彩。

彩色照片也能对食品、饮料起推销作用。彩色照片能直接展示餐厅所提供的食品和饮料。一张菜品的彩色照片胜于千字说明，它是真实菜品的证据。尽管印制彩色照片必须使用四色，比印单色或双色的印刷费用高出35%，但是一张精美的彩色照片，其效果远胜于文字说明，能最真实地展现菜品特点。许多食品只有以颜色和照片才能显示出质量，如描绘新鲜牛排、对虾的质量只有用颜色来反映。许多图形漂亮的菜肴和饮料也只有用照片才能显示出来。

彩色照片能使顾客加快点菜的速度，它是推销菜品的有效工具。顾客看到诱人的菜品照片很快就能决定要选择的菜品，这样能提高座位周转率。

印成彩色照片的菜肴应该是餐厅最愿意销售并最希望顾客注意购买的菜品。餐厅常把高价菜、名牌菜和受顾客欢迎的菜制成彩照印在菜单上。另一类常用彩照的菜是形状美观、色彩丰富的菜。这种照片会为菜单和餐厅增加光辉。

彩色照片的印刷要注意质量。如果印刷质量差，反而会使顾客倒胃口。如果一块牛排被印成绿色、苹果馅饼被印成灰色，那还不如不要彩色照片。彩色照片旁边要印上菜名，注明配料和价格，以便于顾客点菜。为增强彩照的吸引力，还常在旁边配上些水果和蔬菜作为背景。

本章小结

本章的核心内容一是菜单的策划，主要考虑如何进行菜品的选择；二是菜单的设计和制作，涉及菜单内容的安排和具体的制作。掌握菜单的策划和设计制作方法是做好餐饮计划工作的核心。

复习思考题

1. 试比较菜单和菜谱有何不同？
2. 菜单在餐饮经营与管理中起着怎样的作用？
3. 一份完整的菜单应包括哪些方面的内容？
4. 策划和设计菜单时，应考虑哪些因素？
5. 如何进行菜单分析？
6. 菜单内容的编排应如何注意推销效应？

案例分析与思考：营养专家特别推荐的春节菜单

春节吃什么？营养学专家特别推荐下列两款菜单：

一、大众菜单

<u>年三十晚</u>

冷盘：糟凤爪、葱油虾、酸辣白菜心、葱油海蜇皮

热菜：葱烤河鲫鱼、蛋皮鱼卷、水煮牛肉、青椒炒豆芽、面筋炒白菜

点心：三丝春卷

汤：酸菜肚子汤

<u>初一早上</u>

芝麻汤圆、牛奶、菜肉锅贴

<u>初一中午</u>

冷盘：什锦沙拉、盐水鸭、卤肚子、醋拌藕片

热菜：麻辣鱿鱼卷、奶油玉米烙、香芋排骨煲、奶汤西兰花、平菇炒青菜

点心：八宝饭

汤：乌骨鸡汤

初一晚上

冷盘：五香青鱼、葱油牛百叶、糖衣红薯条、芥末西芹

热菜：砂锅鱼头、椒盐辣子鸡、三鲜锅巴、山药炒胡萝卜、蒜泥豆角

点心：炒年糕

汤：雪菜小黄鱼汤

二、小康菜单

年三十晚

冷盘：手撕凤鹅、五香驴肉、冰糖莲心、芥末拌生菜

热菜：翡翠鲜鲍片、蛋黄焗青蟹、腐竹羊肉煲、蒜茸荷兰豆、蚝油橄榄菜

点心：蟹粉小笼包

汤：虫草老鸭汤

初一早上

桂圆水泡蛋、牛奶、虾仁荠菜、小笼包

初一中午

冷盘：腊鸡腿、海苔腰果、炝双耳、蜜汁淮山药

热菜：干烧明虾、双冬烩鱼肚、栗子鸡煲、上汤芦笋、生煸观音菜

点心：牛肉煎包

汤：洋参甲鱼汤

初一晚上

冷盘：卤水鹅掌、芥末羊羔、醋拌姜芽、蒜泥海带

热菜：鸡茸鱼翅、清蒸鲥鱼、沙茶牛肉煲、酒香芋头、冬笋牛肝菌

点心：酒酿小丸子

汤：原汁草鸡汤

［资料来源］http：//www. csbbs. cn/bbs/viewthread. php？ tid = 281885.

思考题：

请分析营养专家特别推荐的这两份春节菜单有何特别之处？

实训指导

实训项目：菜单设计。

实训要求：根据企业定位，完成菜单类型组合设计；根据餐厅特点，完成菜单内容设计；根据餐厅经营特点，设计菜单定价策略方案；设计菜单科学管理方案。

实训组织：项目引导，任务分配；小组调研，内容设计；小组讨论，师生交流；方案汇报，项目评价。

项目评价：小组互评；教师评价。

第四章　食品原材料采购供应管理

【学习目的】

了解食品采购的重要性；

熟悉食品采购的程序、方式、采购制度、供货商选择标准、采购数量的确定及采购质量和价格的控制；

掌握食品验收的体系、内容、步骤；

了解不同食品储存的条件；

掌握食品发放的管理；

了解食品原料盘存的意义、目的及方法。

【基本内容】

★食品原材料的采购管理：

食品原料的采购及其重要性；

采购运作程序；

建立严格的采购制度；

采购人员的配备与选择；

供货单位的选择；

采购质量管理；

采购数量的确定及管理；

采购价格管理。

★食品原材料的验收管理：

建立合理的食品原料验收体系；

食品原料的验收步骤。

★食品原材料的储存管理：

食品原料储存的目的；

食品储藏室设计要求；

食品原料的储存分类与管理；

食品储藏室的安全管理。

★食品原材料的发放管理：

直接进料的发放管理；

储藏室原料的发放管理；

食品原料的调拨处理。

★食品原材料的盘存管理：
盘存的目的；
存货记录制度；
期末库存原料的计价方法；
储藏室库存原料短缺率的控制；
厨房库存盘点；
库存周转率。

【教学指导】

请有实践经验的采购人员、验收人员或储藏室管理员与学生交流、座谈。

食品原料的采购、验收、保管与发放是整个餐饮企业运作的开始和基础。采购过程运行的好坏，将影响企业资金的使用或流失；验收是保证食品质量的关键环节；储存对企业的成本计算有直接关系；而发放控制则是保证厨房生产供应、控制原料使用的重要一环。

第一节　食品原材料的采购管理

餐饮企业的日常运作从总体上可分为三大环节，即进货环节、生产环节和销售环节。这三大环节是一个有机整体，即餐饮企业要满足客人的需求，而食品原料的采购又必须满足生产的需求。只有使产、供、销在运行中形成协调的一体化格局，才能使餐饮企业进入良性循环，其中的供即食品原料的采购是第一个环节，也是其他环节正常运转的前提。

一、食品原料的采购及其重要性

食品原料的采购是指餐饮企业根据生产经营的需要，以适当的价格订货，并购买到所需质量的食品原料。采购是由餐饮企业的生产特点及原料供应情况决定的，包括订货和购买两个部分。

订货指根据餐饮企业的生产需要量、库存、质量要求、价格适宜度，结合供应商的各项条件，综合其他方面影响因素确定需要购买的物品及其数量的过程。

购买指根据订货确定的物品及其数量实施购买行为，完成采购的过程。作为餐饮企业日常运转的第一个环节，采购是非常重要的，因为餐饮企业必须购买食品原料和其他辅料以便生产和出售食品、饮料。采购过程运行的好坏将影响资金的使用或流失。例如，如果采购的物品太少，出现库存短缺，就会影响餐饮产品的生产；如果采购得太多，导致原料积压，资金周转速度太慢，就会加大企业成本。

具体来说，采购工作的重要性主要表现在：

（1）采购价格影响餐饮产品的利润。在市场经济条件下，一定数量的餐饮产品的价格受到市场竞争的影响，在供求关系综合作用下产生价格的波动，将影响餐饮企业利润的高低。

（2）采购影响企业流动资金的周转。在市场经济条件下，一定数量的流动资金周转一次获取的利润基本上是一定的。餐饮企业用于采购的流动资金周转的次数越多，利润就越多，但并不是用于采购的流动资金流动得越快越好，因为每一次采购都会有非采购费用发生，如采购人员的差旅费、采购物品的运输费等，这些都使得餐饮企业必须根据自身的实际需要确定采购的周期，从而影响整个餐饮企业流动资金的周转。

二、采购运作程序

采购程序是采购工作的核心之一。实施采购首先应制定一个有效的工作程序，使从事采购的有关人员和管理人员都清楚应该怎样做、怎样沟通，以形成一个正常的工作流程，也利于管理者履行职能，知道怎样去控制与管理。各饭店可根据自己的管理模式，制定符合饭店实际的采购程序，但设计的目的和原理是相同的（见图 4－1）。

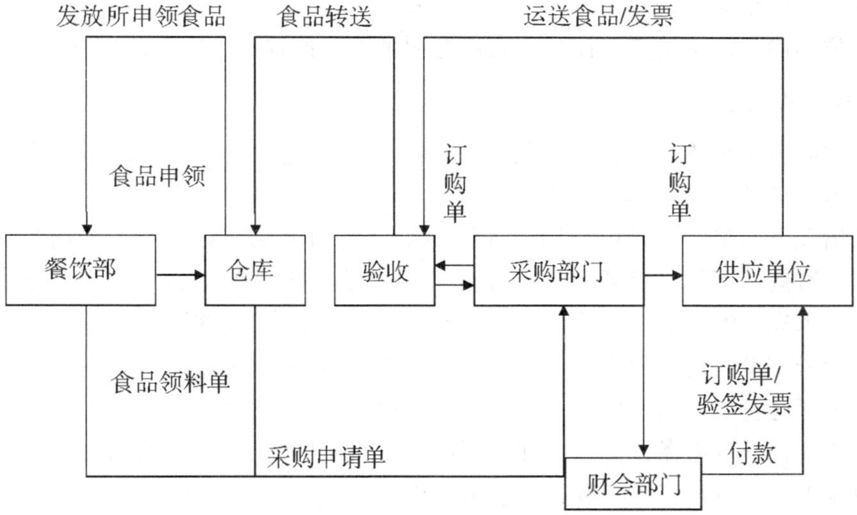

图 4－1　采购流程图

餐饮产品生产人员需要食品、饮料和其他辅料去制备菜肴，他们据此填写领料单，并将写好的领料单交给储藏室管理人员，然后由储藏室管理人员发放所需原料。

在某些时点上，储藏室的存货，即食品、饮料和其他辅料的存货数量必须补充。需要订货时，由储藏室人员填写请购单交给采购部。请购单是详细描述所要购买原材料的凭证，包括所需数量以及所需物品，然后采购部通过正式或非正式的采购预订系统向供应商订购所需货物，并将订购单的副联交给验收和会计人员。

供应商将订购的货物送到验收处，并给验收员一张送货发票，供应商的发票上写明所送货物的名称、规格、数量和价格以及应付款的总价。验收员要对照请购单的副联或采购记录单对所送货物进行核查，同时，还要检验货物的质量和损坏情况等事项。

所送货物经检验并接受后，送货员将其转送到合适的储存地点，送货发票则送到财务部门。会计人员即可以处理有关单据，并支付供应商货款。

尽管采购程序因企业的经营情况不同而各异，但这些基本步骤却是相同的。即使电子数据处理代替了采购程序的全部或部分手工劳动，其基本步骤仍大致如此。

三、建立严格的采购制度

没有一个严格的采购制度，就无法对采购进行有效的控制，容易导致采购部门与厨房之间的矛盾，也容易滋生舞弊情况，提高企业成本。严格采购制度应做到以下几点。

（一）确定岗位职责

由于不同的餐饮企业在规模、经营方式、特色上各不相同，其组织结构和管理方法也不尽相同，当然具体的岗位设置和岗位职责也就有所差别。大饭店有专门的采购部，负责饭店所有用品与原材料的采购；有的饭店则是在餐饮部下设采购部，只负责餐厅内所需物品的采购；中、小型餐厅里，这项工作则由厨师、经理或老板直接负责。因此，在不同的企业，采购工作人员的岗位职责不完全相同，但有一点是相同的，即应做到岗位明确，职责清楚，使采购人员能明了采购过程中各细节的具体要求。

（二）明确采购权限

采购权限就是采购人员进行采购时所拥有的权力范围。这个权限根据企业的性质特点及原料市场的不同而不完全相同。

正常情况下，采购人员根据用料部门的申请购物单填写订货单，并据此购买所需原材料。但有些情况下，市场上的原材料供应未必与购物单上所列物品、数量、质量和价格的要求完全相符。采购员如果完全按照要求去采购，很可能空手而归。为此，餐厅应授予采购员一定的权限，以便于其根据市场实际情况采购到基本符合要求的原材料。如果某些食品原料在市场上供过于求，价格十分低廉而且又是厨房大量需要的，只要质量符合标准并有条件储存，即可利用这个机会购进，以减少价格回升时的开支。如果原料刚上市，价格日渐下跌，采购量则应尽可能减少，只要能满足短期生产即可，等价格稳定时再行采购。

（三）制定食品原料的质量标准

要保证饭店提供的餐饮产品在质量上始终如一，就必须对餐饮产品进行质量控制，要求采购人员按照食品采购标准进行采购。

四、采购人员的配备与选择

管理学认为，一个好的采购人员至少可为企业节约5%的成本。所以，选择采购人员对餐饮成本控制来说非常重要。采购员必须要具有良好的道德标准以维护餐厅的经济效益。采购员还必须对企业、合作伙伴和供应商负责，从而使自己与供应商在公平诚实的基础上进行交易。

（一）采购人员的道德准则

（1）具有餐厅利益高于一切的觉悟，不得损公肥私，不得任意挥霍。

（2）在采购活动中做到公正、诚实，高效地履行岗位职责，处理好与供应单位之间的关系。

（3）努力做好本职工作。善于接受上级领导、同事和供应单位业务员的建设性意见。

（4）禁止接受礼物、有价证券和收取回扣。

（二）采购人员应具备的业务素质

（1）了解食品制作的要领、程序和厨房业务。采购人员不仅要了解餐厅的菜单，熟悉厨房加工、切配、烹调各个环节，掌握各种原料的损耗情况、加工的难易度及烹调的特点，而且还要掌握餐厅供应菜品的季节变化及菜品的销售情况。

（2）掌握食品原料的相关知识。采购人员不仅要随时学习和掌握国家有关食品原料品质分类标准、有关政策规定，而且还应掌握各种原料的质量、规格和产地等知识。

（3）了解食品原料供应市场和采购渠道。了解餐饮企业原料的供应地点，如各大批发商与零售商的地址、电话，并建立长期稳定的、相互信任的交易关系。

（4）了解进货价格与销售价格的核算关系。采购人员应了解菜单上每一菜品的名称、售价和分量，知道餐厅近期的毛利率和理想的毛利率。这样在采购时就能决定某种食品原料在价格上是否可以接受。

（5）了解财务制度方面有关现金、支票、发票等使用的要求和规定，以及对应收账款的处理要求等。

因为采购人员常在市场中活动，与形形色色的人交往，容易被金钱、物质所引诱和腐蚀。因此，对采购人员必须加强经常性的思想教育。首先领导要深入工作实际，了解掌握情况，及时开展有针对性的思想教育。其次要关心他们的政治学习，不能认为采购工作忙而放松了政治学习。最后要开展经常性的谈心活动，做深入细致的思想工作，使其警钟长鸣，防患于未然。

经营中有一个重要的管理手段，就是要是非分明，奖优罚劣。对于坚持原则、大公无私的人和事要大力表彰，树典型，抓榜样，扶正气。对于不接受教育、贪占便宜、损公肥私者，坚决给予严肃处理，及时调换不适合做采购工作的人员。在采购人员的使用上，可采取轮换制，一般三个月至半年轮换一次，这样就可以克服采购工作中的很多弊病。

五、供货单位的选择

采购员在选择供货商时，除考虑价格因素以外，还应考虑以下因素：

（1）供货单位的地理位置。供货单位与餐饮企业的距离较近，可以缩短采购和供货时间，节省采购费用。

（2）供货单位的设施及管理水平。根据供货单位的卫生条件是否良好、规章制度是否健全、设备设施是否齐备及是否具有现代化的标准来确定供货单位。

（3）供货单位财务的稳定性。要对供货单位的财务状况进行调查，从而保证货物的供应。

（4）供货单位业务员的技术能力和服务水平。供货商不仅接受订货单，还应熟知出售的物品的性能，并能帮助购货单位合理使用这些物品，能提供良好的售后服务。

（5）供货商的信誉。良好的商业信誉能促使供货商及时送货，所供货品质量得到保障，餐饮企业也能及时获得采购信息和良好的售后服务。

六、采购质量管理

（一）采购质量标准

要保证餐饮产品的质量始终如一，饭店所使用的食品原料的质量也应该始终如一。食品原料的质量是指食品是否适用，越适于使用，质量也就越高。餐饮管理人员应在确定本企业的目标和编制有关计划时规定食品原料的质量标准。采购部经理或成本控制会计员应当在其他经管人员的协助下，列出本企业常用的需采购的食品原料的目录，并用采购规格书的形式，规定对食品原料的质量要求。

采购规格书是指根据餐饮企业的特殊要求，对所要采购的各种食品原料的标准和规格做出详细而具体的规定，如原料的部位、产地、等级、性能、份额大小、包装方法、外观、色泽、新鲜度等。采购规格必须包括必要的信息，但详细说明的文字应尽可能少。

一般餐饮企业只是对那些成本较高的各种鱼、禽、肉以及高档原料，按自定的采购标准来指导采购。采购标准的形式见表4－1。

表4－1　　采购标准的一般形式

××饭店餐饮部采购标准
（1）产品名称：＿＿＿＿＿＿＿＿＿＿
（2）产品用途（明确说明产品用途）：
（3）产品概述（列明合格产品的一般性质量要求）：
（4）详细说明（企业应列明其他有助于识别合格产品的因素。各种产品应列明的因素不同。这些因素包括产地、大小、比重、品种、每份大小、容器大小、类型、牌名、可以食用量与切除量；样式、稠密度、分量、等级、包装物）：
（5）产品检验程序：
（6）特殊指示和要求（列出明确表明质量要求所需的其他信息）

无论采用哪种形式，所有的采购标准都应包括以下内容：

（1）产品通用名称或常用商业名称；

（2）法律、法规确定的等级、公认的商业等级或当地通用的等级；

（3）商品报价单位或容器规格；

（4）基本容器的名称和大小；

（5）容器中的单位数或单位大小；

（6）重量范围；

（7）最小或最大切除量；

（8）加工类型和包装；

（9）成熟程度；

（10）防止误解所需的其他信息。

（二）编写质量标准要考虑的因素

（1）企业的类型。不同类型的餐饮企业对原材料质量标准的要求不同。如，快餐店对原材料的要求比较单一，即某种原材料是专门供制作某一特定食品的，质量要求相对明确简单。但在普通餐厅里，一种原材料可供多种菜品使用，其质量标准也就相对复杂和多变。

（2）设备配备情况。企业的存储场地和设备通常决定了可采购的品种和数量。

（3）市场供应情况。需从市场上采购的食品原料与企业需求和市场供应之间存在的差距，是制定质量标准时应考虑的重要因素。在市场发展成熟的西方国家，市场上出售的大部分原材料都按统一标准进行包装和分类定级，所以编写质量标准相对较容易，与此相对应的原材料质量也容易控制。但我国市场还处于起步阶段，所以在编写质量标准时，其内容必然较复杂和细致，否则，采购人员将无法根据质量标准进行采购。

（4）菜单。企业应采购的食品原料是由菜单确定的。对于企业不供应的食品，显然不必编写采购标准。

（三）制定质量标准的程序

最好、最快的编写方法应当是先由食品原材料采购人员从当地的各个供应单位获得供应项目表，然后采购人员和餐厅经理、厨师长、验收人员与储藏室管理员共同研究，请所有有关人员指出哪些食品原料是生产和服务中需要使用的，再共同拟定采购标准。需要说明的是，企业应定期按照一定的测试程序，对有关食品原料进行测试和研讨，采购标准应根据测试结果编写。

（四）制定质量标准的作用

（1）采用质量标准，可以把好采购关，避免因采购的原料质量不稳定而引起产品质量不稳定。

（2）采购质量标准分发给供货单位，使供货单位掌握该餐饮企业的质量要求，避免发生分歧和矛盾。

（3）便于采购顺利进行。不需每次都对供货单位提出各种原料的质量要求，可以减少工作量。

（4）质量标准分发给若干个供货单位以便通过招标选择最低价格。

（5）有利于原料的验收。

（6）防止原料采购部门与使用部门之间可能产生的矛盾。

总的来说，一份实用的采购标准书，可以成为订货的依据、购货的指南、供货的准则、验收的标准。

七、采购数量的确定及管理

食品原料采购的数量要随餐厅销售量的变化而不断进行调整。如果采购数量控制不当，就可能出现两种情况：一是采购数量过多，占用过多资金，造成资金周转困难，并发生原料腐烂、变质、损坏，使成本增加；二是采购数量过少，导致供应中断而影响正常销售。

（一）影响采购数量的因素

1. 菜品的销售数量

当销售菜肴数量增加时，可增大采购的批量；而在菜肴销售数量减少或经营不景气时，则可压缩采购数量。在不同的季节，顾客对某一个具体的菜品的需求也有所不同。所以，餐饮部门在采购原料时，不仅要考虑整体上的变化，而且也要考虑结构上的变化。

2. 现有的仓储设施

现有的仓储设施的储藏能力，限制了采购的数量。比如，冷冻、冷藏空间过小，则不能采购过多的易腐烂变质的鱼、肉、禽蛋类原料；除湿能力低或设备差，则不能采购过多的干货。

3. 采购地点

采购地点的距离远近影响采购的数量。如果采购点远，可以增加批量，减少批次，以便节约运费，防止断档；如果采购点近，可以减少批量，增加批次。

4. 企业财务状况

企业财务状况的好坏影响采购的数量。餐饮企业经营较好时，可适当增加采购量；资金短缺时，则应精打细算，减少采购量，以利于资金周转。

5. 食品原料的内在特点

食品原料的内在特点，决定了采购数量的多少。不适宜久储的食品原料应快进快销；易于保存的干货，则可适当增加采购数量。

6. 市场供应情况

市场供求状况的稳定程度影响采购的数量。当市场上原料供应比较稳定时，采购的数量可按照其消耗速度和供货天数来计算；当原料的市场供应不稳定，比如忽多忽少或长期缺货时，又可以增加采购数量。

7. 食品原料消耗的稳定性

有些食品原料并不是按稳定的速度消耗的。昨天销售得多的菜品，今天可能一份也卖不出去。对于这种消耗速度不稳定的食品原料，应保持恰当的存货，以防断档。

（二）采购数量的管理

对采购管理来说，食品原料可分为易坏性原料和非易坏性原料，对这两类原料的采购应区别对待。

1. 易坏性食品原料的采购数量

易坏性食品原料一般为鲜活货，这类原料要求购进后立即使用，用完后再购进新的原料。每次采购的数量可用下列公式表示：

应采购数量 = 需使用数量 − 现有数量

需使用数量是指在进货间隔期内对某种原料的需要量。例如，如果每 4 天进一次货，那么餐饮经理或行政总厨填写请购单时要根据自己的经验预测在此4天内大概使用多少该原料。

现有数量是指某种原材料的库存数量，包括已经发往厨房而未被使用的原料数量。这个数量可以通过实地盘存加以确定。

应采购量是指需要使用量与现有量之差。这个数量还要根据特殊宴会、节日或其他特殊情况加以适当调整。这个数字虽然是估计的或预测的，不完全精确，但无关紧要。因为鲜活类食品原料采购周期较短，送货也较方便。如果本次采购数量多，那么下一次采购数量就可少一些。

餐厅可自行设计一个市场订货与报价单，将所有易变质的鲜活类食品原料分类列在表上（见表4-2），这样既可以节省工作量，又有助于控制采购数量和采购价格。

表4-2　市场订货与报价单（局部）

原料名称	需使用数量	现有数量	订货量	供货单位报价			
				甲	乙	丙	丁
菠菜	6箱	$2\frac{1}{2}$箱	4箱	¥22.0/箱	¥23.0/箱	¥20.0/箱	¥21.0/箱
莴笋	8箱	1箱	7箱	¥17.0/箱	¥16.0/箱	¥18.0/箱	¥16.5/箱
胡萝卜	60千克	20千克	40千克	¥0.5/千克	¥0.45/千克	¥0.6/千克	¥0.55/千克
卷心菜	2麻袋	$\frac{1}{2}$麻袋	2麻袋	¥18.5/麻袋	¥18.6/麻袋	¥18.3/麻袋	¥18.0/麻袋
……	……	……	……	……	……	……	……

2. 低值易耗品的采购数量

餐厅中有些原料（包括部分易坏性原料和非易坏性原料），其本身价值不高，但消耗量很大，所需数量也较稳定，这类原料如果用上述方法采购就显得费时费力。这时可采用长期订货法。

餐饮企业采购部门可与一家供货单位签订合同，规定以固定价格，每天向其供应规定数量的原料。例如，餐饮企业可与养鸡场约定每天送4箱鸡蛋，有特殊变化时再增加或减少采购量。这类原料主要包括：面包、奶制品、蛋制品、常用蔬菜、水果和常用饮料等。另外还可用于价值低、用量大、占据空间多、天天需补充的其他物品，如餐巾纸、卫生纸、啤酒等。

3. 非易坏性食品原料的采购数量

非易坏性食品原料不像易坏性食品原料那样容易腐败变质，但这并不意味着可以大批量采购。通常使用最高或最低库存量调节法和永续盘存法来对这类食品原料的采购量进行控制。

（1）最高或最低库存量调节法

订货数量可以根据不同的存货定额来决定，即针对各种食品原料确定它的最高或最低库存量，用采购量来调节这种库存量。如：

采购品名：	竹笋罐头
每天使用量：	2 听
采购周期：	30 天
采购日期内使用量：	2 听 ×30 天 =60 听

从订货到购回入库的时间（间隔期）：3 天

从订货到购回入库期间使用量：2 听 ×3 天 =6 听

库存安全系数：2 听 ×3 天 =6 听

最低标准库存量 = 订货到入库期间内的使用量 + 库存安全系数

即：6 听 +6 听 =12 听

最高标准库存量 = 采购日期内的使用量 + 库存安全系数

即：60 听 +6 听 =66 听

当处在最低库存量订货时：

订货数量 = 采购周期内的使用量，即 60 听。

在库存量未达到最低库存量时，确定订货采购数量时，应先清点库存数量，然后从清点的库存量中减去最低库存量：

现有库存量：20 听

减去最低库存量：20 听 −12 听 =8 听

订货量 = 采购日期内的使用量 − 超过最低库存的数量

即：60 听 −8 听 =52 听

使用这种方法必须首先确定每项物品的最低和最高库存量，并向采购人员说明不得在少于最低库存量时才订货，也不得在超过最高库存量时添购，以防积压。

（2）永续盘存法

这是通过永续盘存表来指导采购，对所有入库及发料保持连续记录的一种存货控制方法。但由于使用这种方法需要由专业人员来进行相当精确的数字记录，所以采用此方法的餐饮企业并不多，只有那些大酒店集团才会使用这种方法。

使用永续盘存法的目的是保证采购的数量既能满足预期的需要而又不致造成过多的进货。采购要根据永续盘存表的记录进行。大酒店中对主要干货原料（非易坏性原料）都建立永续盘存表，由储藏室管理人员记录、保管，每天的进货、发货情况及结余都反映在这张表格上，一旦结余数量降至最低点时，则可按订单进行采购。所以，它既是一种存货控制方法，也是一种采购方法。

这种方法要求使用表 4 −3 所示的永续盘存表。例如：某餐饮店罐装雪梨的采购周期为 15 天，日平均消费量为 10 罐，最高库存量为 180 罐，最低库存量为 60 罐。10 月 1 日库管员发现发出 10 罐后还余 60 罐，已达到最低库存存量，于是发出订货通知，订单号码为#647 −45。订货数量按最高或最低库存量调节法来计算。当处于最低库存量时，订货量 = 采购周期内的使用量 =150 罐。考虑到以箱为采购单位，故实际订货量为 13 箱，即 156 罐，这样三天之后货物到达，库存量又增至 175 罐。

表 4－3　　永续盘存表（样）

编号 456				
品名：雪梨 规格：#3 号罐头 单价：68 元／箱（12 罐）			最高库存量：180 罐 最低库存量：60 罐	
日期	订单号码	收入	发出	结余
1 / 10	#647－45		10	60
2 / 10			8	52
3 / 10			11	41
4 / 10			12	29
5 / 10		156	10	175
6 / 10				

永续盘存表和货品库存卡相似，但它包含的信息要比货品库存卡多。两者的主要区别是：货品库存卡需贴在存放食品原料的货架上，而永续盘存表则由不在储藏室工作的职工保管。

每次收发食品原料，都应在永续盘存表上做好记录。如果能精确地记录每次的收发数量，那么，无论什么时候，只要查阅一下永续盘存表，就能知道各种食品原料的存货数量。

八、采购价格管理

有效的采购工作目标之一是用理想的价格来获得满意的原料和服务。原料的价格受各种因素的影响，诸如市场的供求状况、餐饮的需求程度、采购的数量、食品本身的质量、供应单位的货源渠道和经营成本、供应单位支配市场的程度、其他供应者对其的影响等。针对这些影响价格的因素，可以采取以下方法降低价格，保证原料的质量，以实施对采购价格的控制。

（一）规定采购价格

通过详细的市场价格调查，饭店对厨房所需的某些原料提出购货限价。当然这种限价是饭店派专人负责调查后获得的信息。限价品种一般是采购周期短、随进随用的新鲜物品。

（二）规定购货渠道和供应单位

因为饭店预先已同这些供应商议定了购货价格，所以出现问题的概率就降低了很多。

（三）控制大宗和贵重原料的购货权

贵重和大宗食品原料的价格是影响餐饮成本的主体。因此，有些饭店规定由餐饮部提供使用情况的报告，采购部门提供各供应商的价格，具体向谁购买由饭店决策层确定。

（四）提高购货量和改变购货规格

大批量采购可以降低购货单价。另外，当某些原料的包装规格有大有小时，如有可能，大批量地购买厨房可以使用的大规格包装的原料，也可降低单位价格。

（五）根据市场行情适时采购

当某些食品原料在市场上供过于求，价格十分低、又是厨房大量需要的，只要质量符合标准并有条件储存，可利用这个机会购进，以减少价格回升时的开支。当原料刚上市，价格日渐下跌，采购量则应尽可能减少，只要能满足短期生产即可，等价格稳定后再行采购。

（六）尽可能减少中间环节

减少中间环节能使企业有效降低成本，可以获得价格优势，增加产品的市场竞争能力。

第二节　食品原材料的验收管理

如果仅对餐饮原料的采购进行控制，而忽视验收这一环节，往往会使对采购的各种控制前功尽弃。虽然采购物品的订货数量适当、质量合格、价格最优惠，但不能保证实际发送的货物也是如此，如果不加以严格控制，供应商发送的货物会有意无意地超过订购量；或可能短斤缺两；或质量不符合要求，高于或低于采购规格；账单上的价格也往往与商定的价格有出入。因而验收也是餐饮管理和成本控制中不可缺少的重要环节。本节将就食品原料验收管理中的验收体系的建立、验收程序的确定、有关验收表格及验收控制等内容逐一给予介绍。

一、验收体系

（一）验收部门

验收部门的设立以及验收部门与其他部门之间的关系因饭店规模大小而异。大型饭店有专门的验收部门，而中型饭店或独立经营的餐厅有的只设一个验收员，小型餐厅则可能没有专职的验收员，验收工作由厨师长或经理亲自担任。无论如何，企业应根据自己的特点，设计和建立自己的验收体系，只要能发挥验收员的作用，控制好成本和原料质量，减少作弊行为，就不失为一种好的验收体系。

从验收工作岗位的隶属关系来看，许多餐厅并不一样。严格地说，收货验收工作应由总会计师指导，并独立于餐饮部门之外，验收员应该是财会部门的正式员工。在验收时，储藏室经理应给予必要的协助。很多餐厅的验收工作是由储藏室负责的，验收员隶属于储藏室经理。有些餐厅甚至不设专职验收员，验收工作由储藏室管理员兼职。

餐饮企业的总经理应给予验收部或验收员一定的自主权，在企业组织结构图或岗位职责中应明确规定验收员与采购员、厨师在对外交往中拥有的权力，使之处于相对独立的位置，这样才能排除干扰，严格按规定检查。验收员不应该设在采购部下面。

（二）验收员

对验收员的选择至关重要。验收员必须聪明、诚实，食品原料知识丰富。选择验收员的最好方法是从储藏室职工、食品和饮料成本控制人员、财务人员和厨工中发现人才。这些人员有一定的食品知识和经验，而且愿意通过从事验收工作积累管理工作经验。在工作中，验收员要和采购人员、厨师等多接触，虚心向他们学习，丰富自己的知识和经验。

餐饮企业应制订完整、严密、科学的培训计划，对所有的验收人员进行培训，以提高他们的业务素质和品德修养。同时，也应使验收员牢记：未经上级主管同意，任何人都无权改变采购标准，遇有特殊情况，应及时向上级主管请示汇报，不得擅自行事。

另外，验收员在工作时不应受厨师长和采购人员的干扰。验收员的相对独立有利于对整个采购进行有效的监督和控制。

（三）验收设备和工具

饭店一般设有验收处或办公室，它的位置一般在饭店的后门或边门，这样送货车开到后门就可以看到验收处，以便于验收，而且此处要有足够的空地以便于卸货。

验收部门应备有足够的验收工具。各种计量工具应定期校准，以确保其精确度。此外，验收室还应备有温度计、暗箱、起钉器、纸板箱切割工具、尖刀等工具，以及验收单、验收标签、购货发票、收货单、验收工作手册、采购食品原料的质量标准等单据和材料。

二、食品原料的验收步骤

验收程序规定了验收人员的工作职责和工作方法，使验收工作规范化。同时，按照程序进行验收，形成良好的习惯，是验收高效率的保证，

（一）验收内容

验收内容包括参照订购单盘点数量、检查质量、核实价格三项内容。

（二）验收步骤

1. 依据订货单或订货记录检查进货

在这个过程中，验收员首先应核实收受项目是否与订货单相符，然后对数量（个数、件数）逐一清点，对重量一一称重，质量要根据标准手册严格对照。在验收过程中，验收员一定要坚持原则，做到：①未办理订货手续的物品不予受理。注意核对送货发票上的供货单位的名称和地址，避免错收货和接受本饭店未订购的货物。②送货量与订购量不符的不予受理。根据订货单对照送货单，通过点数、称量等方法，对所有到货的数量进行核对。③不符合质量要求的不予受理。

2. 根据发票检验进货

（1）供货发票通常是随同货物一起交付的。发票是付款的重要凭证，应该依此核

实购进原料的数量和价格。

（2）如遇某种原因，发票未随货物一起送到，可开具本餐饮企业制备的备忘清单，在清单上注明已收到货物的数量、价格，在正式发票送到以前暂以此据为凭。

（3）有些食品原料，尤其是在农贸市场或向个体户购买的蔬菜原料是没有发票的，这时应填写无购货发票收货单以便财务入账。

3. 受理货品

货品经检验无误后，验收员需填写进货验收单，正确记录供货单位名称、收货日期以及各种原料的重量、数量、单位和金额，并在送货发票上签字和加盖验收章，接受货品，货品交由仓储部门负责保管。验收单上要有收货日期、验收员签字、采购员签字、成本控制员签字、主管人员签字等。

如果货品分量不足或质量不符合订货标准或价格提高，而供应商又没有通报给采购部，那么验收员有权拒绝收货。在退回食品原料时，应填写原料退回通知单，并取得送货人的签字后，将通知单连同发货单副本一并退回供货单位。

4. 送库储存

验收合格后，验收员要在货物包装上注明收货期（有助于先进先出原则的贯彻）。对于鱼、肉、禽等成本较高的原料，应使用肉类标签，便于发货时统计成本。验收工作一完成，应立即将货品入库或直接送使用部门，以免引起质量下降，造成损失。

5. 填写报表

填写验收日报表和其他表格。

6. 将票据、表格及时送财务部

将所有发货单、发票、有关单据及进货日报表及时送交财务部门，以便向供应单位付款。

（三）验收员应熟悉和使用的各种表格

1. 发货票

所有送货都应有发货票，随货到达的发货票（见表 4－4）应一式两联，送货人将发货票交给验收员后，要求验收员签名，交还第二联，证明企业已收到供应单位发货的货物。第一联应交给财务部，由财务部付款。

表 4－4　　发货票（样）

××市副食品公司

发票

户名：　　　　年　月　日

项目	单位	数量	单价	小计

2. 验收单

验收员应每天详细填写验收单（见表4－5），准确记录验收部收到哪些商品，哪些商品没有发货票、供应单位因交货数量与发货票数量不符而贷记本企业哪些应收账款。有部分验收员为了节约时间，在验收单上只记录供应单位名称和送货金额，这种做法是错误的。

表4－5　　货物验收单（样）

<table>
<tr><td colspan="4">××饭店
供货单位：
供货单位地址：
订购单编号：</td><td colspan="2">编号：
日期：</td></tr>
<tr><td>存货编号</td><td>项目及规格</td><td>单位</td><td>数量</td><td>单价</td><td>合计</td></tr>
<tr><td></td><td></td><td></td><td></td><td></td><td></td></tr>
<tr><td></td><td></td><td></td><td></td><td></td><td></td></tr>
<tr><td></td><td></td><td></td><td></td><td></td><td></td></tr>
<tr><td></td><td></td><td></td><td></td><td></td><td></td></tr>
<tr><td>总计</td><td></td><td></td><td></td><td></td><td></td></tr>
<tr><td colspan="5">验收员：
储藏室管理员：</td><td>送货员：</td></tr>
</table>

3. 肉类标签

在验收时，验收员还应给鱼、肉、禽等加上存货标签（见表4－6）。

表4－6　　鱼、肉、禽类食品存货标签（样）

标签号： 收货日期： 项目： 重量/单价/成本： 发料日期： 供货单位	标签号： 收货日期： 项目： 重量/单价/成本： 发料日期： 供货单位

使用存货标签时，要做到：

（1）验收员应为每一块肉、每一条鱼、每一只家禽或每一箱鱼、肉、禽填写标签；

（2）标签应为两部分，一半系在食品原料上，另一半送食品成本会计师；

（3）厨房领用原料后，解下标签，加锁保管。原料用完之后，将标签送交食品成本会计师，核算当天鱼、肉、禽的成本；

（4）食品成本会计师核对其保管的另一半标签，并根据未使用的标签盘点存货。如存货短缺，应分析原因。

4. 验收日报表

验收日报表（见表4－7）记载餐饮企业每日所购进的食品原料。它不仅要记载原料的品名、规格、单价和金额，并且要注明这些原料的去向，是直接进入厨房还是入库。填写验收日报表的目的并不在于记录所有验收物品的名称、单位、数量和价格，而在于区分当天验收的所有食品原料有哪些是直接发入厨房、哪些进入储藏室、哪些是食品原料以外的其他物品。所以，验收日报表的主要目的是成本控制。

表4－7　　食品验收日报表（样）

<table>
<tr><th rowspan="3">货品名</th><th rowspan="3">供应商名称</th><th rowspan="3">发货票</th><th rowspan="3">数量</th><th rowspan="3">单价</th><th rowspan="3">金额</th><th colspan="4">直接采购原料</th><th colspan="6">库房采购原料</th></tr>
<tr><th colspan="2">一厨房</th><th colspan="2">二厨房</th><th colspan="2">一号库</th><th colspan="2">二号库</th><th colspan="2">三号库</th></tr>
<tr><th>金额</th><th>数量</th><th>金额</th><th>数量</th><th>金额</th><th>数量</th><th>金额</th><th>数量</th><th>金额</th><th>数量</th></tr>
<tr><td></td><td></td><td></td><td></td><td></td><td></td><td></td><td></td><td></td><td></td><td></td><td></td><td></td><td></td><td></td><td></td></tr>
<tr><td></td><td></td><td></td><td></td><td></td><td></td><td></td><td></td><td></td><td></td><td></td><td></td><td></td><td></td><td></td><td></td></tr>
<tr><td></td><td></td><td></td><td></td><td></td><td></td><td></td><td></td><td></td><td></td><td></td><td></td><td></td><td></td><td></td><td></td></tr>
<tr><td></td><td></td><td></td><td></td><td></td><td></td><td></td><td></td><td></td><td></td><td></td><td></td><td></td><td></td><td></td><td></td></tr>
<tr><td>合计</td><td colspan="15"></td></tr>
</table>

5. 验收章

验收完毕后，验收人员应在送货发票或发货单上签字并接受原料。有些企业为便于控制，要求在送货发票上或发货单上加盖验收章（见表4－8）。

表4－8　　验收章（样）

验收章　　　　日期：
验收员：
管理员：
单价及小计审核：
同意付款：
采购员签字：

使用验收章，有以下作用：

（1）验收员签字可表明是谁负责验收的，同时也可表明他对原料数量、质量和价格的认可。

（2）管理员签字可表示他已收到订购的货品。

（3）采购员签字可认定该货品的采购人。

（4）单价及小计审核可表明审核员已经认可应付款项的正确性。

（5）同意付款栏由总经理或总经理指定的负责人填写，表明已同意付款，采购过程正式结束。

6. 退货通知单或贷方通知单

如果到货数量不足、质量不符合要求，或存在其他问题，验收员应填贷方通知单（表4-9）。

表4-9 贷方通知单（样）

<table>
<tr><td colspan="5">（一式两联） 编号：
发方： 收方：
下列项目应予贷记：
发货票号码： 发货票日期：</td></tr>
<tr><td>项目</td><td>单位</td><td>数量</td><td>单价</td><td>小计</td></tr>
<tr><td></td><td></td><td></td><td></td><td></td></tr>
<tr><td></td><td></td><td></td><td></td><td></td></tr>
<tr><td></td><td></td><td></td><td></td><td></td></tr>
<tr><td></td><td></td><td></td><td></td><td></td></tr>
<tr><td colspan="5">原因： 合计：
送货人签名： 负责人签名：</td></tr>
</table>

开具贷方通知单的工作程序为：

（1）在发票上注明哪些商品存在问题；

（2）填写贷方通知单，要送货人签名，并把一联贷方通知单交送货人带回；

（3）将贷方通知单存在发货票背面，在发货票正面注明正确的数额；

（4）打电话通知供应单位本企业已使用贷方通知单修正发货票金额；

（5）如果供应单位补发或重发货物，新送来的发货票应按常规处理；

（6）将有差错的发货票单独存档，直至问题解决。

第三节 食品原材料的储存管理

一、食品原料储存的基本职能

仓储工作有两个基本职能：一是供给，二是控制。

（一）供给

储藏室应及时地供应企业经营活动所需的各种食品原料、饮料和供应用品。仓储工作和采购工作有着密切的联系。在储藏室存储一定数量的不易变质的食品原料，就可避免紧急采购高价食品原料，从而有助于保持食品原料价格稳定。如果企业有足够的存储场地，采购员就能争取优惠价，大批量进货，避免在某种商品供不应求的时候去采购。此外，许多商品也许可以每周或每月进货一次，从而节省运输费用。

（二）控制

经管人员应掌握仓储成本控制艺术，指定专人监控储藏室发料成本，检查生产部门的领料数量，绝不能允许任何人不顾企业经营活动的实际需要任意大量领料。

二、食品储藏室的设计要求

用以存放各种食品与原料的储藏室，因其性质的不同，对储存空间和储存条件的要求也各不相同。如蔬菜多半适于冷藏，乳类、鱼、肉、禽及海鲜食品适于冷冻，罐头食品类则适于干燥环境。因此，设计食品储藏室应考虑以下几个方面：

（一）避免阳光直接照进库房内

所有食品储藏室均应避免阳光直射。储藏室的玻璃窗应使用毛玻璃。在选用人工照明时，应尽可能挑选冷光灯，以避免由于电灯光热，使储藏室的室内温度升高。

（二）通风良好，不潮湿

湿气会使干货储藏室里的食品发出霉味，诱发细菌生长，并使罐头生锈。

（三）储藏室应处在方便收货和发货的位置

从理论上来看，储藏室应尽可能位于验收处与厨房之间，以便于将食品原料从验收处运入储藏室及从储藏室送至厨房。但是在实际工作中，由于受建筑布局的限制，往往不易做到这一点。如果一家饭店有几个厨房，且位于不同的楼层，则应将储藏室安排在验收处附近，以便方便、及时地将已验收的食品原料送进储藏室，这样也可以减少原料被人顺手牵羊的可能性。

（四）储藏室应保持良好的卫生状况

墙与天花板相接处应无裂缝，并用油漆或瓷砖装饰，以便于清洁。地板应无裂缝且易于清洗，墙与天花板之间的连接应呈圆角，避免灰尘积累。企业应制定清洁卫生制度，按时打扫。

（五）储藏室应设有柜台

储藏室应设柜台隔断，无关人员不得进入储藏室内，以减少失窃的可能。

（六）储藏室的储藏场地应宽敞

有各种易于清洗的存货架，有各类食品分隔存放区，有冷冻室、冷藏室、冷却室等不同存放要求的特定区域，有存放容器的地方。

（七）面积

确定储藏室面积时，应考虑到企业的类别、菜单、销售量、进货方针和交货次数等因素。在具体的设计过程中，经管人员和设计师需根据预期的业务量、企业至市场的距离和市场供应情况等因素来进行设计。

三、食品原料的储存分类与管理

（一）餐饮物品储存管理的一般要求

储存保管：基本要求是合理存放，精心养护，认真检查，使物品在保管期内质量完好，数量准确；使库存耗损开支和管理费用下降到尽可能低的水平；使物品发放工作便于开展，更好地为生产和销售服务。

（二）食品原料的存放方法

1. 分区分类

根据物品的类别，合理规划物品摆放的固定区域。分类划区的粗细程度，应根据企业的具体情况和条件来决定。

2. 四号定位

四号是指库号、架号、层号、位号；四号定位是指对四者统一编号，并和账页上的编号统一对应，也就是把各储藏室内的物品进一步按种类、性质、体积、重量等不同情况，分别对应地堆放在固定的仓库位置上，然后用四位编号标出来。这样，只要知道物品名称、规格，翻开账簿或打开电脑，就可迅速、准确地查找和发料。

3. 立牌立卡

它是指对定位、编号的各类物品建立料牌和卡片（此处的料牌实际上就是前面所提到的食品存货标签）。料牌上写明物品的名称、编号、到货日期，有可能的话，再加上涂色标志。卡片上填写记录货品的进出数量和结存数量等。

4. 五五摆放

五五摆放就是根据各种物品的性质和形态，以五为计量基数堆放物品，长、宽、高均以五作为计算单位。这样，既能使物品整齐美观，又便于清点、发放。

需要注意的是，并非所有的食品原料都可以用这十六字存放方法来处理，因为餐饮原料的外形、包装等在许多情况下是无规则的。

（三）干货原料的储存管理

干货原料主要包括：面粉、糖、盐、谷物类、豆类、饼干类、食用油类、罐装和瓶装食品等。干货食品宜储藏在阴凉、干燥、通风处，离开地面和墙壁一定距离，不要放在下水道附近和水管下面，并远离化学药品。

1. 合理分类、合理堆放

可按各种干货原料的不同属性对原料进行分类并存放在固定位置，然后再将属于同一类的各种原料按名称的字母顺序进行排列。也可以根据各种原料的使用频繁程度存放，使用频繁的物品存放在库房门口易取的地方；反之，则放在距门口较远的地方。

2. 货架的使用

干货储藏室一般多使用货架储藏食品原料。货架可以是金属制品，也可以是木制的。货架最底层应距地面至少 30 厘米，以便空气流通，避免箱装、袋装原料受地面湿气的影响，同时也便于清扫。货架和墙壁应保持至少 5 厘米的距离。

3. 温度的要求

对温度要求低一些的食品，保存期可长一些；对温度的要求越高，保存期越短。干货储藏室的最佳温度应控制在15℃ ~20℃之间。干货库应远离发热设备。

4. 对虫害和鼠害的防范

所有干货食品都应包装严密。已启封的食品要储藏在密封容器里。要定期清扫地面、货架，保持干净卫生。不留卫生死角，防止虫害、鼠害滋生。

5. 注明日期，先存先取

所有干货食品要注明日期，按先进先出的原则使用。

6. 非食品类用品应与食品分开并分类存放

如清洁剂、清洁用品和餐具、瓷器、玻璃器皿、刀叉等；各种锅、勺、铲等炊具；纸品、布件、餐巾纸、桌布、餐巾等应分类单独存放。同时，要标明货名，以免被误用到食品中，尤其是清洁剂和清洁用品更是如此。

（四）鲜货原料的冷藏储存管理

鲜货原料包括新鲜食品原料和已加工过的食品原料。新鲜食品原料指蔬菜、水果、鸡蛋、奶制品及新鲜的肉、鱼、禽类等。加工过的食品原料指切配好的肉、鱼、禽类原料，冷荤菜品，蔬菜与水果沙拉，各种易发酵的调味汁等。

鲜货原料一般需使用冷藏设备。冷藏的目的是以低温抑制细菌繁殖，维持原料的质量，延长其保存期。对此类冷藏室的具体要求：

（1）所有易腐败变质食品的冷藏温度应保持在5℃以下；

（2）冷藏室内的食物不能装得太挤，各种食物之间要留有空隙，以利于空气流通；

（3）尽量减少冷藏室门的开启次数；

（4）保持冷藏室内部的清洁，定期做好冷藏室的卫生工作；

（5）将生、熟食品分开储藏，最好每种食品都有单独的包装；

（6）如果只有一个冷藏室，要将熟食放在生食的上方，以防止生食带菌的汁液滴到熟食上；

（7）需冷藏的食品应先使用干净卫生的容器包装好后才能放进冰箱，避免相互串味；

（8）需冷藏的热食品如汤汁类，要使其降温变凉，然后再放入冷藏室；

（9）需经常检查冷藏室的温度，避免由于疏忽或机器故障而使温度升高，导致食品在冷藏室内变质；

（10）保证食品原料在冷藏保质期内使用。在冷藏温度下，不同食品原料的冷藏期是不同的，使用时应注意。一些食品的储藏期可参照表4－10。

表 4 - 10　　常用食品原料的储藏温度表

储藏库域	食品名称	适宜的温度
干藏库	1. 干货食品原料 2. 米面类 3. 烈酒类 4. 果酒 5. 啤酒 6. 矿泉水	10℃ ~22℃ 10℃ ~19℃ 10℃ ~22℃ 10℃ ~22℃ 10℃ ~22℃ 10℃ ~22℃
冷藏库	1. 肉类 2. 水产品（主要为海产品） 3. 禽 4. 乳制品 5. 黄油和鸡肉 6. 新鲜水果和蔬菜 7. 熟食 8. 啤酒和矿泉水（备服务时用）	0℃ ~2℃ 0℃ ~2℃ 0℃ ~2℃ 0℃ ~2℃ 0℃ ~2℃ 2℃ ~3℃ 2℃ ~4℃ 3℃ ~5℃
冷冻库	所有需冷冻储藏的食品	-18℃ ~ -24℃

（11）冷藏食品原料的其他注意事项：入库前需仔细检查食品原料的质量，避免把已经变质、被污染了的食品送入冷藏室；已经加工的食品和剩余食品应密封冷藏，以免受冷干缩或串味，并防止滴水或异物混入；带有强烈气味的食品应密封冷藏，以免影响其他食品；冷藏设备的底部、靠近制冷设备处及货架底层是温度最低的地方，这些位置适于存放奶制品、肉类、禽类、水产类食品原料。

（五）食品原料的冷冻储藏管理

冷冻储藏适于冷冻肉类、禽类、水产类以及已加工的成品和半成品。

1. 冷冻温度

任何食品都不可能无限期地储藏，其营养成分、香味、质地、色泽都将随着时间的流逝而降低。一般来说，食品原料的冷冻分三步进行：冷藏→速冻→冷冻。食品冷冻的速度越快越好。因为在速冻条件下，食品内部的冰结晶颗粒细小，不易损坏食品的结构组织。因此，餐饮企业最好采用速冻的方式冷冻食品。食品原料的冷冻储藏温度一般控制在 -18℃以下（含 -18℃）为宜。

2. 冷冻储藏期

一般食品的冷冻储藏期为 3 ~6 个月。

3. 冷冻储藏的一般规则

为保证冷冻食品原料的新鲜，尽量延长其有效储藏期，在食品原料的冷冻储藏过程中应注意以下问题：

（1）把好验货关。需要冷冻的原料入库时必须处在冷冻状态，已经解冻或部分解冻的食品原料应即刻置在 -18℃以下（含 -18℃）。温度越低，则食品原料的储藏期及其质量就越能得到保证。

（2）冷冻储藏的食品原料，特别是鱼、肉、禽类，要用抗挥发性材料（塑料袋、塑料薄膜）包装紧密，以免影响原料的质量。

（3）坚持“先进先出”原则。所有原料必须标明入库日期及价格，按照先进先出的原则使用，防止储藏过久造成损失。

（4）不要将食品原料堆放在地面上或紧靠库壁放置，以免妨碍空气循环，影响原料冷冻质量。

（5）使用正确的解冻方法。正确的解冻方法有三种：一是冷藏解冻，即将冷冻食品放入冷藏室内逐渐解冻；二是自来水冲浸解冻，即将冷冻肉块用塑料袋盛装，密封置于自来水池中冲刷解冻；三是用微波炉解冻。切忌在室温下解冻，以免细菌和微生物急剧繁殖。

有些冷冻食品原料（如家禽）可直接烹烧，不需要经过解冻，这样有利于保持其色泽和外形。

四、食品储藏室的安全管理

储藏室就像银行的保险库，有效的安全控制可以防止偷盗事件的发生，避免增大食品成本。食品储藏室的安全管理应注意以下几个方面：

（一）储藏室的位置安全

储藏室的位置最好设在验收处和厨房之间，这样不仅可使货物流通顺畅，确保货物的储存和发料方便、迅速，而且还可确保储存的安全；切忌设在容易被偷盗的偏僻位置；一般不设窗户，只设通风口。即使设计有窗户，也应在窗户上加装防盗网予以保护。储藏室的门要坚固耐用。

（二）严格的钥匙管理制度

（1）储藏室的钥匙应由专人管理。一般来说，储藏室应有三把钥匙：库管员使用一把，值班经理保管一把，经理室的保险柜内存放一把。库管员一般上正常班，一旦库管员下班时出现需要用料的情况，可以通过值班经理开库取料。若值班经理不在，则由保安人员负责取用保险柜内存放的钥匙。同时储藏室应定期换锁或改变自动锁的数字。职工调动工作或离职之后，应立即换锁。

（2）对于贵重的食品原料，应在库内划出专门的储藏间并上锁单独管理。

（3）储藏室要有充足的照明。餐饮企业如果有条件，应采用闭路电视监控仓储区的情况。

（三）有效的存货控制程序

1. 货物的合理安排

库房内部货物的存放要有固定的位置，安排应合理，确保货物循环使用。常用物品要求安排在存取方便之处。

存放位置固定。所有的货物都应始终放在固定的位置，千万不能分放在不同的位置，否则容易被遗忘以至于发生变质，或易引起采购过量，并给每月盘点库存带来麻烦。新的同类货物到达后要注意存放在同一位置。若条件许可，类别不同的货物应尽可能储存在不同的储存设备中。

酒水也应分类存放。比如将所有的葡萄酒放在一起、所有的白酒放在一起，不同品牌的酒水要分开存放。由于许多洋酒的名字对于员工和客人来说可能都是生疏的，所以最好将不同商标的酒水编号，以方便储藏室管理和客人订酒。

食品和饮料库房的门内最好贴一张标明各类物资储存位置的平面图，以便于管理员查找。

2. 遵守先进先出原则

库房管理员应注意确保先到的货物比后到的先用，这种库存物资循环使用的方法叫先进先出法。为此管理员要把后进的货品放在先进的货品后面，这样先进的货品才能保证先使用。另外货品上要贴上或挂上货物标牌，货物标牌上要标注进货日期。管理员在发料时可参照进货日期顺序发放。库房管理员在盘点库存物资时，若发现储存时间较长的物资，应将其列在清单上，以提醒厨师及时使用。

3. 根据使用率高低安排存放位置

在安排货品的储存位置时，要注意将最常用的货品放在低处、接近通道和出入口处，这样能减少劳动量和节省搬运时间。

4. 贵重食品原材料实行永续盘存制度

贵重商品可使用永续盘存表。这样，餐饮经理就能根据账实之差，发现存货控制程序中存在的问题。

第四节　食品原材料的发放管理

离库处理又叫发货、发料，它是库存管理中的最后一个环节。离库处理管理的基本要求是：做好准备工作，严格离库审核手续，按库存物品周转规律准确无误地发送物品，并科学、合理地做好相应的原料成本登记工作。离库业务的处理是双方面的工作，对申领物品的一方来讲，有申报、待批、领料、核查、提货、运送等作业环节；对发放物品一方来说，有备货、审核手续及凭证、编配、分发、送发、核定成本、复核等作业环节，库存管理工作的重点主要放在后者之上。具体而言，食品原料发料管理的要求是：保证厨房和酒吧能及时得到足够的原料；控制厨房和酒吧的用料数量；正确地统计食品饮料的成本。

一、直接进料的发放管理

直接进料的发放是指食品原料经验收合格后，直接进入厨房用于生产，而不经过储藏室储存这一环节。直接发放的原料大多是新鲜蔬菜、奶制品、面包等易坏性原料，而且在进货的当天就基本被消耗掉。这一部分原料的进货价格计入当日食品成本。成本管理人员在计算当日成本时，只需从验收日报表（或称进货日报表）中的直接发料中抄录数据即可。但实际上，当天的直接进料不一定能完全消耗掉，有可能在第二天或第三天才能用完，成本却只计在第一天里，这样，当天的成本就不太真实。所以，当天的食品成本，必须对当日直接发放、储藏室发放以及当日厨房剩余原料进行统计后才能求得。

二、储藏室原料的发放管理

（一）定时发放

为使库管人员有充分的时间整理储藏室，检查各种原料的库存情况，不至于因忙于发料而耽误了其他工作，餐饮企业应规定每天固定的领料时间。有的酒店规定早晨两小时（8:00—10:00）和下午两小时（14:00—16:00）为储藏室发料时间，其他时间除紧急情况外一般不予领料。还有的餐饮企业规定，领料部门应提前一天交领料单，使库管人员有充分的时间提前准备，以避免和减少差错。这样既节省了领料人员的时间，也促使厨房管理人员对次日的客流量做出准确预测，计划好次日的生产。

（二）凭领料单发放

领料单（见表4－11）是储藏室发料的原始凭证，它准确地记录了储藏室向厨房发放原料的数量和金额。

表4－11　　食品原料领料单（样）

储藏室类别：　　日期
冷藏室：　　领料部门：
冷冻室：
干藏室：V

品名	货号	请领数量	实发数量	单价	小计	职工签名		
						审批者	发料者	领料者
番茄酱	AA3301	2箱	2箱	¥30.00	¥60.00	何叶	张江	王红
青豆	AA4031	3箱	3箱	¥22.00	¥66.00	何叶	张江	王红
本单领料总金额						¥126.00		

1. 领料单具有三个作用

（1）控制储藏室的库存量。领料单是储藏室发出原料的凭证，是计算账面库存额、控制库存短缺的工作。

（2）核算各厨房的食品成本。领料单反映各厨房向储藏室领取原料的价值，是计算各厨房餐饮成本的重要工具。

（3）控制领料量。领料单是领料的凭证，无领料单，任何人都不得从储藏室取走原料。即使有领料单，也只能领取领料单上规定的原料种类和数量。

由此可见，领料单是储藏室管理和餐饮成本控制的重要工具。

2. 领料单发放原料的控制程序

（1）领料人根据厨房生产的需要，填写领料单的“品名”“规格”“单位”及“申请数量”栏。领料数量一般按日消耗量估计，并参考宴会预订单情况加以修正。

（2）领料人填完以上栏目后，签上自己的姓名，持单请行政总厨或餐饮经理审批签字。没有审批人员签字，任何食品原料都不可以从库房发出。审批人员应在领料单的最后一项原料名称下划条斜线，防止领料者在审批人员签字后再填写并领取其他原料。

（3）库管人员拿到领料单之后，按单上的数量进行组配。由于包装原因，实际发料数量和申请数量可能会有差异，所以发放数量应填写在“实发数量”栏中，并且填写“金额”栏，汇总全部金额。

（4）库管员将所有原料准备好后在领料单上签上自己的姓名，以证实领料单上的原料确已发出，并将原料交领料人。

（5）领料单应一式三联，一联随原料交回领料部门，一联由库管人员交成本控制员，一联由储藏室留存作为进货的依据。

每天库房向厨房和酒吧发出的原料都要登记在食品储藏室发料日报表上。日报表上汇总每日储藏室发料的品名、数量和金额，并且注明这些成本分摊在哪个餐饮部门的餐饮成本上，并注明领料单的号码，以便日后查对。月末，将每日食品储藏室发料日报表上的发料总额汇总，便得到本月储藏室发料总额。

表 4－12　　食品储藏室发料日报表（样）

日期：2018 年 1 月 8 日

货号	品名	数量	单价（元）	金额（元）	成本分摊部门	领料单号	备注
Bd－315	黄油	20 块	6.00	120	咖啡厅厨房	3856	
Bd－314	鸡蛋	15 千克	3.20	96	中餐厅厨房	3472	
本日发料汇总：　发料项目数：　总金额：　制表人：							

（三）正确如实地记录原料的使用情况

厨房人员经常需要提前几日准备生产所需的原料，例如，一次大型宴会的菜品往往需要数天甚至更长的准备时间。因此，如果有的原料不在原料领取日使用，则必须在领料单上注明该原料的消耗日期，以便把该原料的价格计入其使用当天的食品成本中。

三、食品原料的调拨处理

大型餐饮企业往往设有多个餐厅、酒吧等，这些餐厅、酒吧之间难免发生食品、饮料的互相调拨转让。为了使各自成本核算更具准确性，餐饮企业内部的原料调拨应使用调拨单，以记录所有的调拨事项。调拨单应一式四联，原料调出、调入部门各一联，第三联送财务部，第四联由储藏室记账，以使各部门的营业结果得到正确反映。餐饮企业内部的调拨单见表 4 - 13。

表 4 - 13　　　　　食品饮料调拨单（样）

调入部门：多功能厅 调出部门：大堂吧			时间：2018 年 3 月 5 日 编号：89896			
品名	规格	单位	数量		金额（元）	
			请拨数	实拨数	单价	小计
可口可乐	355ml	箱	4	4	40	160
雪碧	355ml	箱	4	4	40	160
合计						320
调出部门经手人： 调入部门经手人：			主管： 主管：		仓库保管员：	

第五节　食品原材料的盘存管理

一、盘存的目的

餐饮企业每月月末都要对库存食品原料进行一次盘存清点。盘存清点工作要全面彻底地核实清点储藏室存货，检查原料的实际存货是否与账面额相符，控制库存物资的短缺。通过库存清点，能计算和核实月末的库存额和餐饮成本消耗，为编制每月的资金平衡表和经营情况提供依据。进行盘存的目的主要有：

（1）提供现有食品原料与供应食品的准确信息；

（2）帮助决定对所需原料用品的采购；

（3）提供食品成本控制依据；

（4）加强货物的管理，防止丢失。

二、存货记录制度

常见的存货记录制度有两种：永续盘存制和实地盘存制（详见第十章餐饮产品成本控制）。

永续盘存制是一种逐笔记录存货数量和金额增减变化的一种存货控制制度，主要用于大型企业。小型企业只对贵重原料和大量进货的食品原料使用永续盘存制。

实地盘存制指通过实际观察，即点数、称重和计重，确定存货数量。

三、期末库存原料的计价方法

盘存清点结束后，应计算各种库存原料的价值和库存原料的总额，作为本期原料的期末结余，也自然成为下期的期初库存。但由于每一种原料往往以不同价格购进，也因为同一原料的市场价在一个会计期间内有涨有落，因此计算各种原料价值时，如何决定各种原料的单价常常是清点工作的关键。下面介绍两种常用的计价方法：

（一）实际进价法

大型餐饮企业一般都在库存的原料上粘贴或挂上货物标牌，标牌上写有进货的单价。这时可采用实际进价法来计算库存原料的价值。

（二）先进先出法（新近价格法）

先进先出法是指以原料的新近价格来计算库存原料的价值。假设，原料发放是以先进先出为原则的，即先购进的原料，在发料时先计价发出，而期末剩余的原料都是最近的进货，以最近价格计价。

四、储藏室库存原料短缺率的控制

为控制实际库存额的短缺，需要将实际库存额与账面库存额进行核对。核对时，有以下公式：

期末账面库存额 = 期初库存额 + 本期采购额 − 本期储藏室发料总额

库存短缺额 = 账面库存额 − 实际库存额

$$库存短缺率 = \frac{库存短缺额}{发料总额} \times 100\%$$

按照国际惯例，库存短缺率不应超过1%，否则即为不正常短缺，必须查明原因，追究相关人员的责任，并采取改进措施。

期初库存额的数据是从上一期的期末库存额结转而来的。本期储藏室采购额的数据是从本期验收日报表的储藏室采购原料的总额汇总而来的。本期储藏室发料总额的数据是从本期领料单上的领料总额汇总而来的。

理论上，账面库存额和实际库存额应该相同。但在大多数情况下二者会有差异，产生这种差异有客观原因，也有主观原因。如：

（1）领料单统计的发料额和月末盘存清点的库存额不是完全按实际进价计价，从而造成人为差异；

（2）原料发放时，在允许的干耗范围内失重；

（3）有些原料因管理不善而造成损失。主要包括：库管人员工作疏忽，在对某些部门或个人发料时，不凭领料单或不计入领料单，或者发放的原料量与领料记录不一致；管理不善，食品变质腐败或饮料包装破碎而损失；管理不严，致使原料丢失、被盗或私自挪用。

五、厨房库存盘点

许多企业每日在厨房中结存价值量很大的库存物资。每日从验收处向厨房直接发送的原料，以及库房向厨房发出的原料，不可能一天内全部都消耗完，厨房中通常会有一些未加工完的半成品和没销售完的成品。如果厨房对这些库存物不加清点，会使厨房储存的物资失控，还会使财务报表上反映的资产状况、经营情况和成本消耗情况失真。

厨房结存物资的盘点与库房的盘点略有不同。原因之一是因为厨房没有库存记录统计制度，没有登记货品的库存卡，结存品的计价难以精确；二是因为厨房储存的物资使用频繁，没有使用和消耗的记录，所以计算厨房储存原料的短缺率比较困难。

厨房盘点时，只对价值大的主要原料进行逐一点数、称重，计算出其价值，对类别多、价值小的原料和调料只需毛估。

六、库存周转率

评估库存管理效率的指标除库存短缺率外，还有库存周转率。库存周转率反映出企业原料的储备量是否合适。为保证菜单品种的供应，原料的储备要充足，但过量储备会增加原料变质、丢失的可能性，加大库存管理费和导致资金积压。

$$\text{库存周转率}=\frac{\text{原料消耗额}}{\text{平均库存额}}$$

$$=\frac{\text{月初库存额}+\text{本月采购额}-\text{月末库存额}}{(\text{月初库存额}+\text{月末库存额})/2}$$

库存周转率大，说明每月库存周转次数多，相对来说库存量较小。库存周转率应控制为多大，取决于多种因素。例如，主要使用新鲜原料的餐厅，储备原料量应小些。另外，企业的经营方式不同、处理剩菜的方法不同，也会使库存周转率不同。一般来说，食品原料的库存周转率每月为2～4次为宜，库存原料周转一次所需要时间为1～2周。但这只是平均值，不是所有的原料都应以同样的速度周转，许多鲜货原料每天周转一次，而有些干货原料则数周或数月周转一次。饮料一般不直接发送厨房或酒吧，因而饮料库存周转率略小些，一般为每月0.5～1次。一些高档洋酒也许一年才采购一次，而用量很多的啤酒则可能每天进货。

对于库存周转率来说，重要的是要注意它的变化。库存周转率太高，有时储备的原料会供不应求；而库存周转率太低，又会积压过多资金。因此企业管理人员应经常分析库存周转率，以保持适度库存。

本章小结

本章主要对食品原料的采购、验收、保管和发放及盘存各环节的基本知识和管理要点进行了详细的阐述，包括食品的采购程序、采购制度的确定、供应商的选择、采购质量及数量的确定、对食品原料采购价格的控制，食品的验收体系及其内容、步骤，不同食品原料的储存条件，食品存放过程的控制和有关库存原料盘存的目的及方法等。

复习思考题

1. 简述采购的流程及方法。
2. 验收员对原材料进行检验的主要指标有哪些？
3. 食品储藏室的设计有哪些要求？
4. 储藏室原料发放管理的内容有哪些？
5. 如何进行储藏室库存原料短缺率的控制？

案例分析与思考：采购员问题、经营模仿、核心员工离职

某餐饮公司近日发生了一件事情：

此公司于2017年5月份成立，招聘了一位采购人员，并由此采购人员联络了一系列相关供应商，并从该人员原先所在餐厅挖了一批厨房的精英过来。

在此期间，此采购员通过高价采购、给供应商回扣来获利，并于当年9月份自己开了一家与此餐饮公司一样的餐厅。该采购员打算等时机成熟后，将原先他带过来的精英连同餐厅另一批表现优秀的服务员一起带走。

公司现在虽已基本掌握这个情况，也已经找到此人自己经营的餐厅的地址，而且大概知道哪些人参与了此事，但苦于没有确切证据，不知究竟如何处理是好。

思考题：

1. 如何解决采购回扣问题？
2. 如何解决同类餐厅开业问题？
3. 如果公司想解决当前的问题，并保持公司正常运转，需要做的工作有哪些？

实训指导

实训项目：食品原料采购管理、验收管理表格设计。

实训要求：根据所选餐厅类型与采购运作程序，分组设计一套实用的食品原料采购管理、验收管理的表格。

实训组织：项目引导，任务分配；小组调研，内容、表格设计；小组讨论，师生交流；方案汇报，项目评价。

项目评价：小组互评；教师评价。

第五章　厨房组织与生产管理

【学习目的】

了解厨房管理的基本内容；

了解厨房环境与布局；

了解不同类型的饭店厨房的组织结构与岗位；

掌握厨房生产流程、产品质量、卫生与安全管理。

【基本内容】

★厨房管理概述：

厨房概述；

厨房管理的含义；

厨房管理的基本职能；

厨房管理的作用；

厨房管理的主要任务；

厨房管理的运作流程。

★厨房的设计与布局：

厨房设计与布局的原则；

厨房的设计；

厨房的布局。

★厨房的组织机构：

厨房的组织机构设置；

厨房各岗位职责；

厨房组织机构中人员的配备。

★厨房生产流程管理：

加工阶段的管理；

配份阶段的管理；

烹调阶段的管理；

冷菜、点心的生产管理；

标准食谱的管理。

★厨房产品质量管理：

厨房产品质量概念；

影响厨房产品质量因素分析；

厨房产品质量控制方法。

★厨房卫生与安全管理：

厨房卫生与安全管理的意义及原则；

厨房卫生管理；

厨房安全管理。

【教学指导】

通过到大型酒店厨房参观及与酒店厨房管理人员交流来验证与扩充教学内容。

第一节　厨房管理概述

一、厨房概述

简单地讲，厨房就是加工、制作菜肴、点心的场所。一般来说，现代厨房应具备以下要素：专业的生产人员、必需的设施设备、必需的操作空间和场地、烹饪的原料以及能源。

（一）厨房的种类

按照不同的分类标准，可以把厨房划分为不同的种类。

1. 按照厨房的规模划分

按照厨房的规模可以将厨房划分为大型厨房、中型厨房、小型厨房和微型厨房。

（1）大型厨房。大型厨房是指生产规模大，能够满足众多宾客同时就餐需求的生产厨房。它要求场地宽敞、生产设备齐全、生产人员齐备，能够生产各式菜点。通常经营面积在 3 000m^2 或者餐位数在 800 个以上的餐饮酒楼，其厨房面积超大、炉灶众多，可以称其为大型厨房。

（2）中型厨房。中型厨房是指生产规模较大，能够满足较多宾客同时用餐需求的生产厨房。它要求场地面积适中，具备一般的生产设备，生产人员较多，能够提供正常的特色菜肴。中型厨房是餐饮企业中各种厨房的基础，其供应的餐位数在 300 ~ 600 个之间。

（3）小型厨房。小型厨房是指生产规模较小，能够满足少量宾客同时用餐需求的生产厨房。它的场地面积不大，具有主要的生产设备，生产人员较少，提供的菜式零散。其供应的餐位数多在 80 ~ 150 个之间。

（4）微型厨房。微型厨房是指只提供简单食品、场地小、生产人员少的生产厨房。如酒吧、茶吧、咖啡屋等提供水果服务的厨房和社会上连锁经营性饼屋的厨房。

2. 按照厨房生产的菜式划分

按照厨房生产的菜式可以将厨房划分为中式厨房、西式厨房、日式厨房、清真厨房以及其他厨房。

（1）中式厨房。中式厨房主要烹制中式菜肴和点心。厨房以经营中式菜肴为标准进行设计，厨具设备按中式菜肴要求配置，生产人员应是会制作中式菜肴和点心的技术厨师。中式厨房有不同的流派，依照风味的不同可划分为粤式厨房、淮扬式厨房、川式厨房和鲁式厨房。

（2）西式厨房。西式厨房主要烹制西式菜肴和点心。厨房以经营西式菜肴为标准进行设计，厨房设备按西式菜肴要求配置，生产人员应是会制作西式菜肴和点心的技术厨师。西式厨房依据风味的不同可以划分为法式厨房、美式厨房、俄式厨房等。

（3）日式厨房。日式厨房又称日本料理厨房，主要烹制日式菜肴和点心。厨房以经营日式菜肴的标准进行设计，厨具设备按日式菜肴要求配置，生产人员应是会制作日式菜肴和点心的技术厨师。

（4）清真厨房。清真厨房主要烹制清真菜肴和点心。厨房以经营清真菜肴为标准进行设计，厨具设备按清真菜肴要求配置，生产人员应是会制作清真菜肴和点心的技术厨师。清真菜肴与其他各式菜肴有着截然不同的风味，有着许多的禁忌，因此在厨房要求上和餐炊具使用上与上述各种厨房有着很大的不同。

（5）其他厨房。其他厨房包括提供素菜的素菜厨房、提供泰国菜的厨房和提供韩国菜的厨房等。

3. 按照厨房生产的功能划分

按照厨房生产的功能可将厨房划分为冷菜厨房、加工厨房、面点厨房、零点厨房、宴会厨房以及其他厨房。

（1）冷菜厨房。冷菜厨房是专门负责加工各式冷菜、冷盘的生产厨房。大型酒店会备有专门的冷菜厨房，而一般的厨房中只设有冷菜加工区。

（2）加工厨房。加工厨房是专门负责各种烹饪原料的初加工、切割、干货胀发的生产厨房。有的酒店将其称为主厨房、中心厨房。

（3）面点厨房。面点厨房是专门加工各式主食、甜食、点心等的生产厨房。

（4）零点厨房。零点厨房主要负责散客的用餐，有时也负责部分宴会菜肴的制作。

（5）宴会厨房。宴会厨房主要负责各种商务、庆典宴会、会议及团队客人的菜点制作。

（6）其他厨房。其他厨房包括粤式烧腊厨房、韩日式烧烤厨房以及厨房中专营燕窝、鲍鱼、鱼翅的厨房等。

4. 按照厨房经营的特色进行划分

按照厨房经营的特色可将厨房划分为快餐厨房、粥面厨房、糕饼厨房、海鲜厨房以及其他厨房。

（1）快餐厨房。快餐厨房是指专营快餐食品的专门厨房，它要求所提供的菜肴、点心出售迅速，因此对厨房设备有着特殊的要求。

（2）粥面厨房。粥面厨房是指专营粥、面的专门厨房，一般不经营其他菜肴，因此对其厨具设备有着特殊的要求。

（3）糕饼厨房。糕饼厨房是指专营糕饼、西点的专门厨房。

（4）海鲜厨房。海鲜厨房是指专营海鲜加工的专门厨房，具有海鲜制作的一般特点。

（5）其他厨房。其他厨房包括火锅店的厨房、以冷餐为主的冷餐厨房等。

（二）厨房在饭店经营中的地位

1. 厨房是饭店的一个重要组成部分

厨房是饭店不可分割的一部分，饭店存在的前提在于宾客的住宿和餐饮需求。饭店的发展有赖于厨房的建设和管理，其原因在于厨房生产的餐饮产品可以反映出一家饭店的档次和经营管理水平，同时也关系到饭店经营的成败。现代餐饮服务已成为饭店的必要组成部分，只是由于饭店的规模、类型、等级、地理位置的不同而使得各自餐饮服务的规模和特点也有所不同。

2. 厨房是饭店收入的主要来源之一

餐饮是饭店收入的主要组成部分，就一般饭店而言，餐饮收入约占饭店总收入的30%～35%，有的可高达40%～50%。虽然厨房生产成本较高，但盈利可占饭店利润总额的20%左右。

3. 淡化旅游的季节性差异

旅游饭店经营存在明显的季节性。在旅游旺季，游客较多，厨房满负荷运转；而在旅游淡季，游客较少，厨房人员及生产设施闲置较多。在旅游淡季，厨房可以举办一些美食节以招揽顾客，同时也可制作一些食品外卖以扩大营业收入，以此来淡化旅游的季节性差异。

4. 优质餐饮产品是饭店品牌建设的重要方面

品牌是企业的无形产品，它包括有形的品牌名称、品牌标志、商标和招牌，也包括无形的美誉度等。厨房是生产餐饮产品的主要场所，直接影响饭店的品牌，而饭店的品牌又可以影响餐饮产品的销量。一个酒店菜点的品牌应该有多个，因为品牌的多寡和翻新频率可以显示一个饭店的餐饮实力。为此，饭店必须把开发菜色品种放在重要位置。餐饮产品极易被竞争者模仿，但餐饮品牌却是独一无二、长久不衰的，因为餐饮品牌让餐饮产品升华，为餐饮产品增色，为顾客提供购买理由。

（三）厨房生产的特点

厨房是餐饮经营的生产中心，是饭店唯一的生产实物产品的部门，负责将各类烹饪原料加工、制作成各种各样的菜肴和点心并提供给顾客。厨房生产出来的实物产品有别于其他无形的产品，具有自身的特点。

1. 厨房产品消费对象的个体性

厨房产品是由个别订购生产的，厨房产品的消费对象是就餐者，就餐者由于个人喜好和饮食习惯的不同而对菜肴有不同的要求，这使得厨房产品的消费对象具有个体性的特点。

2. 厨房产品消费的即时性

厨房生产的菜点与其他产品的生产有所不同，具有一定的即时性，即从生产出产品到提供给就餐者食用是在短时间内完成的。厨房产品消费的即时性有两层含义：一是厨房生产的菜点必须在短时间内消费掉，否则会失去应有的风味；二是厨房生产出来的菜点是一次性消费，不具有重复性。

3. 厨房产品数量的不确定性

厨房产品数量是指厨房员工加工生产产品的总量，包括采购数量、初加工数量、切配数量和烹制出品数量。由于就餐人数的不确定性、餐饮产品消费的即时性等原因，造成了厨房产品数量的不确定性。为此，厨房的管理者可以根据以往的销售资料、生产经验等进行较为准确的估计。

4. 厨房产品标准的多样性

尽管目前大多数厨房的设施设备都达到了很高的水平，但就整个生产流程而言，手工操作仍占主导地位。这使得厨房的产品质量在色、香、味、形、质等方面产生差别性和波动性，从而使得厨房产品标准具有多样性。

5. 菜点质量的不稳定性

菜点因人、因事、因时等因素的变化而变化。在整个厨房的生产中，从采购、加工、烹制到最后的菜肴装盘，生产人员的手工操作占主导，带有较多的人为因素，厨房生产的产品质量难以保持在一个相对稳定的范围内。同样的烹饪原料，由于产地、季节的不同，在烹饪生产中也会造成菜点质量的差异。

6. 厨房产品成本的波动性

厨房生产中的原材料、用具物料、调味料和易耗品等构成了厨房生产成本的主体。厨房产品的生产成本随着季节、市场价格的变动而波动。在原料的申购、验收、存储、领用、加工等环节，以及厨房生产的每个环节之间的循环、重复现象，都会导致厨房产品成本的波动。

7. 烹饪原料和菜点成品易腐败变质和损耗

虽然烹饪原料和菜点成品可以通过冷藏进行储存，但时间不宜过长。烹饪原料大多为鲜活原料，如在加工过程中保管不善，极易腐败变质。而菜点成品如若不及时销售，极易变质和损耗。烹饪原料和菜点成品的变质和损耗会导致成本提高、利润降低。

（四）厨房与各部门的关系

在饭店中，厨房并不是一个孤立的部门，它与采购部、餐饮部、宴会部、营销部、管事部、工程部都有着一定的联系。只有各部门通力合作，厨房中的各项工作才能很好地推进，共同为客人提供满意的菜点和服务。

1. 与采购部的关系

厨房和采购部的关系可以称为顺序依存，采购部为厨房提供高质量、合乎标准的原材料，因而厨房要与采购部保持密切联系，及时反馈原料的数量、质量以及需申购的原料。

2. 与餐饮部的关系

厨房与餐饮部关系密切，是前台和后台相互依存的关系。厨房生产出质量上乘的菜点，餐饮部提供热情周到的优质服务，二者通力合作共同满足宾客的消费需求。厨房作为后台生产出宾客所需的美味菜点，而餐饮部作为前台为宾客提供高效服务，推销菜点、反馈宾客对菜点的意见，并用语言和服务弥补菜点中出现的一些问题。

3. 与营销部的关系

营销部是饭店对外交流的窗口。厨房要与营销部保持一定的联系。一方面营销部要将公司、团队的预订单提前下发到餐饮部和厨房，使之做好接待准备；另一方面厨房所搞的美食推广活动需要营销部的策划、设计和推销。

4. 与管事部的关系

管事部主要负责厨房炊具、餐具的清洁、保管和添置工作以及厨房的清洁工作。在日常工作中，厨房要积极配合管事部搞好厨房的环境卫生，保管好使用的炊具、餐具，并将需要申购的炊具、餐具提前报给管事部。

5. 与工程部的关系

厨房生产的正常运转离不开工程部的大力支持，因此厨房应与工程部保持密切联系。厨房的设施设备在运转的过程中会出现各种故障，为此厨房应邀请工程部技术人员就设施设备使用的安全知识和操作方法对全体厨房人员进行培训。

二、厨房管理的含义

厨房管理是餐饮经营管理的一部分。过去餐饮经营管理比较重视餐厅的经营而忽视了厨房管理。随着市场竞争的日益激烈，厨房生产管理的重要性日益凸显。

厨房管理是指厨房管理者依照一定的规律、原则、程序和方法，对厨房的各项资源进行合理的配置，从而高效率地实现企业经营目标的活动过程。优质的餐饮产品生产，需要优质的烹饪原料和高超的烹饪技艺，更需要科学的厨房管理。

三、厨房管理的基本职能

厨房的生产和管理具有自身的特殊性，其基本职能主要有计划、组织、激励、协调和控制等几个方面。

（一）计划职能

计划是指为实现组织预定的目标而对未来行动进行规划和安排的过程。计划职能是厨房管理的首要职能，是其他管理职能的依据和基础。在厨房管理中，首先应该考虑计划的制订，因为它决定着厨房要完成何种目标以及如何完成。要制订出切实可行的计划，就需要对厨房的内外条件进行细致、深入的分析。了解厨房的现有技术力量、设施设备，了解本饭店的总体经营目标并根据餐饮部历年的销售资料进行预测，了解同行业及竞争对手的经营水平、规模、特色等，以此保证计划的科学性。

根据时间的长短可将计划分为短期计划、中期计划和长期计划。短期计划主要确定厨房在近期要完成的任务；中期计划主要确定厨房的具体目标和战略，计划期在5年左右；长期计划确定厨房今后的发展方向，计划期可以在10年以上。根据计划的内容可将计划分为生产计划、员工培训计划、设备添置更新计划、厨房改造计划、菜点开发创新计划等。其中，厨房的生产计划是各项计划的基础，它是依据餐饮部的经营方针和目标，从设计菜单到厨房的运转程序，以及制定各种规格、标准等内容的一种计划。

在管理实践中，每一项计划和目标都是容易制订的。但在管理实践中，大多数管理者往往注重了计划的制订而忽略了长期有效的跟进工作。因此在计划的实施过程中，要及时检查、总结计划执行情况，不断提高计划的有效性。

（二）组织职能

组织是实现计划的手段，是计划的延续。组织就是由各种各样的人通过分工协作来完成既定目标的一种结构。在实际的组织管理过程中会存在着正式组织和非正式组织两种形式。正式组织中的管理人员应该注重人本管理的原则，重视、激励手下员工，形成管理部门的团队协作精神，从而弱化部分非正式组织对正式组织的危害作用。而非正式组织中既没有正式结构，也不是由组织确定的联盟，是为了满足人们交往需要而在工作环境中自然形成的组织。非正式组织对组织有效地行使职能具有重要影响，在组织管理中一定要注意它。

厨房的组织职能就是厨房的管理者根据计划的要求，建立一个有效、得力的组织机构。厨房的管理者应根据每个人的专长和工作特点合理地配置人员，使每个人都有适合自己的工作岗位，做到量才使用，人尽其才。

（三）指挥职能

指挥是计划得以实施的保证。厨房是一个有机整体，要做到令行禁止、步调一致，必须有一个强有力的指挥系统，根据厨房工作的进展情况和计划目标的完成情况，随时发出命令、指示等，以保证厨房各项活动的顺利开展和厨房计划的有序进行。在指挥过程中应注意指挥要具体而明确，避免盲目指挥和多头指挥。

（四）协调职能

协调被管理学家称为“管理中的管理”，是指正确处理组织内外各种关系，为组织正常运转创造良好的条件和环境，促进组织目标的实现。协调可分为水平协调、垂直协调、对内协调、对外协调等。水平协调是同级间的关系协调，垂直协调是上下级间的关系协调，对内协调是厨房内各工种、各环节间的关系协调，对外协调是厨房与其他部门间的关系协调。

（五）控制职能

控制是指检查工作是否按既定的计划、标准和方法进行，发现偏差，分析原因，进行纠正，以确保组织目标的实现。控制实际上就是将预期效果和实际效果进行比较，使之产生尽可能小的误差。控制的关键就是发现偏差，分析偏差产生的原因并找出克服偏差的办法。

在厨房管理中，所谓控制就是对各种资源进行控制，使之达到最大的效益和最高的效率。在厨房管理中，通常可以设立基金使用、人员状况、设施设备和原材料的标准，一旦实际情况背离了标准，就需要管理者进行及时的调整，使之符合标准。

四、厨房管理的作用

厨房管理是餐饮管理的一个重要组成部分，是餐饮经营成败的一个关键所在。在餐饮市场竞争异常激烈的今天，加强厨房管理尤为重要。

（一）加强厨房管理是生产优质餐饮产品的重要保证

餐饮产品由菜点、餐饮设施和餐饮服务组成。菜点是餐饮产品中必不可少的重要组成部分。只有加强厨房管理，将厨房的各项工作置于严格的管理体系之中，才能提供高质量的菜点，从而增强餐饮企业的竞争力。

（二）加强厨房管理是餐饮企业获利的根本保证

厨房成本控制是厨房管理的重要环节。从餐饮经营的角度来看，控制厨房生产流程的成本至关重要。厨房的成本控制直接关系到餐饮部门的利润。只有加强厨房管理才能保持稳定的利润。

（三）加强厨房管理能有效地发挥人力资源的最大效能

厨房是一个劳动密集型的部门，生产人员多，生产随意性大。加强厨房管理可以有效地发挥人力资源的最大效能，最大限度地发挥每个人的特长，共同完成餐饮产品的生产。

（四）加强厨房管理是实现就餐者满意的重要保证

餐饮企业经营的根本宗旨是让就餐者满意。实际上，就餐者的满意度包括两个方面的内容：生理方面的满意度和精神方面的满意度。生理方面的满意就是指宾客对菜点的色、香、味、形、温度、卫生、营养价值等方面的满意。精神方面的满意就是指就餐者对服务态度、进餐环境、菜点的装盘造型等方面的满意。加强厨房管理，可以提供优质的菜点，满足就餐者的消费需求，提高就餐者的满意度。

五、厨房管理的主要任务

（一）提供优质菜点，形成独特的饮食风格

提供优质菜点，满足宾客的饮食需求是厨房管理的基本任务。要想满足宾客的饮食需求，必须及时掌握客情，有针对性地设计菜单和制作菜点。与此同时，厨房可以根据自身的技术力量、厨房设备、土特产原料、本地风味特点等努力挖掘传统菜点，研发创新品种，形成独特的饮食风格。

（二）合理组织人力，加强厨房生产过程的管理

合理组织人力即量才使用、人尽其才，充分挖掘潜力，调动员工的工作积极性。厨房管理者要明确各岗位职责，让厨房生产人员各司其职，各尽其责，及时检查和督导厨房生产过程。同时正确对待员工所提出的问题和要求，帮助和鼓励员工发挥专长。

（三）建立健全各项规章制度，努力提高厨房工作人员的素质

建立健全各项规章制度是厨房管理工作的根本保证。厨房的各项规章制度必须是切实可行的，以保证厨房的各项工作按程序、按规格、按标准进行。此外，还应努力提高厨房工作人员的素质，对员工进行多方面的教育和培训，不断灌输厨房管理的新

理念，努力提高厨师队伍的整体水平。

（四）加强厨房的生产成本控制，做到标准化、规范化生产

餐饮产品的价格高低直接关系到宾客的切身利益。要控制好厨房的生产成本，必须在菜点的生产过程中坚持标准化、规范化生产，按照标准菜谱进行生产。厨房生产的成本控制要从多方面着手。一是加强菜单的定价控制；二是加强原材料的控制，包括原料的采购、验收、保管、领料、发放等；三是加强烹饪生产流程的控制，包括加工、切配、烹调、装盘等；四是加强菜点成品的销售控制；五是建立健全菜点质量分析档案，发现问题及时采取措施予以处理。只有这样，才能在保证菜点质量的前提下，减少消耗、降低成本、增强竞争力。

六、厨房管理的运作流程

（一）确定厨房生产目标

厨房的生产目标是根据饭店的总目标和餐饮部的经营目标制定的。在制定厨房生产目标时，要进行广泛的市场调查以确定厨房生产的特色和规模，并根据服务的主要对象来确定厨房的生产指标和利润指标。

（二）分析客情并进行各项预测

分析客情通常从两个方面着手：消费者个人和消费者群体特征。通过对消费者个人的调查可以了解到客人的饮食喜好、菜点的数量和质量及菜肴价格是否合理等。通过对消费者群体特征的调查可以了解到宾客的消费层次、消费的数量和水平。通过对客情的调查和分析，可以增强企业的市场竞争力，形成企业的经营特色。

各项预测主要包括客源倾向预测和需求预测、厨房生产成本的消耗和生产量的预测、产品价格和利润的预测等。预测可以是长期的，也可以是短期的。厨房生产的预测多是短期预测和近期预测。短期预测就是对半年或 3 个月的预测，而近期预测则是对未来 3 个月以内的预测。近期预测的精确度较高，能更好、更有效地制定厨房生产目标。

（三）策划菜单

菜单是厨房生产的依据，它标志着一个厨房的生产特色。菜单规定了厨房生产的全过程，厨房的一切工作都是围绕菜单进行的。

（四）制定各项生产标准

制定各项生产标准是为了确保菜点符合质量标准和成本要求，便于厨师进行生产和管理者进行监督和评价。由于厨房生产的手工性、经验性及厨房分工合作的生产方式，导致了菜点的形状、数量、色泽、口味的不稳定性。为保证菜点质量的稳定性，需要制定各项生产标准。

（五）组织采购

根据菜单的内容确定原材料的采购。厨房通常根据正常销售量、用料量来确定订

购数量；根据菜点的制作要求来制定原料的质量规格；根据用料的时间来制定采购的时间和到货时间。

（六）验收储存

验收就是检查供货商送来货物的数量、质量和价格等是否符合订购要求。验收时若发现不符合要求的原料要退货。验收时要填写验收单，符合要求的原料送往厨房或仓库。仓库接货后按照原料的不同性质采用不同的方法储存。

（七）领料和发放

厨房使用的鲜活原料一般是直接进货，而其他许多物品需要到仓库领料，领料是厨房生产的一个重要环节。厨房应派专人领料，领料单必须由厨师长签字。仓库凭领料单发货。

（八）加工烹调

制定加工标准；按照标准食谱进行配份、烹制和装盘；按时出菜，掌握出菜的速度。

（九）成品销售

厨房对菜点的销售应凭票据提供，对菜点的销售量进行分析，对客人的投诉意见予以重视，对预制的成品菜点或剩余食品加强管理。

（十）阶段性经营分析

阶段性经营分析主要包括生产成本指标的分析、产品质量的分析和产品销售的分析三个方面的内容。通过这三个方面的分析，找出存在的问题，进而提出改进措施，以便促进下一阶段厨房生产的正常运转。

厨房管理的具体实施是一个循环往复的过程，通过循环不断提高厨房的管理水平。

第二节　厨房的设计与布局

厨房的设计与布局是厨房管理的重要环节。没有合理的厨房设计和相应的厨房设备，厨房管理就无从谈起。营造一个宽敞明亮、设备先进、布局合理的厨房是加强厨房管理、提高工作效率的前提。

一、厨房设计与布局的原则

厨房设计就是要确定厨房的规模、风格、结构、环境和相应的设施设备，以保证厨房生产的顺利进行。厨房布局就是合理安排厨具的平面位置和空间位置，保证生产人员高效的工作流向。因此厨房设计与布局就是根据厨房的规模、风格、生产流程，确定厨房内各区间的位置和设施设备的分布。厨房的设计与布局因饭店的规模、位置、档次和经营方针的不同而有所不同。一般来说，厨房的设计与布局应遵循以下原则：

（一）以饭店的经营方针为导向

一般来说，世界上除了连锁店或联号饭店的厨房设计与布局相同之外，不会有完全相同的厨房设计与布局。不同的饭店、不同的餐饮风格，对厨房的设计与布局有不同的要求，因此厨房的设计与布局必须以饭店的经营方针为导向。

（二）考虑员工的劳动效率

厨房员工的工作效率与厨房的合理设计与布局有直接关系。一般来说，合理的厨房设计与布局可以减少人员走动的次数，节省员工的体力和时间，从而提高员工的劳动效率。

1. 合理安排生产流动线路

合理的生产流动线路要遵循：以工艺流程的走向为依据、按照固定设备的位置来选择最佳员工工作流向。以工艺流程的走向为依据，形成收货处→加工台→砧板台→配菜台→炉灶台→传菜台的流水作业线路。为了保证厨房工作的正确流向，应尽可能进行分区设计，如加工区、清洗区、备餐区等。根据固定设备的位置设计最方便、路程最短的工作线路。

同时，厨房各作业点应安排紧凑。厨房设计布局时应将工作联系紧密、合用一种设备或工序交叉的作业点安排在一起；对于各作业点内部的布局也应安排得紧凑得当，使各作业点的工作人员都能便利地使用各种设施设备。

2. 合理安排设施设备

厨房的设施设备必须根据饭店的总体规划进行设计布局，考虑同类工作安排的一致性，不要将设施设备分而置之。设施设备的安放要便于使用、清洁、维修和保养。

3. 按照人体工程学的要求安排厨房空间

厨房空间的设计与布局包括两个方面：根据厨房的面积安排厨房的设施设备和充分利用厨房的空间。从人体工程学的角度考虑，合理设计工作台的高度、宽度及工作台间的距离。根据人体的特点充分利用厨房空间，如在员工可操作的范围内设计壁橱和吊杠以储存、摆放物品。

（三）注重厨房环境的设计与布局

厨房的生产环境直接影响产品的质量和员工的生产效率，因此现代厨房在设计和布局时要充分考虑厨房的环境。厨房环境因素包括温度、湿度、通风、照明、墙壁、天花板、地面、噪音等。

（四）确保厨房符合卫生和安全的要求

卫生和安全是厨房管理的头等大事，因此厨房的设计与布局要从卫生和安全的角度予以考虑。厨房的卫生和安全关系到厨房的生存、饭店的声誉和消费者的健康。厨房卫生包括食品卫生、环境卫生和员工个人卫生，厨房安全包括食品原料的安全、厨房生产过程的安全和员工的人身安全。在厨房的设计和布局中应十分注意电源线路的粗细及走向、电源功率的大小、设备控制系统的安装以及防火系统的设计等。

（五）留有调整发展的余地

厨房的设计与布局不仅要考虑当前，而且还应考虑到餐饮发展的新趋势和企业的长远规划，为调整和扩大经营以及企业的发展留下适当的余地。在厨房场地面积和设施设备的功能选配上要有适当的前瞻性。

二、厨房的设计

厨房设计就是根据厨房的经营目标、生产规模和生产能力，确定厨房相应的面积、风格和布局的一种规划过程。厨房的设计具有极强的专业技术性，其设计水平直接影响餐饮生产和服务的质量和效率。具体来说，厨房的设计主要包括厨房的位置和面积、厨房的生产区、厨房的内部环境。

（一）厨房的位置和面积

在厨房的设计中，必须首先确定厨房的位置和面积。

1. 厨房的位置

在大型饭店或餐饮企业中，由于餐厅种类繁多，厨房的数量也比较多，厨房的位置呈现出集中和分散相结合的特点。在中小型饭店或餐饮企业中，厨房的数量少且兼具多种功能，因而厨房布局呈现紧凑集中的特征。厨房位置的确定应在遵循饭店设施总体规划的前提下，考虑进货、验收、库存、发货、加工、切配、烹制、销售等各个环节的沟通协调与整体管理。

（1）厨房设在低层。绝大多数饭店或餐饮企业的厨房设在建筑物低层，即 1 ~ 3 楼，并以底层为主。厨房应相对集中于一定的区域，便于卸货验收和垃圾清理，便于现场加工生产的控制管理，同时有利于节省费用，使水、电、气等基础设施相对集中。厨房与各餐厅联系紧密，便于前后台的协调管理。如果厨房设在底层，必须处理好厨房排油烟问题，以免造成对所在区域的环境污染。

（2）厨房设在地下室。大型饭店的肉类加工厨房、果蔬类加工厨房、粗加工间及食品仓库、冷库等多设于地下室，并通过员工或工作电梯与地面及其他楼层的厨房进行原材料和半成品的传输。

（3）厨房设在高层。若饭店拥有观光餐厅、旋转餐厅，或在行政楼层专设餐厅时，为保证菜品的质量，应在饭店高层或顶楼配备相应的厨房。这类厨房通常只作烹调成品之用，而原材料的粗加工、细加工等常在低层的各类厨房中完成，并通过工作电梯与其他厨房进行传输。高层厨房的设计应尽可能减少油烟对环境的污染。

2. 厨房的面积

厨房的面积不仅包括原料加工、切配、烧烤、蒸煮、烹制、冷菜、面点制作等生产厨房的面积，而且还包括原料采购入口、验收场地、储存仓库、冷库、垃圾处理场所以及办公室、更衣室等后台辅助设施的面积。

厨房面积的大小受饭店规模、餐饮种类、餐厅布局、厨房功能等多方面因素的约束。厨房面积的大小关系到厨房工作效率和餐饮产品的质量。厨房面积大小的确定通常有以下几种方法：

（1）按照餐厅类型确定厨房面积。不同的餐厅类型对应不同的厨房类型，不同类型的厨房所需面积也不一样。一般来说，供应自助餐餐厅的厨房，每一个餐位所需厨房面积约为0.5～0.7平方米。由于咖啡厅提供简易食品，品种少且大部分使用半成品，因此每一个餐位所需厨房面积较小，约为0.4～0.6平方米。大型的宴会厅、风味餐厅所对应的厨房面积就要大一些，因为此类餐厅所供应的食品品种多、规格高且烹制过程复杂，所以每一个餐位所需厨房面积约为0.6～0.8平方米。

（2）按照餐厅面积确定厨房面积。按照餐厅营业面积来确定厨房面积是比较常用的一种方法。由于菜肴烹调方法不同，国内外厨房面积占餐厅面积的比例不同。在国内，由于中式菜点制作的手工操作多、烹调工艺复杂且流程长，所以厨房面积较大，一般为餐厅面积的40%～50%。而西餐加工烹制的工艺简单快捷，厨房设备的机械化程度较高，因此厨房面积一般为餐厅面积的30%～40%。

（3）按照餐饮部的总体面积确定厨房面积。厨房的面积在整个餐饮部总体面积中应有一个合适的比例，餐饮部各部分的面积应做到相对合理。一般来说，厨房的面积约占餐饮部总体面积的25%（见表5－1）。

表5－1　餐饮部各部分面积比例表（餐饮部总体面积为100%）

各部门名称	百分比（%）
餐厅	50
客用设施	7.5
厨房	25
清洗间	5.5
仓库	7
办公室	1.5
后台辅助设施	3.5

（二）厨房生产区设计

在厨房面积确定后，还应根据厨房各业务区块和业务点的流程、工作量、工作性质和设施设备，进行内部比例分割。厨房内部的比例关系见表5－2。

表5－2　厨房内部各业务区块面积比例表

业务区块	参考百分比（%）
加工区	23
配菜区	10
冷菜区	8
炉灶区	32
烧烤区	10
点心区	15
厨师长办公室	2

1. 生产区

（1）加工区。一般负责各种原料的加工和清洗工作。加工区一定要保持原料出入畅通，若原料在加工前后不能畅通无阻地进入合适的工作区，则食品的质量会受到损害，员工的工作效率会降低。因此加工区应尽可能地靠近验收区、烹调区和垃圾存放处。

（2）烹调区。这是烹调的中心区，负责冷菜、热菜和点心的烹调制作。进入烹调区的原料来自三个地方：加工区、储藏区和验收区。

2. 储藏区

储藏区就是各级仓库和能存储食物的冰箱、冰柜、冷库所占据的区域。在一些大型饭店或餐饮企业中，设立大型的冷库就是要保障厨房一定的备货量，同时保证原料的新鲜度和高质量。

3. 备餐区

备餐区要尽可能地与厨房生产区和餐厅服务区保持密切联系，以保证菜点进出通畅和出菜的速度。

4. 洗涤区

洗涤区是洗涤碗碟等餐具的地方，应紧靠餐厅的后门和垃圾运输通道，以保证餐厅撤盘的速度和垃圾清运的方便。

5. 休息区

休息区是专门为员工提供的休息场所，以提高员工的工作效率和工作积极性。

（三）厨房内部环境设计

厨房内部环境设计就是对厨房的工作环境和各种附属设施进行规划和安排的过程。

1. 厨房的高度和顶部

厨房应有适当的高度，这样的高度便于清扫，能保证空气流通，又适于厨房安装各种管道、抽排油烟罩。根据人体工程学和厨房生产的经验，毛坯房的高度一般为3.8～4.3米，吊顶后厨房的净高度为3.2～3.8米。

厨房的顶部可以采用防火、防潮、防滴水的石棉纤维或轻钢材料进行吊顶处理，最好不要使用涂料。天花板应力求平整，不应有裂缝。要尽量遮盖暴露的电线、管道。吊顶时要考虑排风设备的安装，留出适当的位置，防止重复劳动和材料浪费。此外，在实际设计中，也有许多厨房不采用吊顶的方式，只将毛坯房经过一定的处理，使之美观又实用。

2. 厨房的门窗

厨房的门窗应考虑到方便进货和人员出入，以及防止鼠虫蚊蝇侵入。厨房的门可依据不同的功能设计成各种不同的形式。一般来说，在厨房和餐厅之间的门，可以设计成无把手的单向弹簧门，便于服务人员快速出入。而在厨房与外界相通的地方，最好使用自动闭门器，防止蚊蝇进入。

厨房的窗户既要便于采光，又要便于通风。在设计厨房的窗户时应有一道纱窗。若厨房窗户采光和通风不足，可以辅以电灯照明和空调换气。在实际设计中，也有人将厨房的窗户封死，防止蚊蝇进入厨房。

3. 厨房的墙壁和地面

厨房的墙体最好采用具有吸音和吸湿效果的空心砖砌成。厨房的墙壁最好用瓷砖贴面，既美观实用又便于做清洁。在厨房的拐角和墙壁与地面之间的连接处应采用弧角瓷砖铺贴，以便于清洗和清除卫生死角。

通常厨房的地面要求耐磨、耐重压、耐高温、耐腐蚀，因此现代厨房的地板多采用无釉防滑地砖、硬质丙烯酸砖和环氧树脂砖等。地砖的颜色应选择单色调的，不能过于鲜艳，也没有强烈的对比花纹。另外，厨房的地面既要平整，又要有一定的坡度，以防积水。

4. 厨房的照明

厨房的采光非常重要，若光线不足会影响菜点的质量和员工的工作效率。一般情况下，在设计厨房的照明时，既要考虑光照的强度，又要考虑光的颜色、照射方向及稳定性。一般来说，在厨房的加工场所中，要选用荧光灯作为照明材料，其颜色应选冷黄色、冷白色和暖白色，因为夺目的荧光灯会使菜点的颜色失真。另外，照明光源的位置一定要合理，不能使工作区产生阴影或作业区之间存在亮度差，否则眼睛容易疲劳。

5. 厨房的噪音

噪音一般是指超过 80 分贝以上的强声。厨房的噪音主要来自鼓风机和排风机中电机运转的声音、搅拌机搅拌的声音、高压蒸汽阀排气的声音，以及用餐高峰期人员的嘈杂声等。强烈的噪音不仅损害人的身心健康，而且容易使人心烦气躁。因此缓解噪音十分重要，具体的解决途径包括：选择低噪音的设备、降低声源的噪音辐射、控制噪音的传播途径、安装背景音乐、培养工作人员良好的工作习惯等。

6. 厨房的温度和湿度

温度是环境因素中十分重要的一个因素，厨房内温度的控制应随季节的不同而不同。厨房的温度应控制在冬天 22℃ ~26℃，夏天在 24℃ ~28℃。厨房的温度过高或过低，都会影响菜点的质量和员工的工作效率。在厨房安装空调系统，可以有效调节厨房的温度。没有安装空调系统的厨房，也应采取多种方法调节厨房的温度。

湿度是指空气中含水量的多少，而相对湿度是指空气中的含水量与在特定温度下饱和水汽中含水量之比。湿度过高或过低，既不利于原料的保存又损害员工的身心健康。较适宜人体的相对湿度为 30% ~70%。当温度在 30℃以上时，相对湿度可达 70%以上。即温度越高，相对湿度也就越大。

7. 厨房的通风

厨房通风一般有两种方法：自然通风和机械通风。自然通风主要以房屋的门窗作为通风换气的通道，利用室内外温差所引起的气流达到换气的目的。但这种通风办法要求门窗开放，因此在夏季会导致苍蝇和蚊虫进入厨房。而机械通风是利用机械设备进行送排风，以达到厨房空气的置换，为目前大多数饭店所采用。厨房机械通风的主要方法是送风和排风。实践证明，通风系统每小时换气 40 ~60 次可以使厨房保持良好的通风环境。

8. 厨房的排水

厨房的排水系统要能满足厨房生产中最大排水量的需要，并做到排放及时。厨房的排水可以采取两种方式：明沟排水和暗沟排水。明沟排水是目前大多数厨房普遍采用的一种方式。另外，厨房排水中油污较重，必须经过处理才可排入下水道。

三、厨房的布局

厨房的布局就是根据厨房的规模、面积、经营模式、生产流程及厨房各部门之间的相互关系，确定厨房内各部门的位置和设施设备的分布。厨房的布局在很大程度上会影响厨房的生产流程、菜点的质量和员工的工作效率。

（一）厨房的整体布局

厨房的整体布局是对厨房整个生产系统的规划和布局。一般来说，中小型饭店的厨房是一个多功能的综合厨房；而大型饭店的厨房则是由若干个分厨房组成的，分厨房既相互联系又相互独立，其布局也有所不同。厨房的整体布局应首先考虑厨房生产区域的位置，其次是附属设施的位置，接着是理顺生产区内部之间及生产区与附属设施之间的相互关系。

（二）厨房生产区的布局

厨房生产系统由若干个功能性的生产区所组成。各生产区由于生产功能的不同，其内部布局也会有所不同。在对各生产区进行布局时，应考虑生产区的面积、形状和设施设备的摆放位置等。

1. 加工区和储藏区的布局

厨房的加工区和储藏区专门负责各厨房所需原料的加工和储藏，主要进行粗加工，而精加工更多地放在切配区。根据厨房的规模和要求，加工区可以简单地设置成加工的场所，也可以设置成一个专门的加工性厨房。在加工区域的布局中，将原料的精加工与初加工分开，蔬菜加工与水产、禽肉类分开，其目的是为了防止交叉感染和提高工作效率。

2. 切配区和烹调区的布局

厨房切配区和烹调区是紧密联系的，布局时最好将两个区安排在一起，保证出菜的线路是一条直线，从而确保上菜线路的快捷。配菜区的主要设备是冰箱、水池、货架、工作台等，而烹调区的设备主要是炉灶。在烹调区，灶具的摆放要合理，常见的炉灶布局主要有直线形布局、L 形布局和相对或相背形布局等。

3. 冷菜区的布局

冷菜区主要负责各种冷菜的制作及拼摆装盘。冷菜区比较特殊，一般都是独立出来的，甚至有些饭店专门设立冷菜厨房。冷菜区在布局时一定要考虑食品的安全，在入口处要设置消毒池，工作区域要安装紫外线消毒灯。从严格意义上来讲，生食物品不能进入冷菜厨房，而是单独在冷菜厨房外储存。在冷菜区冰箱门上应严格标清熟食和半成品储存的位置。有条件的冷菜间可以将加工案板和切配案板分开使用。加工案板不能加工生的动物性原料，而切配案板的位置一般正对着出菜窗口。最后应注意冷菜间要设置洗涤池，洗涤用水一定要经过过滤处理。

4. 烧烤区的布局

烧烤区主要负责烧烤食品的制作，如烤鸭、烤乳猪等。在中小饭店中，若设有烧烤区，一般与冷菜区共用加工场所。有的饭店将烧烤的切配加工设在餐厅中即明档，让顾客自由挑选菜肴。在明档的布局中，应考虑尽可能采用可以悬挂的器物和不锈钢、电加热的设备，而尽可能少将炉灶放入明档区，以保证明档区的整洁、卫生、安全和美观。

5. 面点区的布局

厨房的面点区主要负责各式主食、点心的制作。面点区在布局时，其烹调设备一定要单独设立，通常还可以选用专用的面点设备，如烤箱、蒸柜等。布局的流程严格按照面点的工艺流程进行。

（三）厨房布局的类型

厨房布局应依据厨房的面积、结构和设施设备的具体规格来进行。通常厨房布局有以下几种类型：

1. 直线形布局

又称直线式排列，即是将厨房的主要设施设备排列成一条直线，通常是面对墙壁排成一列。这种布局适用于空间呈直线形的厨房，整体上具有区域分明、流程顺畅的特点，操作方便，效率很高，整个厨房看起来整齐清爽，但对空间要求比较高，因为厨房中的人流和物流的距离长。

2. 曲线形布局

又称曲线式排列，包括L形和U形。L形布局就是将厨房设备按照英文字母“L”形状排列，而U形布局就是将厨房设备按照英文字母“U”形状排列。曲线形布局能充分利用厨房空间，既合理又高效。

3. 相对形布局

又称相背形布局或岛屿式排列、背对背平行排列，主要是以一道墙将主要烹调设备分成两组背靠背地组合在厨房内，厨师相对而站进行操作。工作台安置在厨师背后，其他公用设备分布在附近。这种布局适用于空间呈方形的厨房。这种布局由于烹调设备相对比较集中，只使用一个通风排气罩，因而比较经济。但是厨师操作时需多次转身取工具和原料，必须多走路才能使用其他设备等，因此要求各厨师在操作上要有协作意识，克服人流和物流互有交叉的不利因素。

以上是三种基本布局模式，由于饭店规模和厨房功能等因素不同，厨房布局可以千变万化。但是，无论怎样布局，都必须以方便生产、降低费用、提高生产率和降低员工体能消耗为出发点。

（四）厨房相关区域的设计布局

厨房相关区域主要是指为了保证厨房生产的顺利进行而必须与之配套的、关系密切的备餐间、洗碗间和仓库等。

1. 备餐间的设计布局

备餐间是配备开餐用品的场所，以保证开餐的顺利进行。首先，备餐间是餐厅和厨房联系的桥梁，应设在餐厅和厨房的过渡地带，既便于夹、放传菜夹和通知划单员，又能最有效地缩短跑菜距离，方便起菜、停菜等信息沟通。其次，在备餐间与餐厅之间设置双门双道，即分别专设两道向厨房开的门以供收送用过的餐具，专设两道向餐厅开的门以供菜点成品及时传送到餐厅。最后，备餐间应有足够的空间和设备。由于工作性质的原因，备餐间设备的种类大体相同，主要有热水器、茶叶柜、制冰机、餐具架柜和小餐具柜等。

2. 洗碗间的设计布局

虽然洗碗间一般不属于厨房直接管辖，但一般都设在厨房所管辖的区域内。

洗碗间承担餐厅所用餐具的洗涤、消毒和厨房所需各类餐具的洗涤、消毒工作，其工作质量直接影响到厨房生产的质量。洗碗间的设计布局要符合操作流程，尽量减少餐具传递距离和方便洗涤操作。洗碗间应靠近餐厅、厨房，并力求与餐厅在同一平面内，有可靠的消毒设备，且通风、排风效果好。

3. 仓库的设计布局

在厨房中设立仓库十分必要，可为厨房的生产提供巨大方便。厨房仓库的面积并不需要很大，就储备量而言能储存一周原材料的用量即可。对于高档的干货原料而言，可以储存于仓库之中，防止丢失或被偷拿。一般仓库的高度在 145 ~ 250 厘米之间，保持通风和干燥，严禁厨房的水管和蒸汽管线通过仓库区域。

第三节　厨房的组织机构

厨房生产和管理是通过一定的组织形式实现的。厨房组织机构的设置关系到厨房生产的形式和完成生产任务的能力，关系到厨房的工作效率、产品质量、信息沟通和相关职权的履行。

一、厨房的组织机构设置

（一）厨房组织机构设置的原则

厨房组织机构的设置要遵循一定的原则，通常大多数厨房都会以权责相等、垂直指挥、管理幅度适当和分工协作为设计厨房组织机构的原则。

1. 权责相等原则

权是指人们在承担某一责任时所拥有的相应的指挥权和决策权，而责是指人们为了完成一定的目标而应承担的责任和履行的义务。在厨房组织机构中，每一层级都有相应的责任和权力。必须树立管理者的权威，赋予每个职位以相应的职务权力。有权力就应承担相应的责任。责任必须落实到各个层次、各个岗位，必须明确、具体。权责对等原则就是要求在设置组织机构时层次分明，划清责权范围。

2. 垂直指挥原则

垂直指挥是指每位员工原则上只接受一位上级的指挥，各层级的管理者也只能按层级向本人所管辖的下属发号施令。垂直指挥要求一位员工仅接受一位上级的指挥，而不接受数位上级的命令，以免使员工无所适从。同时，垂直指挥并不意味着管理者只能有一个下属，而是专指上下级之间上报下达都要按层次进行，不得越级。

3. 管理幅度适当原则

管理幅度是指一个管理者可直接管辖的下属人员的数额。管理幅度与组织层次一般成反比关系，即组织层次越多管理的幅度越小；相反，组织层次越少管理的幅度越大。通常情况下，一个管理者的管理幅度以 3 ~6 人为宜。

4. 分工协作原则

厨房生产是若干岗位、诸多工种、多项技艺协调配合进行的，任何一个环节的不协调都会给整个厨房生产带来不利影响。原则上分工越细，厨师操作的专业性就越强，菜点的质量就更有保证。同时，只有分工而没有协作也是不行的，协作需要厨师之间进行适当的配合，发扬团结一致的精神，共同搞好厨房生产。

（二）厨房组织机构设置的方法

餐饮企业规模和作业方式不同，厨房组织机构的设置也会有所不同。厨房的组织机构并非一成不变的，随着餐饮经营方式、策略和管理风格的变化，厨房的组织机构也会作相应的调整和改变。

1. 小型厨房的组织机构设置

小型厨房由于规模较小，厨房面积有限，人员、设施设备不齐，因此厨房的组织机构较为简单。通常只设厨师长一名，整个厨房的生产一般由两到三名主要厨师完成（见图 5－1）。

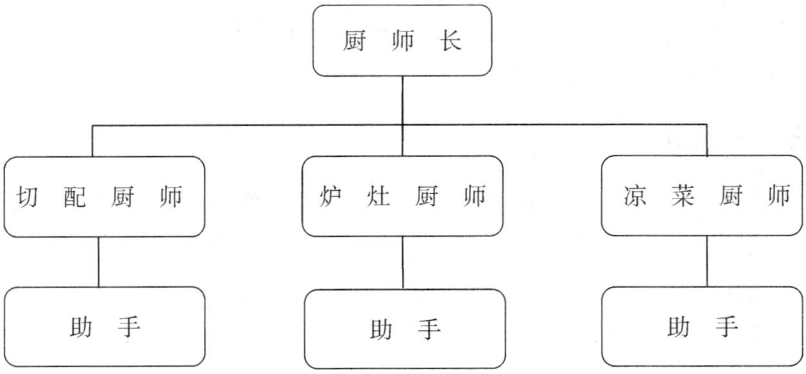

图 5－1 小型厨房组织机构图

2. 中型厨房的组织机构设置

中型厨房的规模、面积、人员、设施设备介于小型厨房和大型厨房之间，有的厨房除了中餐厨房外还可以配备西餐厨房。厨房设一名厨师长，负责厨房的整体管理工作。厨房生产按照菜点的加工程序分成若干个作业区，每一作业区设一名领班，负责日常管理。这种组织机构岗位分工比较明确、职责分明，便于监督和控制（见图5－2）。

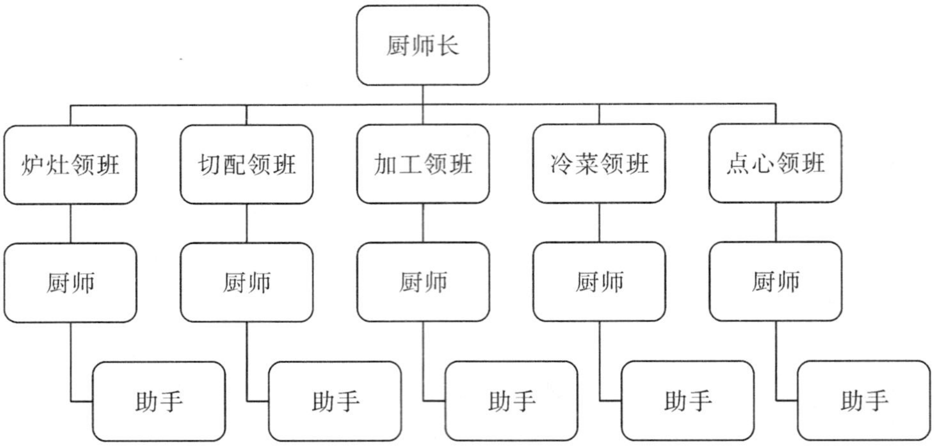

图5－2　中型厨房组织机构图

3. 大型厨房的组织机构设置

大型厨房通常由若干个不同职能的中小厨房组成。为了便于系统管理，通常会设厨房中心办公室，负责指挥整个厨房系统的生产运转。厨房中心办公室人员通常由行政总厨、副总厨、秘书和成本会计组成。厨房中心办公室的主要职责是：向各厨房下达生产任务，制定生产流程，设计菜单，进行食品成本控制，督导、检查各厨师长，制定厨房的各项规章制度，负责协调各厨房工作，负责新产品的研制等。大型厨房的行政总厨主持厨房的全面工作，副总厨具体分管一个或数个厨房并分别指挥和监督各分厨房厨师长的工作，而各厨房的厨师长则负责其所在厨房的日常工作和具体生产。有的大型厨房还会设立中心厨房（或主厨房）以提供各分厨房日常生产所用的各种半成品原料（见图5－3）。这种组织机构将集中与分散有机地结合起来，既便于控制成本，又便于统一加工，从而可确保各厨房成品的质量。

二、厨房各岗位职责

厨房组织机构确立后，厨房人员岗位的框架就有了雏形。如果对每个岗位的职责进行界定，就会形成对厨房人员职位化的描述。厨房岗位职责就是明确界定厨房员工在厨房组织机构中的位置和应承担的工作范围和工作职责。岗位职责是评估和衡量每个员工工作的依据，是选择岗位人选的标准和依据，同时也是实现厨房高效生产的保证。

（一）厨师长的岗位职责

厨师长是一个厨房中权力最高的管理者。根据厨房的规模和数量，有时需要设立一个或几个厨师长。其中负责所有分厨房管理的厨师长又称行政总厨，主要负责所有分厨房的行政管理工作，而生产工作则主要由各分管厨房的厨师长负责。

1. 行政总厨的岗位职责

岗位名称：行政总厨

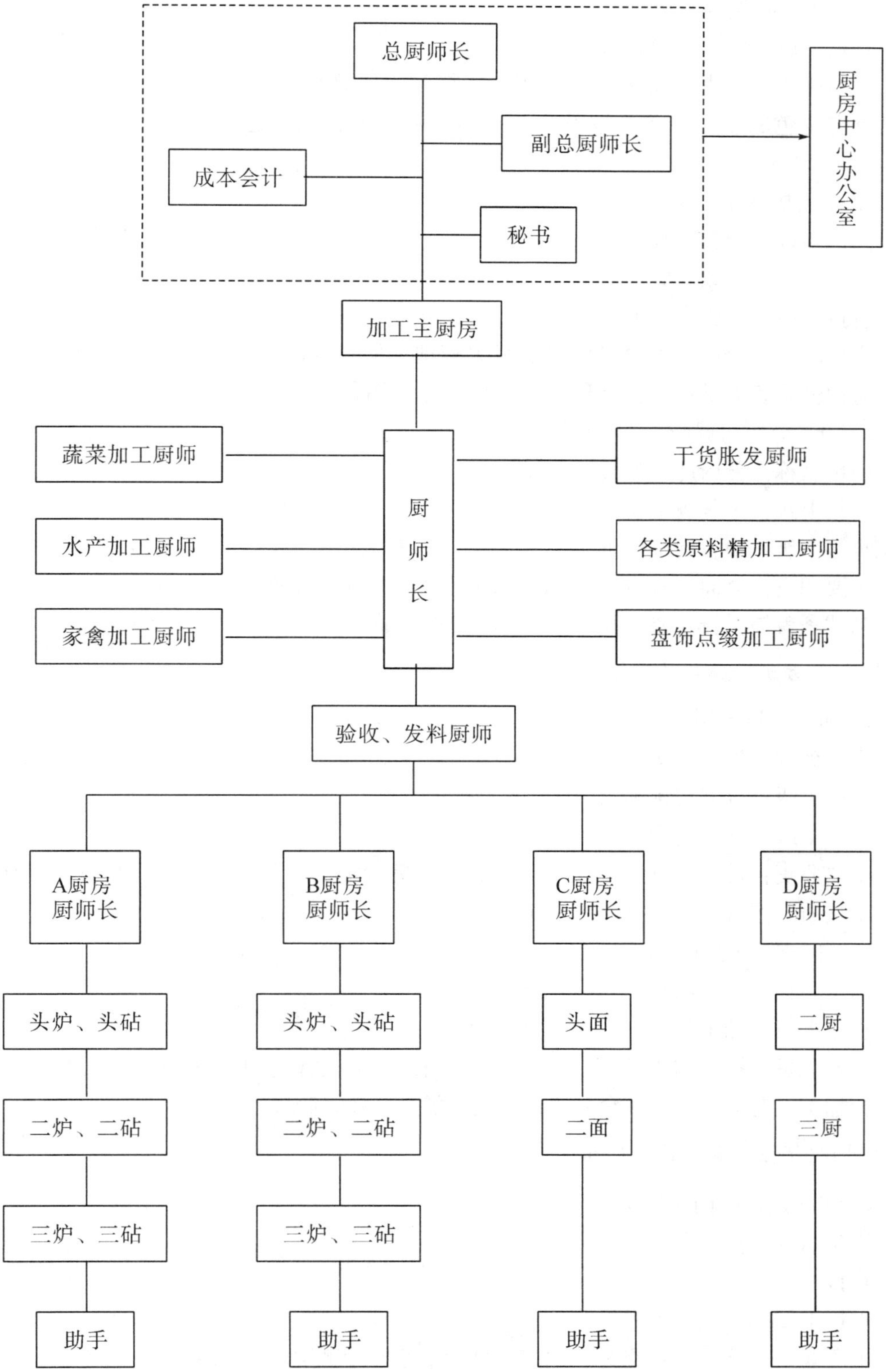

图5－3　大型厨房组织机构图

直接上级：餐饮总监

直接下属：中、西餐厨师长

主要职责：负责整个厨房的组织、指挥和运转管理工作；通过设计、组织生产，提供富有特色的菜点产品；进行食品成本控制，为企业创造最佳的经济效益和社会效益。

2. 中餐厨师长的岗位职责

岗位名称：中餐厨师长

直接上级：行政总厨

直接下级：分厨房厨师长

主要职责：全面负责中餐厨房的组织管理工作，带领员工从事菜点生产工作，保证及时向就餐者提供符合要求和质量标准的餐饮产品。

3. 中餐分厨房厨师长的岗位职责

岗位名称：分厨房厨师长

直接上级：中餐厨师长

直接下级：中餐厨师领班

主要职责：全面负责本厨房的组织管理工作，带领员工从事菜点生产工作，保证及时向就餐者提供符合要求和质量标准的餐饮产品。

（二）加工领班和厨师的岗位职责

1. 加工领班的岗位职责

岗位名称：加工领班

直接上级：分厨房厨师长

直接下级：加工厨师

主要职责：接受主管厨师长的工作指令，负责加工组的工作指挥与检查，带领下属员工按质、按量、按时完成加工任务。

2. 加工厨师的岗位职责

岗位名称：加工厨师

直接上级：加工领班

主要职责：接受加工领班的工作指令，根据加工规格、加工标准和加工要求，分类进行加工，对于各类易腐食品原料要及时加工、及时储藏。

（三）切配领班和厨师的岗位职责

1. 切配领班的岗位职责

岗位名称：切配领班

直接上级：分厨房厨师长

直接下属：切配厨师

主要职责：接受主管厨师长的工作指令，负责切配组的工作指挥与检查，带领员工按照切配规格和切配要求按时完成工作。

2. 切配厨师的岗位职责

岗位名称：切配厨师

直接上级：切配领班

主要职责：接受切配领班的工作指令，按手续领取原料，按照菜肴的规格和质量要求进行各种加工处理和合理配置。

（四）炉灶领班和厨师的岗位职责

1. 炉灶领班的岗位职责

岗位名称：炉灶领班

直接上级：分厨房厨师长

直接下级：炉灶厨师

主要职责：接受主管厨师长的工作指令，负责炉灶组的工作指挥与检查，带领员工按质、按量、按时完成各种烹调工作，并保证菜肴的规格和质量。

2. 炉灶厨师的岗位职责

岗位名称：炉灶厨师

直接上级：炉灶领班

主要职责：接受炉灶领班的工作指令，按手续领取所需原料，严格按操作规程和菜肴规格进行烹制。

（五）冷菜领班和厨师的岗位职责

1. 冷菜领班的岗位职责

岗位名称：冷菜领班

直接上级：分厨房厨师长

直接下级：冷菜厨师

主要职责：接受主管厨师长的工作指令，组织冷菜组的人员开展工作，按质、按量、按时将冷菜装盘提供给餐厅。

2. 冷菜厨师的岗位职责

岗位名称：冷菜厨师

直接上级：冷菜领班

主要职责：接受冷菜领班的工作指令，根据菜单所规定的标准、规格和要求，将各种冷菜切装成盘及时提供给就餐者。

（六）面点领班和厨师的岗位职责

1. 面点领班

岗位名称：面点领班

直接上级：分厨房厨师长

直接下级：面点厨师

主要职责：接受主管厨师长的工作指令，组织面点组的员工认真完成各式主食和点心的制作任务。

2. 面点厨师

岗位名称：面点厨师

直接上级：面点领班

主要职责：接受面点领班的工作指令，根据菜单要求，按标准的操作规程制作成品，在保证质量的前提下按时出品。

三、厨房组织机构中人员的配备

厨房组织机构中的人员配备，就是通过适当而有效的选拔、培训和考评形式，将合适的人员安排到组织机构中所规定的各个岗位上，以保证厨房经营目标的顺利实现。因此，厨房人员配备包括两层含义：一是指满足厨房生产所需要的所有员工人数的确定；二是指厨房生产人员的分工定岗，即厨房各岗位人员的选择和任用。

（一）影响厨房人员配备的因素

厨房组织机构中人员的配备一定要考虑餐饮企业的经营规模、经营档次、经营方式、设施设备条件、菜点构成和环境布局等多方面的因素。不同规模、不同档次、不同规格要求的厨房，其厨房人员配备也会有所不同。只有综合考虑以上因素，才能找到一个最佳、最有效的人员配备方案，既能保证企业的正常运转，又不会增加企业的劳动力成本。

（二）厨房组织机构中人数的确定

确定厨房组织机构中的人数是厨房人员配备方案的重要组成部分。厨房每个岗位上所需的人数，通常是根据厨房的生产量来确定的。厨房组织机构中人数的确定应考虑企业规模、星级标准、餐位数、上座率、菜单的难易、餐别、设施设备等因素，以确定最佳人数，既不浪费人力又能满足厨房生产要求。合理地配备厨房人员数量，对于调整和改善厨房生产过程中的组织形式，合理组织各岗位之间的分工协作，加强岗位责任制，充分发挥每个员工的积极性，都有着积极的作用。

厨房人员数量的确定可以先采用一种方法测算，然后再采用其他几种方法进行综合平衡，最后才确定。初步确定了人员数量后，还要在日常工作中加以跟踪考察并进行适当的调整。厨房人员数量的确定有以下几种方法：

1. 按比例确定

按比例确定是一种比较简便的方法，通常可以有两种确定方式：按岗位比例确定和按餐位比例确定。

（1）按岗位比例确定。为了使厨房人数的配备相对合理、准确，按岗位比例确定一般要核实两个比例数：一是通过确定厨房的餐位数来确定厨房炉灶岗位的生产人员人数，二是通过确定炉灶人员的数量来确定其他岗位的人数。通常情况下，一个炉灶一个厨师，负责 60 ~ 100 个餐位的供应，即 6 ~ 10 桌。其中 1∶60 ~ 1∶80 之间是零点餐厅的最佳选择，而 1∶100 则是宴会厨房的最佳选择。如果设施设备、人员素质都占优势，那么这种比例关系还可以调整，故人员配备比例只是一个相对的数字，要根据需要和实际情况灵活掌握。确定了炉灶和餐位的关系后，就可以确定炉灶和其他岗位的关系，具体见表5－3。

表5－3　　传统的厨房人员配备比例

炉灶	打荷	砧板	上杂	水台	冷菜	面点	杂工
1	1	1	0.5	0.5	0.5	1	0.5

从表5－3可以看出，1个炉灶需要配备5个相关生产人员，而这个比例在经营淡季时会显得人工成本过高。因此，一些餐饮管理者认为，1个炉灶配备4个相关生产人员比较合适，即炉灶与其他岗位人员的比例为1∶4。

（2）按餐位比例确定。按餐位比例确定就是按供餐人数来确定厨房生产人员的数量，具体见表5－4。

表5－4　　按餐位数配备厨房人员

厨房供餐人数	厨房所需厨师人数
100人	9～11人
200人	12～18人
300人	15～20人
400人	20～26人

有时候也可以这样直接确定：一般13～15个餐位配备1名厨房生产人员。

使用这种方式进行测算时需要注意：所有计算的人数只是厨房生产人员，且为技术较熟练的人员，是厨房的骨干，一般的学徒或帮工不包含在内；同时，按此比例确定的厨房生产人员不包括长休假人员、两班制或多班制人员，因此在实际测算时应略放宽或增加人数。

2. 按工作量确定

对规模、生产品种既定的厨房进行全面分解测算，将每天所有加工生产制作菜点所需要的时间累加起来，即可计算出完成当天餐饮所有生产任务的总时间，再乘以一个员工轮休和病休等缺勤的系数，除以每个员工规定的日工作时间，便能得出餐饮生产人员的数量。公式为：

总时间×（1＋10%）÷8＝餐饮生产人数

（三）厨房各岗位人员的选择

将厨房员工分配至合适的岗位是厨房人员配备方案的重要组成部分。在对厨房岗位人员进行选择和组合时，要注意以下几个方面：

1. 量才使用，因岗设人

根据厨房组织机构的设置要求和岗位的任职条件，选择最合适的人员。厨房的工作岗位由于劳动强度大小不一，员工大多倾向于选择劳动强度较小的岗位。针对这种情况，可以开展竞争，用考核的方式择优录取。同时要在认真细致地了解员工爱好、特长的基础上，把具有各种专长或性格各异的人合理搭配，从而形成一个最佳的人才结构。

2. 不断优化岗位组合

厨房人员分岗到位以后，其岗位并不是一成不变的。在厨房生产的过程中，可能会发生一些问题，如班组群体搭配欠佳、缺乏团体合作精神等。长此以往，不仅会影响员工的工作效率和工作情绪，而且可能会形成不良风气。因此，优化厨房岗位组合十分必要。在优化厨房岗位组合的同时，必须兼顾各岗位，尤其是主要技术岗位工作的相对稳定。优化岗位组合的依据是系统的、公平公正的评估与考核。

（四）厨房人员的班次方案

厨房人员的班次安排一般与厨房配备的人员有一定的关系。在一些大型餐饮企业中，对厨房人员的配备相对宽松些，因此员工班次的安排就比较容易。而对于大多数社会餐饮来说，厨房人员的班次安排就存在一定的难度，需要讲究一定的策略。

1. 班次安排的策略

厨房人员班次的安排一定要根据营业情况来确定。通常根据实际需要，可以采用以下两种策略来合理安排班次，有效地发挥人力资源的作用，完成厨房生产任务。

（1）利用分班制。厨房人员班次的安排通常需要参考餐厅的营业时间来确定。目前，国内餐饮企业根据经营需要，大多选择两个时间段为营业时间：上午 11:00—14:00和晚上 18:00—21:30。而部分餐饮企业可能选择三个或四个时间段，主要是增加了早点和夜宵。在实际工作中，中餐厨房多围绕餐厅营业时间安排两个时间段的工作。在厨房员工总人数不变的前提下，将员工分成两班，让每班人员上班的时间错开。如厨房根据餐厅经营时间把人员划分为 A、B 两班，其中 A 班的上班时间为上午 9:30—13:00，下午 16:30—21:30；B 班的上班时间为上午 10:30—14:00，下午 16:30—22:00。

（2）利用临时雇工。为了合理利用劳动力资源和应对餐饮生产的波动性，可以适当地安排临时雇工来调节班次，以保证厨房生产有充足的人手。利用临时雇工既可以缓解某一时段或某一时期厨房用人紧张的状态，又可以减少招聘合同制工人带来的成本费用。在安排临时雇工时应注意：定时安排临时雇工，要安排在非技术、不重要的岗位上，并应给予适当的技术培训。在安排员工班次时，应注意雇工与员工班次的合理性，要将雇工安排到最需要的地方，而将员工调整到最重要的地方，从而保证厨房生产的有序进行。

2. 安排员工班次

安排员工班次又称排班。为维护员工的合法权益和保障厨房生产的高效率，厨房管理者应根据实际情况合理安排厨房人员的班次。通常厨房管理者在对员工进行排班时，可以选择按星期排班或按日期排班两种方式进行。厨房管理者在安排班次时应注意：员工休息的时间不要集中在一起；两班次的员工要协调好；相互配合的岗位在人员安排上要协调好；在生意高峰时期尽可能不安排员工休息以保证厨房生产的正常进行。无论何种形式的排班，都要以厨房的正常生产为前提。

3. 安排员工值班

排班时需要考虑营业结束后员工的值班问题。因为餐饮企业对每一位在营业时段光临的顾客都有接待的义务，一旦顾客进餐的时间超过了营业时间，厨房就要安排值班人员继续为客人服务。通常在厨房进行班次安排时，B 班的厨师都有附带值班的职责，即在营业时间结束时进行收尾检查工作。

第四节　厨房生产流程管理

各种类型厨房的生产流程基本是一致的，只是在细节上会有所不同。厨房的生产总是从原料的采购开始，通过原料验收后，将各种类型的原料分类进行处理。需要加工的原料进入加工区，其后分别进入烹调区、冷菜区和面点制作区，最后加工完成后经出菜区进入餐厅。概括地讲，厨房生产流程主要包括加工、配份、烹调三大阶段，再加上点心、冷菜两个相对独立的生产环节，共同构成了生产流程管理的主要对象。

一、加工阶段的管理

加工阶段包括原料的初加工和深加工。初加工是指对冰冻原料进行解冻，对鲜活原料进行宰杀、分解，对干货原料进行涨发、洗涤和初步整理；而深加工则是指对已经过初加工的原料进行切割成形和腌酱工作。原料加工管理是整个厨房生产制作的基础，其加工品的规格、质量和出品时效对以后阶段的厨房生产具有直接影响。

（一）加工质量的管理

加工质量主要包括冰冻原料的解冻质量、原料加工的净料率和加工的标准及腌酱原料的标准等。

冰冻原料的解冻是指对冰冻状态的原料通过采取适当的方法，将其恢复到新鲜、软嫩的状态，从而便于烹饪。解冻后的原料要尽量减少汁液的流失并保持其风味和营养，那么冰冻原料解冻时要注意：解冻媒介温度要尽量低，被解冻的原料不要直接接触解冻媒介，外部和内部解冻所需时间差距要小，尽量在半解冻状态下进行烹饪。

原料加工的净料率一般包括鲜活原料的净料率和干货原料的胀发率。原料的加工出净是指有些完整的、未经过分档取料的毛料，需要在加工阶段进行选取净料处理。加工出净率是指加工后可用作做菜的净料和未经加工的原始原料的百分比。与出净率相对应，干货原料用于做菜之前都需要进行吸水胀发。原料的净料率、胀发率越高，原料的利用率就越高；反之，菜肴的单位成本就越大。

对于原料的加工，我们应该制定一定的标准，使每个加工人员都能够按照标准进行，这样加工出来的原料半成品才有一定的质量。腌酱原料时一定要按照配方进行，从而形成其独特的风味。

（二）加工数量的管理

原料的加工数量主要取决于厨房配份使用原料的多少。加工数量应以销售预测为依据，以满足生产为前提，留有适当的储存周转量。加工原料数量的确定，往往根据餐厅的预订情况、前一日餐厅的销售情况和客情的预测来进行。厨房的原料呈现为梯队排列，如容易加工的且不易存放的葱、姜类，一般会切少量作为配料，而准备一部分洗净的葱、姜存放好，随时根据需要进行切配，因此葱、姜这样的原料就会呈现毛料→净料→成品料这样的梯队。再如海参这类干货胀发一般需要 2 ~ 3 天甚至更长的周期，一般来说，这类原料应该有干货→半成品→成品（发好的）三种梯队。这样，原料的供应才会非常及时。原料的储备量原则上应是预售产品的 2 ~ 3 倍。

二、配份阶段的管理

配份就是根据标准食谱将加工成形或腌酱好的原料与配料及其料头（又称小料）进行有机配伍、组合的过程。配份阶段看似简单，实则其重要性毋庸置疑，它决定着未来菜肴形式和风格的走向及其成本控制。

（一）配份质量的管理

为确保配份工作的高质量，必须注意保证原料搭配的合理性、统一性和灵活性。原料搭配的合理性是指原料搭配要遵循一定的科学规律，使之既营养又美观。不合理的原料搭配会影响菜肴质量，甚至会损害顾客的身体健康。原料搭配的统一性是指同样的菜名其原料配伍就必须相同。只有保证原料搭配统一，才能稳定菜肴质量，形成独特的菜肴风格。原料搭配的灵活性是建立在规范配料制度的基础上的。如果顾客点取菜单上没有的菜肴，那么要满足顾客的需要，就必须按照客人的要求搭配原料。

配菜的质量管理还包括杜绝配错菜、配重菜和配漏菜的情况发生。控制和防止错配、重配、漏配菜的措施包括制定配菜工作程序和健全配菜制度。另外，为尽可能提高配菜效率，必须养成每餐所用原料有所限量、固定盛器、随用随取、取毕归位的习惯，做到料多不杂、忙而不乱。

（二）配份数量的管理

一份菜确定有多少数量就是要确定菜肴的量的标准。通常大多数餐饮企业都会制定菜肴配制标准单，用以作为配菜时菜肴数量的标准和依据。一般来说，菜肴配制标准单应写清菜肴的名称和主料、配料的分量。这种标准单的设计有利于厨师配菜的准确性，有利于成本的控制和核算。

三、烹调阶段的管理

烹调阶段是确定菜肴的形态、质地、色泽、口味的关键阶段，是形成菜肴风味、风格的核心环节，是厨房技术力量的根本体现。这是厨房生产的最后一道环节，也是最为重要的环节，若发生错误很难弥补，因此应特别关注对烹调阶段的管理。

（一）烹调质量的管理

在中餐菜肴的烹制中，菜肴的味道和温度是保证菜肴质量最关键的两大因素，因此对于烹调质量的管理应从这两个方面着手进行。

1. 菜肴的味道

菜肴的味道包括菜肴的滋味和质感两个方面。为保证菜肴的口味，应加强操作和调味的规范性。厨房要制定一定的操作规程，每个炉灶岗位都应该掌握本岗位的烹调特点。调味的规范性是指调味应按照一定的配方进行，降低烹调的随意性，从而保持一个相对稳定的餐饮风味。

2. 菜肴的温度

菜肴的核心味道确定了，那么菜肴的外部因素——温度一定要保证。具体的方法包括缩短上菜时间、运用特殊器皿以及运用冷藏和热藏手段等。采取合适的方法让菜肴在适宜的温度下确保其口感和味道达到最佳状态。

（二）烹调数量的管理

菜肴烹调的数量完全根据点菜单或预订单的人数或桌数而定。若顾客点菜，则菜肴烹制的数量应根据点菜单确定。对于预订的宴席而言，烹调的数量要根据最后走菜时确定的数量进行烹调。

四、冷菜、点心的生产管理

冷菜又称冷碟，通常是以开胃、佐酒为目的，大多是以常温或低于常温的温度出品的菜肴。而点心多以米、面为主要原料，配以适当的辅料，在独立的生产场所由面点师生产制作。生产冷菜和点心的场所是厨房里两个相对独立的区域，其生产、出品管理与热菜有所不同。

（一）分量控制

冷菜多在烹调好后切配装盘，其切配的数量和装盘的组合既关系到客人的切身利益又直接影响到餐饮企业的经济效益。冷菜多以小型餐具盛装，应以适量、饱满为宜。点心大多小巧玲珑，其分量和数量包括每份点心的个数和每份点心的用料及其主料、配料的配比。控制冷菜和点心分量的有效做法就是规定各类冷菜和点心的生产、装盘规格和标准，并督导执行。

（二）质量与出品管理

因为冷菜具有开胃和佐酒的功能，所以对冷菜的口味和风味的要求都比较高。为保持冷菜口味的一致性，有些品种的冷菜可预先调制调味汁，待成品改刀、装盘后浇上或配上即可。同时，对冷菜的装盘造型和色彩搭配等要求也很高。不同规格的宴会，冷菜还应有不同的盛器及拼摆装盘方法以突出宴请主题、调节就餐氛围。而点心多在就餐后期出品，它重在给客人留下美好的回味，因此应更加关注点心的造型和口味。冷菜和点心的生产和出品，通常和热菜分别进行。餐厅在下订单时，多以单独的两联分送冷菜和点心厨房。

五、标准食谱的管理

标准食谱一般以菜谱的形式列出菜点的用料和配方，规定其制作程序，明确其装盘规格，表明其成品的特点及质量标准。它是厨房每道菜点生产的全面技术规定，是不同时期用于核算菜点成本的可靠依据。

（一）标准食谱的作用

标准食谱将原料的选择、加工、配份、烹调及其成品特点有机地集合在一起，并按照餐饮企业设定的格式统一制作、管理，对厨房的生产质量管理、原料成本核算和生产计划制订等都有积极作用。具体地讲，标准食谱具有以下作用：预示产量、减少督导、分量标准、程序书面化、降低劳动成本以及可随时测算每道菜的成本等。

此外，由于标准食谱强调规范和统一，会使部分员工感到工作上缺乏独立性和创造性，因而可能产生一些消极情绪。为此应对员工进行正面引导和严格督导，使其正确认识标准食谱的意义，发挥其应有的作用。

（二）标准食谱的内容

标准食谱的内容主要包括菜点名称、原料名称、原料数量、制作程序、成品质量要求、盛器、装饰、单价—金额—成本、使用设备及烹饪方法、制作批量或份数、类别及序号。其中，单价指标准食谱应说明每种用料的单位价格，在此基础上计算出每种原料的金额，汇总之后即可得出该道菜点的成本。

（三）标准食谱的样式

（1）以方便随时核算成本为特点的标准食谱（见表5－5）。

表5－5 标准食谱（样）

<table>
<tr><td colspan="2" rowspan="2">菜点名称</td><td colspan="2" rowspan="2"></td><td>生产厨房</td><td>总分量</td><td>每份规格</td><td>日期</td></tr>
<tr><td></td><td></td><td></td><td></td></tr>
<tr><td rowspan="2">用料</td><td colspan="2" rowspan="2">单位</td><td rowspan="2">数量</td><td colspan="2">日期</td><td colspan="2">日期</td></tr>
<tr><td>单位成本</td><td>合计</td><td>单位成本</td><td>合计</td></tr>
<tr><td></td><td colspan="2"></td><td></td><td></td><td></td><td></td><td></td></tr>
<tr><td></td><td colspan="2"></td><td></td><td></td><td></td><td></td><td></td></tr>
<tr><td></td><td colspan="2"></td><td></td><td></td><td></td><td></td><td></td></tr>
<tr><td></td><td colspan="2"></td><td></td><td></td><td></td><td></td><td></td></tr>
<tr><td></td><td colspan="2"></td><td></td><td></td><td></td><td></td><td></td></tr>
<tr><td colspan="4">合　　计</td><td></td><td></td><td></td><td></td></tr>
<tr><td colspan="6">菜式之预备及做法</td><td colspan="2">特点及质量标准</td></tr>
<tr><td colspan="6"></td><td colspan="2"></td></tr>
<tr><td colspan="6"></td><td colspan="2"></td></tr>
</table>

（2）以形象直观、方便对照执行为特点的标准食谱（见表5－6）。

表5-6　　标准食谱（样）

编号：

<table>
<tr><td colspan="6">名称：________
类别：____　　成　本：____
分量：____　　售　价：____
盛器：____　　毛利率：____</td><td>照片</td></tr>
<tr><td>质量标准</td><td colspan="6"></td></tr>
<tr><td>用料名称</td><td>单位</td><td>数量</td><td>单价</td><td>金额</td><td>备注</td><td>制作程序</td></tr>
<tr><td></td><td></td><td></td><td></td><td></td><td></td><td rowspan="9"></td></tr>
<tr><td></td><td></td><td></td><td></td><td></td><td></td></tr>
<tr><td></td><td></td><td></td><td></td><td></td><td></td></tr>
<tr><td></td><td></td><td></td><td></td><td></td><td></td></tr>
<tr><td></td><td></td><td></td><td></td><td></td><td></td></tr>
<tr><td></td><td></td><td></td><td></td><td></td><td></td></tr>
<tr><td></td><td></td><td></td><td></td><td></td><td></td></tr>
<tr><td></td><td></td><td></td><td></td><td></td><td></td></tr>
<tr><td colspan="4">合　计</td><td colspan="2"></td></tr>
</table>

日期：

（四）标准食谱的制定程序与要求

标准食谱的制定，实际上是对菜点进行论证和定性。当制定标准食谱时，要求厨师对菜点配伍提出自己的看法。当采用标准食谱进行制作时，要通过详细观察厨师的制作过程来改进食谱。标准食谱的制定可以按照如下步骤进行：

（1）确定主、配料及其数量。这是至关重要的一步，它确定了菜肴的基调，决定了该菜点的主要成本。

（2）规定调味料品种，试验确定每份用量。调味料品种、牌号要明确，调味料只能用批量分摊的方式测算。

（3）根据主料、配料和调料的用量，计算成本、毛利和售价。

（4）规定加工制作的步骤。

（5）选定盛器，落实盘饰用料及样式。

（6）明确产品特点及质量标准。标准食谱既是培训、生产制作的依据，又是检查、考核的依据，其质量要求应明确具体。

（7）填写标准食谱。填写时字迹要端正，要使员工都能看懂。

（8）按照标准食谱培训员工，统一生产出品标准。

标准食谱一经制定，必须严格执行。在使用过程中，要维持标准食谱的严肃性和权威性。

第五节　厨房产品质量管理

厨房产品就是厨房加工生产的各类热菜、冷菜、点心、甜品、汤羹以及水果拼盘等。厨房产品质量直接影响到就餐人群，影响到餐饮企业的经济效益，影响到企业的声誉和长远发展。因此，加强厨房质量管理尤为重要。

一、厨房产品质量概念

厨房产品质量是一个动态的概念，实际上就是厨房提供的产品不断地与顾客的期望和需求相吻合。充分了解厨房产品质量概念是进行厨房产品质量管理的前提。厨房产品质量包括菜点本身的质量和外围质量两个方面。

（一）厨房产品自身质量的内涵

厨房产品自身质量主要是指菜点的色、香、味、形、器，以及质地、温度、营养、卫生等方面。

1. 色

菜点的颜色是吸引就餐者的第一感官指标，人们通过视觉对食物进行第一步的鉴赏。厨房菜点的颜色可以由动植物组织中天然产生的色素形成。厨房加工和烹调过程与菜点成品的颜色有很大关系。大多数原料经过加工或高温烹调后会改变颜色，烹调的目的之一就是通过恰当的操作和处理，使其达到最好的颜色品质。菜肴的色泽应该自然清新，适应季节变化，搭配和谐悦目，色彩鲜明，给就餐者以美的享受。

2. 香

香是指菜点的香味。人们进食时总是先闻到菜点的香味，再品尝其味道。由于嗅觉感受器官容易疲劳，对任何气味的感觉总是减弱得很快，因此要特别重视“热菜热上”的时效性，尤其是炒菜。如果菜肴特有的香味不能得到挥发，就会影响到消费者对菜点的评价。

3. 味

味，即味道，是菜点的灵魂。酸、甜、苦、辣、咸是五种基本的味道，基本味道的不同组合可以调制出各种各样的菜点口味。如果菜肴调味适度，浓淡相宜，变化多样，能使就餐者唇齿留香、回味无穷。人们通过味蕾来感知菜肴的味道，随着年龄的增长，味蕾的数目不断下降，因此儿童比成年人更容易品尝到食物的味道。为此，厨房生产和管理人员要区别对待不同年龄段的就餐客人，为其设计恰到好处的菜点味道。

4. 形

形是指菜点的刀工成形和装盘造型。原料本身的形态、加工处理的方法，以及烹调装盘的拼摆都会直接影响到菜点的形。刀工精湛、装盘美观，会给就餐客人以美的视觉享受。热菜造型以快捷、神似为主；而冷菜的造型比热菜有更高的要求。无论热菜、冷菜，对菜点形的追求要把握分寸，过分精雕细刻则是对菜点形的极大破坏。

5. 质地

质地包括脆性、韧性、弹性、胶性、粘附性、纤维性、切片性等。通过菜点的质地可以感觉到菜点的酥、脆、韧、嫩、烂等。因此制作菜点时必须把握好每道菜点合适的烹制时间，以体现出菜点的质地。

6. 器

不同的菜点要使用不同的盛器。菜点和盛器配合恰当，则相映生辉、相得益彰。菜点的多少与盛器的大小相一致，菜点的名称与盛器的叫法相吻合，菜点的价值与盛器的价格相匹配，可使菜点锦上添花。虽然盛器对菜点的质量不会产生直接影响，但对于用砂锅、火锅、铁板、明炉等需要较长时间保温和制造特定气氛的菜点来说，盛器对菜点的质量却有着至关重要的作用。一般来说，热菜用保温盛器，而冷菜用常温餐具。

7. 温

温，即菜点的温度。温度是菜点的重要质量指标之一。同一种菜点，食用的温度不同，则口感质量会有明显的差异。因此，厨房生产人员应把握好每种菜点的食用温度。各种菜点的食用温度分别为：冷菜15℃左右，热菜70℃以上，热汤80℃以上，热饭65℃以上，砂锅100℃。配备保温餐具柜，将餐具先行保温处理，可以有效延长热菜的温度。

8. 声

声，即声音、声响。有些菜肴由于厨师的特别处理或者特殊盛器的配合使用而具有一定的声响，如锅巴类菜肴、铁板类菜肴等。这类菜肴上桌时会发出响声，说明菜肴的温度足够，质地达标，从而为客人就餐创造出热烈的气氛。

此外，营养和卫生是菜点以及其他一切食品所必须具备的共同条件。该指标虽然抽象，但也可以通过菜点的外表和内在质量指标加以把握。上述八个方面都可以不同程度地反映营养、卫生的质量情况。

[补充阅读5－1]　中餐味型

人们一般将肴馔的味型分为基本型和复合型两类。基本型大约可分为9种，即咸、甜、酸、辣、苦、鲜、香、麻、淡。复合型难以胜计，大体有以下这些味型：①咸味型，包括咸香味、咸酸味、咸辣味、咸甜味、酱香味、腐乳味、怪味；②甜味型，包括甜香味、荔枝味、甜咸味；③酸味型，包括酸辣味、酸甜味、姜醋味、茄汁味；④辣味型，包括胡辣味、香辣味、芥末味、鱼香味、蒜泥味、家常味；⑤苦味型，包括咸苦味、苦香味；⑥鲜味型，包括咸鲜味、蚝油味、蟹黄味、鲜香味；⑦香味型，包括葱香味、酒香味、糟香味、蒜香味、椒香味、五香味、十香味、麻酱味、花香味、清香味、果香味、奶香味、烟香味、糊香味、腊香味、孜然味、陈皮味、咖喱味、姜汁味、芝麻味、冷香味、臭香味；⑧麻味型，包括咸麻味、麻辣味；⑨淡味型，包括淡香味、本味。

（二）感官质量评定法

感官质量评定法是餐饮实践中最基本、最实用也是最简便有效的质量评定方法。感官质量评定法就是运用人的感觉器官对菜点进行品尝和鉴赏，从而评定菜点各项指标质量的方法。在实际操作中，通常是几种感官并用，从而全面感知菜点的质量。

1. 嗅觉评定

嗅觉评定就是运用人的嗅觉器官来评定菜点的气味。菜点的气味大部分来自于菜点原料本身，调味和烹调处理可以为菜点增添香气，如焦香、咸香、辣香等。

2. 视觉评定

视觉评定就是用肉眼对菜点的色彩、光泽、形态、造型等进行观察和鉴赏，以评定其质量优劣。用视觉评定的高质量菜点应该是：充分利用菜点的天然色彩，合理搭配；烹调恰当，色泽诱人；刀工精湛，装盘造型美观。

3. 味觉评定

味觉评定就是运用舌头表面的味蕾辨别食物的酸、甜、苦、辣、咸等滋味。在对菜点口味进行评定时，味觉评定具有重要作用。菜肴几乎没有单一的口味，大多是复合型味道。用味觉评定的高质量菜点应该是：调味用料准确，口味地道纯正。

4. 听觉评定

听觉评定就是运用人的听觉对发出响声的菜肴进行质量评定。通过辨别菜肴的声响，既可以检查其温度是否达到要求，又可以考核其服务是否到位。用听觉评定的高质量菜点应该是：菜肴有响声，且香气四溢。

5. 触觉评定

触觉评定就是运用手、舌、牙齿对菜点按、摸、捏、敲、咬、咀嚼等来感受其质地、温度等，从而评定菜点的质量。如用手借助筷子、汤匙可以检查菜肴的酥嫩程度，用舌和口腔接触汤、菜可以判断温度是否合适，用牙齿咀嚼可以发现菜肴的老嫩程度等。通过触觉评定的高质量的菜点应该是：菜肴软硬适中，酥嫩可口。

综上所述，这种感官质量评定法具有以下特点：厨房产品质量因鉴评人感官灵敏程度而异、因消费者个人偏好而异，且容易受特殊环境、条件和假象的影响。由此可知，感官质量评定法带有一定的主观性和相对性，但对于提高厨房产品质量和消费者对厨房产品的评价相当重要。

二、影响厨房产品质量因素分析

影响厨房产品质量的因素是多方面的，既有主观的也有客观的，既有餐饮企业内部的也有顾客自身的，只要稍有疏忽就会出现厨房产品质量问题。因此，分析影响厨房产品质量的因素，并采取相应的措施，对于保持厨房产品质量至关重要。

（一）厨房生产的人为因素

厨房生产的人为因素就是指厨房员工在厨房生产过程中表现出来的主、客观因素对厨房产品质量造成的影响。厨房产品很大程度上依靠厨房员工的手工生产，因此厨房人员的主观情绪波动和技术、体力、能力、接受反应等方面的差异均会对厨房产品的质量产生直接影响。厨房管理者在生产第一线现场督导的同时，应多与员工谈心，充分调动员工的生产积极性。另外，还应采取适当的方法提高员工的操作技能。

（二）生产过程的客观因素

厨房产品的质量常常受到原料、调料质量的影响。原料固有品质较好，只要烹调得当，产品质量就会相对较好。如果原料先天不足，即使厨师精心改良和精细烹制，其产品质量要合乎标准仍很困难。此外，在厨房的生产过程中，还有一些因素影响着厨房产品的质量，如炉火的大小等。

（三）就餐者自身的原因

在餐饮经营过程中，即使厨房生产完全合乎规范，产品全部达标，在消费过程中仍会有客人抱怨。对同一种厨房产品，因不同就餐者的心理感受，会产生不同的评价。“众口难调”道出了“食无定味，适口者珍”这一就餐者中普遍存在的口味差异。这是影响厨房产品质量的就餐者因素。就餐者的经济收入、消费价值观和就餐经历等与其对菜点价格的衡量和菜点质量的评价直接相关。

（四）服务销售的附加因素

客人消费与厨房生产的默契配合是创造、保证厨房产品质量的一个重要条件。而服务员的适当解释和及时提醒是达成客人消费和厨房生产默契的重要途径。餐厅服务销售从某种意义上讲是厨房生产的延伸和继续，而有些菜肴，如各种火锅以及涮烧菜肴等可以说是在餐桌上完成的烹饪。因此，服务员的服务技艺、应变能力也影响着顾客对菜肴质量的评价。

三、厨房产品质量控制方法

由于各种因素的影响，厨房产品的质量可能会产生波动，而厨房管理的任务就是要保证厨房产品质量的稳定性。厨房产品质量的控制应从原料选择开始，对厨房生产全过程进行控制，从而确保厨房产品质量的稳定性。

（一）阶段标准控制法

阶段标准控制法就是针对食品原料、食品生产和食品销售这三个阶段的不同工作特点分别制定相关作业标准，并加以检查、督导和控制，以确保厨房产品质量的稳定性。

1. 食品原料阶段的控制

食品原料阶段主要包括原料的采购、验收和储存，这一阶段应重点控制原料采购的规格、质量验收和储存的方法。要严格按照采购规格采购各种原料，要全面细致地验收以保证进货质量，要加强储存管理以防止原料保管不当而降低其质量标准。

2. 食品生产阶段的控制

食品生产阶段主要应控制菜肴加工、配份和烹调的质量。加工是菜肴生产的第一个环节，要根据烹调的需要对各类原料进行加工。配份是决定菜肴原料组成和分量的操作，要根据标准菜谱对菜肴进行配份。烹调是菜肴从原材料到成品的关键环节，其质量控制尤其重要。

3. 食品销售阶段的控制

菜肴由厨房烹制完成，交由餐厅出菜销售，这一阶段应重点控制备餐服务和上菜服务。备餐要为菜肴配齐相应的佐料、餐具等。服务员上菜服务要及时规范，对于食用方法独特的菜肴，应向客人做适当的介绍，要按照上菜次序循序渐进地进行菜点销售服务。

阶段标准控制法特别强调各岗位、各环节的质量检查，因此建立和实行系统的检查制度是厨房产品阶段控制的有效保证。厨房产品质量检查重点是根据生产过程，抓好原料领用检查、生产制作检查和出菜服务销售检查三个方面。

（二）岗位职责控制法

厨房产品质量岗位职责控制法就是利用厨房岗位分工，强化岗位职能并加以检查督导从而保证厨房产品的质量。

1. 厨房所有工作均应分工落实

岗位职责控制法的前提是厨房的各项工作必须全面落实分工。厨房生产既包括切配、炒菜，又包括领料、打荷、食品雕刻等。厨房所有的工作都应明确划分、合理安排到各生产岗位，同时强调各岗位的分工协作。厨房各岗位职责明确后，要强化各司其职、各尽其能的意识，员工要在各自的岗位上保质、保量、按时完成各项任务，从而保证厨房产品的质量。

2. 厨房岗位责任应有主次之分

厨房所有工作不仅要有相应的岗位承担，而且各岗位承担的职责也不是均衡一致的，而是应有主次之分。应将一些高规格的菜肴制作和菜肴口味的控制，以及技术难度较大的工作交给各工种主要岗位完成。这样可以明确责任，有效地控制厨房产品的质量。

（三）重点控制法

重点控制法是针对厨房生产的某些阶段，或对重点客情、重要任务以及重大餐饮活动进行的更加全面、详细的督导管理，从而确保厨房产品的质量。

1. 重点岗位及环节控制

通过对厨房生产和产品质量的检查，找出影响产品质量的岗位或环节，并加强管理，从而提高厨房产品的质量。这种控制法的关键就是寻找和确定厨房控制的重点。对厨房产品质量的检查，可以采取管理者自查的方式，也可以听取顾客的意见，还可以聘请质量检查员进行明察暗访。通过检查厨房产品质量，分析影响厨房产品质量的环节，加以重点控制，以提高厨房产品质量。

2. 重点客情、重要任务控制

要根据厨房业务活动的性质，区别对待一般生产任务和重点客情、重要生产任务，加强对后者的控制，以提高厨房的经济效益和社会效益。对于重点客情、重要任务的控制，应从菜单制定开始。从原料的选用到菜点的出品，要始终给予高度关注。厨房管理者要加强对每个岗位、每个环节生产的督导和质量检查控制。尽可能安排技术和心理素质比较好的厨师负责重点客情和重点任务，还要安排专人跟踪负责菜点，以确保制作和出品万无一失。在客人用餐后，还应主动征询客人意见，以积累客史资料。

3. 重大活动控制

加强对重大餐饮活动生产制作过程的组织和控制，不仅可以有效地节约成本，而且还可以为企业创造良好的经济效益和社会效益。厨房对重大餐饮活动的控制，也应从菜单制定开始，精心准备各类原料并加以合理利用，适当调整安排厨房人手，及时提供各类出品。厨房管理人员和主要技术骨干应亲临厨房生产第一线，从事主要岗位的烹饪制作，严把各阶段的产品质量关。重大餐饮活动的前后台配合十分重要，厨房应设总指挥负责统一调度，确保菜点出品的次序和质量。在重大餐饮活动期间，厨房应采取有效措施，加强食品卫生的监控，主动做好食品留样工作，严防食物中毒事故发生。大型餐饮活动结束后，要及时处理各类剩余原料和成品，注意收集客人的意见，为以后此类活动的承办积累经验。

第六节　厨房卫生与安全管理

厨房卫生与安全管理是厨房管理的重要内容，从厨房生产到产品销售的每个环节都必须自始至终重视和强调卫生与安全。卫生是厨房生产需要遵守的重要准则。厨房卫生就是要确保菜点原料选择、加工生产和销售服务的全过程以及原料、生产、用具等都处于洁净、没有污染的状态。安全是保证厨房生产正常进行的前提。厨房管理人员和各岗位工作人员都必须认识到安全的重要性，并在工作中时刻注意生产操作的规范、正确和安全。

一、厨房卫生与安全管理的意义及原则

（一）厨房卫生与安全管理的意义

厨房卫生与安全管理对餐饮企业、员工和消费者都有着重要的现实意义和广泛的社会影响。

1. 厨房卫生与安全是提高餐饮竞争力的必要条件

餐饮市场的竞争表现为厨房生产、餐饮服务、营销能力、产品创新、价格承受力等综合实力的竞争。餐饮综合实力的竞争必须建立在厨房产品卫生与安全的基础之上。卫生与安全是餐饮企业参与市场竞争的基本前提。

2. 厨房卫生与安全是保护员工权益的具体体现

厨房卫生和安全也是餐饮企业关心、爱护员工，保护员工权益的具体体现。一方面，餐饮企业购买卫生合格的原料，员工在符合卫生条件和符合安全生产要求的状态下进行加工、生产，其身心健康可以得到保护；另一方面，卫生和安全事故一旦发生，员工的声誉、利益都将会受到影响。因此，厨房卫生与安全在确保员工良好工作环境的同时，也是保护员工利益的切实体现。

3. 厨房卫生与安全是保护消费者权益的基本前提

卫生与安全是食品生产与销售最起码的条件。厨房卫生与安全既包括产品及其生产和销售经营环境的洁净、安全，又包括顾客食用过程及其食用后身心健康等方面的安全。若仅仅追求食品销售阶段的美观，而忽视其生产过程和环境以及就餐者享用美食的后果，这实际上是对消费者权益的损害和践踏。

4. 厨房卫生与安全是提高社会效益、经济效益的重要措施

厨房卫生和安全虽不直接产生经济效益，但可以直观地展示餐饮企业的管理水平和企业形象，从而扩大其市场占有率，提高餐饮企业的经济效益和社会效益。同时，若厨房的卫生与安全工作做得好，那么厨房在这两个方面的成本包括误工、伤残费用支出以及处理食物中毒、顾客投诉等方面的费用会大大降低，从而有利于餐饮企业的经济效益和社会效益走上良性、可持续发展的道路。

（二）厨房卫生与安全管理的原则

厨房卫生与安全管理是从事一切厨房生产活动首先应明确强化的管理工作内容，是和厨房其他管理工作有机结合进行的。厨房卫生和安全管理强调规范先行、预防为主、重考核督促、追求责任落实。

1. 责任明确，程序直观

进行明确、具体的责任界定，将静态、常规的管理落实到具体岗位甚至员工个人身上，明确其责任要求和常规检查标准，养成各岗位、人员履行职责的自觉性。这是确保厨房卫生及安全管理的必要措施。对于厨房卫生、安全隐患多、责任大的重点岗位更要将责任明细化、公开化，既可使责任岗位及责任人知晓，又便于相关岗位、管理人员随时提醒、监督。

厨房卫生和安全工作相对于出品秩序管理、菜品创新管理而言，其规范化要求更高，因此应建立尽可能完善的操作程序。程序应力求简洁明了，如能直观形象说明，其培训、执行和督查的效果会更好。

2. 隐患减少，预案详尽

厨房在卫生和安全方面应建立起切实可行、程序明确、积极主动、反应迅速的相关预案，如建立食物中毒、油锅着火、人员烫伤割伤等意外事故的处理预案。厨房常规管理应将预案内容作为厨房卫生、安全不可或缺的制度化管理事项，包括齐全完整的应有配置、规范有序的储存摆放、清晰准确的物品标识，以及真实可行、指导完善的演练。预案内容和程序的设定应听取厨房人员、专业人员和相关专家的建议，广泛借鉴相关经验教训，以求先进、全面、方便、实用。

此外，将容易疏忽大意、容易构成厨房生产运转过程中事故隐患的场所、设施设备、工作事项等进行排查，进而将其扩大、明示、彰显，以提示、警醒各岗位员工在生产过程中加以关注和督查，从而使隐患减少乃至于无隐患，再加上积极防范、主动管理，力求无患。

3. 督查有力，奖罚到位

厨房卫生和安全管理，寄希望于各岗位员工的积极主动、各负其责，也离不开管

理人员按程序和标准分时段地进行有序督查。员工在卫生、安全工作方面的不同表现理应受到物质和精神方面的奖惩。

二、厨房卫生管理

厨房卫生是厨房生产需要遵守的第一条准则。厨房卫生管理实际上是从采购开始，经过生产过程到销售为止的全面管理，主要包括环境卫生、厨房设备及器具卫生、原料卫生、生产卫生、个人卫生。

（一）环境卫生管理

厨房环境包括厨房的生产场所、下水道、照明和通风、洗手设备、更衣室、卫生间及垃圾处理设施等。

1. 墙壁、天花板和地面

厨房的墙壁、天花板应采取光滑、不吸油水的材料建成，地面应采用经久、平整的材料铺成，要经得起反复冲刷且不受厨房高温的影响而开裂。一旦发现墙壁、天花板和地面出现问题，应及时维修，使其保持良好的状态，以免藏污纳垢，滋生蚊蝇、老鼠、蟑螂等。

2. 下水道及水管装置

凡有污水排出以及有水龙头冲洗地面的场所，均需有单独的下水道，要保持其通畅，避免堵塞。下水道的形式有明沟式和暗沟式两种，进行卫生冲洗时应注意对下水道及其附近地面的清洗，以保证厨房的正常味道。无论哪种形式的下水道，有条件的厨房最好在通往下水道的排水管口安装垃圾粉碎机，以保证下水道的通畅，防止因下水道堵塞而导致污水溢漫，污染食品和炊具。

饮用水管与非饮用水管应有明显的标记，防止其交叉安装。通常对水管壁要定期清理，防止过多的油垢沉积，尤其是炉灶上使用的水管。

3. 通风和照明

厨房的排烟罩、排气扇需要定期清理，尤其是排烟罩，油垢的沉积会导致火灾隐患，多余的油污会聚集下滴从而污染食物和炊具。照明设备的完善是保证正常清洁卫生工作的一个基本前提，昏暗的灯光只会使清洁工作更加困难。一般来说，灯具都要配有灯罩，以防止灯具爆裂而污染食品或伤及他人。

4. 洗手设备

厨房工作人员的双手是传播病菌的主要媒介。在厨房中多设置洗手池，既可以保证员工在任何时候都保持双手干净，又便利清洁卫生。

5. 更衣室和卫生间

职工的便服常会从外界带入病菌，因此员工不能穿着便服上岗，也不能随意挂在厨房的任何一个角落，而是放在更衣室的专门柜子里。而且更衣室里应有淋浴间，可以保证员工上下班时的身体清洁。

6. 垃圾处理设施

厨房垃圾是污染食品、设备和餐具的危险因素，也是破坏厨房环境的重要因素。

因此，厨房每天产生的垃圾都要及时地清除，以杜绝污染源。通常垃圾桶要使用可推式带盖的塑料桶，里面放置大型的垃圾塑料袋，这种袋子应比较结实，不易破漏和滴洒油污。垃圾要及时清出厨房，可以放在专门的垃圾站里。大型餐饮企业可以设置垃圾冷藏室，配备垃圾压缩机或垃圾粉碎机。

7. 杜绝病媒昆虫和动物

要在保证食品安全和人员安全的前提下采取一定的措施防止病媒昆虫和动物等入侵，这也是保证厨房卫生质量的一个方面。有条件的餐饮企业应在厨房设计时就考虑到堵住这些病媒昆虫和动物进入厨房的渠道。

（二）厨房设备、工具及餐具卫生的管理

厨房设备、工具及餐具的卫生状况也是厨房卫生管理的重要内容，但是容易被忽略。若厨房设备、工具及餐具的卫生状况不佳，则容易导致食物中毒事件发生。

1. 加工设备及加工工具、用具

这类设备包括刀具、砧板、案板、切菜机、绞肉机、切片机，以及各种盛装用的盘、盆、筐等。由于它们直接接触生的原料，受微生物污染的机会增加，若加工后不及时清洗和消毒，就会给下次加工带来危害。因此，使用过的加工设备、工具和用具应及时地进行清洗、消毒，以保证下次使用时不会构成对原料的污染。

2. 烹调设备及相关工具

烹调设备及相关工具包括烤箱、电炸炉、炉灶、锅具及炉灶上使用的各种工具、用具等。对于烤箱、电炸炉之类的烹调设备，长时间使用会产生不好的气味，需要将污垢、油垢及时地清理掉，否则会污染食品。而对于有明火的炉灶，应及时清理炉嘴，以保持煤气或燃料充分燃烧。对于锅具而言，应每天进行洗刷，尤其是锅底。炉灶上使用的各种工具、用具如灶台、调味车、调味罐、手勺、漏勺、笊篱等也要经常清洗，以保证其光洁明亮。

3. 冷藏设备

如果冷藏设备卫生状况差，会大大增加细菌繁殖的机会；即使冷藏室温度较低，有时也会产生不好的气味，使原料之间相互串味，相互污染。因此，保持冷藏设备的内外环境卫生是保证原料高质量的一个重要因素。

冷藏设备原则上每周至少清理一次，其目的是除霜、除冰，保持冷藏设备的制冷效果和良好的气味。另外每天应对冷藏设备中的原料进行整理，将污物及时清理干净，以保证通畅的制冷效果。

4. 餐具、储藏设备及其他

餐具是盛装菜点的器皿，其卫生状况直接关系到菜点的卫生质量。因此，餐饮企业设立了专门的清洗餐具的部门。加强清洗设备的现代化和人员操作的规范化，是保证餐具卫生质量的前提条件。同时还应正确、规范地保管餐具以防止被再次污染。

（三）原料卫生的管理

食品原料的采购、验收和保管是食品卫生管理的重要内容，因此餐饮企业应认真抓好食品原料采购、验收和保管的卫生管理。

1. 原料采购管理

采购人员必须对所采购的原料负责，以保证食品原料处于良好的卫生状态，没有腐败、污染和其他感染。食品原料来源必须符合有关卫生标准要求，禁止采购无商标、无生产厂家、无生产日期的食品原料。

2. 原料验收管理

建立严格的验收制度，指定专人负责验收，拒绝接受不符合卫生要求的原料，并追究采购人员的责任。

3. 原料保管管理

合理储藏，以保证原料质量。严格规定正确的储存食品原料的方法，以避免食品原料遭受虫害、变质的危险。储藏室的卫生要做到“二分开”（生熟分开、干湿分开）、“四勤”（勤打扫、勤检查、勤整理、勤翻晒）、“五无”（无污染、无虫蝇、无鼠害、无蟑螂、无蜘蛛网和灰尘）。

（四）生产卫生的管理

由于生产环节多、程序复杂，在原料转变成产品的过程中会受到各种不同因素的影响，因此生产阶段是厨房卫生工作的重点和难点。

1. 加工生产的卫生管理

厨房加工从原料领用开始。鲜活原料经验货后，应立即送厨房加工；加工后立即进行冷藏处理。长时间摆放会改变原料的本质，一旦原料出现异味而没有被发现，会导致食物中毒事件发生。对于冰鲜原料，领出后应采用安全、科学的解冻方法进行处理，待解冻后迅速进行加工，加工后适时储藏，以保证原料卫生、质量稳定。对于易腐败的食品，要尽量缩短加工的时间。大批量加工原料时，应分批从冷库中取出，以免食品在加工过程中变质。

2. 冷菜生产的卫生管理

冷菜生产的卫生管理十分重要。首先，在厨房布局、设备配置和用具安排上都要考虑与生的原料分开。其次，切配食物的刀具、用具、砧板、抹布等要专用，切忌生熟交叉使用，而且这些用具要定期消毒。再次，操作时要尽量简化操作手续，将污染的几率降到最低。最后，装盘工作不能过早，装盘后不能立即上桌的冷菜应使用保鲜膜封存，并进行冷藏。

3. 烹调制作的卫生管理

烹调生产一定要考虑加热的时间和温度。由于原料是热的不良导体，在加热时应更多地考虑食品内部的温度是否达到了杀死细菌的最低温度。因此，应合理地控制加热的时间与温度，以保证菜点成熟后的风味质量和菜肴的卫生质量。成熟后的菜点一定要盛装在干净的餐盘中。

（五）个人卫生的管理

员工的个人卫生状况也是厨房卫生的一个重要因素，因此建立良好的个人卫生习惯并监督员工的卫生状况是厨房产品卫生得以保障的前提条件。

1. 卫生管理

厨房员工的卫生意识可以通过个人卫生管理、工作卫生管理和卫生教育进行培养。厨房员工应养成良好的个人卫生习惯，在工作中应穿戴清洁的工作衣帽，勤剪指甲，严禁涂抹指甲油、佩戴戒指及各种饰物从事工作。一旦工作人员手部有创伤、脓肿时，应严禁其从事接触食品的工作。与熟食接触的员工应佩戴口罩，品尝菜肴的员工应使用清洁的调羹、手勺舀在专用的碗中进行操作。对于现场操作的工作人员来说，使用干净的手套进行操作可以预防对食物的污染。另外，员工在操作中要保持一个良好的工作习惯，不要吸烟、挖鼻子、掏耳朵、挠头发、对着食物咳嗽、打喷嚏等。通过卫生教育可以提高员工的卫生意识，掌握预防食物中毒的方法，及时发现问题，及时进行补救。

2. 健康管理

厨房工作人员的健康状况是保证厨房食品卫生的前提。厨房工作人员必须持健康证才能上岗工作，每年应作一次体检。患有痢疾、伤寒、病毒性肝炎、活动性肺结核、传染性皮肤病等传染病者，不得从事厨房工作。

（六）食物中毒与预防

食物中毒是餐饮企业经营管理中最不愿发生的事件之一。厨房管理的首要任务就是要防止和避免食物中毒事件的发生。因此，分析食物中毒产生的渠道和原因，并采取有效的措施进行预防，是厨房卫生管理的重中之重。

1. 食物中毒的定义及其原因分析

（1）食物中毒的定义

凡是由于经口进食正常数量“可食状态”的含有致病菌、动植物天然毒素以及生物性或化学性毒物的食物而引起的以中毒或急性感染为主要临床特征的疾病，统称为食物中毒。

（2）食物中毒的原因分析

食物之所以有毒、使人致病，其原因和渠道如下：

①食物受细菌污染，因细菌致病。这种类型的食物中毒是由于细菌在食物上大量繁殖，当人食用了含有对人体有害的细菌的食物后就会引起食物中毒。

②食物受细菌污染，因细菌产生的毒素致病。这种类型的食物中毒是由于细菌在食物上繁殖并产生有毒的毒素，致病的原因不是细菌本身而是毒素。厨房员工必须清楚地认识到这类食物已完全失去营养性和安全性，即使通过烹调加热杀死了细菌，但毒素依然存在，应该丢弃不用。

③食物本身含有毒素。有些食物是有条件的有毒动植物，如未煮熟的四季豆、发芽的马铃薯等；有些则是有毒动植物，如毒蕈、河豚等。这类中毒主要是误食或加工不当而未除去有毒成分的动植物引起的。这类中毒季节性、地区性比较明显，偶然性较大，发病率较高，潜伏期较短，病死率视有毒动植物的种类不同和食用量不同而不同。

④有毒化学物质污染食物，并达到能引起中毒的剂量。化学性食物中毒包括有毒

的金属、非金属、有机化合物、无机化合物、农药和其他有毒化学物质引起的食物中毒。此类中毒偶然性比较大，中毒食品无异状，引起中毒的化学物质多是剧毒，在体内溶解度大，易被消化道吸收。化学性食物中毒的特点是发病快，患者中毒程度深，病程比一般细菌毒素中毒长。

了解食物中毒的原因，重要的工作是针对各种发生食物中毒的可能，采取切实有效的措施加以积极预防。

2. 食物中毒事件的处理

若有客人身体不适，抱怨系食用餐饮产品而引起时，管理人员和员工应沉着冷静，忙而不乱，尽快澄清是否为食物中毒，并控制住事态，及时妥善处理。

三、厨房安全管理

厨房员工每天都要与诸如火、蒸汽、加工器械等容易造成伤害或事故的因素打交道，如不具备一定的防范意识和遵守安全操作规范，则容易发生事故。一旦发生事故，很容易使餐饮企业遭受财产的损失和人员的伤害，其危害程度不可估量。因此，厨房管理者在生产经营中应时刻加强安全意识，规范安全操作，以保证厨房员工和财产的安全。

（一）厨房安全管理的目的和主要任务

1. 厨房安全管理的目的

厨房安全管理的目的就是要消除不安全因素，消除事故的隐患，以保障员工的人身安全和企业、厨房财产不受损失。厨房不安全因素主要来自主观、客观两个方面。主观上是员工思想上麻痹、疏忽大意，违反安全操作规程以及厨房管理混乱；客观上是厨房本身工作环境较差，设备、器具繁杂、集中，从而导致厨房事故发生。因此，加强安全管理应主要从以下几个方面着手：

（1）加强对员工安全知识的培训，克服主观麻痹思想，强化安全意识。未经安全培训的员工不得上岗操作。

（2）建立健全各项制度，使各项安全措施制度化、程序化。

（3）保持厨房工作区域的环境卫生，保证设备处于最佳运行状态。

2. 厨房安全管理的主要任务

厨房安全管理的任务就是实施安全监督和检查机制。通过检查和监督，使员工养成安全操作的习惯，确保厨房设施设备正确运行，以避免事故的发生。安全检查的重点放在厨房安全操作程序和厨房设施设备两个方面。

事实上，厨房的安全工作还需要工程部、安全保卫部等部门的密切配合，从“大处着眼，小处着手”，常抓不懈，持之以恒。

（二）常见事故的预防

厨房常见的事故有割伤、烧烫伤、摔伤、跌伤、砸伤、撞伤、扭伤、触电、失窃、火灾等，必须了解各种安全事故发生的原因和预防方法。

1. 割伤

割伤是厨房加工、切配及冷菜间菜点厨房员工经常遇到的伤害。主观上是由于员工工作时精神不集中，使用刀具和电动设备程序不当或姿势不正确造成的，客观上是因为刀具钝，刀柄滑，原料滑、硬、腻，作业区光线不足，刀具摆放位置不正确等造成的。其预防措施有：

（1）锋利的工具要统一保管。一旦不使用要套上刀套，切不可随便乱丢。使用的刀具应该锋利，否则容易造成伤害。

（2）在使用各种刀具时，注意力要集中，方法要正确。

（3）清洗刀具时要带上抹布，不可将刀具与其他原料放在一起清洗。清洗刀口时要使用抹布擦拭。

（4）使用机械设备时，要仔细阅读说明书，按照规程进行操作。厨房所有的机械设备都应配备防护装置或其他安全措施。

2. 烧烫伤

烧烫伤主要是热锅、热油、热水、热汤汁、热蒸汽造成的，是由于员工接触高温食物、设备和用具时不注意防护引起的。其主要预防措施有：

（1）厨房工作人员在工作中必须保证正常的穿戴，不要赤膊、光脚穿鞋，以防止危害发生时加重伤情。

（2）遵守操作程序。点燃煤气设施或使用任何烹调设备时必须按照产品说明书进行操作。

（3）在烧、烤、蒸、煮等设备的周围留出足够的空间，以避免因空间拥挤、无法避让而造成烧烫伤。

（3）容器注料要适量。不要将锅、罐、水壶等装得过满，避免食物煮沸过头溅出锅外或移动时溢洒出来。

（4）进行油炸操作时，将原料的水分沥干，防止油水四溅造成伤害。操作者下料的方法要正确，原料应从锅边滑下去，而不要扔进去。

3. 摔伤、撞伤、砸伤、跌伤、扭伤

厨房员工在登高取物、搬运较重较大物品、清除卫生死角、走动打滑时容易造成摔伤、跌伤、砸伤、撞伤、扭伤。其预防措施有：

（1）保持地面平整，需要铺垫的要进行铺垫；在有坡度的地面和员工出入口应铺放防滑软垫。

（2）清洁地面，始终保持地面的清洁和干燥。油、汤、水洒到地面上要立即擦掉。

（3）厨师的工作鞋要有防滑性能，不能穿薄底鞋、已磨损的鞋、高跟鞋、拖鞋、凉鞋。平时穿的鞋，脚趾、脚后跟不得外露，鞋带要系紧。

（4）举重物时，背部要挺直，要借用腿力，缓缓举起。尽可能借助搬运或起重工具。

（5）不要把较重较大的箱子、盒子置于高处，存取高处物品时应使用专门的梯子。

4. 触电

厨房中电器设备多，极易造成触电事故。触电的原因主要是设备出现故障或员工违反安全操作规程。其主要预防措施有：

（1）防止设备老化、电线破损、接线点处处理不当，所有的电器设备都必须有安全的接地线。

（2）遵守操作规程。操作电器设备时，必须严格按照安全操作规程进行。使用电器前，要保持手干燥，不要用湿手操作电器设备。

（3）容易发生触电的地方，应有警示标志。

5. 失窃

厨房盗窃的主要目标是食品仓库和高档餐具。要防止盗窃，就要加强安全保卫措施。对食品仓库要挂警示牌，仓库的门沟、锁扣都必须牢固，墙壁坚实，门窗上要有防护设备、警报器等。仓库的周围禁止堆放易燃易爆易污染的物品。厨房内的防卫措施要落实到人。仓库、冰箱钥匙归专人保管。加强内部监督，发现问题及时汇报、及时查处。

6. 火灾

火灾是厨房最易遇到且伤害最大的灾难之一。造成火灾的原因很多，如煤气外泄、电线短路漏电、烹调操作不当、机械过度工作发热、抽烟失火、故意纵火等。其预防措施如下：

（1）厨房内每个员工都必须遵守安全操作规程。

（2）各种灶具和煤气罐的维修与保养应指定专人负责。

（3）任何使用火源的工作人员不得擅自离开炉灶岗位，不得粗心大意，以防止发生意外。

本章小结

厨房管理是餐饮管理的重要组成部分，厨房生产对餐饮经营状况的好坏至关重要。餐饮生产管理是对食品加工过程中各活动进行计划、指导、监督、指挥和控制。本章分别介绍了厨房管理、厨房的设计与布局、厨房的组织机构、厨房生产流程管理、厨房产品质量管理、厨房卫生与安全管理等内容。

复习思考题

1. 试列举厨房的种类，并举例加以说明。
2. 试分析厨房生产的特点。
3. 厨房管理的基本职能是什么？
4. 厨房设计与布局的基本原则是什么？
5. 不同规模的厨房，其厨房组织机构设置有什么不同？
6. 试述厨房生产流程管理的主要内容。
7. 试分析影响厨房产品质量的因素，并提出相应的对策。

8. 如何对厨房卫生和安全加以控制？

案例分析与思考：把餐馆厨房变成流水线

中餐制作能否标准化？某餐饮公司作了以下努力：

（1）建立现代物流的配送体系。公司提出了标准化、流程化、制度化的建设目标。首先在采购上打破传统习惯，由公司以招标的方式统一向供货商采购原材料。而究竟进哪家供货商的货，不再像以前那样，单纯由采购员说了算。公司为此成立了一个部门，成员由4个业务部门负责人组成，并且实行不定期轮换，这就没有了采购员个人牟利的灰色空间。

（2）要求各直营店拟出可以标准化制作的菜单。公司每月都要组织品尝会，对标准化制作的菜肴进行鉴定，提出改进和修正的意见，当对菜品视觉与味觉获得一致满意后，交由研发部门制作统一标准。

（3）成立了相当于中央厨房的加工部。加工部将收集到的可以标准化的菜单加工成半成品后，包装送到各直营店储藏备用，每份包装都有严格一致的分量。与此同时，在公司各餐饮企业强制推行使用规范容器，减少了厨师炒“情绪菜”和“人情菜”的情况。

［资料来源］http：//hi. baidu. com/% B2% BB% DO% BB% C7% BE% DE% B1/blog/item/be75b6ea129fc1d5d439c97d. html.

思考题：

请评析本案例中的中餐标准化，并谈谈你对中餐标准化的理解。

实训指导

实训项目：厨房设计。

实训要求：对某一选址做实地考察论证，进行场地设计；根据厨房工作流程需要，对厨房布局进行科学设计；根据厨房设计布局，对厨房设备进行采购选择；按照生产流程设计定岗定员；设计对流程环节进行监控管理的方案。

实训组织：项目引导，实地考察；小组讨论，场地设计；师生交流，项目汇报；作品展示，项目评价。

项目评价：小组互评；教师评价。

第六章　餐饮产品销售管理

【学习目的】

理解餐饮产品销售管理的意义及重要性、销售过程的特点、餐饮促销形式；
熟悉餐饮产品销售计划和销售控制的方法、餐饮产品定价方法；
掌握餐饮产品销售分析、餐饮企业常用的促销方法。

【基本内容】

★餐饮产品销售计划和销售控制：
餐饮销售管理；
餐饮产品销售计划；
餐饮产品销售控制。
★餐饮产品定价：
餐饮产品定价原则；
餐饮产品定价基础；
餐饮产品定价方法；
餐饮产品价格折扣策略。
★餐饮产品销售分析：
销售弹性系数分析；
价格弹性系数分析；
产品销售额 ABC 分析；
受喜爱程度与毛利分析。
★餐饮企业常用的促销方法：
餐饮促销的目的；
餐饮促销的基本要素；
餐饮促销的形式；
餐饮促销的方法。

【教学指导】

可将学生分成若干组以完成不同形式的促销活动，使学生明确每一种促销的目的、特点和需要的条件。

餐饮企业的销售观念已从原来的以自我为中心的产品观念、生产观念和推销观念，逐步发展成为以宾客需求为依据的市场营销观念。餐饮销售，不仅是指单纯的餐饮推销、广告、宣传、公关等，它同时还包含餐饮经营者为使宾客满意并为实现餐饮经营目标而展开的一系列有计划、有组织的广泛的餐饮产品品牌塑造以及服务活动。它不仅仅是一些零碎的餐饮推销活动，而更是一个完整的服务过程。餐饮企业开始重视品牌优势的塑造，注重企业规模的扩大，注重利用连锁经营和特许经营的方式进行扩张，已经成为餐饮销售管理的重要内容。

第一节　餐饮产品销售计划和销售控制

一、餐饮销售管理

（一）餐饮销售的重要性

餐饮销售是指餐饮产品的生产者向消费者提供产品和服务的过程。餐饮产品的内容包括餐饮实物、烹饪技艺、服务技巧、进餐环境及价格五部分。餐饮销售是餐饮业经营中的重要环节，有着显著的意义。

1. 餐饮销售是经营者实现经营利润的手段

餐饮企业的一切投入和生产、服务活动，都是为了实现企业商品资金到货币资金的转化，使在生产服务过程中所消耗的物化劳动和活劳动从价值形式上得到补偿，并为简单再生产和扩大再生产提供条件和积累。如果企业商品的资金不能转化为货币资金，也就是说餐饮企业的产品卖不出去，其生产和服务就会中断，结果会造成停业甚至破产。可见餐饮销售是企业经营运转的关键环节。销售过程可以完成产品从卖者到买者的流通转移，所以餐饮经营者必须将某产品以最好的质量、最适宜的价格以及最完美的服务方式提供给消费者，这样才能最终实现产品的价值，获得经营利润。

2. 餐饮销售是经营者赢得顾客的途径

购买者总是希望以最优惠的价格获得最佳的使用价值和最满意的服务，这一愿望的实现是在购买过程中完成的，因而销售这一环节就成为经营者满足顾客需求进而占有市场的途径。经营者只有在销售的过程中不断地修正自己的产品去满足不断发展变化的市场需求，才能保持和扩大市场占有率。

3. 餐饮销售是企业经营活动的核心内容

企业的经营离不开市场要素，销售环节是直接面向市场的经营行为，企业的任何经营环节都要受到销售的影响和制约，只是程度不同而已。尤其是在现代营销观念的指导下，企业的经营更是丝毫不能偏离市场。因此，销售活动自然而然就成为企业经营活动的核心内容。一般餐饮企业，由于其生产与消费在时空上的不可分割性，就更加体现出销售的地位。所以，餐饮销售就成为餐饮企业经营活动的核心内容。

（二）餐饮销售过程的特点

餐厅对餐饮产品的销售基本上表现在两个领域。一个是外部销售领域，这方面的工作一般由餐饮企业专门设置的销售管理部门（如销售部）或专门指派的个人承担，主要负责产品定价策略和促销策略的选择。这种销售工作侧重于管理，与一般工商企业的销售业务基本类似。另一个是内部销售领域，这方面的工作最能体现餐饮企业的销售特点，因为这些工作一般是由餐厅的餐饮服务人员承担的。由此反映出的餐饮销售过程的特点是：

1. 餐饮产品生产与销售的同一性

餐饮产品的整体概念是由实物形态和无形服务两部分组成的，这决定了餐饮产品的销售无法脱离产品的加工生产空间（如厨房）和形成综合服务的具体环境空间（餐厅）而独立存在。餐厅向客人提供优质的服务和精美的食品，对消费者而言都是必需的，其价值是相辅相成的。只有这样，饭店的产品才能够真正销售出去。所以，餐饮企业的经营者要特别重视其作为生产经营企业在向顾客提供产品时的这种不同于一般其他企业的鲜明特点，即餐饮产品的生产、销售、消费过程具有明显的统一性。这个特点决定了餐厅的许多经营原则和经营哲学都不同于其他企业。

2. 餐饮产品销售过程的随机性

餐厅的餐饮产品是企业提供给客人的最主要的物质产品，但这些产品的生产并非大批量进行，销售（服务）更是以服务员的个体行为为主。在整个餐饮服务过程中，即使服务员有服务规范可以依循，但受各种因素的影响，服务的数量和质量也很难保持其稳定性，有时甚至会出现内部销售人员与外部人员勾结，导致餐饮产品走失。这给销售控制带来了很大的困难。但如果不严格控制销售程序，规范服务过程，餐饮产品的销售利润就会流失，还要影响餐饮企业的服务质量。

3. 餐饮产品销售的周期性

受餐饮产品原料供应、消费者消费规律等因素的影响，餐饮产品的经营有明显的季节性。各种时令菜只能当季供应，不同类型的餐饮企业（如商务饭店、度假饭店、酒楼等社会餐饮企业）的效益在一周、一月、一季或一年的时间里会有明显的涨落，并由此导致盈利与亏损的不同经营效果，这些都是餐饮产品经营在时间上表现出的特征，需要管理人员采取有效的措施加以平衡，以便稳定销售规模，获得可观的盈利。

（三）餐饮销售管理的意义

餐饮销售管理是通过对餐饮产品制定合理的价格、对饭店内部餐饮销售实施控制并制定相应的各种销售决策的手段，以达到餐饮产品销售目标的过程。加强餐饮销售管理，具有以下三方面意义。

1. 确保餐饮企业的盈利目标

餐饮企业作为一个经济组织，其基本目标就是获取可观的利润。餐饮产品利润的生成环节，除了采购、储存和加工生产之外，就是销售环节了。而销售是其中最后的一环，它最终决定着利润的水平。餐饮企业通过加强销售管理，可以减少现金流失、成品走失，还可以通过合理定价和科学决策而增加销售，实现盈利目标。

2. 维护消费者利益，树立良好的企业形象

餐饮销售过程中出现的服务质量问题、分量不足问题等，通常以消费者利益为侵害对象。通过实施内部销售控制，可以在一定程度上避免这些情况发生，使消费者利

益得到保护，并在消费者心目中树立良好的企业形象。

3. 增强企业竞争能力

餐饮销售过程实际上是餐饮企业的窗口，它不仅向顾客展示企业产品的质量、企业的形象、员工的风貌，还是企业可以进行组合运用的一种手段，使企业更具有竞争力。企业可以通过有竞争力的价格、富有特色的服务和科学有效的决策展示企业的销售能力，这一点对于餐饮企业尤为重要，因为这种企业的生产、销售和消费过程常常是密不可分的。

二、餐饮产品销售计划

如同其他产品一样，餐饮产品的销售同样需要计划进行指导。因为餐饮的采购、制作、销售服务之间的时间间隔极其短暂，需要餐饮管理人员精心筹划，尽可能做到采购多少就生产多少并销售多少。餐饮产品销售统计是餐饮产品销售预测的基础。

销售统计是以书面形式记录餐厅菜肴的销售份数。销售统计的复杂程度取决于餐厅经营品种的数量、信息的详细程度以及信息的用途等。

（一）原始记录

有关消费者点菜的数量记录，基本上来自餐饮第一线的餐饮销售人员——餐厅服务员。餐厅服务员在接受就餐者点菜的时候，将客人点菜的有关信息（菜名、价格、份量、台号等）记录在点菜单上。点菜单所记录的信息，必须完整、清楚、准确。这些信息通常可以从以下途径获取。

1. 收银员的即时统计

餐厅收银员在接受服务员传递的点菜单、开具用餐账单的同时，应做好各种菜肴的销售数量记录。这种信息可以记录在预先准备好的菜肴销售记录卡上。这种方法的特点是：信息收集及时，无需专门人员在数据累计后再作专门统计，不需要增加额外的人工费用，但要求收银员必须仔细、完整地做好记录。

2. 收银后的事后统计

有些餐厅的收银员当班时业务量大，工作过忙，来不及做统计工作。收银员可以在每餐结束后将点菜单连同账单交给财务部，统计方法如前。但这种形式较费时间，同时增加了人力投入。

3. 电脑统计

目前电脑已经介入餐厅各方面的业务管理。利用电脑进行餐饮销售统计工作，需要电脑本身具有相应的业务管理软件。其特点是快捷、及时。要培训和招聘软件开发、管理和维护的相关人员。

（二）信息的汇总及使用

餐饮有关管理人员在获取餐饮销售统计数据之后，可以选用不同的方式将这些数据汇总。常见的汇总方法如下。

1. 按经营日期汇总

所谓按经营日期汇总，就是将每日的销售统计数据按日历、日期排好，每周或每月一记，采用电脑统计汇总较为快捷、准确。

2. 按每周的形式汇总

按每星期中的各天分别统计销售数据。将数据按周一、周二……周日分别汇总。这种销售统计方法，能反映出一周中每天客流量的变化情况及各天的销售规模及规律，了解一周中每天各类菜的销售份数，便于计划一周中每天各菜肴的销售与生产数量和相应的人员配备。

3. 按销售时段汇总

许多餐厅对各时段的销售额和客人数进行汇总统计。对于快餐厅、咖啡厅和酒吧而言，这种统计汇总更为重要，因为这些经营场所营业时间长，在清淡和高峰时段的需求量波动显著。掌握各时段的销售数据能帮助餐饮管理人员作好生产时间的安排及不同生产时间生产数量的计划，帮助管理人员确定职工工作的班次和职工人数的安排。同时该信息还能显示出餐厅营业的清淡时段，以便计划清淡时段的推销活动、计划餐厅最合适的营业时间。

4. 按各菜销售数的百分比汇总

不少餐厅除了统计各菜肴的销售份数外，还要统计各菜肴的销售百分比。进行这种统计往往不能只取一天的数值，因为一天的数值有许多偶然因素，很难反映出规律性，因此要取一段较长时间的数据。

各菜肴销售百分比统计，对于各菜肴的销售预测和各菜肴的生产计划具有极大的参考价值。如果销售百分比是较长时间的累积值，则能较客观地反映出各菜肴销售和需求的规律。在预测未来的菜肴销售总额后，可以此作为标本，预测各菜肴的销售量，并根据销售量作好各菜的销售和生产计划。除此之外，这种信息对分析菜单上各菜肴的受欢迎程度、决定是否继续提供某种菜肴有很大意义。

常见汇总方法的作用如下：

（1）反映菜肴总销售趋势及各菜肴销售趋势，可以预计下周、下月和次日的菜肴销量，便于作好生产计划安排。

（2）通过销售数量的统计，了解各菜肴的受欢迎程度，便于及时对菜单进行分析和调整。

三、餐饮产品销售控制

销售控制的目的是保证厨房生产的菜品和餐厅向客人提供的服务都能产生收入。成本控制固然重要，但销售的产品若不能得到预期的收入，则成本控制的效果就不能实现。对销售过程要严格控制，如果缺乏这个控制环节，就可能出现有人内外勾结、损公肥私、钻制度空子等问题，使餐厅蒙受损失，使企业利润流失。销售控制不力，通常会出现有人侵吞现款的现象，如对客人订的食品和饮料，不记账单，将向客人收取的现金部分或全部侵吞等。

（一）侵吞现款的表现形式

1. 少计品种

对客人订的食品和饮料，少计品种或数量，而向客人收取全部价款，将二者的差额装入自己的腰包。

2. 不收费或少收费

服务员对前来就餐的亲朋好友不记账，也不收费，或者少记账、少收费，使餐厅蒙受损失。

3. 重复收费

对一位客人订的菜不记账单，用另一位客人的账单重复向两位客人收款，私吞一位客人的款额。在营业高峰期，往往容易出现这种投机取巧的现象。

4. 偷窃现金

收银员（或服务员）将现金柜的现金拿走并抽走账单，使账单与现金核对时查不出短缺。

5. 欺骗顾客

在酒吧中，将烈性酒冲淡或销售给顾客的酒水分量不足，将每瓶酒超份额的收入私吞。

（二）点菜单控制

1. 点菜单的作用

搞好销售控制的第一个环节是要求将客人订的菜品及其价格清楚而正确地记在客人的点菜单上。点菜单也称“取菜单”“出品单”，是餐厅服务员根据客人点菜的内容和要求开立的，用于作为到厨房或酒吧拿取菜肴、酒水等物品的凭证，同时也是收银员开具账单、收取账款的依据，是餐饮收入发生过程中所需的第一张单据。

如果销售的菜品不记载在点菜单上，营业收入会泄漏，现金短缺难以追查。具体地讲，点菜单具有以下作用：

（1）帮助服务员记录客人订的菜品，向厨房下达生产指令，厨房必须照点菜单进行生产。

（2）点菜单上记载了客人订的菜品的价格，可作为向客人收费的凭证。

（3）书面记载各菜品销售的份数和就餐人数，为生产计划、人员控制、菜单设计等提供分析所需要的原始数据。

（4）用点菜单核实收银员收款的准确性，核实各项菜品的出售是否都产生了相应收入。通过账单核实可控制现金收入的短缺情况。

（5）点菜单可作为餐厅收入的原始凭证。将账单上的销售金额汇总，可统计出餐厅各餐的营业收入，而且也是收取营业税的基础。

2. 点菜单的内容

（1）基本信息。在点菜单上要有日期、桌号、服务员姓名（或工号）、客人数。这些信息便于服务员向客人服务，以免将菜肴送错餐桌，并帮助辨别账单和餐桌的服务由哪个服务员负责。这样，在服务过程和收入核算过程中发现问题时，便于追查责任。

基本信息还可用于管理决策。汇总这些信息，能统计每天餐厅服务的客人数、各时段服务的客人数以及每个服务员服务的客人数。

（2）点菜信息。点菜单要包括客人订的菜品的名称、价格和制作要求等。点菜单上的菜品是客人要求点的菜，是对厨房下达的生产指令，其金额是向客人收费的凭证。点菜信息也是产品销售信息，汇总产品销售额可统计出餐厅每天的营业收入，并在销售过程中起着核算和控制营业收入和现金收入的作用。在经营管理决策时，可利用账单上各菜品的销售量的汇总信息，帮助确定菜品的生产计划和人员的配备安排。

（3）存根。有的餐厅的点菜单下方有一联作存根。存根上有点菜单的编号、日期、服务员姓名（或工号）、点菜单总金额、收银员签字。服务员向收银员送交点菜单和客人的付款后，收银员在点菜单和存根上盖上“现金收讫”字样，并将存根撕下交服务员保存，此存根可证明服务员已将点菜单和收取的餐费交给收银员，如再有点菜单和现金的短缺，应由收银员负责。

有的餐厅的点菜单上还特意印上餐厅的名称和店徽、电话号码，有的还注明需加收服务费等，这样的点菜单必须专门定制。使用定制点菜单可以防止有人在市场上购买普通点菜单以充当餐厅点菜单使用，因为用这种假点菜单向客人收款，会造成私吞现金现象。

如果企业有多个餐厅和酒吧，应使用不同颜色的点菜单，以免相互混淆。服务员填写点菜单时必须使用圆珠笔或其他不易擦掉字迹的笔。另外，点菜单必须实行编号控制，作废的点菜单也必须交回。

（三）出菜检查员控制

具有一定规模的餐厅，需要在厨房中设置一名出菜检查员。出菜检查员不但要熟悉餐厅的菜品品种和价格，还要了解各种菜的质量标准。出菜检查员是食品生产和餐厅服务之间的协调员，是厨房生产的控制员，他的岗位设在厨房通向餐厅的出口处。

出菜检查员的责任包括：

（1）保证每张点菜单上的菜都得到及时生产，并保证传菜员取菜正确和送菜到合适的餐桌。

（2）保证厨房只根据点菜单所列的菜名生产菜品，每份送出厨房的菜都应在点菜单副联上有记载。这样可防止服务员或厨师无订单私自生产并擅自免费把食品送给客人。

（3）有的餐厅要求出菜检查员检查点菜单上填的价格是否正确，防止服务员为某种私利或粗心将价格写错。

（4）大致检查每份生产好的菜品的份额和质量是否符合标准。

（5）注意防止点菜单副联丢失。

（四）收银员控制

收银员的职责是记录现金收入和记账收入，向客人结账收款。收银处一般设在接近出口处。如果有收银机，每笔收入都要输入收银机，不管是现金销售还是记账销售。

1. 常见与收银有关的舞弊和差错

（1）舞弊

①走单。它是指故意使整张账单走失，以达到私吞餐饮收入的目的。其作弊方法是：有意丢弃或毁掉账单，私吞相应的收入；不开账单，私吞货款；一单重复收款。通常一张账单只能用于向一个客人收取一次钱，如果收银员或其他人取出已收过钱的账单向另一桌客人收款，则可将其中一次收入装入腰包。

②走数。它是指账单上某一项的数额或该项目数额中的一部分走失。其作弊方法有：擅改菜价；漏计收入，即结算时故意漏计几个项目，以减少账单上的餐饮消费总额。

③走餐。它是指不开账单，也不收钱，白白走失餐饮收入。在餐饮服务人员的亲朋好友用餐时，这类作弊尤其容易发生。

④走汇。它主要指餐厅收银员及有关人员私兑收进的本外币而使饭店或餐厅的营业收入蒙受损失。由于改革开放，饭店接待的国外、港澳台以及华侨客人的人数逐年增多，外汇收入也随之增加，饭店或餐厅有关人员私兑外币，损公肥私的事件时有发生。其做法如下：收款时把自己的人民币偷偷地放进营业收入里，换出收进的外币；或者相反，把自己的外币放进去，换出营业收入中的人民币，视哪种货币有利可图而定。如果内部的汇价与市面汇价差额较大时，这种私换外币的现象尤为严重。

（2）差错

餐厅收银工作繁杂，计算、汇总环节多，即使完全杜绝了舞弊问题，也不能完全保证营业收入永远正确，差错时有发生。常见的差错主要表现在以下方面：账单遗漏内容或计算错误；外汇折算不正确；给予客人的优惠折扣错误；账单汇总计算发生错误等。凡此种种，充分说明没有一套完整、有效的内部控制系统是不行的。

2. 餐饮收银控制的主要手段——单据控制

餐饮收入的日常控制手段主要是单据控制。为此，必须设计和运用适当种类和数量的单据来控制餐饮收入的发生、取得和入库。这里需要特别强调的是单单相扣、环环相连。任何环节发生缺失，整个控制就可能脱节，差错和舞弊就可能随之而来。餐饮收入内部控制主要是针对餐饮收入过程中可能发生的差错和舞弊而设计和组织的。

3. 餐饮收银控制的基本程序

餐饮收银活动涉及钱、单、物三个方面。三者的关系是：物品消费掉→账单开出去→货币收进来，从而完成餐饮收入活动的全过程。三者之间，消费物品是前提，因为物品不消费，其余二者都是不存在的；货币是中心，因为所有控制都是紧紧围绕款项收进而进行的，保证正确无误地收进货币，是内部控制的基本任务；单据是关键，因为物品是根据单据制作和发出的，货币是根据单据计算和收取的，失去了单据，控制就失去了依据。因此，设计餐饮收入内部控制的基本程序，既要把握三者的有机联系，进行综合考虑，又要对三者分开进行单独考察和控制。“三线两点”正是这一原则的具体体现。

所谓“三线两点”，是指把钱、单、物分离成三条互相独立的线进行传递，在三条传递线的终端设置两个核对点，以联络三线进行控制。经手物品的人，不能经手账单和货币，而仅仅从事物品传递，形成一条线；经手账单和货币的人又将账单和货币分开进行传递形成另两条线，从而形成餐饮收入的三条传递线运作。而每一条传递线又由许多紧密相连、缺一不可的传递链条或传递环节组成。每向前传递一步，就对上一步的传递核查、总结一次，以保证每一条传递线的传递结果的正确性，最后再将三个传递结果互相核对、比较，从而进一步提高整个控制系统的可靠程度。

[补充阅读6-1] 微信付款，应防受骗

如今，微信收付款很普遍，但方便之余也会一不小心就上当受骗。

12月13日，某餐馆的服务员刘女士的手机微信收到一名陌生人添加好友的信息，称需要点餐。点好餐后，对方说要先要将钱打入刘女士微信里。刘女士让他直接发红包，对方却以自己是信用卡绑定的微信付款不能发红包也不能转账为由，让刘女士把微信里的收付款二维码发给他。刘女士将收款二维码发过去后，对方一边称自己支付不了，一边催促刘女士称他的朋友马上要到店取餐。于是，刘女士着急地按照对方所说的步骤，点开了微信钱包左上角的付款，将付款二维码发给了对方。没过一会，对方又称刘女士的付款二维码不能收款，让她再另外换一个。为了快速收到钱，刘女士将店里配菜师傅的付款二维码发给了对方，很快，配菜师傅的手机收到一条信息，显示被转走998元，刘女士发觉不对劲，赶紧查看自己的手机，发现自己的手机也收到了一条支付成功的消息，499元被对方转走。刘女士意识到自己上当受骗了，立即向派出所报警求助。

在收款过程中，一定要清楚区分“付款码”和“收款码”，不能急于收款就按照假食客的指示操作，一时迷乱心智。另外，手机支付软件上的条形码、二维码不要轻易告知他人，以防被骗。

[资料来源] 根据 http://www.sohu.com/a/212701942_409230 资料整理

第二节　餐饮产品定价

一、餐饮产品定价原则

餐饮产品定价方法和其他商品定价方法大体是一样的，既要反映菜点的成本、费用和利润水平，又要适应市场的需求。在餐饮定价之前，应根据市场和企业自身的状况，通盘考虑。餐饮定价一般应遵循下列原则：

（一）反映产品的价格结构

餐饮产品和其他产品一样，其价格由原料的成本、费用、税金和利润三部分构成。但是，在餐饮产品价格结构中，原料的成本所占的比例比较大。在高档餐厅，这部分成本占价格的30%～35%，而在中低档餐厅则能达到40%～50%之间，因而餐饮定价是以原料成本为基础的。

另外，由于餐饮业属于服务行业，服务也是其产品的一部分，这一部分提供面对面的服务，因而费用也较高。所以，在定价时，人工费也是构成价格的重要因素，不可忽视。

（二）适应市场需求

餐饮定价主要以原料成本为依据，但这并不等于说可以忽视市场的需求。在市场经济中，供求关系在一定程度上决定了价格，餐饮企业产品定价更是如此。餐饮企业产品一般不通过销售商销售，而是直接向顾客销售。由于餐厅直接与顾客交往，因而定价决策与顾客的直接反应、顾客的就餐喜好以及他们对价格的敏感度有直接关系。这点与制造企业有很大不同。制造企业远离顾客，无法根据顾客的直接购买反应来调节价格，而餐饮业可以利用价格直接影响市场需求，应对竞争。如果将价格定得过低，虽然能吸引客人，但其收入却不能补偿成本或不能取得相应的利润，企业就不能生存和发展。如果将价格定得过高，虽有利润可赚，但乏人问津，消费量便少，仍不能达到经营目标。所以，餐饮的价格要适应市场的需要，反映消费者满意的程度。

（三）接近既定市场的价格

餐饮市场是一个既定市场，一个餐饮企业从它进入市场那一刻起就面对着激烈的竞争。在这种市场环境下，存在着一个相对稳定的价格结构，这就不可避免地要利用这个结构进行价格比较，比较的结果是使企业的价格接近或相当于既定市场上的价格。例如都是五星级饭店中的餐厅，其价格水平基本上没有大的差异，这实质上不仅是竞争的结果，也是后进入市场的企业进行比较的结果。

二、餐饮产品定价基础

餐饮产品的价格是以价值为基础的。其价值主要包括三个部分：一是物化劳动的转移价值，它以原材料价值、设施设备、家具用具、餐茶用品和水电燃料消耗价值为主，其中，既有物化劳动价值的直接转移，又有物化劳动价值的渐次补偿；二是活劳动消耗中的必要劳动价值，它以劳动者的工资和工资附加费、劳保福利和奖金消耗为主，即劳动力价值；三是活劳动消耗中的剩余劳动价值，它以税金的形式为国家提供公共积累，并以利润的形式为企业的生产和再生产积累资金。餐饮产品的价格构成同其价值是相互适应的，在价值向价格转化的过程中，食品原材料价值转化为产品成本；生产加工和销售服务过程中的设施设备、家具用具、餐茶用品、水电燃料、工资及工资附加费、福利费等转化为流通费用；产品成本和流通费用形成餐饮经营成本；税金以公共积累的形式上交国家；其余额为餐饮产品的利润。因此，餐饮产品的价格是由产品成本、流通费用、税金和利润四个部分构成的。其计算公式如下：

餐饮产品价格 = 产品成本 + 流通费用 + 税金 + 利润

在实际操作中，除食品原材料成本以外，餐饮产品的流通费用、税金和利润很难按花色品种单独分摊到各个产品中去进行单独核算。这是由餐饮产品的销售特点决定的。因此，其价格构成中的流通费用、税金和利润融合在一起，形成毛利。由此可以得出结论：餐饮产品的价格是由成本和毛利构成的。其计算公式为：

餐饮产品价格 = 产品成本 + 产品毛利

随着劳动力成本、营销费用等开支所占的比例不断增加，餐饮业已经进入微利阶段，10%的纯利润率被认为是较好的利润率目标。餐饮企业要想获取更多的利润，最直接有效的办法是加强管理，对采购、验收、储存、领发、加工、烹制等环节进行严格的控制，减少浪费、变质和人为损失；开源节流，降低菜品的成本率，菜品的成本率降低1%，就意味着纯利润增加1%。在菜品销售价格结构中，占较大比例的是原材料成本，在高级餐厅中，这部分变动成本约占销售价格的35%，在普通餐厅中，这部分变动成本所占的比例更大，因此，餐饮产品的定价必须以这部分变动成本为基础。

三、餐饮产品定价方法

在确定定价目标的前提下，餐饮企业可依据产品的成本、特色、需求、竞争者等因素中最重要的一个或几个来选择定价方法。

（一）以成本为基础的定价方法

1. 原料成本系数定价法

原料成本系数定价法，首先要算出每份菜品的原料成本，然后根据成本率计算售价。其计算公式是：

$$售价=\frac{原料成本额}{菜肴成本率}$$

成本系数是成本率的倒数。国内外很多餐饮企业运用成本系数，因为乘法比除法容易运算。例如有些餐厅的厨师按原料成本额的三倍给菜品定价。成本系数3意味着成本率为33%：

$100\div33\approx3$

原料成本系数定价法的计算公式是：

售价=原料成本额×成本系数

以该法定价需要两个关键数据：一是原料成本额，二是菜品成本率，通过成本率马上可以算出成本系数。原料成本额数据由菜品经过实际烹调后汇总得出，它在标准菜谱上以每份菜的标准成本列出。计算菜品的成本率，先要算出综合成本率，然后根据不同餐别和不同类菜品确定不同的成本率。

2. 全部成本定价法

全部成本定价法是将每份菜品的全部成本加一定百分比的利润来计算价格。其计算公式是：

$$价格=\frac{每份菜的原料成本+每份菜加工人工费+每份菜服务人工费+每份菜其他经营费}{1-要求达到的利润率}$$

每份菜的原料成本和加工人工费的计算如前所述。根据以前会计统计的经营数据或预测可得到餐厅服务人员及餐厅其他经营总费用，将其除以菜品的销售份数即得每份菜的费用。例如，怀胎肉圆的全部成本定价数据如下：每份菜的原料成本为2.45元，每份菜加工人工费为1.62元，服务人工费总额为1 125元，其他经营费用总额为1 738.75元，菜品销售份数为1 500份。计划部门经营利润率为15%，营业税率为5%，则怀胎肉圆的售价为：

$$\frac{2.45\text{ 元}+1.62\text{ 元}+1\ 125\text{ 元}/1\ 500\text{ 份}+1\ 738.75\text{ 元}/1\ 500\text{ 份}}{1-15\%-5\%}=7.48\text{ 元}$$

全部成本法能够把各种费用都考虑到价格里，以保证餐厅能获得一定量的利润。但该方法没有将产量变化所引起的单位平均成本的变化这一因素考虑进去。因为单位全部成本中有一部分是总额不随销售数量变化的固定成本，这样随销售数量的增加，单位固定成本下降并使单位全部成本下降。

由于菜品的销售份数是根据往年的销售数据测得的，如果下年度菜品实际销售份数减少很多，以此定价显然容易亏损。

（二）以毛利为基础的定价方法

餐饮产品价格制定是在核定产品成本和毛利率的基础上完成的，其定价方法有多种。其中，毛利率法也是最常用、最简单的定价方法之一。其具体定价方法又有两种：

1. 销售毛利率法

采用销售毛利率法制定价格，通常在核定单位产品成本的基础上，根据产品的花色品种，参照分类毛利率标准来制定。它主要适用于零点餐厅进行餐饮产品定价。其定价方法是：

$$\text{产品价格}=\frac{\text{单位产品定额成本}}{1-\text{销售毛利率}}$$

例如，某饭店中餐厅销售清蒸鲥鱼和松鼠鳜鱼，进价成本分别是 11.5 元/kg 和 18.6 元/kg，净料率为 82% 和 78%，盘菜用量为 0.75kg，两种菜肴的配料成本分别为 0.8 元和 1.2 元，调料成本分别为 0.5 元和 0.7 元，毛利率为 52% 和 68%，请分别确定两种产品的价格。

分析：

（1）分别计算两种产品的盘菜成本。

清蒸鲥鱼的成本 = 11.5/82% × 0.75 + 0.8 + 0.5 = 11.82（元/盘）

松鼠鳜鱼的成本 = 18.6/78% × 0.75 + 1.2 + 0.7 = 19.78（元/盘）

（2）分别计算两种产品的价格。

清蒸鲥鱼的价格 = 11.82/（1 − 52%） = 24.63（元/盘）

松鼠鳜鱼的价格 = 19.78/（1 − 68%） = 61.81（元/盘）

2. 成本毛利率法

采用成本毛利率法制定产品价格，通常是先制定单位产品原材料与配料定额，计算出成本，然后根据规定的成本毛利率定价。成本毛利率因其比较的基础和销售毛利率不同，毛利水平一般比销售毛利率更高。其价格计算方法是：

产品价格 = 单位产品定额成本 ×（1 + 成本毛利率）

例如，某饭店零点餐厅销售叉烧仔鸡。盘菜主料用公鸡 1.5kg，进价 8.4 元/kg，经加工处理后，下脚料折价 0.8 元，配料成本 2.8 元，调料成本 2.4 元，成本毛利率为 85.6%，请确定叉烧仔鸡的盘菜价格。

叉烧仔鸡价格＝（8.4×1.5－0.8＋2.8＋2.4）×（1＋85.6%）＝31.55（元/盘）

在餐饮产品价格管理中，财务部门采用的毛利率指标都是销售毛利率。它直观地反映出毛利在销售额中的水平，但部分企业厨房工作人员喜欢用成本毛利率。这就需要进行换算。事实上，两种毛利率之间存在着互相转换的内在联系。其转换公式为：

$r=f/(1+f)$

$f=r/(1-r)$

式中，r——销售毛利率；f——成本毛利率。

以上面第一个案例中的清蒸鲥鱼和第二个案例为例，将清蒸鲥鱼的销售毛利率换算为成本毛利率和叉烧仔鸡的成本毛利率换算成销售毛利率，分别为：

清蒸鲥鱼：$f=r/(1-r)=52\%/(1-52\%)\times100\%=108.33\%$

叉烧仔鸡：$r=f/(1+f)=85.6\%/(1+85.6\%)\times100\%=46.12\%$

采用换算后的毛利率重新制定价格，可以检验清蒸鲥鱼和叉烧仔鸡原定价格是否正确，结果会相同：

清蒸鲥鱼的价格＝11.82×（1＋108.83%）＝24.68（元/盘）

叉烧仔鸡的价格＝(8.4×1.5－0.8＋2.8＋2.4)/(1－46.12%）＝31.55（元/盘）

3. 毛利加成定价法

毛利加成定价法是在食品饮料的成本额上加一定额的毛利作为售价。这种方法计算起来十分简单。毛利额的计算可根据往年的经营统计数据预测而得：

$$毛利额=\frac{预测营业总收入-原料成本总额}{预测菜品销售份数}$$

假如某餐厅计划全年销售额为750 000元，原料成本（约占45%）总额为337 000元，预计全年出售菜品份数为100 000份，平均每份菜应加成的毛利为：

(750 000－337 000)/100 000＝4.13（元）

该方法的优点是重视每份菜的毛利额而不是毛利率。因为决定餐厅最终部门经营利润的是每份菜的毛利额。这样，原料成本额高的菜定价不会过高，便于推销高价菜；原料成本额低的菜定价不会太低，餐厅不易亏损。但这种定价法会使原料成本高的菜价格偏低而原料成本低的菜价格过高。如果餐厅对该两种菜加上不同量的毛利额，就可克服这种缺点。

（三）以需求为基础的定价方法

以成本和毛利为基础的定价法比较简单也很实用，但在现实定价实践中，管理人员往往还需考虑消费者愿意并能支付的价格水准，考虑消费者对现定的价格会产生什么样的反应。不考虑需求的定价方法往往会导致经营失败。因此，以需求为基础的定价方法在现实经营中运用很广。

1. 声誉定价法

餐厅如果需要招徕注重品位的目标顾客，就必须注意餐厅的声誉。这些顾客总是要求餐厅一切都“最好”：餐厅的环境最好，服务最好，食品饮料品质最好，价格也较高。如果价格过低，这些顾客反而会怀疑其质量低而不愿光顾。价格对他们来说也是反映菜品质量和个人地位的一种指数，所以针对这类顾客，价格应该定得较高。

2. 吸引物定价法

有些餐厅为吸引顾客光顾，将一些菜品的价格定得低低的，甚至低于这些菜品的成本价格。其目的是为了把顾客吸引到餐厅来，而顾客来到餐厅后一定还会点别的价格高的菜，这些价格低的菜品就起到了吸引物的作用。

吸引物菜品的选择十分重要，通常选择一些顾客熟悉并选用较多的菜品、选择做工简单的菜品、选择其他竞争餐厅也有的菜品作为吸引物，这样能吸引较多的顾客。他们会与其他餐厅作价格比较而选择价格便宜的餐厅，价格便宜符合顾客追求实惠的心理。而这类菜品做工简单，企业也不容易赔本亏损。

3. 需求—后向定价法

许多餐厅对菜品定价时，首先调查顾客愿意接受的价格。采用顾客愿意支付的价格为出发点，然后反过来调节菜品的配料数量和品种，调节成本，使餐厅获得薄利。例如某饭店原先主要的接待对象是国外旅游者，由于该城市又新增了许多高档饭店，国外旅游者被夺走不少，该饭店只好设法招徕当地居民前来就餐。它先根据当地居民的生活水平订出西餐套餐每套 20 元，然后再选择做工简单、经济实惠的汤、主食、面包、饮料等，使顾客愿来餐厅就餐并使餐厅略有薄利。

4. 系列产品定价法

系列产品有两类。一类是向同类目标市场销售的系列产品。比如同一餐厅零点菜单上系列产品供应同类普通顾客。这类系列产品定价时，不能对各个菜品孤立地定价，而要首先协调总体价格水平，看其是否能被目标顾客群体所接受。各个菜品的定价虽然要以成本为基础，但不要绝对按成本定价，要考虑在顾客群体愿意支付的价格范围内按成本分出几个档次。有的餐厅为管理上方便，不是确切地按成本定价，而是规定档次。例如蔬菜类菜品，顾客能接受的水平为 5 ~ 15 元之间，餐厅并不完全按各个菜品的标准成本定成 5. 84 元、6. 12 元、7. 95 元等，而是规定四个水平：5 元、7 元、10 元、15 元。这样既对营业收入的统计和管理带来了方便，也使顾客选择菜品进行购买决策时更为简单。

另一类系列菜品针对不同的目标对象确定菜品价格。例如某餐厅套餐系列有：

	每人价格
特殊宴会菜单	80 元
标准宴会菜单	60 元
经济宴会菜单	40 元
团队菜单	30 元
会议菜单	25 元

这种系列产品是针对不同的目标对象确定菜品价格，根据目标对象能接受的价格来调节菜的组合和服务。它们之间的价格不一定互相关联和处于同一范围。

四、餐饮产品价格折扣策略

为了鼓励顾客的某种购买行为，例如及早付清账单、批量购买、淡季购买等，许多企业会在基本标价的基础上给予一定比例的折扣。餐饮业中常见的折扣方法有以下几种：

（一）数量折扣

数量折扣是卖方因买方购买的数量大而给予的一种折扣。一般来讲，数量越大，折扣也越大，例如规定购买在50单位以内，按标价供应；购买数量在50~100单位，按标价的九折供应；购买数量超过100单位，按八折供应。数量折扣名义上应该给予所有的顾客。当然在确定折扣时，折扣的数量不能超过大量销售而节约的费用。企业可以在非累计基础上提供折扣，即一次性购买数量达到折扣要求的数量时，给予折扣，也可以在累计的基础上提供折扣。也就是说，在一个规定的时间内，购买达到规定的数量就给予折扣优待。数量折扣可为餐饮企业培养忠诚顾客群。

数量折扣一般以降价的形式出现，但有些企业会采取另一种形式，即规定当顾客的购买达到允许折扣的数量时，可以免费得到一定数量的产品或服务。常见的数量折扣有公司价、团体价、会议价等。

（二）清淡时间折扣

许多餐饮企业为了提高座位周转率，在生意清淡时段进行价格折扣。在作价格折扣决策时，必须研究价格折扣对盈利的影响。有的餐厅在生意清淡时段推出“快乐时光”（Happy Hour）的推销活动，例如推销鸡尾酒时采取“买一送一”的优惠政策，或者以发展就餐俱乐部会员的形式对会员采取“一份价格买二份”政策。这种折扣政策是否有效，必须对降价前后的毛利进行比较。通过比较，可算出降价后的销售量必须达到折价前销售量的多少，这项折扣决策才算合理。

$$\text{折价后销售量需达到折扣前的倍数} \geqslant \frac{\text{折价前每份菜品饮料的毛利额}}{\text{折价后每份菜品饮料的毛利额}}$$

例如，某酒吧考虑在生意清淡时段推出“买一送一”的推销活动。鸡尾酒每杯原价为4.5元，饮料成本率是25%，则：

$$\text{降价后销售量为降价前的倍数} \geqslant \frac{4.5-4.5\times25\%}{4.5\times50\%-4.5\times25\%}=3\ \text{（倍）}$$

如果折价后的销售量超过了降价前的3倍，这项推销政策就是有效的。

在有限的短时间内做推销，对增加销售量的计算只考虑毛利额。但在较长的经营时间内做推销，还要考虑偿付固定成本、企业获得的利润以及平均降价率。例如某餐厅在每周一到周五下午的3:00—6:00的“快乐时光”中推行“买一送一”的折价活动，这项推销虽然在该段时间内折价50%，但对于整个经营时间来说平均折扣率不是50%而是20%。

第三节　餐饮产品销售分析

一、销售弹性系数分析

销售弹性系数是不同时期销售额的变化和客源变化之间的比值。客源是影响餐饮产品销售的首要因素，随时分析客源变化对销售量的影响，并以此为依据采取相应措施，是提高餐饮产品销售量的重要条件。客源反映一定需求量，餐饮产品销售的客源多少受产品质量、产品价格、服务质量、企业竞争等多种因素的影响，但在一定经营条件和一定价格水平下，客源变化和销售量的变化呈一定函数关系。如下式：

$$Q = f(X)$$

式中：Q——销售收入；X——客源数量。

销售弹性系数反映客源变化对销售量变化的影响程度。在一定时期和一定经营条件下，它们之间的变化存在着一定的量度关系。其计算公式为：

$$r = \frac{(Q2 - Q1)/Q1}{(X2 - X1)/X1} = \frac{\Delta Q}{\Delta X}$$

销售弹性系数始终大于0，说明客源变化和销售量的变化之间存在着正比例性质的关系，但影响的程度不同，存在三种可能：

（1）当 $r>1$ 时，说明客源变化对销售量的影响程度较大，这时，增加客源可以更大比例地增加餐饮产品的销售收入。因为客人的人均消费水平在提高，消费结构在改变。餐饮经营者应尽量在这时多组织客源，多作营销宣传，也可适当提高价格或加强产品推销。

（2）当 $r=1$ 时，说明客源变化和销售量的变化成等比例关系，增加一定客源，其销售收入按人均消费成比例增长。这时市场相对稳定，客人消费结构没有改变。但不宜调整价格，防止引起客人消费结构波动。

（3）当 $r<1$ 时，说明客源变化对销售量的影响较小，这时，增加客源可以增加一定收入，但不成比例。因为客人的人均消费水平在降低，消费结构在改变，市场处于波动下降状态，提价是危险的，可能引起敏感性反应。这时应尽量在产品质量和服务质量上下功夫，提高客人消费水平。

二、价格弹性系数分析

价格是影响餐饮产品销售的又一重要因素。随时分析价格变化对销售量的影响，合理掌握价格，求得价格和市场销售的最佳适应性，也是提高餐饮产品销售的重要条件。餐饮产品价格受原材料成本、管理费用、市场竞争等多种因素影响，但最终通过接待人次和客人对餐饮产品的喜爱程度表现出来而影响销售收入。在一定时期和一定经营条件下，价格变化对客源的影响也呈函数关系，如下式：

$$X = f(P)$$

式中：X——客源数量；P——产品价格。

价格弹性系数是指反映价格变化对客源变化的影响，从而对销售量产生影响的程度。在一定时期和一定经营条件下，价格弹性系数说明价格变化引起客源变化，从而引起销售量变化之间的量度关系。其计算公式为：

$$f = \frac{(X2 - X1)\ /X1}{(P2 - P1)\ /P1} = \frac{\Delta X}{\Delta P}$$

价格弹性系数始终小于0，说明价格变化和销售量的变化之间存在着反比例性质的关系，但影响程度不同，也有三种可能：

（1）当 $f < -1$ 时，说明价格变化对销售量的影响较大，市场处于敏感期，客人对价格的敏感性较强，这时涨价会引起销售量更大比例的减少，影响销售收入。管理人员应保持价格稳定，最好是适当降价，以增强竞争力，扩大产品销售。

（2）当 $f = -1$ 时，说明价格变化会引起销售量等比例的变化。价格越高，销售量越少，如果各种产品都涨价，提高综合毛利率，客源会大量减少，涨价毫无意义，而且对客人消费心理引起连锁反应。这时要保持价格的稳定性。

（3）当 $f > -1$ 时，说明价格变化对销售量的影响较小，市场求大于供，有利于扩大产品销售，也可以适当涨价，以扩大产品销售，增加经济收入。

三、产品销售额 ABC 分析

餐饮产品的销售额受产品质量、价格、风味和客人的喜爱程度等多种因素的影响。通过产品销售额分析，可以发现哪些菜是重点菜、哪些菜是调节菜、哪些菜是需要淘汰的菜，从而帮助管理人员选择经营重点，扩大产品销售。

产品销售额分析可主要采用 ABC 分析法。这种方法以产品价格、销售量、销售收入为基础，分析不同菜肴的收入构成，确定累计百分比。一般来说，A 类菜销售额的累计百分比在60% ~65%左右，B 类菜在25% ~30%左右，C 类菜在10% ~15%左右。通过分析，管理人员可把 A 类菜作为经营重点，B 类菜给予适当重视，对于 C 类菜则给予一般性照顾。其中，销售构成太低的菜肴可以淘汰，以不断调整花色品种，适应客人消费需求，扩大产品销售。

采用 ABC 分析方法对产品销售进行分析，要以统计资料为基础，定期分析，并比较其分析结果，再采取相应措施，调整花色品种或价格。

四、受喜爱程度与毛利分析

餐饮产品销售收入高，并不一定毛利额也高。通过进行受喜爱程度和毛利分析，可以发现哪些菜肴受喜爱程度高，毛利也高；哪些菜在这两个方面次之；哪些菜两者都低，从而发现产品销售的主要利润来源，把产品销售和利润结合起来，将管理人员的工作重点引向那些客人愿意购买、利润水平又较高的产品上，使之获得更大的经济效益，而对那些受喜爱程度和毛利都较低的菜肴则逐步淘汰。

餐饮产品受喜爱程度和毛利分析以统计资料为基础，分别算出各种菜肴的受喜爱程度、毛利额及其平均数，然后对产品进行分类。其分类标准是：第一类，产品受喜爱程度高，毛利额也高，两者均超过先进平均数。第二类，产品毛利较高，受喜爱程度也较高，两者均高于平均数。第三类，产品毛利率高于后进平均数，但受喜爱程度高于平均数。第四类，产品毛利和受喜爱程度都较低，低于后进平均数。

在受喜爱程度和毛利分析的基础上，管理人员即可从经济管理的角度加强经营管理，突出重点，获得优良的经济效益。

第四节　餐饮企业常用的促销方法

促销（Promotion）这个词源于拉丁语，原意是“向前行动”。而促进销售也正是要促使顾客采取购买行动。餐饮促销的概念可表述为：餐饮经营者将有关餐饮企业及餐饮产品的信息，通过各种宣传、吸引和说服的方式，传递给餐饮产品的潜在购买者，促使其了解、信赖并购买自己的餐饮产品，以达到扩大销售的目的。

一、餐饮促销的目的

餐饮促销的目的具体来说有以下几个方面：

（一）让消费者知晓你的餐厅

即通过各种形式的推销，让消费者知道某餐厅的存在，知道其提供的菜肴产品和服务水平。

（二）让消费者喜爱你的餐厅

餐厅要着重宣传自己的菜肴质量、服务项目、餐饮环境等特点、优点，促使消费者在诸多餐厅中选择你、偏爱你。

（三）让消费者信服你的餐厅

信服是促使消费者反复光顾你的餐厅的基础。因此，要通过推销和实实在在的经营管理，使消费者对光顾你的餐厅所获得的质量、价值深信不疑。

二、餐饮促销的基本要素

（一）资深员工

必须选拔资深员工担任促销主管，因为餐饮促销是一项长期而艰巨的工作。首先要熟悉环境，熟悉客人，熟悉操作程序，掌握目标客源定位，对熟客、常客、消费大户以及周边竞争状况等应非常了解。要具备宣传、组织能力，同时也要是公关促销的高手，能注意信息反馈和部门间的沟通，做事及时、迅速、敏捷，操作上规范、正确、高效、诚实守信。

（二）收集信息

如今是信息时代，信息也是生产力。有了信息，促销才有相应的对策及方式，才能迎接挑战，取得促销的成功。通过信息能了解消费者的心理需求，取得合理化建议，和相关部门一起实施营销行动，能在服务上、产品上得到不断改进和完善。通过信息也可以拉近与顾客之间的距离，提高客人满意度。

（三）营销意识

餐饮促销人员始终要有强烈的促销意识。为达到推销产品的目的，首先应掌握顾客的需求动机，了解客人的消费能力、层次、身份、消费特点、特殊需求即个性化需求，并协调相关服务部门，尽可能满足宾客的需求。接待中，必须正确了解客人需求的细节，如人数、用餐目的、对方电话、姓名、单位、主宾饮食偏好、特殊情况等。

（四）个性服务

要让客人受到尊重、关爱，获得宾至如归的感觉，使其在接受服务中感到物有所值。餐饮促销人员应该具备引导消费的能力，首先要主动和客人沟通，平时要熟记客人的消费习惯。把客人习惯及偏好一一记在本上，如爱吃的菜、服务要求、包间位置、宴请目的、上菜速度要求、主食点心偏好、敬酒方式与尺度、消费标准等。在服务过程中，服务员要“真情服务，用心做事”，做到人不动、眼睛动，注意每个角落变化，确保服务质量的到位和及时补位。

（五）客史档案

记录客史档案，可以跟踪服务，了解客人信息，掌握消费者的动态。引进此项服务举措，将在培养会员式消费者中起到关键作用。还要定期进行拜访，参与、融入客户生活，与客户建立起比较和谐的合作关系，使企业在市场竞争中立于不败之地。

有了这些前提准备，然后采取相应的促销手段，餐饮促销就能水到渠成了。以有条不紊的计划作为基础，确定餐饮企业的经营方向，进行市场调查以确定经营方向；然后深入进行市场细分，对竞争对手及市场形势进行分析，确定促销目标；随即研究决定产品服务、销售渠道、价格及市场促销策略；确定具体实施计划财务预算，并通过一段时期的实施，再根据信息反馈的情况，及时调整经营方向和促销策略，最后达到宾客、价格、实绩、产品、包装、促销等诸多因素的最佳组合。

三、餐饮促销形式

餐饮促销的实质就是要实现餐饮促销者与餐饮产品潜在购买者之间的信息沟通。餐饮促销者为了有效地与购买者沟通信息，可通过发布广告的形式广为传播有关产品的信息，可通过各种营业推广活动传递短期刺激购买的有关信息，也可通过公共关系手段树立或改善自身在公众心目中的形象，还可派遣推销员面对面地说服潜在购买者。广告促销、人员推销、营业推广、公共关系促销为餐饮促销的主要形式。

（一）广告促销

广告（Advertising）源于拉丁语，原意为“大喊大叫”“注意”“诱导”。餐饮广告促销，是指餐饮企业以付费的形式，通过报纸杂志、广播电视等宣传媒介，把有关餐饮产品的信息有计划地传递给消费者，直接或间接地促进产品的销售。

1. 餐饮广告的种类

（1）报纸广告。报纸是餐饮广告利用最多的媒体。作为最早使用、最常规、最及时的信息传递工具，报纸的市场覆盖面大，而费用远较电视低，且可反复查阅。

报纸广告受报纸本身信誉度的影响较大，信誉度高的报纸能使广告的可信度提高，从而加强了广告的说服力。

（2）杂志广告。杂志的突出特点是读者的人群类别可选性很强，这便于决策者根据就餐对象选择其常读的杂志做广告，使广告瞄准目标市场。例如，针对常驻外商机构和公务旅行者的商务套餐的杂志广告载体可选择《今日中国》《人民日报·海外版》等，针对新婚夫妇的婚礼宴会的杂志广告载体可选《家庭》《中国青年》等。此外，杂志的纸张、印刷质量高，对消费者心理的影响显著。

杂志广告同样受杂志本身信誉高低的影响，同时，杂志的印刷周期较长，广告的时效性也会因此而大打折扣。

（3）电视广告。电视广告宣传范围广，表现手段丰富多彩，是媒体中刺激性最强、给人印象最深的一种。由于电视的直观动态效果，使广告的说服效果大大增加。但电视广告的费用高，且属瞬时广告，无法持久保存，因此，餐饮企业使用电视广告较报纸广告要少些。

（4）电台广告。电台传播范围和电视一样广阔，甚至更广，信息传播及时、灵活，广告收费也低，但缺乏视觉吸引力，一般适合作餐饮销售信息的辅助广告媒体。

（5）直邮广告（DM 广告）。这是直接邮寄餐饮企业的宣传品给消费者进行沟通的一种方法，其媒介是邮局。因广告信息是单独地被直接送到对象手中，故具有针对性强、竞争少的优点，但手续繁杂，收信人姓名、地址也不易收集。

（6）户外广告。它是指置于户外的广告，如招贴、广告牌等。此类广告容易随时随地被路人看到，传递信息比较广泛。但此类广告信息接收对象选择性差，内容局限性大，路人注目时间短。所以，餐饮户外广告应加强其图片和文字的创意设计，着重于交通口岸和要道、景点等地区。

（7）网络广告。它是通过网络广告投放平台，利用网站上的广告横幅、文本链接、多媒体的方法，在互联网刊登或发布广告，通过网络传递到互联网用户的一种广告运作方式。网络广告的主要优点为传播范围最广、交互性强、针对性强、受众数量可准确统计、强烈的感官性以及实时、灵活、成本低。

2. 广告设计

通常认为，每项广告的设计都要经 6 个步骤，即：

（1）分析市场形势，明确目标市场；

（2）确定广告宣传的预算；

（3）构思广告宣传的内容；

（4）选择媒介；

（5）选择广告宣传的时间、频率；

（6）检验广告宣传的效果。

广告设计要有创造性、文学性，要雅俗共赏、生动有趣。

瑞士市场营销学家梅尔文·格林提出了有效广告十原则：

（1）面向消费者；

（2）集中于一种推销设想；

（3）集中宣传最重要、最有说服力的优势；

（4）表达有竞争力的独到思想；

（5）让消费者参与其中；

（6）真诚可靠；

（7）简洁、明了、全面；

（8）充分利用所选择媒体的优势；

（9）激发积极的反应并导致销售；

（10）将推销构思和产品明确结合。

（二）人员推销

人员推销是餐饮企业推销人员通过面对面的洽谈向客户提供信息，劝说客户购买本餐厅的产品和服务的过程。

1. 人员推销的优点

（1）针对性强，能直接促成交易。由于推销员直接和顾客交流，因而能根据顾客的特定要求提供各种信息，答复各种疑问。随着双方讨论的深入，成交的可能性增加。这是非人员推销难以做到的。

（2）利于买卖双方建立持久的友好联系。推销员与顾客之间原本是纯粹的买卖关系，但通过双方交流、沟通，有可能使买卖关系进一步发展成朋友关系，顾客也成为长久的客户。

（3）兼做市场调研。人员推销过程中，可及时将各种信息反馈给企业，便于企业及时调整策略。

推销员的推销过程也就是和顾客交流、沟通的过程，推销员可以从中获得许多信息，因此，即使交易没有达成，也往往有额外的收获，即进行了一次有效的市场调研。

人员推销尽管有上述三个明显的优点，但也存在缺点，主要是费用高、效率低。此外，素质不高的推销员，其言行不当会给企业带来损害。

2. 人员推销的程序

（1）收集信息，发现可能的主顾。餐饮推销人员要建立各种资料信息库，注意市场变化，寻找推销机会。特别是那些大公司的庆典、开幕式、年度会议等信息，都极有推销意义。

（2）推销准备。推销前要做好准备工作，列出访问大纲，备齐各种餐饮资料，如菜单、照片、图片及荣誉证书、获奖证书等。

（3）推销访谈。人员推销有上门推销、电话推销、顾客上门洽谈三种方式。推销人员要使用各种谈话方法和技巧向客人传递餐饮企业及产品信息，使顾客认识并喜欢所推销的产品，产生购买欲。

（4）处理异议。访谈过程中，顾客往往会提出各种各样的购买异议，如产品异议、价格异议等，销售人员要针对不同异议采用不同策略、方法、技巧有效地加以处理和转化，才能最终说服顾客，促成交易。

（5）成交。要善于掌握推销时机，促成交易、签订预订单。

（6）后续工作。达成交易后，仍要做好顾客服务，妥善处理各种问题，使顾客满意，促使他们连续、重复购买，利用顾客的间接宣传和辐射性传导，争取更多的新顾客。

［补充阅读6-2］肯德基的销售话术

肯德基每当推出新品之时，广告都是铺天盖地而来。而在KFC收银机的广告牌后面，印着的是收银员必学的几句销售话语。

经常去KFC的朋友经常能听到收银员这样的话语：

先生，您是否再加包薯条呢？这样的话就可以凑成一个套餐，可以给您节省3元。

您要再加3元吗？这样就可以把可乐换成大杯，会多一半的量哦。

您要再加10元吗？这样就可以买个玩具送给小朋友。

结账的时候，还会问一句："您还需要再点点别的什么吗？"

……

这些就是肯德基收银员的销售话术，简单的几句话，能让人均消费不断提升！日常的门店销售，如果设计好恰当的销售话术，是非常有助于餐厅营业额的提升。

［资料来源］http://finance.china.com.cn/consume/20170822/4361775.shtml.

（三）营业推广

餐饮营业推广是指餐饮企业为了尽快引起目标市场对本产品做出迅速反应而采取的短时期刺激措施。

营业推广的形式多种多样，变化较快，而且不断有所创新，企业要根据市场类型、销售目标、竞争环境以及每种推广形式的费用来进行选择。其主要形式有以下几种：

1. 现场展示

现场展示按照展示的动态性与静态性又可分为两种：现场陈列展示和现场示范展示。

（1）现场陈列展示。在餐饮消费区展示餐饮实物或照片等，能使消费者对餐饮产品有更具体的了解，激起其购买欲。

（2）现场示范展示。在餐饮区进行餐饮产品的制作表演，如烹调一份菜肴、调制一杯鸡尾酒，一方面提高了生产过程的透明度，另一方面又营造了餐厅气氛，有利于引起消费者的购买冲动。

2. 免费赠送

"免费赠送"这类营业推广活动的刺激和吸引强度最大，餐饮消费者也最乐于接受。其主要形式一般有：赠送产品、纪念品。

3. 优惠营业推广

它是指让餐饮消费者用低于正常水平的价格购买特定的餐饮产品或获得利益。其核心是推广者让利、接受者省钱。

优惠营业推广工具十分广泛，重点是运用折扣衍生出的多种推广工具，例如折价消费券、折扣优惠、退款优惠等。

4. 赠奖营业推广

它是指通过给购买者一定奖项的办法来促进购买行为，也称有奖销售。赠奖一般通过抽奖、兑奖的方式进行，它是一种随机抽取、并非每一个购买者都能获奖的赠奖形式。为了增强刺激强度，有时也可以采用有效的形式赠奖。

（四）公共关系促销

公共关系促销与其他促销手段不同，它并非直接推销产品，而是通过树立起企业的良好形象，在消费者心目中建立起信誉，间接地促进产品的销售。

餐饮企业公共关系的活动方式主要有以下几种：

1. 宣传型公共关系

它是指利用各种传播媒体和手段，向社会公众宣传展示自己的发展成就与公益形象，以形成有利于本企业发展的社会环境。

2. 交际型公共关系

这是一种通过人与人之间的直接交往接触，联络感情、协调关系和化解矛盾的活动模式，以达到建立本组织良好人际关系的目的。这类活动非常有助于加强公众对本餐饮企业的了解和信赖，对增强顾客的购买决心和扩大企业的业务具有显著作用。

3. 服务型公共关系

这是一种以为公众提供热情、周到和方便的服务，赢得公众的好感为目的，从而提高组织形象的公关活动模式。在对客服务中充分为顾客着想，一方面能在直接服务中起即时刺激消费的作用，另一方面又能在先期满意而归的消费者的口碑效应中达到扩大销售的目的。

4. 社会型公共关系

这是一种利用举办各种具有社会性、文化性的赞助或公益活动来开展公共关系的活动模式，目的是塑造企业的文化形象、社区公民形象，提高企业的社会知名度和美誉度。

四、餐饮促销方法

餐饮促销的方法多种多样，常见的有以下几种。

（一）强调就餐环境的情调、氛围

现代社会的消费者，在进行消费时往往带有许多感性的成分，容易受到环境氛围的影响。在饮食上他们不太注重食物的味道，但非常注重进食时的环境与氛围，要求进食的环境“场景化”“情绪化”，从而能更好地满足他们的感性需求。因此，相当多的餐馆，在布置环境、营造氛围上下了很大的工夫，力图营造出独具特色的、吸引人的种种情调：或新奇别致，或温馨浪漫，或清静高雅，或热闹刺激，或富丽堂皇，或小巧玲珑。有的展现都市风物，有的卖弄乡村风情。有中式风格的，也有西式风格的，更有中西合璧的。从美食环境到极富浪漫色彩的店名、菜名，能使你在大快朵颐之际，产生千古风流的雅兴和一派温馨的人和之情。餐饮店的内部也可以来点奇特的创意。比如以郁金香、红玫瑰等来取代几号桌的编号。有着良好的环境氛围的快餐店和一些大酒店，受到了人们的广泛欢迎。

（二）强调食品本身的绿色、环保

随着人们对环境污染、生态平衡、自身健康等问题的关心程度日益提高，无公害、无污染的绿色食品、保健食品，受到了消费者的欢迎，许多餐饮企业适应这种要求，纷纷推出了自己的保健绿色食谱，并增加保健设施，营造保健环境。

（三）强调个性化、特色化、形象化的服务

随着人们生活水平的提高，消费需求将日趋个性化，这要求企业重视人们的具体要求，根据具体的消费场景、消费时间、消费对象，提供有针对性的服务，并据此塑造出符合顾客要求的企业形象。如情人餐厅、球迷餐厅、小盏餐厅、离婚餐厅等。从现代消费者的心理来看，许多人在进行某种消费时，不仅消费商品本身，也消费商品的名气和通过商品体现出来的形象，因为形象具有一定的象征价值，能满足人们对身份地位等方面的追求，能让人产生自豪感，或给人们一种谈资、一种经历。

（四）以奇促销

许多经营者认为，出奇制胜是在经营中争取主动、争取胜利的重要战术之一。许多餐厅往往因为菜品新奇，餐饮形式新奇，餐厅建筑、装饰新奇，服务形式新奇等而取得成功。

餐厅抓住一个“奇”字，往往可具备突破能力，让整个经营出现重大的改观。但“奇”字只是一种“爆发力”，餐厅要取得持久的效益，长盛不衰，还得在经营、管理、服务诸方面做艰苦细致的工作。

（五）充分利用馈赠、有奖促销

这是指在餐饮经营过程中采用赠送法去打开局面，先给顾客一些好处，得到顾客的理解和认可后，再扩大经营业绩的一种方法。

1. 免费品尝

初办餐厅或者一个餐厅推出新的品种，要使消费者对你有较快的认识，最有效的方法之一便是免费赠送食品给顾客品尝。在不花钱的情况下品尝产品，消费者定会十分乐意寻找产品的优点。由于不花钱食用产生的感情联系，使他们更乐于不花钱地宣传你的产品。

2. 有奖销售

用奖励的办法来促进客人的餐饮消费也是一种有效的经营法。一方面客人可寄希望于幸运降临；另一方面即使没得奖，也算是一种娱乐的方式。

3. 赠送小礼品

有的餐厅采取向每一位顾客赠送小礼品的方式来联络感情。如一包餐巾、一个气球、一支圆珠笔等，并将餐巾等印上餐厅的地址、订座电话，发送给顾客，也能起到良好的作用。

经营的第一步是要使顾客高兴，能名正言顺地把顾客吸引住，就成功了一半。小礼品的赠送又是那样的冠冕堂皇，自然而轻松地和顾客搭上了话。如果顾客与你聊得起劲时，再导入经营正题，推销菜点、酒水。

4. 折扣赠送

现在国内的一些餐厅向顾客赠送优惠卡，顾客凭卡可享受优惠价进餐，这实质上也是一种让利赠送的办法，因此而取得不同程度的经营效果。有时一些顾客来就餐也许并不在乎一点点折扣，而却在乎脸面，他们与亲朋好友或者同事来进餐时，老板主动地表示“×先生来了当然要打折啰!”这一句话，就让顾客仿佛觉得身价百倍，长了脸面。下次有客时他会非常乐意再度光临。

（六）运用名人、名地、名事促销

它是指企业经营者千方百计地想办法把自己企业的产品或者经营活动，与名人、名地、名事联系起来，使企业也有名气，增添点影响力。运用这种经营手段，大多能取得较好的效果。

1. 餐厅攀附名人

孔子是闻名世界的哲学家、教育家，并且在饮食上又十分考究，留下了许多饮食方面的至理名言。为了尽量发挥孔子的名人效应，山东曲阜、济南等地相继开办了“孔府宴楼”“孔府酒楼”“孔府酒家”等餐厅。外地人来此大都慕名而入，因此生意一直看好。

2. 菜品攀附名人

菜品以名人的名字命名，或与名人相关联，都会给菜品带来几许光泽，让人吃起来特别有味。

例如，“东坡肘子”“东坡豆腐”，一吃它就能使你想起“明月几时有，把酒问青天”“大江东去，浪淘尽千古风流人物”等潇洒、优美的诗句。又如，“宫保鸡丁”“李鸿章大杂烩”“左公鸡”“大千鸡丁”等名菜，除了它的做法、味道绝妙，能留给人深刻的印象外，这名人的作用我们也是不能忽略的。

3. 抓住著名的事件和名人活动做文章

会经营的人，总是千方百计地寻找营销的契机，如果能够抓住著名的事件用于餐饮经营活动，可以引起轰动效应，打开餐饮经营的局面。

（七）餐厅文化促销

世界上有许多餐饮店，以举办各种文化活动作为招徕客人的重要手段。如卡拉OK、爵士音乐、轻音乐、电影、剧场、民歌等活动。还有的餐馆把环境布置成画廊，或者以漫画、古董来装饰餐厅环境，以提高餐厅的文化品位。日本福岛有家叫“花诗集”的咖啡店，是当地传送民歌动向的最新消息站，汇集了许多民歌爱好者。店内为每一位歌手准备了一本笔记本，任何歌迷都可以在笔记本上传送心声给歌星们，等本子写满了以后，便直接寄给歌星本人。此项服务受到了许多爱好者的欢迎。

(八) 迎合都市时尚及其生活方式

追求时髦是许多现代人的重要心理需求，时髦的东西往往能够调动起人们的消费欲望。电视剧《宰相刘罗锅》播出后，街头巷尾都在谈论刘罗锅，剧中有关广西地方官向皇帝进贡荔浦芋头的情节，使荔浦芋头家喻户晓。某美食城抓住时机，迅速派人到广西购买荔浦芋头，投放市场，受到了许多人的好评。而不断涌现的电脑酒吧，正在成为时尚一族们感受时代脉搏和引导生活方式的场所。电脑酒吧的餐桌上都装备有电脑，餐台也是经过特制的，一张餐台由高低两张桌面组成，一张桌面用来放食物和饮料，另一张桌面用来放电脑、键盘及鼠标器等。

[补充阅读6-3] 一个成功的餐饮销售分析案例

A餐厅周一至周五生意红火，但周六和周日生意清淡，如何解决这一问题？

该餐饮企业开展了以下活动：

(1) 调研：经调查，A餐厅位于北京某科技园内，周围全是商务写字楼，就餐类型主要以园区内各公司管理层宴请及其员工的工作餐为主。饭店特色为海鲜。

2. 分析：造成A餐厅这一问题的原因是周末该科技园区内的企业放假，餐厅客源不足。

(3) 解决方案：统计最近2周累计消费额超过3 000元的顾客，对其按累计消费额实行每100元返券20元的优惠，要求在周六或周日消费才有效。

(4) 方案实施：

①预留顾客的手机号码或电子邮件地址，并记录顾客的每一次消费数据；

②统计最近2周累计消费额超过3 000元的顾客，共有82人；

③针对每一位顾客的累计消费额分别设定返券额，最少600元；

④根据顾客事先预留的手机号码或电子邮件地址，向每一位顾客发短信或电子邮件，告知优惠消费内容和有效的消费时间；

⑤顾客来电咨询或订餐，服务小姐可根据计算机屏幕上弹出的该顾客信息，为顾客提供准确（主要是验证返券数额和订餐）、及时的服务；

⑥顾客就餐完毕结账时，凭其预留的手机号码享受相应的返券优惠。

(5) 效果评价：通过销售分析，实施方案后，A餐厅周六和周日上座率持续上升；1个月后，周末上座率趋于稳定，与平时持平；2个月后，周平均客单价首次超过原先的值，餐饮企业总体盈利能力显著提高。

[资料来源] http://canyin.besoo.com/show-4773.html.

本章小结

在餐饮运转和管理中，餐饮销售管理是餐饮经营中一个至关重要的环节。餐饮产品的计划、生产制作、销售控制，最终只有通过有效的餐饮产品销售业务管理，方能完成从产品到商品的根本转变。通过本章学习，学会科学合理地确定各种餐饮产品的价格，熟悉对餐饮产品的销售控制，掌握如何对餐饮产品销售进行科学分析，懂得如何对餐饮产品定价，掌握价格折扣策略等促销方法和手段，从而有效地提升餐饮销售管理水平和能力。

复习思考题

1. 名词解释

走单　　餐饮促销　　成本加成定价　　餐饮销售分析　　营业推广

2. 单项选择题

（1）（　　）是折扣促销的典型策略。

A. VIP 卡　　B. 淡季促销　　C. 周年促销　　D. 现金折扣

（2）当一种新的餐饮产品刚刚进入市场的时候，常常采用（　　）。

A. 劝说性广告　　B. 寓意性广告　　C. 直接对比广告　　D. 介绍性广告

（3）餐饮产品销售额 ABC 分析法中，A 类菜销售额的累计百分比一般在（　　）。

A. 60%～65%左右　　B. 25%～30%左右

C. 10%～15%左右　　D. 40%～50%左右

（4）用各种传播媒体和手段，向社会公众宣传展示自己的发展成就与公益形象，以形成有利于本餐饮企业发展的社会环境，属于（　　）。

A. 宣传型公共关系　　B. 交际型公共关系

C. 服务型公共关系　　D. 社会型公共关系

3. 简答题

（1）餐饮销售管理对于餐饮企业的重要意义有哪些？

（2）常见的与收银有关的舞弊和差错有哪些？

（3）常用的餐饮定价方法有哪些？

（4）结合实际案例说明怎样灵活运用餐饮促销方式？

案例分析与思考：失败的餐饮促销管理

刘女士是某五星级饭店潮州餐厅经理，几年来餐厅经营业绩非凡，回头客不断。但最近，由于受内外环境的影响，餐厅营业额每况愈下，刘女士承受着巨大的压力。

压力之下，刘女士在新厨师长的配合下带领员工们展开了各种促销活动，如龙虾特荐、海鲜食品节，等等。刘女士及其助手还在每天的班前例会上，不厌其烦地向员工介绍昨天的营业状况，分析与当日预算收入及利润的差额。要员工接受推销技能的各种培训，提高客人的平均消费额。一时间，餐厅的员工们被笼罩在浓重的促销氛围之中。

然而营业收入仍无法达到目标。刘女士考虑再三，出台了一套销售奖励政策，其主要内容如下：员工若销售出高档食品，如龙虾、鱼翅、鲍鱼等，可以得到菜肴售价

3%的奖励提成；员工销售出高档酒水，如白兰地、香槟、茅台等，也可获得相同比例的提成。此政策经餐饮部讨论和饭店认可后，开始在餐厅实行。这个政策的实施，极大地调动了员工的推销积极性，员工们满怀热情地将以往向客人提建议的交谈口气调整为竭力推销的口气。几天以后，客人平均消费额指数有了明显的提高，总收入也令人欣喜。

但好景不长，两个月后，餐厅开始门庭冷落，许多过去常来光顾餐厅的老顾客也不见踪影了。餐饮部总监看着平均消费额不断提高，而就餐人数不断下降的经营报告，终于意识到了问题的严重性。

几天以后，刘女士被调离潮州餐厅。

思考题：

1. 本案例中刘女士的促销方案存在哪些问题？
2. 出现以上问题的原因有哪些？
3. 刘女士应采取哪些措施才能收到较好的管理效果？

实训指导

实训项目：餐厅营销。

实训要求：根据目标市场的需求，制订出与产品开发相关的计划方案；根据小组餐厅的定价目标，制定科学的价格策略；根据目标市场，制定扩大产品销售的促销方案；设计针对本餐厅客户的管理方案。

实训组织：项目引导，任务分配；小组调研，方案设计；小组讨论，师生交流；方案汇报，项目评价。

项目评价：小组互评；教师评价。

第七章　餐饮酒水销售服务管理

【学习目的】

了解酒水在餐饮中的重要作用；

熟悉中外酒水基本类型；

了解中外酒水礼仪；

掌握餐饮酒水销售和服务原则及方法；

熟悉餐饮酒水销售和服务的任务和要求。

【基本内容】

★餐厅酒水管理的作用：

酒水概述；

餐饮酒水管理的作用。

★中外酒水知识：

酒的种类；

酒中的营养成分；

中国酒的类型；

外国酒的类型；

饮料的分类；

酒水礼仪。

★酒水销售服务过程管理：

酒水销售管理的要求；

酒水销售控制；

酒水服务。

【教学指导】

本章内容强调尽量使用多媒体教学，通过大量图片或实物使学生熟悉中外酒水的基本类型、常见品牌。在教学过程中，应注重将本章内容与第八章餐饮服务管理中基本技能的斟酒部分衔接。

各种经营不同风味食品的餐厅，接待各种规格的客人，通常离不开酒水。可以说，无酒不成礼、无酒不成宴、无酒不成欢、无酒不成敬意，已成为我国各民族的共识。餐饮酒水销售与客人直接接触，面对面服务时间长，从而给宾客留下的印象较深，并直接影响客人对整个餐饮企业的评价。加强餐饮酒水销售管理，首先要求管理者更新观念，牢固树立成本控制意识；其次要不断钻研业务，了解酒水销售过程和特点，有针对性地采取相应的措施，使用正确的管理和控制方法，从而达到酒水销售管理和控制的目的。

第一节　餐厅酒水管理的作用

一、酒水概述

酒又称酒精饮料，因为酒精是酒中最主要的成分，其学名叫乙醇。纯粹乙醇在常温下为无色透明的易燃液体，具有特殊香味和辣味，其着火点为180℃，沸点为78.3℃，具有不感染细菌、刺激性较强等特点。人摄入少量乙醇能使人精神振奋。酒中另外一些成分则是水以及少量的矿物质及酯、醇、酸、醛等。由于这些成分比例的不同，形成了各种不同风格的酒。酒的储藏时间越长，含酯越多，气味也更芳香，因此有的酒是越陈越香。

酒精在酒液中的含量用酒度来表示，通常有公制和美制两种表示法，中国酒度与公制酒度一致。公制酒度以百分比或度表示，是指在20℃条件下，酒精含量在酒液内所占的体积比例。如某种酒在20℃时含酒精38%，即称为38度。美制酒度以Proof表示，是指在20℃条件下，酒精含量在酒液内所占的体积比例达到50%时，酒度为100Proof。如某种酒在20℃时含酒精40%即为80Proof。

水是饭店业和餐饮业的专业术语，指所有不含酒精的饮料或饮品。但不包括自然界中存在的水。

二、餐饮酒水管理的作用

酒水是满足人们基本生活需要的产品，酒与餐饮业关系密切。之所以要对餐饮酒水进行管理，主要有以下原因：

（一）酒水具有烘托用餐气氛的作用

随着生活质量的提高，外出就餐已成为饮食时尚，人们在饮食消费方面越来越重视情趣和品位。酒作为烘托气氛的佳品也受到人们越来越多的关注。酒精是一种不受消化系统影响的液体，进入人体后通过胃壁不发生变化地进入血液。少量饮酒令人兴奋，给人以一种快感。加上用餐常与商业聚会、宴请、公关等活动联系在一起。因而餐饮服务中，美酒佳酿能烘托用餐气氛，突出宴请的规格，融洽主客间的感情，增加愉悦、亲切、喜庆、浪漫等感受，为客人创造美好的用餐经历。特别是西餐服务中，高质量的酒水服务能增加浪漫的情调，提高用餐的品位，更能体现现代餐饮的休闲和社交目的。酒在某种程度上可以使人兴奋和愉快，减轻和解除人们日常生活中的压力。

（二）酒水是餐饮营业收入的主要来源之一

在现代餐饮企业中，酒品和饮料的销售显得越来越重要。餐饮企业主要营业收入包括菜品收入和酒水收入，酒水利润通常占餐饮企业全部利润的1/3甚至一半。一道成品菜包括菜本身的成本和均摊的营业费用、管理费用、厨师加工的费用以及服务人员的服务费用等。而酒水则不同，酒水里面所含的只有原料成本和服务费两项。相比而言，酒水的利润要大于饭菜，一般比饭菜的利润高出70%。增加酒水的销售可以使客人增加消费，提高企业的经营效益。餐厅酒水管理的最主要目标就是增加餐厅的营业收入。

（三）酒水与菜品适当搭配可以促进餐饮销售

餐与饮总是如影随形地联系在一起，在千百年的人类饮食历史中，无论是中餐还是西餐，都形成了许多约定俗成的饮食习惯与规矩。例如，中餐在吃鸭类菜肴时，就要配饮黄酒；西餐吃鱼类、海鲜菜肴时，就要配饮白葡萄酒等。应该说，餐与饮相辅相成，互相促进。服务员对于酒水的良好推销，毫无疑问会促进菜品的销售，并提高餐饮企业的营业额。这就要求餐饮企业的服务员，不仅要讲究礼貌、彬彬有礼、主动热情、温良谦恭，更要了解饮食文化，包括烹饪艺术及酒的文化、典故等，还要逐步了解各种酒的基本特点、香味及作用和营养，这样就能让来餐厅就餐的客人高兴而来，满意而去。

（四）酒水服务质量是餐饮服务质量的重要标志

美国饭店业的先驱斯达特勒曾经说过："饭店从根本上说，只销售一样东西，那就是服务。"提供劣质服务的餐饮企业是失败的企业，而提供优质服务的餐饮企业则是成功的企业。餐饮企业的目标就是向宾客提供最佳服务。酒水服务作为餐饮服务的一个重要组成部分，在餐饮经营中具有极为重要的作用。酒水服务质量的好坏影响着饭店或餐饮企业的形象与声誉。决定酒水服务水平高低背后的因素则是餐饮企业管理水平的高低。管理水平的高低，制约了服务水平的高低，而服务水平的高低则是管理水平高低的最终表现。

（五）酒水管理直接影响整个餐饮企业的运行和管理

酒水部门的管理具有特殊之处，也是容易产生各种漏洞的部门。管理严格，会给餐饮企业或饭店带来大量利润；管理松懈，就会给许多员工作弊提供可乘之机，并最终影响企业的经营。

【补充阅读7－1】这是我们店的规矩

饭店餐厅里来了一位喜欢饮用葡萄酒的客人。服务员按照饭店规矩先上了一杯冰水。客人风趣地说："我是为饮葡萄酒而来，并非为喝水而来。""这是我们店的规矩。"服务员如是回答。"这种回答太可笑了。"客人轻蔑地说。

如果要当一个一流的服务员，就不会回答说："这是我们店的规矩。"

为什么要给来喝葡萄酒的客人上冰水呢？服务员对所上冰水的水质等知识应事前有所了解。比如，自然水是否经过机械处理，矿泉水是采自什么地方的泉水，等等。客人中，愿意和服务人员谈话的人并不少见。而且，并非谈一次而已，有的人还会就服务人员应具有的商品知识、服务程序等各方面知识与之攀谈。能够满足这种客人要求的服务员，其服务水平自然高，也会受到顾客欢迎。

［资料来源］http：//cache. baidu. com/c？ m = 9f65cb4a8c8507.

第二节　中外酒水知识

一、酒的种类

酒的分类方法很多，一般以制作方法来分，大体可以分为四类：

（一）酿造酒（Wine）

酿造酒是以水果、谷物为原料，经发酵过程，使糖转化为乙醇和二氧化碳后，提取或压榨而得的酒精饮料。它的酒精含量一般在 4.5% ~20% 之间。葡萄酒、啤酒、日本清酒、中国黄酒、水果汽酒均属酿造酒。

（二）蒸馏酒（Spirit）

蒸馏酒即烈性酒，它是在水果、谷物或其他植物发酵的基础上，利用汽化的方式来纯化酒精，即蒸馏含酒精的发酵原液而成。世界上著名的蒸馏酒有七种：白兰地、威士忌、朗姆酒、伏特加、金酒、龙舌兰酒、中国白酒。

（三）配制酒（Liqueur）

配制酒是以各种酿造酒、蒸馏酒或酒精为基酒，加入一定数量的水果、香精、药材等制成的酒精饮料。如苦酒（Bitters）、金巴利酒（Compare）、茴香酒（Anisette）、薄荷酒（Cremate Menthe）等，中国的药酒也属于配制酒。配制酒的酒精度一般为 20% ~30%。

（四）鸡尾酒（Cocktail）

鸡尾酒是以酒和酒或酒和果汁、甜料、香料、牛奶、汽水等加以混合而成的饮料。鸡尾酒通常把以上材料充分混合并冷却后才饮用，它是一种色、香、味兼备的酒，它的调制过程通常在酒吧完成。

二、酒水中的营养成分

人的身体中 75% 是水分。饮料是人体水分的主要来源，加上饮料中的营养成分容易吸收，因此饮料在供应人体的营养中起着其他食品无法替代的作用。对于果汁、牛奶等软饮料的营养成分人们都比较熟悉，但对酒的营养成分就陌生一些。酒的种类不同，所供应的营养成分也不同，适量饮酒，酒中的营养成分可以增进食欲、预防心血管疾病等。下面简单介绍几种常见的佐餐酒的营养成分。

（一）葡萄酒

葡萄酒是由葡萄汁（浆）发酵酿制的饮料酒，葡萄酒类的酒精通过发酵由糖分转化而成。发酵时间越长、糖分越少，酒精含量就越高；反之，糖分越高，酒精含量也就越低。葡萄酒的干红或干白，就是指糖分“干”了，即无糖了。

研究证明，葡萄酒中含有200多种对人体有益的营养成分，其中包括糖、有机酸、氨基酸、维生素、多酚、无机盐等，这些成分都是人体所必需的，对于维持人体的正常生长、新陈代谢是必不可少的。特别是葡萄酒中所含的酚类物质——白藜芦醇，它具有抗氧化、防衰老、预防冠心病、防癌抗癌的作用。葡萄酒中还含有丰富的矿物质和多种维生素。人体需要的微量元素、矿物质，葡萄酒里基本上都有。葡萄酒所含的维生素更是齐全，有维生素B1、B2、B12、维生素C、维生素P、维生素H、泛酸、叶酸及类维生素物质的肌醇、氨基苯甲酸、胆碱等，都是人体所需要的物质。其中，维生素B1每升酒平均含量在0.065微克，能促进红细胞成熟。葡萄酒中叶酸的平均含量为3.73克/升。此外还含有肌醇，每升在220~730毫克之间。肌醇或菸酸肌醇酯能降低血脂和软化血管。另外，干葡萄酒中含有氨基酸23种，其中包含人体内不能合成的必需氨基酸，已知的一共有8种。葡萄酒中含有酒石酸、苹果酸、柠檬酸、琥珀酸、乳酸、醋酸、单宁酸等有机酸。经常适量地饮用葡萄酒，对人体健康是大有益处的。

（二）黄酒

黄酒具有很高的营养价值。黄酒营养成分主要表现在含有极其丰富的氨基酸。以营养价值而论，黄酒要比有“液体面包”之称的啤酒的营养价值高得多。

黄酒中含有糖分、糊精、有机酸、氨基酸和各种维生素等，具有很高的营养价值。最主要在于黄酒含有丰富的氨基酸（达20多种），而且各种氨基酸的含量都远远超过其他酿造酒，特别是所含氨基酸的种类和数量都是其他酒所不能比拟的。如加饭黄酒含有17种氨基酸，其中有8种是人体必需而体内不能合成的氨基酸。

由于黄酒是以大米和黍米为原料，经过长时间的糖化、发酵，原料中的淀粉和蛋白质被酶分解成为低分子的糖类，易被人体消化吸收，因此人们把黄酒列为营养饮料酒。据分析检验，人体不能合成的8种必需氨基酸，在黄酒中含量最全、最丰富，居各酿造酒之首。黄酒中的维生素含量也十分丰富，根据对绍兴黄酒的检验分析得知，包括维生素C、维生素B2、维生素B12、烟酰胺、维生素A，还有少量维生素D、维生素K、维生素E等。

根据分析检验，黄酒的有机酸含量在0.003~0.005g/ml，主要由乳酸、柠檬酸、醋酸、酒石酸、苹果酸、延胡索酸、丁酸等组成。黄酒中的微量元素，经测定有18种之多，其中钙、镁、钾、铁、锌、铬、锗、铜、磷等含量较丰富，这些微量元素都是人体所必需的营养元素，而在黄酒中，其表现形式为生物活性物质，它们一旦进入人体，极易被吸收，可以充分补充人体所缺乏的微量元素，起到调节人体生理机能、促进新陈代谢的功能。

另外，黄酒所含糖的种类也很多，其中以葡萄糖为主，还有麦芽糖、乳糖及多糖等多种糖类，它们都是由原料中的高分子淀粉经酶分解为低分子的物质，这些糖对人体有一定的营养价值，极易被人体吸收，可以补充人体的热量。

（三）啤酒

啤酒含有丰富的糖类、维生素、氨基酸、无机盐和多种微量元素等营养成分，被人们称为“液体面包”。

每升啤酒中一般含有50克糖类物质，它们是原料中的淀粉经麦芽中含有的各种酶的催化而形成的产物。每升啤酒约有3.5克蛋白质的水解产物——复合氨基酸，它们几乎可以100%地被人体消化吸收和利用。啤酒中碳水化合物和蛋白质的比例约为15:1，最符合人类的营养平衡需要。每升啤酒还含有大约35克乙醇，是各类饮料酒中乙醇含量最低的。每升啤酒还有50克左右的二氧化碳，可以协助人的胃肠运动，也有利于人体解渴。啤酒从原料和优良酿造水中得到矿物质，如每升啤酒含有20毫克的钠和80~100毫克的钾、40毫克的钙、100毫克的镁及0.2~0.4毫克的锌。啤酒从原料和酵母代谢中得到丰富的水溶性维生素，每升啤酒中含有维生素B1 0.1~0.15毫克、B2 0.5~1.3毫克、B6 0.5~1.5毫克、烟酰胺5~20毫克、泛酸0.5~1.2毫克、维生素H0.02毫克、胆碱100~200毫克、叶酸0.1~0.2毫克。啤酒中的谷胱甘肽由于具有活性巯基，可消除人体中的氧自由基，是人们公认的延缓衰老的有效物质。

1972年7月在墨西哥召开的第九次世界营养食品会议上，啤酒被推荐为营养食品。啤酒是一种营养丰富的低酒精度的饮料酒，享有“液体面包”“液体维生素”和“液体蛋糕”的美称。

（四）白酒

白酒的主要成分是水和酒精，酒精在体内吸收极快，氧化放热也很快，说明适量饮用白酒可以加快血液循环。酒精进入人的血液之后，其浓度大大超过生理酒精浓度时，则刺激心跳加快、血管扩张，所以它有活血、增加吸氧量、促进新陈代谢的功能。同时，白酒中的微量成分亚油酸乙酯，具有降低胆固醇和血脂的作用，可以防治动脉粥样硬化；还有丙三醇，是一种泻药、渗透性利尿药，用于通便；而苯甲醇，医药上用作麻药，有杀菌、止痒作用。

因此，亲朋好友相聚，吃喝团圆之际，一定少不了美酒助兴。人们越来越理性，喝酒注重低度、营养、保健，所以，适量饮酒能增强血液循环，使人心情舒畅，摆脱疲劳，增加营养，对健康有益无害。但饮酒过量，酒会挤掉身体中的水分和其他营养成分，容易造成蛋白质、矿物质、维生素等缺乏。餐厅酒水管理的一项重要工作就是提醒人们适量饮酒。

三、中国酒的类型

中国酒不仅历史悠久，而且风格独特。通过酒曲酿酒是中国酒的一大特点。中国酒一般分为以下几种：

（一）发酵酒类

1. 黄酒

黄酒是我国最古老的传统酒，其起源与我国谷物酿酒的起源相始终，至今约有八千年的历史。它是以大米等谷物为原料，经过蒸煮、糖化和发酵、压滤而成的酿造酒。黄酒中的主要成分除乙醇和水外，还有麦芽糖、葡萄糖、糊精、甘油、含氮物、醋酸、琥珀酸、无机盐及少量醛、酯与蛋白质分解的氨基酸等，其特点是具有较高的营养价值和对人体有益无害。经过数千年的发展，黄酒家族的成员不断扩大，品种琳琅满目。酒的名称更是丰富多彩。最为常见的是按酒的产地来命名，如绍兴酒、金华酒、丹阳酒、龙岩沉缸酒、山东兰陵酒等。绍兴是黄酒的故乡，是闻名中外的酒文化名城。“酒因城而闻名遐迩，城因酒而声望倍增。”从春秋时助越灭吴、振奋士气的“醪”酒到当代成为国礼、国宴用酒，绍兴酒历经数千年，声誉远播，四海扬名。“绍酒”几乎成了黄酒的代名词。绍兴酒之所以晶莹澄澈、馥郁芳香，除了用料讲究和有一套悠久的酿酒历史所积累起来的传统工艺外，还因为它是以得天独厚的鉴湖水酿制而成的。鉴湖水来自群山深谷，经过砂面岩土的净化作用，又含有一定量适于酿造微生物繁殖的矿物质，因此对保证绍兴酒的质量有很大的帮助。

2. 果酒类

果酒是以水果为原料制作的酒，其中多为酿造酒。唐宋时期葡萄酿酒在我国已比较通行，此外还出现了椰子酒、黄柑酒、橘酒、枣酒、梨酒、石榴酒和蜜酒等品种，但其发展都未能像黄酒、白酒和配制酒那样在世界酿酒史上独树一帜，形成传统的风格。直到清末烟台张裕葡萄酿酒公司建立，才标志着我国果酒类规模化生产的开始。新中国成立后我国果酒酿造业有了长足的发展，以最有代表性的葡萄酒为例，凡世界上较有名气的葡萄酒品种，我国均已能大量生产。生产企业则以张裕、长城和王朝最为著名。

3. 啤酒

中国啤酒是近代以来通过引进西方酿酒工艺而制造的酿造酒，其中以 1903 年德国人与英国人在青岛建立的青岛啤酒厂生产的青岛啤酒最为著名。青岛啤酒以浙江舟山群岛和河南两地所产大麦作为原料，加入崂山李村啤酒花，利用崂山矿泉水，经两次糖化，低温发酵配制。青岛啤酒二氧化碳气泡充足，口感柔和、清爽，酒花香味浓，原麦汁浓度为 12°，酒精度为 3. 5% 。它曾两次被评为全国名酒，并获国家银质奖。济南趵突泉啤酒、北京燕京啤酒也较为著名。

（二）蒸馏酒类

中国的蒸馏酒以白酒为代表。白酒也是中国的传统酒，其蒸馏工艺较黄酒更为复杂。白酒的主要原料为高粱，其次为玉米、大米、大麦等。优质的白酒往往是固态发酵，即在原料中加入一定数量的稻壳、高粱皮做疏松剂，进行蒸煮后冷却，拌入曲子和酵母发酵，再投入原料和疏松剂进行蒸馏。蒸出的酒一般酒精含量在 70% 左右。白酒一般经陈放勾兑后才能供人饮用。传统中国白酒的酒精含量为 55% ~65% 左右，近些年流行的低度白酒，酒精含量为 40% 左右。

中国白酒的特点是特别香，概括起来可以分 5 种香型，即酱香型、浓香型、清香型、米香型和兼香型。

1. 酱香型

酱香型又称茅香型，以贵州茅台酒为代表。这类香型的白酒香气香而不艳，低而不淡，醇香幽雅，不浓不猛，回味悠长，倒入杯中虽过夜而香气久留不散，且空杯比实杯还香，令人回味无穷。酱香型白酒是由酱香酒、窖底香酒和醇甜酒等勾兑而成的。所谓酱香是指酒品具有类似酱食品的香气，酱香型酒香气的组成成分极为复杂，至今未有定论，但普遍认为酱香是由高沸点的酸性物质与低沸点的醇类物质组成的复合香气。

2. 浓香型

浓香型又称泸香型，以四川泸州老窖特曲为代表。它采用老窖位发酵生香基地，窖愈老，窖泥中的酿酒微生物愈多，生产的酒愈好。浓香型的酒具有芳香浓郁，绵柔甘洌，香味协调，入口甜、落口绵、尾净余长等特点，这也是判断浓香型白酒酒质优劣的主要依据。构成浓香型酒典型风格的主体是乙酸乙酯，这种成分含香量较高且香气突出。浓香型白酒的品种和产量均属全国大曲酒之首，全国八大名酒中，五粮液、泸州老窖特曲、剑南春、洋河大曲、古井贡酒都是浓香型白酒中的优秀代表。

3. 清香型

清香型又称汾香型，以山西杏花村汾酒为主要代表。清香型白酒酒气清香，芬芳醇正，口味甘爽协调，酒味醇正，醇厚绵软。酒体组成的主体香是乙酸乙酯和乳酸乙酯，两者结合成为该酒主体香气，其特点是清、爽、醇、净。清香型风格基本代表了我国老白干酒类的基本香型特征，是中国传统酿酒技术的正宗。

4. 米香型

米香型又称蜜香型，以桂林三花酒为代表，是中国历史悠久的传统酒种。采用优质大米为原料，小曲发酵。即与“酒酿”（醪糟、甜酒）的制法类似。待发酵完全后蒸馏取酒。其酒味蜜香轻柔，优雅纯净，入口绵甜，回味怡然。盛产于广东等南方稻米产区。这类酒的代表有桂林三花酒、全州湘山酒、广东长东烧等小曲米酒。

5. 兼香型

兼香型又称复香型，即兼有两种以上主体香气的白酒。这类酒在酿造工艺上吸取了清香型、浓香型和酱香型酒之精华，在继承和发扬传统酿造工艺的基础上独创而成。兼香型白酒之间风格相差较大，有的甚至截然不同，这种酒的闻香、口香和回味香各有不同香气，具有一酒多香的风格。兼香型酒以董酒为代表，董酒酒质既有大曲酒的浓郁芳香，又有小曲酒的柔绵醇和、落口舒适甜爽的特点，风格独特。

以上几种香型只是中国白酒中比较明显的香型。但是，有时即使是同一香型白酒，香气也不一定完全一样。就拿同属于浓香型的五粮液、泸州老窖特曲、古井贡酒等来说，它们的香气和风味也有显著的区别，其香韵也不相同，因为各种名酒的独特风味除取决于其主体香含量的多寡外，还受各种香味成分的相互烘托、对冲和平衡作用的影响。

（三）配制酒类

中国配制酒的滥觞时代当在春秋战国之前。它是以发酵原酒、蒸馏酒或优质酒精为酒基，加入花果成分，或动植物的芳香物料，或药材，或其他呈色、呈香及呈味物质，采用浸泡、蒸馏等不同工艺调配而成的。配制酒有保健型配制酒和药用型配制酒两大类。中国配制酒以山西竹叶青最为著名。竹叶青产于山西省汾阳市杏花村汾酒集团，它以汾酒为原料，加入竹叶、当归、檀香等芳香中草药材和适量的白糖、冰糖后浸制而成。该酒色泽金黄，略带青碧，酒味微甜清香，酒性温和，适量饮用有较好的滋补作用；酒度为45度，含糖量为10%。其他配制酒种类很多，如在成品酒中加入中草药材制成的五加皮；加入名贵药材的人参酒；加入动物性原料的鹿茸酒、蛇酒；加入水果的杨梅酒、荔枝酒，等等。

四、外国酒的类型

酒在国外的历史几乎与在中国一样悠久，但由于自然条件、民族习惯的原因，外国酒与中国酒有着很大的区别。

（一）发酵酒

1. 葡萄酒（Wine）

葡萄酒有红白之分，红葡萄酒是采用红葡萄做原料，连皮带汁发酵酿造。白葡萄酒则是由红葡萄和青葡萄去皮压汁发酵酿成。白葡萄酒也不是绝对无色，它可以是浅黄色。白葡萄酒储藏时间越长，颜色越深，甚至变为琥珀深棕色。而红葡萄酒储藏的时间越长其颜色则越淡。葡萄酒酒度一般在8%～22%之间。葡萄酒按颜色可分为红葡萄酒、白葡萄酒、玫瑰酒（Rose Wine）；按含糖量可分为干葡萄酒（Dry Wine）、半干葡萄酒（Semi Dry Wine）、半甜葡萄酒（Semi Sweet Wine）、甜葡萄酒（Sweet Wine）、绝干葡萄酒（Extra Dry Wine）；按二氧化碳含量可分为葡萄汽酒（Sparkling Wine）、普通葡萄酒，葡萄汽酒的杰出代表是法国香槟酒；按酿造方法可分为天然葡萄酒（Natural Still Wine）、强化葡萄酒（Fortified Wine）；按饮酒习惯可分为开胃葡萄酒（Appetizer Wine）、佐餐葡萄酒（Table Wine）、餐后葡萄酒（Sweet Dessert Wine）。法国、德国、意大利为世界三大葡萄酒王国。法国出口最优质的葡萄酒，意大利葡萄酒的产量及出口量均居世界第一，而德国葡萄酒有芬芳的果香及清爽的甜味，酒精度低，令人难以抗拒，特别适合不太能喝酒的人。

2. 啤酒（Beer）

啤酒是用麦芽、啤酒花等配制而成的酒精饮料。啤酒含有丰富的蛋白质等营养成分，被称为“液体面包”。啤酒的酒度一般在3%～5%。啤酒是唯一的以泡沫作为主要质量指标的酒。啤酒花对形成啤酒的泡沫、香气、苦涩味起重要作用。啤酒的分类方法多种多样，按酵母性质可分为上发酵啤酒和下发酵啤酒；按色泽可分为白啤酒、黄啤酒、红啤酒、黑啤酒；按麦芽浓度可分为低浓度啤酒、中浓度啤酒、高浓度啤酒；按生产方法可分为鲜啤酒和熟啤酒。世界上最著名的啤酒生产国为德国。我国常见的外国啤酒有：德国的卢云堡（Loewenbrau）、皇家（HB），荷兰的海尼肯（Heineken，有的译为“喜力”），美国的蓝带（B1ueribbon），丹麦的嘉士伯（Carlsberg），新加坡的虎牌（Tiger），日本的札幌（Sapporo）、麒麟（Kirin）等。

（二）蒸馏酒类

1. 白兰地（Brandy）

白兰地由葡萄酒或其他果酒蒸馏而成。饮用最广泛的是葡萄白兰地，用其他水果制作的白兰地必须标明水果名称。法国白兰地是最好的白兰地，其中又以干邑地区（Cognac）生产的白兰地为上乘。干邑酒能在世界上赢得这样高的声誉，与它非常严格的质量控制分不开。它明确规定葡萄酒的品质，清楚界定种植葡萄的地区，规定葡萄的种类和酿酒规则的具体细节，不断改善蒸馏器材，以及控制其在木桶内存放的时间等。法国政府为保证酒质，制定了严格的监督管理措施，到20世纪70年代，开始使用字母来分别酒质。例如E代表Especial（特别的），F代表Fine（好），O代表Old（老的），S代表Superior（上好的），P代表Pale（淡的），X代表Extra（格外的），C代表Cognac（干邑）。我国常见的法国白兰地主要有以下三个序列的产品：人头马（Remy Martin）、轩尼诗（Hennessy）、马爹利（Martell）。

2. 威士忌（Whisky）

威士忌以谷物为原料经发酵蒸馏而成。据记载，15世纪末期，苏格兰就有威士忌生产。长期以来，苏格兰和加拿大生产的威士忌写成Whisky，美国、爱尔兰威士忌则写成Whiskey。威士忌在生产出来后，至少要储藏4年以上，上乘威士忌的储藏期则在10年以上。勾兑是制造优质威士忌的关键，苏格兰威士忌往往要用几十种以上威士忌勾兑而成。威士忌按原料可分为麦芽威士忌（Malt Whisky）、黑麦威士忌（Bye Whisky）、玉米威士忌（Corn Whisky）、谷物威士忌（Grain Whisky）；按国家分为苏格兰威士忌（Scotch Whisky）、爱尔兰威士忌（Irish Whiskey）、波本威士忌（美国Bourbon Whiskey）、加拿大威士忌（Canadian Whisky）；按纯净程度可分为纯净威士忌（Wright Whisky）、混合威士忌（Blended Whisky）。威士忌常用于纯饮和加冰块、兑水饮。中国目前销售的威士忌主要有：老伯（Old Parr）、金铃（Bells）、顺风（Catty Shark）、红方（Red Label）、黑方（Black Label）、皇家礼炮（Royal Salute）、格兰菲迪（Glenfiddich）、芝华士（Chivas）等。

3. 伏特加（Vodka）

伏特加本是俄罗斯特产，现在世界各国均有生产。伏特加用土豆、玉米、小麦作为原料，经发酵蒸馏而制成，因其属高酒精度蒸馏，无色、无香、无味，因此很受一般人欢迎，并广泛作为鸡尾酒的基酒。伏特加纯饮时需冰镇或加冰块。目前比较流行的品牌是莫斯科红牌（Stolichnaya）、绿牌（Moskovskaya）等。

4. 龙舌兰酒（Tequila）

龙舌兰酒是墨西哥国酒，以龙舌兰、仙人掌类植物为原料经发酵蒸馏而成。Tequila是墨西哥的一个地名，只有该地出产的龙舌兰酒才能称作Tequila。龙舌兰酒纯饮时要用柠檬片在手背上抹一下，然后撒上盐，用嘴舔一下，再一口饮下。其名品有索查（Sauza）、懒虫（Camino）等。

5. 朗姆酒（Rum）

朗姆酒以甘蔗汁、糖渣等为原料经发酵蒸馏而成，其主要产区为美国、墨西哥、古巴、牙买加、多米尼加、马达加斯加等地，其中以牙买加和古巴的朗姆酒最为著名，而牙买加则被称为“朗姆之乡”。在西方国家，人们一般都把朗姆酒调制为混合饮料饮用。目前比较流行的品牌是牙买加的船长珍藏（Captain's Reserve）、古巴的百家地（Bacardi）等。

6. 金酒（Gin）

金酒是中文译名最多的一种外国酒。“毡酒”“琴酒”“杜松子酒”都是金酒的别名。金酒用玉米、麦芽、黑麦做原料，经发酵蒸馏后再加入杜松子（Gin）等香料蒸馏而成。金酒无色透明，有特殊香味，有利尿、兴奋作用。比较著名的金酒生产国为荷兰、英国和美国。金酒可以纯饮或调制成混合饮料。在鸡尾酒中，金酒是作为基酒的常用酒类，被称为鸡尾酒的核心。目前比较流行的品牌是英国的哥顿金（Gordon's）、英国卫兵（Beefeater）等。

（三）配制酒类

配制酒以蒸馏酒、酿造酒或食用酒精为酒基，加入香草、果实、药材、香料等呈色、呈香、呈味物质，经特定的工艺手段酿制而成，其品种繁多、风格迥异。配制酒以法国、意大利和荷兰产的最为著名。配制酒分为开胃酒、甜食酒和餐后甜酒。配制酒的制造方法很多，常用浸泡、混合、勾兑等几种。浸泡制法多用于药酒，将蒸馏后得到的高度酒液或发酵后经过滤清的酒液按配方放入不同的药材或动物，然后装入容器中密封起来，经过一段时间后，药材就溶解于酒液中，人饮用后便会得到不同的治疗效果和刺激效果。混合制法是把蒸馏后的酒液（通常用高度数酒液）加入果汁、蜜糖、牛奶或其他液体混合制成。勾兑也是一种酿制工艺，通常可以将两种或数种酒兑和在一起，形成一种新的口味，或者得到色、香、味更加完美的酒品。

五、饮料的分类

饮料也与酒一样在世界各国畅销不衰，在生活中二者往往相得益彰。它包括咖啡、茶、可可、矿泉水、汽水、果汁、蔬菜汁、牛奶、热饮及冻饮等。饮料大体分为以下几类：

（一）碳酸饮料

碳酸饮料是含碳酸气体（CO_2）饮料的总称。其主要成分为：

（1）普通型：含气的矿泉水、苏打水。

（2）果味型：加入香料、色素、防腐剂、二氧化碳。

（3）果汁型：加入至少2.5%鲜果汁。

（4）可乐型：加入香料、天然果汁、焦糖、色素、药材混合后充气而成。

例如苏打水、干姜水、可乐、七喜、雪碧、芬达等。

另外，汽水按配制原料可分为柠檬味类、可乐类、奎宁水类、橙味汽水类和其他汽水。柠檬味类包括雪碧汽水、七喜汽水、白柠汽水。可乐类包括可口可乐、百事可乐。奎宁水类包括汤力水（Tonic）和苦柠水（Bitter Lemon），橙味汽水类包括新奇士橙汁汽水（Sunkist Orange）和橙宝汽水，另外还有苏打水和蒸馏水等其他类汽水。

（二）果汁、蔬菜汁饮品

果汁、蔬菜汁饮品源于大自然，成本低廉，制作方便，而且营养丰富。其主要成分为：

（1）原果汁：原汁原味，100%的原料出汁。

（2）鲜果汁：含有至少40%的原果汁。

（3）饮料果汁：原果汁含量在10%～30%之间。

（4）果粒果汁：含原汁10%，果肉在5%～30%之间。

（5）果汁糖浆：大于或等于31%的原汁；加入砂糖、柠檬酸。

其中蔬菜汁在美国等地极受欢迎。另外，果汁有鲜榨、罐装和浓缩三种。酒吧中常见的鲜榨果汁有：

雪梨汁、柠檬汁、菠萝汁、西瓜汁、胡萝卜汁、苹果汁、葡萄汁。

罐装：椰子汁、橙汁、苹果汁。

青柠檬汁与红石榴糖浆主要用于调酒，一般情况下不直接饮用。橙汁与柠檬汁有鲜榨和浓缩两种，鲜榨的可直接食用，浓缩的要稀释后才能食用。

（三）矿泉水

矿泉水是地下泉水冒到地面上来或高山上岩石中渗出的清泉，含丰富的矿物质。它因水质好、无杂质污染、营养丰富而深受人们的欢迎。

矿泉水因地区不同，所含矿物质也不同。其味有微咸和微甜或无味，饮之清凉可口，可助消化。著名的品种有：法国皮埃尔矿泉水（Perrier Water）和爱维安矿泉水（Evian Water）。

皮埃尔矿泉水俗称“巴黎水”，产于法国，它是世界上独一无二的天然含气矿泉水，被誉为“水中香槟”，价格昂贵。

爱维安矿泉水又译为“依云矿泉水”，产于法国，它是世界上销量最大的矿泉水，无泡、纯洁、有甜味是它的特色，且富有均衡含量的矿物质。

我国的崂山矿泉水，品质也十分优异，富含矿物质，清肠胃、助消化，早在20世纪80年代前就已享誉中外。还有山普利奴矿泉水（意大利）、麒麟矿泉水（日本）、益力矿泉水（中国深圳）。

矿泉水饮用前需冷藏，温度为8℃～12℃，不要加冰。饮用时可放一片柠檬入水。

（四）可可

“可可”是英文Cacao的译音，原产地在美洲热带，现在主要的产区是非洲和拉丁美洲，西非的加纳共和国的可可产量居世界之首，约占全世界总产量的1/3，我国的广东、台湾等地也有栽培。它是用可可豆的粉末配制而成的饮料。可可豆含50%的脂肪、10%的蛋白质、10%的淀粉，还有少量的糖分和兴奋物质可可碱。可可具有强心、利尿功能。可可种子在发酵、焙干后提取30%的可可脂作药用，余下物质加工成可可粉。可可粉具有浓郁的香味，加糖后即可冲饮。常见的饮品有清可可、牛奶可可、冰激凌可可等。

（五）牛奶

牛奶含有丰富的蛋白质、脂肪、乳糖和人体所需的最主要的矿物质钙、磷以及维生素等。牛奶不仅营养丰富，且利于消化，极易为人体所吸收，没有任何一种单一的食品可和它相比。而且，可制成不同风味的饮料，比如热牛奶、冷牛奶、酸牛奶等。

鲜奶和酸奶在2℃ ~4℃情况下一般可保存10天而不会变质。

牛奶加热到40℃以上会有一层薄膜，且会随着时间的延长而加厚，许多人将其丢弃。其实其薄膜里含有丰富的蛋白质、脂肪、乳糖等营养成分。

牛奶消毒主要有两种方法：

（1）纯鲜牛奶。把100%鲜牛奶在85℃高温中消毒15秒钟，然后无菌灌装，叫“巴氏消毒”。这个方法最大限度地保持了牛奶原来的风味及营养成分。全国各大城市很多每天一送的家庭订单牛奶就属此类，但缺点是不易久放。

（2）灭菌奶。把100%鲜牛奶在136℃高温中消毒3秒钟，然后无菌灌装，其在无菌的状态下能保存8~10个月，但牛奶里面的许多有益营养成分也随之被灭掉了。超市里的很多砖形盒装奶即属此类。

（六）茶

茶与咖啡、可可被公认为世界三大饮品。这里主要介绍以下几种类型的代表茶及其主要产地。

1. 中国茶

（1）绿茶：龙井（浙江杭州）、碧螺春（苏州）、毛尖（河南信阳）、黄山毛峰（安徽）、水仙（产地较多）、六安花片（安徽）。

特点：清汤，绿叶，常饮可减肥。

（2）红茶：祁门红茶（安徽）、滇红茶（云南）。

特点：红叶红汤，适宜多次冲泡。

（3）黑茶：普洱茶（四川、云南）。

特点：堆积发酵茶。

（4）白茶：寿眉（福建福鼎）、白牡丹（福建政和）。

特点：茶汤清淡，清热降火。

（5）花茶：茉莉花茶（产地较广）、荔枝花茶（广东）、珠兰花茶（安徽歙县）等。

特点：属再加工茶，滋味浓醇鲜爽，汤色明亮。

（6）乌龙茶：铁观音（福建安溪）、武夷岩茶（福建崇安）、凤凰茶（广东潮州）。

特点：绿叶红镶边。

（7）黄茶：君山银叶（岳阳洞庭湖）、蒙顶黄芽（四川雅安）。

特点：黄叶黄汤。

2. 外国茶

（1）吉岭茶（DAREELING TEA，印度）。

（2）十白爵茶（EARL GREY TEA，英国）。

（3）英式早餐茶（ENGLISH TEA，英格兰）。

（4）锡兰茶（CEYLON 0RANGE，印度、斯里兰卡）。

（七）咖啡

1. 咖啡简介

“咖啡”是英文 Coffee（产地名称）的译音，是世界三大饮料（茶、咖啡、可可）之一，也是世界上消费量最大的一种饮料。

咖啡饮料是以咖啡豆的提取物制成的饮料。咖啡属热带植物，白花，果实类似 CHERRY TOMAT0，内有两粒咖啡豆，主要分布在南美洲、非洲，其中世界上产量居第一位的是巴西，哥伦比亚次之，印度尼西亚、牙买加、厄瓜多尔、新几内亚等国家的产量也很高。我国的云南省、海南省所产的咖啡豆的质量丝毫不比世界名咖啡逊色。

2. 著名种类

（1）蓝山（BLUE MOUNTAIN），产地：牙买加。

（2）哥伦比亚（COLOMBIA），产地：哥伦比亚，大多用来调配其他品质的咖啡。

（3）巴西（BRAZIL），产地：巴西，巴西山度士（SANTOS）最著名，属调配咖啡。

（4）曼特宁（MANDEING），产地：印度尼西亚。

（5）摩卡（MORCH），产地：埃塞俄比亚。

3. 常见的咖啡

我们常见的咖啡有两种，一种是速溶咖啡，指已加工成半成品的咖啡，只需用热水冲泡。另一种是冲煮咖啡。在咖啡食谱中，流行的有清咖啡、牛奶咖啡、法式咖啡、土耳其咖啡、皇家咖啡、维也纳咖啡、爱尔兰咖啡、西班牙咖啡和意大利咖啡等。

4. 咖啡的调制

咖啡的调制通常有冲泡法和蒸煮法。

浸泡咖啡用的器皿以陶瓷或玻璃器皿最为合适，因咖啡一接触金属器皿，就会起氧化作用，产生一种令人不快的苦味。

使用咖啡的分量必须根据所煮咖啡的颗粒粗细及喝咖啡人的爱好等来定。一般来说，500 克咖啡可浸泡出四五十杯浓咖啡，或可浸泡出五六十杯浓度适中的咖啡。

（八）冷饮、热饮

饮料除了原装（原罐装饮料）之外，在酒吧通常也有调配出来的混合饮料，即冷饮、热饮。

冷饮如冻咖啡、冻鲜奶、冻柠茶、冻可乐、冻柠蜜。

热饮如热鲜奶、热咖啡、热奶茶、热柠茶等。

另外还有冻饮雪糕、新地、奶昔。

（1）雪糕有多种口味，如芒果、巧克力、椰子、牛奶、哈密瓜口味等。

（2）新地又译为“圣代”，是由几种雪糕和其他材料配制而成，如什果新地、香蕉船等。

（3）奶昔是用不同口味的雪糕加入鲜奶和糖浆配制而成。如巧克力奶昔等。

（4）巴菲即法式圣代，是由冰激凌、鲜果、奶油组成的冻糕。

六、酒水礼仪

酒水，在一般情况下，是对于用来佐餐、助兴的各种酒类及饮料的一种统称。在现代生活中，尤其是在人际交往之中，酒水是不可或缺的。亲朋好友相聚，举杯把盏，小酌几杯，“醉翁之意不在酒，在乎山水之间也”，此时此刻“无酒不成席”。在酒水消费过程中，不同国家和地区形成了不同的酒水礼仪和形式。

（一）中餐

在我们的日常生活中，饮酒已很普遍，也是一件很普通的事情。但饮酒要有好风气，酒风不正将有碍人们的健康。饮酒助兴，勿忘文明健康，要文明饮酒，使大家在饮酒中得到乐趣、得到健康，不能只图心情高兴，忘掉健康。对于现代人来说，随着国家政策、媒体影响、专家讲座、身边事实等方面的影响，潜移默化中人们的饮酒观大都发生了变化，逐渐开始重视自己的身体健康。这是我们现代社会的需要，是文明饮酒的一种表现。作为一种席上的饮品，酒具的选择、饮酒的方法，都有一定的规矩和礼节，归纳起来有以下几个方面：

1. 斟酒适量

正式宴会上，服务员斟酒的顺序是先主宾，然后才是其他客人。斟酒时，酒杯应放在餐桌上，酒瓶不要碰到杯口。拿酒杯的姿势，因酒杯不同而有所不同。高脚酒杯应以手指捏住杯腿，短脚酒杯则应用手掌托住酒杯。关于斟酒，中国有句土话叫“酒满情深”。也就是说，斟酒以满为敬。因此，酒桌上不论是什么酒，一律以斟满为敬。实际上，葡萄酒、香槟酒、白兰地、甜露酒等，不宜斟满，只宜斟到酒杯容量的2/3处，其目的是使酒香充分地释放出来。

2. 分清场合适量饮酒

饮酒要留有余地，要慢慢地细饮，特别是饮烈性酒，千万不要一饮而尽。有些人争强好胜，互不相让，你灌我，我灌你，来一个“喝酒不输”，或者“不醉不够朋友”，结果往往喝得酩酊大醉，甚至口出秽语，掀翻桌凳，伤及邻座，乐极生悲，最后被拘留或赔款，有的甚至醉酒驾车，酿成悲剧，后悔莫及。这不仅破坏了宴会的友好和欢乐的气氛，也是一种有失礼仪、缺乏修养的行为，是宴会中饮酒最忌讳的一个方面。饮酒中，碰到需要举杯的场合，切忌贪杯，头脑要清醒，不可见酒而忘乎所以；工作前不得喝酒，以免与人谈话时酒气熏人；休息时喝酒要有节制，任何情况下过量喝酒都是错误的；上班时带有倦容酒态，不仅违反工作纪律，也是不检点的行为；旅游接待人员若醉意犹存就去上班，会严重影响服务质量，是绝对不能允许的。

3. 了解祝酒习俗

作为主宾参加宴请，应了解对方祝酒的习惯以便做必要的准备。祝酒时还应注意不要交叉碰杯。在主人和主宾祝酒时，在座客人应暂时停止用餐，停止交谈，注意倾听，不要借此机会抽烟。主人和主宾讲完话，与贵宾席人员碰杯后，往往要到其他各桌敬酒，遇此情况，应起立举杯，目视对方致意。祝酒时要注意，祝酒词既要表明祝福之意又要有文采。除祝酒外，饮酒前后，一般适宜谈些愉快、健康的见闻和真切的感受，以保持宾主之间亲切、热烈和欢乐的气氛。

4. 不善饮酒，婉言谢绝

如果你不善于饮酒，当主人向你敬酒时，可以婉言谢绝，如主人请求你喝一些酒，则不应一味推辞，可选淡酒或汽水（如可乐、橘子水等）喝一点作为象征，以免扫大家的兴。当然，作为敬酒者，也不要强人所难，非逼着对方一饮而尽不可。参加宴会时，对自己的饮酒量，以掌握在平时酒量的1/3左右为好。

5. 交情深浅不看酒量

在餐桌上，与会者不要竞相赌酒、强喝酒，喝酒如拼命、劝酒如打架，就会把文明礼貌的交际变成粗俗无礼的行为。应该是有礼貌地劝酒，主人或在座客人看到某人酒杯空了，有礼貌地先询问："请再喝一杯。"如果对方用手遮掩杯口或说明不想喝了，则不必勉强。席间的干杯或共同敬酒一般以一次为宜，不要重复敬酒，勉强别人。因为这不但达不到传递敬意的目的，而且会使对方感到为难而不悦。碰杯和喝多少亦应随个人之意，那种以喝酒多少论诚意的做法是不通情理的行为。

6. 猜拳耍酒疯不可取

喝酒忌猜拳行令、吵闹喧嚣、粗野放肆。公共场合不得划拳，家庭私人酒会一般也不宜划拳，如有特殊需要，应注意不要干扰邻居、不违背主人意愿即可。酒能麻醉人的神经，使人思维混乱，一部分人会精神亢奋、言语行为失控。如果借酒发疯，胡言乱语，说一些平时难以说出口的话，做一些丑态百出的事，往往会使人酒醒后追悔莫及。

（二）西餐

欧美人在宴会、招待会等主要场合，几乎是每道菜配以一种特定的酒，使用一种特定的酒杯，要求严格而讲究，上一道菜要换一种酒。西餐历来就有白葡萄酒配鱼虾海鲜、红酒配肉（主菜）、香槟配点心的规矩。酒会上一般饮用低度酒，以香槟最为常见。香槟在西餐中有"酒王"之称，味清凉甘甜。由于酒中气很足，开瓶时能发出清脆的响声，特别是在高级宴会上，各桌同时开瓶，发出"砰、砰"的响声，犹如鞭炮交鸣，给宴会增添了隆重、热烈的气氛。西餐饮酒的礼仪规范主要体现在以下几个方面：

1. 斟酒

西餐中斟酒时酒水溢出来是很失礼的行为，注意斟酒量：白葡萄酒2/3杯、红葡萄酒1/2杯，斟啤酒时应顺杯壁慢慢流下，以泡沫不外溢为准。依照餐饮礼节，服务员或他人为自己斟酒时，在没有例外的情况下，不可端起酒杯。

2. 手持酒杯的姿势

在正式宴请场合，饮酒时拿酒杯的姿势非常重要。通常平底杯拿中下部；高脚杯拿杯柄中上部，持杯时应以手指捏着酒杯柄，不要用手握住高脚杯的杯子部分，以免使酒变温热；饮纯白兰地酒时要用手掌接触杯子的底部，利用手掌温度将白兰地酒温热，使酒的香味释放出来。

3. 劝酒

西方人一般不劝酒，喝不喝酒、喝多少酒往往随个人的情绪而定。这与中国人的饮酒习惯正好相反。所以，西餐桌上应尽量做到不劝酒，即使劝酒也应当点到为止。在餐桌上饮酒失态是非常丢面子的。如你不会饮酒，不必勉为其难，应主动、客气地向主人说明原因，一般都会得到主人的体谅；有时出于宴会礼节的需要，可让服务员在自己的杯子里斟上一点酒，但只用嘴唇碰杯沿而不饮酒，就不会有人再来添酒了。

4. 品酒

吃西餐饮酒忌“中国式”的干杯，正确的做法是：饮酒时先举起酒杯，认真欣赏一下它的色泽，然后用鼻子靠近杯子闻一闻酒香，最后再小呷一口，细细品味；倾斜酒杯45度，观看酒的颜色，红葡萄酒呈宝石红色；让酒杯逆时针摇晃以释放酒的香气；将鼻子探入杯中，轻闻几下，会有浓郁的酒香和成熟的果香；深啜一口，让酒液在口中打转到达口腔各个部位，时间最少5秒钟，然后才缓缓咽下，天鹅绒般的厚重和紧凑溢满口中每一个角落。

5. 干杯

干杯应由男主人提议，并请客人们共同举杯，为在座者说些祝福的话，不要忘掉了任何一位。客人一般不宜先提议为主人干杯，以免喧宾夺主，女士也不应当提议为男士干杯。干杯时如果客人较多，不必一一碰杯，举杯的同时用眼神示意一下即可。与外宾干杯，不要交叉碰杯，否则会形成十字形，触犯西方人的忌讳。干杯时，切忌杯子碰在一起，以免串味。敬酒一般选择在主菜吃完、甜菜未上之间。敬酒时，手指握住杯脚，将杯子高举齐眼，注视对方，并至少要喝一口酒，以示敬意。

6. 文明饮酒

在餐桌上酗酒、高声叫喊、猜拳行令，在西方人看来均属粗野、不文明行为，要坚决杜绝。在现实生活中，无论是朋友的聚会还是亲人的团聚、与客户共餐，随意的饮酒是现在饮酒的主流。对于饮酒，大家都应平等、真诚地对待，不要计较谁喝多了喝少了，而是要讲究一种心情的愉悦。这就是现在常说的“重在沟通，不在喝酒”。双方只是把酒作为一种来进行交往和沟通的媒介，并不完全在于喝酒的多少。文明饮酒是一种文明的进步，抛去了原来野蛮饮酒的恶习，回归到正确的健康饮酒、文明饮酒。文明饮酒是酒文化表现的重要方面，现代文明社会的发展对酒文化有了新的要求，文明饮酒要求大家相互尊重，不能强人所难。

第三节　酒水销售服务过程管理

酒水的销售管理在饭店餐饮管理中有着重要的地位。酒水的销售管理不同于菜肴食品的销售管理，有其特殊性，因此，加强酒水的销售管理与控制，对有效地控制酒水成本，提高餐饮企业经济效益，有着十分重要的意义。

一、酒水销售服务管理的要求

（一）配合餐厅销售，选好佐餐酒水

饭店宾馆和涉外餐馆的酒水销售有相当数量的销售额是在各个餐厅和客房完成的，而不设酒吧的低星级饭店和部分涉外餐馆，其酒水销售额则全都来源于各个餐厅。因此，酒水销售服务管理必须配合各个餐厅的食品销售，选好佐餐酒水，保证酒水销售和客人需求适销对路，才能提高酒水销售额。遵循这一基本要求，又分两种情况：

1. 低星级饭店和涉外宾馆

这类饭店的佐餐酒水主要是档次适中的国产蒸馏酒（即常说的白酒）和软饮料，也可配部分酿造酒，包括葡萄酒、啤酒和中国黄酒等。酒水品种的选择一要考虑餐厅档次的高低，二要考虑客人的档次和消费习惯，品种不宜过多，但一定要适销对路，才能扩大酒水销售，增加经济收入。

2. 高星级饭店和涉外宾馆

这类饭店餐厅的客源档次较高，外国消费者和追求时尚的高消费客人较多，因此，其餐厅佐餐酒水的选择要适当增加高中档葡萄酒和蒸馏酒，特别是进口葡萄酒，具体品种的选择和档次高低，也要根据餐厅档次、客源构成和客人的消费习惯、喜爱程度来确定。

（二）合理制定酒单

酒单是餐厅酒水销售的凭借和广告，合理制定酒单，要根据不同餐厅的特点、档次高低、客源层次及消费水平、饮酒习惯来确定。其中，主要是酒的品种的选择和定价，一定要尽可能做到适销对路，适应大多数客人的消费习惯和支付能力。与此同时，要保证酒水口味和质量，从而扩大酒水销售，增加经济收入。

（三）坚持标准化管理，控制酒水成本和销售

标准化管理是现代企业管理水平的重要体现，也是酒水销售服务管理的基本要求。只有坚持标准化管理，才能保证服务质量，控制成本消耗，增加销售收入。现代饭店、宾馆酒水销售中的标准化管理主要包括：

1. 标准定额

它又分为标准销售定额、标准成本定额两种。标准销售定额是指一个服务员一天（8 小时）应该完成的酒水销售额；标准成本定额是指每销售 100 元酒水应该支出的成本额，即成本率。这两种定额都以平均数为基础来制定。坚持合理的标准定额管理，既能调动员工积极性，又能控制成本消耗。

2. 标准酒单

它是各种类型的酒吧、餐厅所制定的酒水单。标准酒单要根据饭店酒吧、餐厅的豪华程度、客源构成、顾客档次高低、客人消费习惯等各种因素来安排酒水档次、花色品种和名称，并在封面设计、酒水安排、文字、图案等方面做到标准化，增强形象吸引力。

3. 标准价格

标准价格是根据酒水进价、杯酒标准成本和标准毛利来制定的。酒吧、餐厅各种酒水的标准价格一经制定，就应保持相对稳定，才能形成价格的标准化管理，适应客人消费。

4. 标准操作程序

在酒水销售过程中，各项服务都应制定出标准操作程序，这是酒水管理中提供标准质量、标准服务的重要途径，也是酒水销售标准化管理的重要内容和基本要求。

（四）加强酒水促销

众所周知，酒水是餐饮店利润的重要来源，加强酒水促销方法与策略的培训，是酒水销售服务管理的一个重要内容。需要指出的是，促销的前提是酒水本身的质量有保障。

【补充阅读7－2】免费酒水“喝”伤食客能否拒赔

肖先生与几个朋友在汉口一家餐厅小聚，由餐厅免费提供啤酒。其间，肖先生因为划拳频频输酒，最后一口气将一瓶啤酒喝下。哪知，刚喝下肚，肖先生顿时觉得喉咙似有一硬物卡住，并伴有阵阵的刺痛。

同行的几个朋友马上将肖先生送到附近医院就诊，经过医生仔细观察，发现其喉咙被一段细铁丝卡住。肖先生于当天动了手术，并住在医院治疗一周，前后共花去各项费用3 200元。

朋友小聚，原本是为高兴而来、尽兴而去，没想到是心痛而回，肖先生认为都是酒中铁丝惹的祸。于是，其妻子与几个亲属一起到餐厅讨说法，要求赔偿损失。

餐厅却认为，虽然为肖先生提供了服务，但酒水是免费的，客人因此而造成伤害，餐厅不存在过错，理所当然也就不负赔偿责任。至于客人受伤，是因为生产厂家提供的酒水存在瑕疵，厂家有过错，应由酒水的生产厂家承担赔偿责任。

湖北浩泽律师事务所孙盛律师分析认为，根据《消费者权益保护法》的规定，消费者因接受服务受到人身损害的，享有依法获得赔偿的权利。消费者在接受服务时，其合法权益受到损害的，可以向服务者要求赔偿。肖先生在该餐厅用餐，并享受该餐厅酒水免费的服务，他们之间就形成了事实上的服务合同。肖先生在接受餐厅提供的服务时，因其提供的酒中藏有铁丝而遭到人身损害。尽管该餐厅对酒水存在瑕疵没有过错，而且是免费使用，但这免费的酒水是属于酒店所提供服务的一部分，因此酒店作为服务的提供者，就应当为此承担赔偿责任，而不能以免费提供服务为由拒绝赔偿。

孙律师同时指出，因酒水中有铁丝造成肖先生受伤，故酒水的生产厂家也有过错，同样也要承担损害赔偿责任。但作为消费者肖先生来讲，他有权按照自己的意愿选择索赔对象。当然，餐厅在对肖先生做出赔偿后，依照过错责任原则也可向酒水的生产厂家进行追偿，但餐厅不能据此推卸责任。

［资料来源］《长江日报》数字版，2008－08－17.

二、酒水销售控制

在餐厅酒水经营过程中，常见的酒水销售形式有三种，即零杯销售、整瓶销售和配制销售。这三种销售形式各有特点，管理和控制的方法也各不相同。

（一）零杯销售

零杯销售是酒水经营中常见的一种销售形式，销售量较大，它主要用于一些烈性酒如白兰地、威士忌等的销售。销售时机一般在餐前或餐后，尤其是餐后。客人用完餐后，喝杯白兰地或餐后甜酒，一方面消磨时间、相聚闲聊，一方面饮酒帮助消化。零杯销售的控制首先必须计算每瓶酒的销售份额，然后统计出每一段时期的总销售数，采用还原控制法进行酒水的成本控制。

由于各餐饮企业采用的计量标准不同，各种酒的容量不同，在计算酒水销售份额时首先必须确定酒水销售计量标准。目前常用的计量有每份 30 毫升、45 毫升和 60 毫升三种，同一饭店的餐饮部门在确定计量标准时必须统一。计量标准确定以后，便可以计算出每瓶酒的销售份额。以人头马 6300 为例，每瓶的容量为 700 毫升，每份计量设定为 1 盎司（约 30 毫升），其计算方法如下：

$$\text{销售份额}=\frac{\text{每瓶酒容量}-\text{溢损量}}{\text{每份计量}}=\frac{700-30}{30}=22.3\ \text{（份）}$$

计算公式中溢损量是指酒水存放过程中自然蒸发损耗和服务过程中的滴漏损耗，根据国际惯例，这部分损耗控制在每瓶酒 1 盎司左右被视为正常。根据计算结果可以得出每瓶人头马 6300 可销售 22 份，核算时可以分别算出每份或每瓶酒的理论成本，并将其与实际成本进行比较，从而发现问题并及时纠正销售过程中的差错。

零杯销售的关键在于日常控制，日常控制一般通过酒吧酒水盘存表来完成，每个班次的当班调酒员必须按表中的要求对照酒水的实际盘存情况认真填写。

（二）整瓶销售

整瓶销售是指酒水以瓶为单位对外销售。一些饭店和酒吧为了鼓励客人消费，通常采用低于零杯销售 10% ~20% 的价格对外销售整瓶酒水，从而达到提高经济效益的目的。但是，由于差价的关系，往往也会诱使觉悟不高的调酒员和服务员相互勾结，把零杯销售的酒水收入以整瓶酒的售价入账，从而中饱私囊。为了防止此类作弊行为发生，减少酒水销售的损失，整瓶销售可以通过整瓶酒水销售日报表来进行严格控制，即每天将按整瓶销售的酒水品种和数量填入日报表中，由主管签字后附上订单，一联交财务部，一联由酒吧留存。

另外，在饭店各餐厅的酒水销售过程中，国产名酒和葡萄酒的销售量较大，而且以整瓶销售居多，这类酒水的控制也可以使用整瓶酒水销售日报表来进行，或者直接使用酒水盘存表进行控制。

（三）混合销售

混合销售通常又称为配制销售或调制销售，主要指混合饮料和鸡尾酒的销售。

酒水混合销售的控制比较复杂，有效的手段是建立标准配方，标准配方的内容一般包括酒名、各种调酒材料及用量、成本、载杯和装饰物等。建立标准配方的目的是使每一种混合饮料都有统一的质量，同时确定各种调配材料的标准用量，以利加强成本核算。

在日常管理中，为了准确计算每种酒水的销售数量，混合销售可以采用鸡尾酒销售日报表进行控制，每天将销售的鸡尾酒或混合饮料登记在日报表中，并将使用的各类酒品数量按照还原法记录在酒吧酒水盘点表上，管理人员将两表中酒品的用量相核对，并与实际储存数进行比较，检查是否有差错。

总之，酒水的销售控制虽然有一定的难度，但是，只要管理者认真对待，注意做好员工的思想工作，建立完善的操作规程和标准，也是可以做好的。

三、酒水服务

（一）酒水服务的含义

酒水服务是服务员帮助顾客购买和饮用酒水的全过程。该过程从餐厅预订开始，包括引座、写酒单、开瓶、斟酒等，直至顾客离开餐厅。酒水服务质量与酒水质量本身一起构成了酒水产品质量。优秀的酒水服务应以顾客需求为目标，积极向上，诚心诚意，高效率，微笑、周到，不断创新。优秀的酒水服务应对顾客和企业都有价值，给顾客留下深刻而良好的印象。

（二）酒水服务的原则

酒水服务形式因企业的经营特点不同而不同。餐厅适用餐桌服务和自助服务，宴会和酒会适用餐桌服务、自助服务和流动服务。餐饮企业对各种酒水服务方法应进行标准化和程序化管理。由于酒水服务是无形产品，因此保证质量的前提是服务标准化和程序化。许多酒水经营企业采取个性化服务。个性化服务是在标准化和程序化服务基础上，根据顾客需求，将原有的服务标准进行适当调节。酒水服务必须与酒水种类、顾客饮用习惯、酒具、饮用温度、开瓶方法、倒酒方法联系在一起。

（三）酒水搭配促销技巧

酒水搭配讲究艺术和技巧，搭配得当，会对酒水、菜品的销售起到促进的作用。目前，在高星级酒店里有专业的点酒师为客人提供点酒服务。其搭配技巧主要表现在：

1. 酒与菜之间的搭配

酒与菜的搭配有一定的规律，酒与菜总的搭配规律是：风味对等、对称、和谐；为饮用者所接受和欢迎。具体地说，就是色、香、味均淡雅的酒品应与色调冷、香气雅、口味纯的菜点相配合；色、香、味均浓郁的酒应与色调热、香气馥、口味杂的菜配合；冷酒对冷盘，清爽相宜；干白葡萄酒与海鲜，纯鲜相配；红葡萄酒对肉类、禽类菜品；黄酒对河蟹，鲜味相投，可以互相渲染烘托；咸食选用干、酸型酒类，甜食选用甜型酒类，辣食选用酱香型酒类；中国菜尽可能选用中国酒，西式菜尽可能选用西洋酒，在难以定夺时，则选用中性酒类，或视客人和就餐者的意见而定。

2. 酒与酒之间的搭配

酒与酒之间的搭配也有一定的规律可循，其难度相对于酒与菜的搭配来说要小些。酒席间或宴会上如果备有多种酒品，一般的搭配原则是：低度酒在先，高度酒在后；软性酒在先，硬性酒在后；有汽酒在先，无汽酒在后；新酒在先，老酒在后；淡雅风格的酒在先，浓郁风格的酒在后；普通酒在先，名贵酒在后；干烈酒在先，甘甜酒在后；白葡萄酒在先，红葡萄酒在后。

3. 酒水与饮料之间的搭配

酒与其他饮料的搭配没有明显的规律性，常凭借顾客的兴趣来搭配，如以橘汁冲啤酒；葡萄酒掺果汁；用水兑酒饮用；用冰块、冰霜、冰水伴烈性酒；用爱尔兰咖啡兑酒，用汤力金酒兑酒，用巧克力同酒一起食用；在饮酒后再饮用咖啡、茶、果汁等其他饮料。

（四）酒水服务礼仪规范

酒水服务礼仪规范通常有如下一些：

（1）服务员应尊重客人的饮食习惯，根据酒水与菜品搭配的原则，向客人适度介绍酒水。下单前，应重复酒水名称。多人选择不同饮品的，应做到准确记录，服务时正确无误。

（2）斟倒酒水前，服务员应洗净双手，保证饮用器具清洁完好，在征得客人同意后，按礼仪次序依次斟倒。斟酒量应适宜。续斟时，应再次征得客人同意。

（3）提供酒水服务时，服务员应询问客人对酒水的要求及相关注意事项，然后再提供相关服务。

（4）提供整瓶出售的酒品时，应先向客人展示其所点酒品，经确认后再当众开瓶。斟倒饮料时，应使用托盘。

（5）调酒员现场服务时，应做到操作卫生、手法娴熟。客人有重要谈话时，调酒员应适时回避。客人对所调制的酒水不满意时，应向客人致歉，争取为客人提供令其满意的服务。

（6）提供热饮或冷饮时，应事先预热杯具或提前为杯子降温，保证饮品口味纯正。提供冰镇饮料时，应擦干杯壁上凝结的水滴，防止水滴滴落到桌子上或客人衣服上。提供无色无味的饮料时，应当着客人的面开瓶并斟倒。

【补充阅读7-3】全世界最著名的矿泉水

气派豪华、灯红酒绿的中餐厅里，顾客熙熙攘攘，服务员在餐桌之间穿梭忙碌。一群客人走进餐厅，引座员立即迎上前去，把客人引到一张空餐桌前，让客人各自入座，正好10位坐满一桌。

服务员小方及时上前给客人一一上茶。客人中一位像是主人的先生拿起一份菜单仔细翻阅起来。小方上完茶后，便站在那位先生的旁边，一手拿小本子，一手握圆珠笔，面含微笑地静静等候他的点菜。那位先生先点了几个冷盘，接着有点犹豫起来，似乎不知点哪个菜好，停顿了一会儿，便对小方说："小姐，请问你们这儿有些什么好的海鲜菜肴?”“这……”小方一时答不上来，“这就难说了，本餐厅海鲜菜肴品种不少，但不同的海鲜菜档次不同，价格也不同，再说不同的客人口味也各不相同，所以很难说哪个海鲜特别好。反正菜单上都有，您还是看菜单自己挑吧。”小方一番话说得似乎头头是道，但那位先生听了不免有点失望，只得应了一句：“好吧，我自己来点。”于是他随便点了几个海鲜和其他一些菜肴。

当客人点完菜后，小方又问道：“请问先生要些什么酒和饮料?”客人答道：“一人来一罐青岛啤酒吧。”又问：“饮料有哪些品种?”小方似乎一下来了灵感，忙说道：“哦，对了，本餐厅最近进了一批法国高档矿泉水，有不冒气泡的和冒气泡的两种，你们不能不品尝一下啊!”“矿泉水?”客人感到有点意外，看来矿泉水不在他的考虑范围内。“先生，这可是全世界最著名的矿泉水呢。”客人一听这话，觉得不能在朋友面前丢了面子，便问了一句：“那么哪种更好呢?”“那当然是冒气泡的那种好啦!”小方越说越来劲。“那就再来 10 瓶冒气泡的法国矿泉水吧。”客人无可奈何地接受了小方的推销。

服务员把啤酒、矿泉水打开，冷盘、菜肴、点心、汤纷纷上来，客人们在主人的盛情之下美餐一顿。

最后，主人一看账单，不觉大吃一惊，原来 1 400 多元的总账中，10 瓶矿泉水竟占了 350 元，他不由嘟哝了一句：“这矿泉水这么贵啊!”“那是世界上最好的法国名牌矿泉水，卖 35 元一瓶是因为进价就要 18 元呢。”收银台服务员解释说。“哦，原来如此。不过，刚才服务员没有告诉我价格呀。”客人显然很不满意，付完账后怏怏离去。

点评：本例中服务员小方在给客人介绍和推销菜肴、饮料过程中，有两个过失。第一，推销不力。当客人主动询问有哪些好的海鲜菜肴时，小方不应该消极推辞，放弃推销产品的职责和机会，而完全应趁势详细介绍本餐厅的各种海鲜，重点推荐其中的特色品种，甚至因势利导地推销名贵海鲜，客人也会乐意接受。这样既满足了客人的要求，又增加了餐厅的收入，何乐而不为呢? 到手的机会拱手相让，还惹来了客人的不悦。第二，推销过头。餐饮推销必须掌握分寸，超过了一定限度，过头了，就会适得其反。像法国名牌矿泉水，这是为某些高消费客人的特殊需求而备的，不在服务员的一般推销之列。若有客人提出要喝法国矿泉水，就说“有”即可，或者可以婉转暗示客人矿泉水的价格。像小方那样过分推销，使客人处于尴尬境地，虽能勉强达到推销目的，但到头来反而会使客人误解酒店有故意“宰客”之嫌，很可能就此失去了这些回头客，这是很不值得的。

［资料来源］http：//industry. yidaba. com/ldly/alfx/66844. shtml

本章小结

通过本章的学习，不但可以了解酒水的基本知识和酒水服务的特点，帮助学员重视餐饮经营中的酒水销售及服务，而且还可以掌握酒水的服务技巧和原则，从而达到提高服务质量、增加客人满意度的效果，进而提高餐厅菜品销售额，提升企业知名度，增强企业竞争力。

复习思考题

1. 填空题

（1）号称世界三大饮料的是______、______、______。

（2）世界上咖啡产量最多的国家是______，其次是______。按酒的酿造方法分，可分为______、______、______。

（3）中国第一名酒是______酒，其香型是______，产地是______。

2. 单项选择题

（1）______以西湖龙井为最有名。

A. 绿茶　　B. 红茶　　C. 乌龙茶　　D. 紧压茶

（2）被称为"葡萄酒女王"的产地是______。

A. 法国波尔多地区　　B. 法国科涅克地区

C. 法国波肯地区　　D. 法国香槟省

（3）黄酒属于______。

A. 蒸馏酒　　B. 高度酒　　C. 发酵原酒　　D. 配制酒

3. 问答题

（1）餐厅酒水管理的作用是什么？

（2）酒水服务礼仪中应注意哪些细节？

（3）酒水服务的原则是什么？

案例分析与思考：存酒"存"住回头客

山东济南市有一家餐馆，开业后生意很一般，可老板经过细心观察，在店堂专门为顾客增设了一个存酒柜，很快为餐馆带来了好生意。过去没有存酒柜时，顾客开始由于要的酒多，喝不完又不好意思带走，于是主人只好一个劲地劝客人喝，直到把酒喝完为止。结果呢？经常有人喝醉，重者伤了身体，轻者或误了正事，或影响了家庭和睦。这家餐馆推出存酒柜这一举措后，着实为该店引来了一批又一批的回头客，其生意明显好于以前。

［资料来源］http：//www. hotel1520. com/hotel _ 1/4297 _ 3. html.

思考题：

分析本案例餐饮酒水销售管理创新之处在哪里？为什么餐馆的生意能好于以前？

实训指导

实训项目：酒水单设计。

实训要求：根据企业定位，完成酒水单类型组合设计；根据餐厅特点，完成酒水单内容设计；根据餐厅经营特点，设计酒水单定价策略方案；设计酒水单科学管理方案。

实训组织：项目引导，任务分配；小组调研，内容设计；小组讨论，师生交流；方案汇报，项目评价。

项目评价：小组互评；教师评价。

第八章　餐饮服务管理

【学习目的】

掌握餐饮服务的功能、意义、特点；
了解餐饮服务环境的设计布置工作；
掌握餐饮服务的基本技能；
掌握从管理者的角度对餐饮服务质量进行事前、事中、事后的监控和管理。

【基本内容】

★餐饮服务的功能与特点：
餐饮服务的内涵；
餐饮服务的功能；
餐饮服务的内容；
餐饮服务的特点。
★餐饮服务环境的布置与安排：
影响餐饮服务环境布置与安排的因素；
餐饮服务场所布置安排的原则；
餐饮服务场所的布置与设计。
★餐饮服务基本技能与服务程序：
餐饮服务基本技能；
餐饮服务程序。
★餐饮服务质量控制方法：
预先控制；
现场控制；
反馈控制。
★餐饮服务质量的监督检查：
餐饮服务质量监督的内容；
餐饮服务质量检查；
餐饮服务质量监督检查的主要措施。

【教学指导】

进行学生餐饮操作基本技能的培训，采用情景模拟使学生掌握餐饮服务与管理的基本程序。

第一节　餐饮服务的功能与特点

现代的餐饮业已不单单是为了满足人们的饮食需求，它被赋予了诸如社交、享受、审美、商务等多样性的功能。怎样才能让客人在满足口腹之欲的同时得到多方面的满足，提升产品的附加值，体现餐饮的功能特点，餐饮服务是关键所在。

一、餐饮服务的内涵

餐饮服务，是服务人员借助餐饮服务设施向客人提供食物，同时帮助客人顺利完成就餐过程，使客人得到生理和精神的双重享受。

服务（SERVICE），在法国是服侍用餐的顾客的意思。这个字在法语中本来是指菜单中的一组菜式，后来转注为提供餐点上桌服务客人的方式。西餐服务以法式西餐最为讲究与周到，由此可知服务就是服务人员以最亲切与礼貌的态度，去服侍顾客，而且处处为顾客着想，随时为顾客提供必要的帮助，使顾客享受到宾至如归的舒适气氛。这就是服务的真谛。

在英语中，服务（SERVICE）的解释分解到每个字母。Smile（微笑），微笑待客；Excellence（优秀），业务精通；Ready（准备好），随时准备为客人服务；Viewing（看待），视每位客人为特殊和重要人物；Invitation（邀请），邀请每位客人再次光临；Creating（创造），为客人创造温馨气氛；Eye（眼神），用眼神表达对客人的关心。

客人购买的餐饮产品包括饮食产品和服务，二者是不可分割的组合体，任何方面的不完美都会给顾客带来不良的影响，进而影响餐饮企业的声誉和产品的销售。在相同档次的餐饮企业，餐饮硬件设施一般都大同小异，只有差异性的服务才能体现出竞争优势。

二、餐饮服务的功能

餐饮服务在餐饮企业的整体运转中发挥着独特的功能。

（一）餐饮服务是菜品从生产转换为消费的桥梁

通过餐饮服务使产品从生产阶段进入消费阶段，是餐饮产品体现其价值的重要环节。无论是零点、宴会、自助还是外卖，每一种餐饮消费形式都表现出服务的这一功能。因此，对餐饮企业来说，餐饮服务是完成这一转变的重要手段。

（二）餐饮服务是推销餐饮产品的过程

餐饮服务的过程也是推销的过程。在竞争日趋激烈的餐厅经营中，应加倍重视对服务员推销意识的培训。推销功能的发挥直接关系到餐饮企业的经济效益和服务效果。餐饮服务是与顾客面对面的工作，对客推销包含两个层面，一是浅层次的商品推销，二是更高层次的企业形象、文化、品牌的整体推销。

（三）餐饮服务是满足顾客需求的重要手段

根据马斯洛需求层次理论，顾客就餐不仅有吃与喝等生理上的需求，还有人身、财务等安全方面的需求，更有精神层面上的高级需求，如受尊重、得到认同、身心的愉悦与放松，等等。而在需求的每一个层面、每一个环节，都需要服务人员以娴熟的业务技能，礼貌、周到、热情的服务态度和大方、得体的服务姿态来帮助客人实现其需求，使其得到全方位的满足。

三、餐饮服务的内容

在顾客用餐的过程中，有很多工作需要服务人员在台前幕后完成，任何小小的疏忽与遗漏都可能造成难以挽回的损失。具体的内容包括以下几方面：

（一）保障餐饮产品的质量

无论何种性质的企业，质量始终是它的生命线，餐饮企业更不例外。餐饮产品的质量包含了食品质量和服务质量。食品是餐饮产品的基础所在，顾客正是通过对它的享用来体验和感受用餐的快乐。因此，餐厅提供的菜肴要求选料精细、品质优良、烹饪科学、注重审美效果、符合各种顾客的风俗习惯和口味。对于服务质量而言，它是顾客是否有美好感受、各方面需求是否得到满足的关键所在，服务人员应该从服务技能、态度、效率等方面加以提升。

（二）提供设备用品和良好的环境气氛

良好的设备用品能为餐厅的档次、品味和氛围加分。如造型精美、完整无瑕的餐具可以与菜品一道创造良好的审美效果；空调、盆栽和灯光、音响能营造和谐、浪漫、温馨的氛围和环境；而各类饰品、摆设又可以烘托气氛，体现风格。所以服务人员应加强对餐厅内所有设备用品的清洁保养和维护，力图以优雅、精致的环境和气氛增强顾客的满意度。

（三）清洁卫生

餐饮服务的一大特点就是清洁卫生。首先要从服务员自身做起，保证服务员的着装整洁干净、个人卫生彻底、服务过程中卫生习惯良好。此外，菜肴卫生、环境卫生也必须随时关注，及时处理。

（四）安全服务

安全是人的基本需求，外出就餐本就是一件比较令人愉悦的事情，做好安全服务工作，消除客人的后顾之忧，可以令顾客放松身心获得更大的享受。服务人员要注意顾客人身、财物的安全和餐厅自身的安全。顾客人身方面，要防止因设施设备用品的缺陷而受伤，如松动的椅子容易摔伤顾客；还要注意在服务过程中因为疏忽而伤到客人，如上菜时烫伤客人；关注客人的财物安全，对形迹可疑的人及时向上级汇报，采取措施确保安全，如为客人挂在椅背上的衣服罩上椅套；餐厅自身方面，要保持警惕，及时发现安全隐患并加以排除，如防火、防盗。

（五）对客服务的技能、技巧

服务工作是面对面的工作，如何有效地和客人沟通，建立良好的关系，也是餐饮服务的重要内容。服务人员应不断提高自身素质，从服务态度、礼仪礼貌、服务技能和服务技巧等方面入手，以提供优质服务为目标，以客人满意为宗旨，达到能使宾主尽欢的理想境界。

四、餐饮服务的特点

（一）态度具有价值

在餐饮服务中，“态度”是一种服务因素，它本身具有价值，同时也为企业带来效益。服务态度有它的内在含义和外在的表现形式。服务人员服务的态度隐含了个人素质、职业道德、服务意识、服务理念等种种要素，各要素的高低程度决定了服务人员对服务工作的看法、热爱程度和对企业的认同感，直接影响着服务员的工作态度，并通过一些表现形式传递给客人。这些表现形式包括外显的各项举止，如微笑、礼貌、周到、热情等。

（二）餐饮服务是标准化和个性化的有机统一

餐饮企业根据实际情况制定服务工作的标准模式，目的是使员工做到服务方式规范化、服务质量标准化、服务过程程序化。标准化服务，质量便于监控，过程便于管理，能够较为公平地进行各项指标的考评。

但是，来自不同国家、地区和民族的宾客由于其层次、职业、风俗习惯、文化背景等因素的不同，在消费方式和饮食习惯方面有着较大的差异，对餐饮服务的要求也不尽相同，标准化作业不可能提供令他们完全满意的服务，所以必须根据实际情况为客人提供针对性服务也就是个性化服务。个性化服务体现了对客服务的专门性、独特性，充分展示了以客为本、以客为尊的服务理念。

（三）餐饮服务的不可逆性

餐饮服务的不可逆性一是体现在时间上，餐饮服务只能在一定的时间内提供给客人享受，如果客人在相应时间没有来，就意味着餐饮服务在那个时间段的价值再也不能实现，因为时光无法倒流。不可逆性的第二个体现在于餐饮产品生产和消费同步进行，生产者与消费者之间是当面服务、当面消费，服务的质量直接受到顾客的当面检验，服务的效果无法再改变。

基于餐饮服务不可逆的特点，要求每一位服务人员要接待好每一位客人，在有效的时间内以良好的服务效果来实现餐饮产品的价值。

（四）餐饮服务的统一性

统一性指餐饮服务是直接服务与间接服务的统一，人前行为即对顾客的照顾与款待和背后行为即食品的制作、卫生与安全等相统一。顾客到某餐厅就餐往往含有信赖的因素，即在一定时间内将自己托付给了餐厅。餐厅则应本着对客人负责的精神，把人前服务与背后服务有机地统一起来。

（五）餐饮服务的无形性

餐饮服务是无形的，它不同于水果、蔬菜等有形产品，能从色泽、大小、形状等方面直观地判别其质量的好坏。餐饮服务只能通过就餐客人购买、消费、享受服务之后所得到的亲身感受来评价其好坏。餐饮服务的无形性使得顾客在消费之前无法对其进行考证，增加了购买的风险性，而同时也加大了餐饮产品销售的困难。不断追求更高的服务质量，特别是提高厨师和餐厅服务人员的制作水平和服务水平，是解决这个问题的关键所在。

（六）餐饮服务的差异性

餐饮服务的差异性一方面是指餐饮服务是由餐饮部门工作人员通过手工劳动来完成的，而每位工作人员由于年龄、性别、性格、素质和文化程度等方面不同，他们为客人提供的餐饮服务也不尽相同；另一方面，同一服务员在不同的场合、不同的时间，或面对不同的客人，其服务态度和服务方式也会有一定的差异。为了缩小这种差异，应该通过对员工服务技能、服务素质、职业操守方面的培训来提升员工素质，尽量弱化差异。

第二节　餐饮服务环境的布置与安排

餐饮服务环境是餐饮企业提供服务和顾客进行消费体验的物质环境，既是餐饮产品的生产场地，同时也是顾客的消费场所。一般来说，餐饮服务环境包括前台环境和后台环境两个部分。前台环境是客人消费餐饮产品的场所，包括外观、装修、风格、摆设在内的“可视环境”，造就了服务氛围，影响着消费者的服务体验和心理感受。同时，前台服务环境还是服务的“生产场所”，其功能性设计的合理性会对服务者的工作效率、工作态度产生一定的影响。服务后台环境是生产环境，各类食品均在此制作，其设计的科学性会对整个餐饮生产的高效率产生决定性的作用。本节主要探讨餐饮服务前台环境的布置与安排。

一、影响餐饮服务环境布置与安排的因素

（一）餐饮企业的客源结构

餐饮企业首先应该确定自己的目标市场，根据目标市场客源的消费习惯、审美要求来确定餐厅环境的风格、基调和主题，在环境的布局和设计中创造各种特定的氛围，尽可能满足各类客人的心理需求。例如，宴会厅要显得庄严、气派、富丽堂皇，以显示宴会主人的身份和地位；普通大型餐厅以接待大型聚餐为主，要显得热烈而有序；而高档餐厅就应该显得高贵、雅致、温馨、宁静。

（二）餐厅的建筑结构

餐厅营业场所在建筑结构方面各有形状，布置安排时必须因地制宜，根据不同的建筑结构进行合理布局，使服务设施的安排、服务路线的设计与现有的建筑结构相协调。

（三）餐厅的服务类型

不同的服务方式，对环境布置、安排的要求不同。如中餐和西餐，它们无论对装潢、气氛，还是对家具、餐具，都有不同的要求。又如，西餐厅中，美式服务、法式服务、俄式服务等不同的服务方式对服务设施、服务空间的要求又各不相同。餐厅的布置、安排必须与餐厅所提供的服务方式一致。

（四）餐厅的档次和规格

不同档次和规格的餐厅，需要有与之相匹配的服务环境，应根据目标市场客源的特点来进行合理的布置和安排。如从消费水平看，是吸引一般消费者还是中等水平消费者或是高水平消费者。有了这样一个目标，将有利于投资决策，也就从某种程度上决定了餐厅的布置与安排。

（五）餐厅所处的地点和位置的影响

餐饮环境的设计布置会受到餐厅周围环境的影响。如在繁华地带，应考虑房屋租金成本，充分利用有限的空间，尽可能扩大餐厅中的营业区域；而在风景区，就应将餐厅布置得休闲、轻松，外观设计应与景区大环境相协调。

（六）餐饮企业的资金能力

毫无疑问，这是决定餐饮机构布置、设备选择的主要因素之一。强有力的资金支持，可按经营者思路进行设计，保证设施设备的高品质，最大限度地挖掘餐厅潜力，实现更大效益。资金能力不强，则会束缚餐厅应有能力的发挥。

在上述六个影响餐饮服务环境布置与安排的因素中，资金能力、建筑结构和客源结构三项因素将直接影响餐饮服务环境布置安排方案的设计和选择，餐饮经营、管理人员应根据具体情况加以把握。

二、餐饮服务场所布置安排的原则

在对餐厅进行布置安排的时候，有一些基本尺度是需要明确把握的。

（一）安全性原则

布置餐厅的设施设备和各类物件的选材和布局要能保证生产服务工作和消费活动的安全，如卫生间和厨房的防滑地板、醒目的消防设施和标志等。

（二）服务高效原则

设计者应合理摆放设施，不仅要使服务的路线清晰，而且应尽量缩短服务路线的长度，减小服务者与顾客的移动距离，保证服务效率。

（三）氛围良好原则

餐厅的设计和布置应该创造出良好的氛围，不仅要令顾客感到愉悦，还要使员工在舒适的工作环境中保持良好的工作状态。

（四）效益原则

餐厅的布置要讲求效益，兼顾节省成本和达到经营目标两方面，特别是后台的空间，往往受到多种条件的制约，必须加以充分利用，比如豪华餐厅应有宽敞的大堂，但也应有布局紧凑的厨房。

餐饮服务场所的设计与布局，应有利于餐饮产品的服务与销售，能长期让顾客流连忘返，吸引客人再次光顾，能在同行业的竞争中保持不败之地。饭店餐饮行业的激烈竞争，要求在设计工作上对营业方式、经营格调、空间规划、设备配置、照明及色调变化、适应顾客心理等方面要面面俱到，树立与其他餐饮企业不同的独特风格。

三、餐饮服务场所的布置与设计

任何一家餐饮服务场所的布置与设计，都应该根据实际情况，遵循餐饮服务场所布置安排的原则来进行。

（一）餐厅的店面、外表设计

餐厅店面如同产品的包装，兼具美观和识别的功能，展现餐厅格调，以招徕客人为主要目的。首先要符合餐厅的档次，切不可一味追求高档、豪华，使客人畏惧或是让客人觉得名不副实。其二，店面应该彰显其“识别”功能，让顾客留下深刻印象并能从众多餐厅里将其分辨出来。因此，餐厅门面的大小、展示窗、霓虹灯、招牌等，要力求让人过目不忘。利用独特的外表充分烘托出餐厅的商品特征，如开放式店面，采用落地玻璃窗，将餐厅内的用餐情调展现给过往行人，增强餐厅的亲和力。在风格处理上，尽量采用自然鲜明的色彩，减少过分的装饰堆砌，要有和谐的气氛，强调协调，追求富于人情味的餐饮空间。

另外，餐厅门面的设计要显示出卫生与清洁格调。这从颜色的运用、设备的风格、空间的安排及其本身具有的清洁程度均能反映出来。

同时，也要配合街景，餐厅名字要朗朗上口，便于识记，霓虹灯、招牌文字要简明，图案新颖而醒目，标志鲜明，要与建筑的造型相协调，显示独特的形象。

总之，餐厅外观的设计，要符合大众的审美标准，引起人们对餐饮产品的想象，激发人们的消费欲望，并能为客人留下良好印象。

（二）餐饮服务场所空间的功能分区

餐饮服务场所的空间，无论其形状大小，都应发挥其用餐、服务两大功能。空间各部分应按其使用功能进行划分和设计。

1. 就餐空间

就餐空间是餐厅最重要的部分，它主要承担用餐功能，是顾客活动的最主要场所，因此必须体现舒适、方便和格调。顾客就餐空间一般被设计为包间、雅座和大厅。包间是体现餐厅档次的就餐场所，应该与大厅相隔一段距离，远离大厅的喧嚣，保持清静、优雅的环境；雅座一般是以屏风、植物盆栽等软隔断在大厅独立出一个相对隐蔽的空间，提供给那些人数较少又喜爱清静的客人；大厅最适宜展示餐厅生意兴隆的场面，所以在空间划分的时候要避免迂回曲折，尽量以开阔的布局来体现。

餐厅的餐桌有圆形、正方形、长方形，餐椅有立式、柜台式、卡座式，在就餐空间内如何摆放布置，要视具体情况而定，一般来说，在包间摆放圆桌，雅座采用卡座，而大厅就采用普通的样式。为避免餐桌资源浪费，比如少数人占用一个大圆桌，一般零点餐厅的餐桌应以标准尺寸的方形两人桌为主，这种两人桌可随机拼装，铺上桌布即可变为六人或八人桌。

2. 公用空间

餐厅里的公共空间是餐厅必不可少的配套功能区间，包含洗手间、衣帽间、等待区等。洗手间应设计在稍微隐秘的地方；而衣帽间、等待区一般设置在餐厅大门附近。

3. 管理服务空间

餐厅中必须有一个空间专为工作人员的管理、服务工作而设。这一空间中有服务台、办公室、服务人员休息室等。很多餐厅服务台又叫“吧台”，一般设置在餐厅门侧或是大厅中部位置，主要的功能是收银、酒水及其他售卖品展示。

（三）餐饮服务场所的人员流动线路安排

在进行餐厅服务场所的布置安排时，应该通过餐桌椅和植物盆栽的摆放来将人员行走的路线规划出来。

在安排人员通道时首先应考虑尽可能选取直线，避免迂回的曲线，使客人与工作人员能在第一时间内到达目的位置；其次是主要通道与次要通道之分，主要通道的宽度要明显大于次要通道；最后是主要通道或次要通道均应考虑服务人员工作时用手推车的通行宽度。

（四）餐饮服务场所的光线与色调

1. 餐厅的光线

餐饮服务场所的光线首先应考虑光源的形式。在餐厅中大致有三种光源：自然光源（阳光）、人工光源、自然光源与人工光源混合形式。人工光源分为电灯光源和烛光光源。餐厅采用何种形式的光源，受餐厅档次、风格、经营形式与建筑结构的制约。饭店中的餐厅多用混合光源照明，在咖啡厅、快餐厅中，自然光源的比重大些；而在高档宴会厅和法式餐厅中，人工光源的比例会大些。要善于利用不同的光源形式，营造不同的就餐氛围。

餐厅光线方面需要引起重视的是餐厅受光的强度。光的强、弱、明、暗不同，将会产生不同的效果。利用各种光线的强弱并配以色彩变化，能够烘托出很好的用餐气氛，增进食欲。一般而论，越是高档的餐厅，光线的强度相对越弱；反之，餐座周转率较高的餐厅，普遍使用光照度较强的配置。

2. 餐厅的色调

不同的色彩给人不同的感受。通常人们将色彩分为冷、暖两大类别。暖色调使人觉得紧凑、温暖，冷色调可使空间显得比较空旷并产生凉爽之感。因此，餐厅在运用色彩时，应根据餐厅的风格、档次、空间大小，合理地运用好色调，墙壁、天花板、地面等的颜色要注意合理搭配，产生预想的效果。

第三节　餐饮服务基本技能与服务程序

一、餐饮服务基本技能

餐饮服务工作是一门技艺性较强的专业技术，熟练地掌握餐饮服务技能是做好服务工作、提高服务质量的基本条件。对服务员进行基本技能的培训，使他们熟练掌握过硬的操作技能，在服务过程中发挥积极性、创造性，把对客服务的真挚情感融入工作，使技能与之完美结合，这样才能充分体现服务的价值，并使宾客真正体会到宾至如归的感觉。餐饮服务的基本技能包括托盘、摆台、斟倒酒水、餐巾折花、上菜、分菜六项。

（一）托盘

托盘是餐饮工作者必须掌握的一门服务技术。托盘是服务员的第三只手，无论是摆、换、撤、运各种餐酒具，还是走菜、托运酒水，以及为客结账等服务，都必须根据不同的物品和工作需要使用各种不同规格的托盘递送。正确有效地使用托盘，不仅可以减少搬运次数，减轻服务员的劳动强度，提高工作效率和服务质量，同时还可以体现出餐厅服务工作的规范和服务人员的文明操作。

托盘的材质有木制、金属（如银、铝、不锈钢）和胶木制品，规格有大、中、小，形状有长方形和圆形。大、中规格长方形托盘一般用于运送菜点、酒水和盘碟等较重物品，小规格长方形盘则用于递送账单、收款、信件等；大、中、小规格圆盘一般用于上菜、分菜、斟酒、展示饮品等。根据物品的不同要选用不同的托盘装运、递送。而且在使用托盘时，除非其表面是防滑的，否则一定要用一块托盘巾或餐巾垫在托盘上，起到防滑作用。

托盘的方式有轻托和重托两种。轻托就是托送比较轻的物品或用于斟酒、上菜等操作，一般重量在 5 千克以下。在服务中，轻托一般都在客人面前操作，因此，使用轻托时的熟练程度、优雅程度就显得十分重要。重托用于托送较多的菜点、酒水和空盘碟。盘中的重量一般在 10 千克左右，甚至更重。这不仅要有较强的臂力，而且需要熟练的技术。

托盘的操作程序可分为理盘、装盘、托盘、行走和落托五个环节。根据用途合理选择托盘并擦拭干净盘底与盘面，最好使用胶垫或是垫布，以防盘内物品滑动。一般装盘是重物、高物在里档；轻物、低物在外档，先上桌的物品在上、在前，后上桌的物品在下、在后。根据物品重量选择合适的托盘方式，轻托时左手臂弯成90℃角，掌心向上，五指分开；手掌自然形成凹形，掌心不与盘底接触，平托于胸前，所以轻托又叫“胸前托”。重托时以左手扶住托盘的边，右手伸开五指，用全掌托住盘底，协助左手将托盘托起至胸前，向上转动手腕，将托盘托于肩上，因此重托又叫“肩上托”。托盘行走的时候要注意轻托不贴腹，重托盘底不搁肩，前不近嘴、后不贴发、手不撑腰，脚步轻盈稳妥，幅度适中，保证酒水、汤汁不外溢。物品运送到目的地落托时，用右手扶住盘边，将托盘水平放至桌边，然后撤去左手，并用右手将托盘推进。

（二）摆台

摆台是开餐前布置餐桌台面的工作，属于事前服务，体现了餐厅以客为尊、随时欢迎客人到来并为其服务的服务意识和状态。它包括台布的铺设、餐具物品摆放、美化台面三个步骤。摆台主要有零点、宴会之分，常见的中餐台面见图8－1、图8－2、图8－3所示。

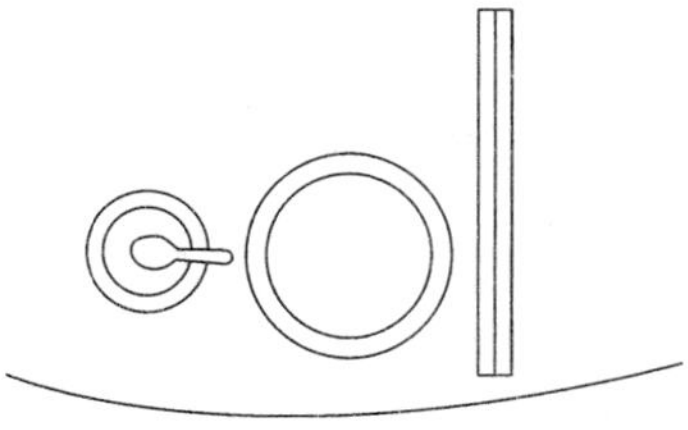

图8－1 早餐摆台

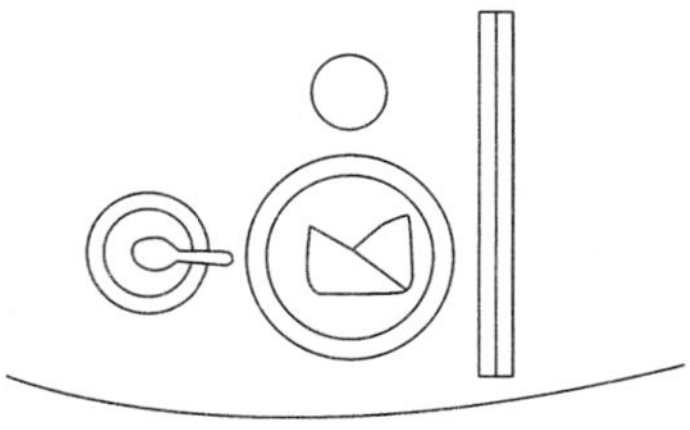

图8－2 中晚餐摆台

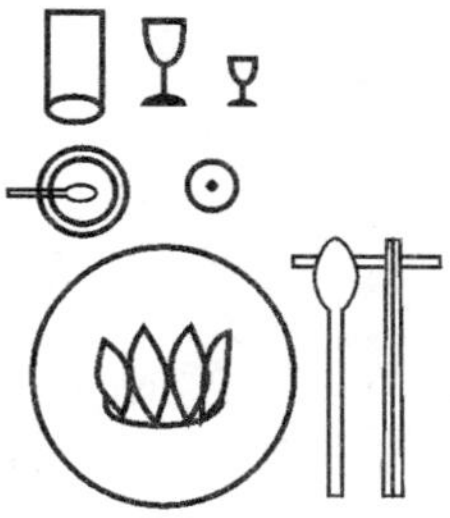

图8－3 中餐宴会摆台

中餐宴会摆台根据台形选择好台布后，服务员站在主位一侧，用双手将台布抖开铺上台面，台布折缝朝上；上转盘底座时，压在十字折缝印上，台布四角均匀对称与桌脚垂直。铺台布的方法有两种：一种是推拉法，另一种是渔翁撒网法。摆放餐具时，将餐具放在托盘内以左手托起，从主人位开始按顺时针方向依次用右手摆放餐具，次序是骨碟、茶碟、茶杯、汤碗、汤匙、味碟、酒水杯、筷架、筷子、牙签盅、烟灰缸等。中餐宴会主人位的确定及座次安排见图8－4。为了美化台面、烘托气氛和突出主题，通常会在每个席位放置餐巾花和台面正中摆放鲜花。

摆台的好坏直接影响服务质量和餐厅的面貌。铺设后的餐台要求做到台形设计考究、合理，席位安排有序，符合传统习惯，餐具等摆设配套、齐全，整齐一致，既方便用餐，又便于席间服务。表8－1与表8－2为常用中餐摆台考核配分与评分标准。

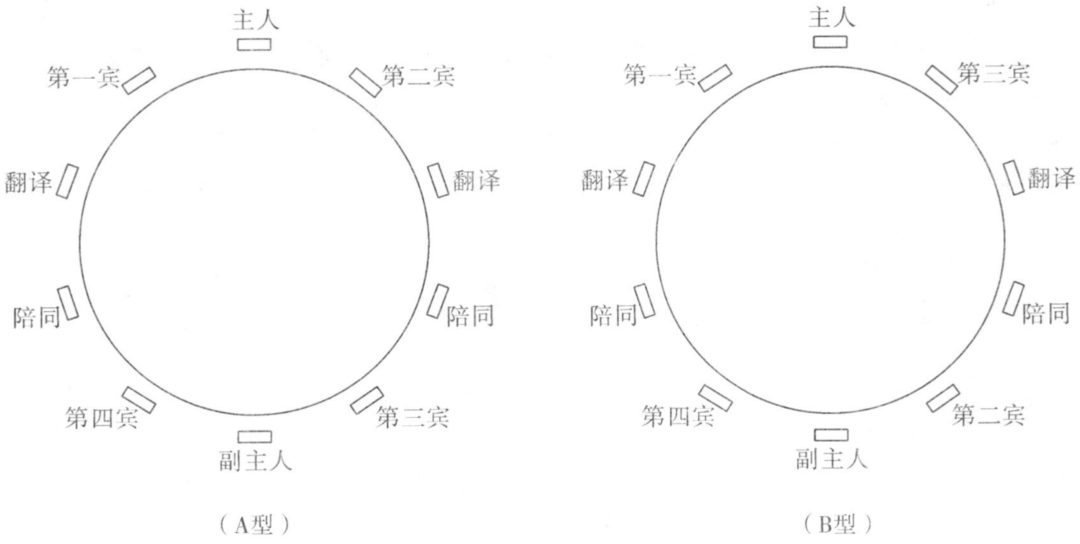

图 8－4　中餐宴会座次安排

表 8－1　　　中餐零点摆台考核配分与评分标准（样）

序号	考核内容	考核要点	配分	评分标准	扣分	得分
1	仪表仪容	仪表、仪容清洁、端庄、大方	10	仪表、仪容不符合要求，分别扣 5 分		
2	准备工作	餐具、用具分类摆放规范、合理	10	餐具、用具摆放不规范扣 6 分，整体类别摆放不合理扣 4 分		
3	铺台布	铺台布正面朝上； 中线对正； 台布下垂均匀	5	台布铺反扣 2 分， 中心线不正扣 1 分， 台布下垂不匀扣 2 分		
4	摆放餐具、用具	按顺序摆放餐具、用具； 餐盘定位间距相等； 盘边距桌边等距； 餐具、酒具摆放准确； 间距均匀； 正确、熟练地使用托盘	40	顺序错误扣 5 分；餐盘间距不匀扣 2 分，与桌边距离不等扣 3 分； 餐具用具摆位错误每个扣 1 分，扣完 10 分为止； 间距不合要求每个扣 1 分，扣完 10 分为止； 托盘不规范扣 5 分，不熟练扣 5 分		
5	餐巾折花（杯花）	造型精致、美观； 技法熟练； 花型新颖； 插入杯中部分整齐； 观赏面朝向宾客； 操作卫生，手指不接触杯口，不用嘴叼、不用下巴按住餐巾	20	折叠粗糙不美观扣 5 分； 技法生疏扣 4 分； 花型陈旧扣 5 分； 杯中部分凌乱扣 4 分； 观赏面朝向错误扣 3 分； 操作不卫生扣 4 分		

表8－1（续）

序号	考核内容	考核要点	配分	评分标准	扣分	得分
6	花瓶与餐椅	花瓶置餐台中心； 餐椅对位摆放规范	5	花瓶未居中心扣2分； 餐椅摆位不准扣3分		
7	整体效果	清洁卫生；布局合理； 美观大方	10	台面不清洁扣2分；布局不合理扣4分；整体缺乏美感扣4分		
备注				餐具、用具落地一次扣1分； 打碎餐具、用具一件扣5分； 少摆餐具、用具每件扣2分		
合计			100			

表8－2　　中餐宴会摆台考核配分与评分标准（样）

序号	考核内容	考核要点	配分	评分标准	扣分	得分
1	仪表、仪容	仪表、仪容清洁、端庄、大方，中式工装得体	5	仪表不符合要求扣2分； 仪表不规范扣3分		
2	准备工作	餐具、用具分类摆放规范、合理	5	餐具、用具摆放不规范扣3分，整体类别摆放不合理扣2分		
3	铺台布	铺台布正面朝上；中线对准正副主人位；台布下垂均匀	5	台布铺反扣2分；中心线不正扣1分；台布下垂不匀扣2分		
4	摆放餐具、用具	从主人位开始顺时针摆放餐具、用具；餐盘定位间距相等；盘边距桌边等距；筷子探出筷架长度准确，筷尾端与桌边距离准确；勺托、小瓷勺或汤碗、味碟摆位正确；红酒杯居中，水杯、白酒杯位于红酒杯左右摆放，间距准确；花瓶、公用餐具、牙签盅摆位正确；正确、熟练地使用托盘	50	顺序错误扣3分，逆时针摆放扣2分；餐盘间距不匀扣2分，与桌边距离不等扣3分；筷子探出长度不等扣3分，与桌边距不准扣2分；摆位错误扣1～5分；间距不合要求每个扣1分，扣完10分为止；摆位错误扣1～5分；摆位不准扣1～5分；托盘操作不规范扣5分，不熟练扣5分		

表 8-2（续）

序号	考核内容	考核要点	配分	评分标准	扣分	得分
5	餐巾折花（杯花）	造型精致、美观；技法熟练；花型新颖；插入杯中部分整齐；主位花型突出；观赏面朝向宾客；操作卫生，手指不接触杯口，不用嘴叼、不用下巴按住餐巾	25	折叠粗糙不美观扣 5 分；技法生疏扣 4 分；花型陈旧扣 5 分；主位花不突出扣 5 分；杯中部分凌乱扣 3 分；观赏面朝向错误扣 3 分；操作不卫生扣 4 分		
6	花瓶与餐椅	花瓶置餐台中心，餐椅对位摆放规范	5	花瓶未居中心扣 2 分；餐椅摆位不准扣 3 分		
7	整体效果	清洁卫生；布局合理；美观大方	5	台面不清洁扣 2 分；布局不合理扣 4 分；整体缺乏美感扣 4 分		
备注				餐具、用具落地一次扣 1 分；打碎餐具、用具一件扣 5 分；少摆餐具、用具每件扣 2 分		
合计			100			

西餐摆台一般分为便餐摆台、宴会摆台两种。台形一般以长台和腰圆台为主，有时也用圆台或方台。具体摆台方式是根据菜单设计的，食用某一类型的菜点，就相应地放置所需要用的餐具。

西餐便餐摆台顺序通常是先摆装饰盘定位，然后在装饰盘左边摆餐叉，右边摆餐刀，刀刃向内，汤匙放在装饰盘前方且匙把朝右；面包盘放在餐叉左边，盘内放一黄油刀，刃向盘内；酒杯放在汤匙前方，摆法与中餐相同；餐巾折花放在装饰盘内或者插入啤酒杯内；烟缸放在装饰盘正前方酒杯外，胡椒粉、精盐瓶放在烟缸左侧，牙签盅放在胡椒瓶、盐瓶左边，花瓶放在烟缸前面。当然，每个饭店可根据自己的餐具、餐桌、风格来进行台面设计。

西餐宴会需要根据宴会菜单摆台，每上一道菜就要换一副刀叉，通常不超过七件，包括三刀、三叉和一匙，摆放时按照上菜顺序由外到内放置。其具体摆法见图 8-5：①先将装饰盘摆好作为定位，装饰盘左边按顺序摆放餐叉、鱼叉、开胃品叉，装饰盘右侧按顺序摆放餐刀、鱼刀、开胃品刀，刀刃朝左。②装饰盘前方摆放甜品叉和甜品匙。③叉的左侧摆面包盘，盘内斜放黄油刀，盘的前方摆黄油碟。④甜品叉、匙的右方摆水杯、红葡萄酒杯、白葡萄酒杯。⑤餐巾折花放在装饰盘内。

西餐宴会摆台考核配分与评分标准见表 8-3。

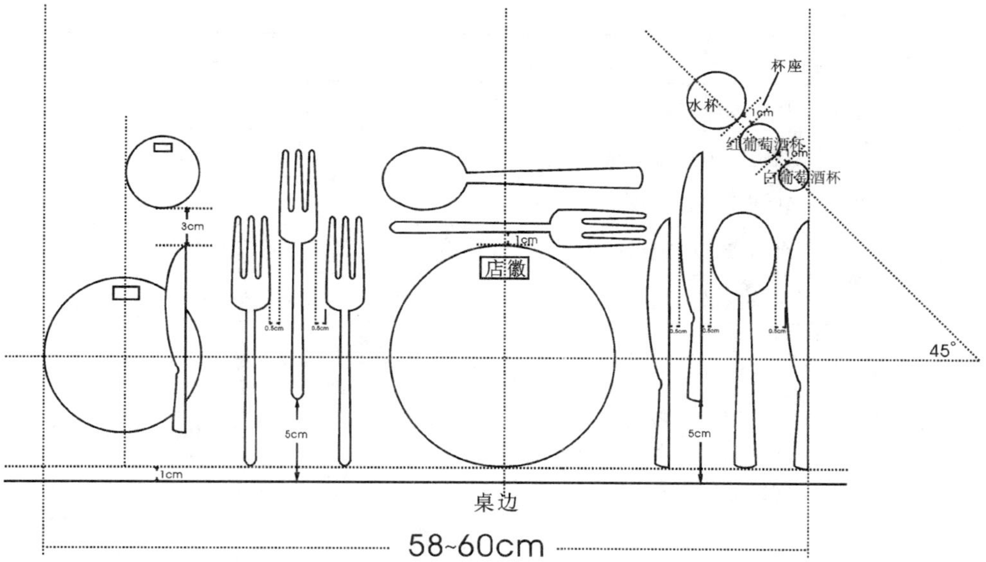

图 8－5　西餐宴会摆台平面示意图

表 8－3　　西餐宴会摆台考核配分与评分标准（样）

序号	项目	项目评分细则	配分	扣分	得分
1	仪表、仪容	仪表、仪容清洁、端庄、大方，工装得体	5		
2	准备工作	餐具、用具分类摆放规范	3		
		餐具、用具分类摆放合理	2		
3	台布	台布中凸线向上，两块台布中凸线对齐	1		
		两块台布面重叠 5 厘米	1		
		主人位方向台布交叠在副主人位方向台布上	1		
		台布四边下垂均等	2		
		铺设操作最多四次整理成形	2		
4	席椅定位	摆设操作从席椅正后方进行	0.6（每把 0.1）		
		从主人位开始按顺时针方向摆设	0.6（每把 0.1）		
		席椅之间距离基本相等	0.6（每把 0.1）		
		相对席椅的椅背中心对准	0.6（每把 0.1）		
		席椅边沿与下垂台布相距 1 厘米	1.2（每把 0.2）		

表 8－3（续）

序号	项目	项目评分细则	配分	扣分	得分
5	装饰盘	从主人位开始顺时针方向摆设	1.5（每个 0.25）		
		盘边距离桌边 1 厘米	1.5（每个 0.25）		
		装饰盘中心与餐位中心对准	1.5（每个 0.25）		
		盘与盘之间距离均等	1.5（每个 0.25）		
		手持盘沿右侧操作	1.5（每个 0.25）		
6	刀、叉、勺	刀、叉、勺由内向外摆放，距桌边距离符合标准（标准见最后的“备注”）	5.4（每件 0.1）		
		刀、勺、叉之间及与其他餐具间距离符合标准（标准见最后的“备注”）	5.4（每件 0.1）		
		摆设逐位完成	6（每位 1 分）		
7	面包盘、黄油刀、黄油碟	摆放顺序：面包盘、黄油刀、黄油碟	1.8（每件 0.1）		
		面包盘盘边距开胃品叉 1 厘米	0.6（每件 0.1）		
		面包盘中心与装饰盘中心对齐	0.6（每件 0.1）		
		黄油刀置于面包盘右侧边沿 1/3 处	0.6（每件 0.1）		
		黄油碟摆放在黄油刀尖正上方，相距 3 厘米	0.6（每件 0.1）		
		黄油碟左侧边沿与面包盘中心成直线	0.6（每件 0.1）		
8	杯具	摆放顺序：水杯、红葡萄酒杯、白葡萄酒杯（白葡萄酒杯摆在开胃品刀的正上方，杯底中心在开胃品刀的中心线上，杯底距开胃品刀尖 2 厘米）	1.8（每个 0.1）		
		三杯成斜直线，与水平线呈 45 度角	6（每组 1 分）		
		各杯身之间相距约 1 厘米	1.2（每个 0.1）		
		操作时手持杯的中下部或颈部	1.8（每个 0.1）		
9	花瓶或花坛	花瓶或花坛置于餐桌中央和台布中线上	1		
		花瓶或花坛的高度不超过 30 厘米	1		
10	烛台	烛台与花坛或花瓶相距 20 厘米	1（每座 0.5）		
		烛台底座中心压台布中凸线	0.5（每座 0.25）		
		两个烛台方向一致，并与杯具呈直线平行	0.5（每座 0.25）		
11	牙签盅	牙签盅与烛台相距 10 厘米	1（每个 0.5）		
		牙签盅中心点压在台布中凸线上	0.5（每个 0.25）		

表8－3（续）

序号	项目	项目评分细则	配分	扣分	得分
12	椒盐瓶	椒盐瓶与牙签盅相距2厘米	1（每组0.5）		
		椒盐瓶两瓶间距1厘米，左椒右盐	1（每组0.5）		
		椒盐瓶间距中心对准台布中凸线	1（每组0.5）		
13	盘花	造型美观、大小一致，突出正、副主人	4		
		餐花在盘中摆放一致，左右成一条线	4		
14	托盘使用	餐件和餐具分类按序摆放，符合科学操作	2		
		杯具在托盘中，杯口朝上	1		
15	综合印象	台席中心美化新颖、主题灵活	5		
		布件颜色协调、美观	4		
		整体设计高雅、华贵	5		
		操作过程中动作规范、娴熟、敏捷、声轻，姿态优美，能体现岗位气质	6		
合计（100分）					
备注： 1. 装饰盘，2. 主菜刀（肉排刀），3. 鱼刀，4. 汤勺，5. 开胃品刀，6. 主菜叉（肉叉），7. 鱼叉，8. 开胃品叉，9. 黄油刀，10. 面包盘，11. 黄油碟，12. 甜品叉，13. 甜品勺，14. 白葡萄酒杯，15. 红葡萄酒杯，16. 水杯 各餐具之间的距离标准：①1、2、4、5、6、8与桌边沿距离为1厘米；②1与2，1与6，8与10，1与12之间的距离为1厘米；③9与11之间的距离为3厘米；④3、7与桌边的距离为5厘米；⑤6、7、8之间，2、3、4、5之间，12与13之间的距离为0.5厘米；⑥14、15、16杯肚之间的距离为1厘米。					

（三）斟倒酒水

斟倒酒水是餐厅服务技能中较难掌握也是最能体现服务员专业技术水平的部分。斟酒操作技术动作的正确、迅速、优美、规范，往往会给顾客留下美好印象。服务员给客人斟酒时，一定要掌握动作的分寸，不可粗鲁失礼，不要讲话，姿势要优雅端庄，注意礼貌、卫生。服务员娴熟的斟酒技术及热情周到的服务，会使参加饮宴的顾客得到精神上的享受与满足，还可强化热烈友好的饮宴气氛。

1. 斟酒服务的基础

斟酒前，用干净的餐巾将瓶口擦净。从冰桶里取出的酒瓶，应先用餐巾擦拭干净，然后进行包垫。其方法是：用一块50×50厘米见方的餐巾折叠六折成条状，将冰过的酒瓶底部放在条状餐巾的中间，将对等的两侧餐巾折上，手应握住酒瓶的包布，注意将酒瓶上的商标全部暴露在外，以便让客人确认。斟一般酒时，左手持一块折成小方形的餐巾，右手握瓶，即可进行斟酒服务。斟酒时用垫布及餐巾，都是为防止冰镇后酒瓶外易产生的水滴及斟酒后瓶口的酒液洒在客人身上。使用酒篮时，酒瓶的颈背下应衬垫一块大小适宜的餐巾，以防止斟酒时酒液滴漏。

2. 斟酒时的站位

服务员的右脚在前，插站在两位客人的座椅中间，脚掌落地；左脚在后，左脚尖着地呈后蹬势，使身体向左呈略斜式；服务员面向客人，右手持瓶，依次进行斟酒。每斟满一杯酒更换位置时，要做到进退有序。退时先使左脚掌落地，右脚撤回与左脚并齐，使身体回到原位。再次斟酒时，左脚先向前跨一步，右脚跟上跨半步，形成规律性的进退，使斟酒服务的整体过程潇洒大方。服务员斟酒时，忌讳身体贴靠客人，但也不要离得太远，更不可一次为左右两位客人斟酒，也就是说不可反手斟酒。

3. 持瓶的姿势

持瓶姿势正确是斟酒准确、规范的关键。正确的持瓶姿势应是：右手叉开拇指，并拢四指，掌心贴于瓶身中部、酒瓶商标的另一方，四指用力均匀，使酒瓶握稳在手中。采用这种持瓶方法，可避免酒液晃动，防止手颤。

4. 斟酒时的用力

斟酒时的用力要活而巧。正确的用力应是：右侧大臂与身体呈 90 角，小臂弯曲呈 45 角，双臂以肩为轴，小臂用力运用手腕的活动将酒斟至杯中。腕力用得活，斟酒时握瓶及倾倒的角度的控制就感到自如；腕力用得巧，斟酒时酒液流出的量就准确。斟酒及启瓶均应利用手腕的旋转来掌握。斟酒时忌讳大臂用力及大臂与身体之间角度过大，角度过大会影响顾客的视线并迫使客人闪避。

5. 斟酒的时机

斟酒时机是指宴会斟酒的两个不同阶段：一个是宴会前的斟酒；另一个是宴会进行中的斟酒。如果顾客点用白葡萄酒、红葡萄酒、啤酒时，在宴会开始前五分钟之内将红葡萄酒和白葡萄酒斟入每位宾客杯中（斟好以上两种酒后就可请客人入座，待客人入座后，再依次斟啤酒）。如用冰镇的酒或加温的酒，则应在宴会开始后上第一道热菜前依次为宾客斟至杯中。宴会进行中的斟酒，应在客人干杯前后及时为宾客添斟，每上一道新菜后要添斟，客人杯中酒液不足一半时也要添斟。客人互相敬酒时要随敬酒宾客及时添斟。

6. 斟酒量

一般白酒、白葡萄酒以八成满为宜，红葡萄酒 1/2 杯，斟啤酒时应顺杯壁慢慢流下，以泡沫不外溢为准。

7. 斟酒的注意事项

（1）注意酒瓶的位置和可能发生的问题。斟酒时，瓶口不要碰上杯口（以相距 1 ~2 厘米为宜），以防将杯子碰倒；但也不能将瓶拿得过高，以防止酒水溅出杯外。斟完后，瓶口向上微微旋转 45 度，以使最后一滴酒液不洒在桌上。当操作不慎将杯碰倒或碰破时，应向客人表示歉意并立即将杯扶起，还要迅速在餐台有酒水痕迹处铺上一块干净的餐巾。如客人将杯碰倒时，服务员也要这样处理。

（2）注意瓶口的酒量。瓶内酒量越少，流速越快，所以倾斜度要调整。

（3）注意客人的情况。在客人祝酒讲话时，服务员应停止一切活动，精神饱满地端正肃立在所服务的位置上。

（四）餐巾折花

在台面上使用餐巾花可以起到突出主题、美化台面、渲染气氛、卫生保洁的作用。折餐巾花是餐饮服务人员必须掌握的基本技能。

餐巾的质地有全棉、亚麻等，餐巾花按其折叠方法和摆放工具的不同有杯花、盘花和环花三种，造型包括植物类、动物类和实物造型类。

餐巾折花的注意事项包括注意操作卫生，折叠时要在干净的地方进行，不允许用牙叼咬；一次叠成，捏褶均匀，形象逼真，格调力求新颖，有真实感；餐巾花摆放整齐，高矮有序，突出主人的位置；有头的动物造型一般要求头朝右。

餐巾折花的基本手法有：

（1）折叠：折叠是最基本的餐巾折花手法，几乎所有造型都需要，即折成各种形状。要求是：折叠前看好角度一次叠成，避免反复，如星形扇面等。

（2）推折：这是打折时运用的一种手法，即将餐巾叠面折成褶裥的形状，使花型层次丰富、紧凑、美观。操作的台面必须光滑，否则就推不动，会将餐巾拉毛。折时拇指、食指紧紧握裥，不能松开；中指控制间距将餐巾向前推折，不能向后拉折，否则折裥间距离大小不匀，有碍造型美观。要求两边对称的折裥，一般应从中间向两边折。推折可分为直线推折和斜线推折两种。两头一样大小的用直线推折，一头大一头小或折半圆形或圆弧形的用斜线推折。

（3）卷：就是将折叠的餐巾卷成圆筒形的一种方法，分为平行卷和斜角卷两种。平行卷要求两手用力均匀，一起卷动，餐巾两边形状必须一样；斜角卷要求两手能按所卷角度的大小，互相配合好。不管采用哪种卷法，都要求卷紧。卷松了就显得软弱无力，容易软塌下弯，影响造型。

（4）穿：这是用工具从餐巾的夹层折缝中穿过去，形成皱折，使造型更加逼真美观的一种方法。穿的工具一般用圆条形的筷子，筷子一定要光滑，根据需要有用一根的、两根的、三根的。穿之前，餐巾一般要折好，这样容易穿紧，看上去饱满，富有弹性。穿时，左手握住折好的餐巾，右手拿筷子，将筷子细的一头穿进餐巾的夹层折缝中，另一头顶在自己身上或桌子上，然后用右手的拇指和食指，将餐巾慢慢往里拉，把筷子穿过去。皱折要求拉得均匀。穿筷折皱后的折花，一般应先将它插入杯子，再把筷子抽掉，否则皱裥容易散开。所穿筷子的数量要根据花型而定。如折鸡冠花，为使其形状粗壮，可用三根筷子。

（5）翻拉：含意较广。餐巾折制过程中，上下、前后、左右、里外改变部位的翻折，均可称为“翻”。花型：出水芙蓉、金鱼等。

（6）拉：就是牵引。折巾中的拉，常常与翻的动作相配合。在翻折的基础上使造型挺直，往往就要使用拉的手法。如花的茎叶等，通过拉使折巾的线条曲直明显，花型就显得挺拔而有生气。翻与拉一般都在手中操作，一手握住所折的餐巾，一手翻折，将下垂的巾角翻上，或将夹层翻出，拉折成所需的形状。在翻拉过程中，两手必须配合好，握餐巾的左手要根据右手翻拉的需要，该紧则紧，该松则松。配合不好，就会翻坏拉散，影响成型。在翻拉叶子、鸟的翅膀时，一定要注意前后左右大小一致，距离对称。

（7）捏：捏的方法主要用于做鸟头或其他动物的头，方法是用一只手的拇指、食指、中指三个指头进行操作，将所折叠餐巾巾角的上端拉挺，然后用食指将巾角尖端向里压下，中指与拇指将压下的巾角捏紧，捏成一个尖嘴，作为鸟头，如圣诞火鸡。

总的来说，日常餐巾折叠经常使用这些基本手法。进行简单折叠，原因有三：其一，如果折叠正确，无论是简单或复杂，餐巾都好看，能提升餐厅的整体形象；其二，或许也是较重要的原因，复杂折叠步骤多，当打开时餐巾的外观差，有许多的折痕，且难以保持餐巾清洁；其三，复杂的餐巾花需要花较多的时间。

（五）上菜

将菜肴从传菜员手中递送到餐桌上就是上菜服务。上菜从副主人位右边第一位与第二位之间的空隙处（即译陪人员之间）侧身上菜，菜肴上桌后应按顺时针方向将菜旋转至主人和第一主宾面前然后报菜名，必要的时候可做简要介绍。上菜顺序一般是先上冷菜，再上热菜，最后上汤菜、点心和水果，但粤菜则习惯于先汤后菜。上菜服务时要注意：遵循"右上右撤"原则，菜肴正面要朝向主人，上粒状菜肴加汤匙，上煲锅类一般加垫碟上，上带壳食品要跟毛巾与洗手水，不能从老人和小孩身边上菜，特别注意操作规范和安全。

上菜时间，需要灵活掌握，若是宴会，冷菜应在开席前 5 ~ 10 分钟端上，当客人吃去 2/3 时，撤换一次餐碟；上第一道热菜，把菜放在主宾面前，将没有吃完的冷盘移向副主人一边。如果上第一道菜尚未动筷子时，不要急于上第二道菜；上大菜前，应换下用脏的碗、骨盘，一般先用口汤碗吃鱼翅之类的品种，然后吃汤和甜羹，若是不调换，则会两味合一，影响口味；即将上饭时，应低声告诉第二主人"菜已上齐"了，提醒干杯、吃饭。若是散客，则应在客人到达 15 分钟内上第一道菜。

（六）摆菜

摆菜即是将上台的菜按一定的格局摆放好，摆菜的基本要求是：要讲究造型艺术，注意礼貌，尊重主宾，方便食用。

摆菜的具体要求是：

（1）摆菜的位置要适中。散座摆菜要摆在小件餐具前面，间距要适当。一桌有几批散座顾客的，各客的菜盘要相对集中，相互之间要留有一定间隔，以防止差错。中餐酒席摆菜，一般从餐桌中间向四周摆放。

（2）中餐酒席的大拼盘、大菜中的头菜，一般要摆在桌子中间。

（3）比较高档的菜、有特殊风味的菜，或每上一道新菜，要先摆到主宾位置上，在上下一道菜后再顺势撤摆在其他地方，使台面始终保持美观。

（4）酒席中主菜的看面要对正主位，其他菜的看面要调向四周。散座菜的看面要朝向顾客。菜肴的所谓"看面"，就是最宜于观赏的一面。

（5）各种菜肴要对称摆放，要讲究造型艺术。菜盘的摆放形状一般是"一中心，二平放，三三角，四四方，五梅花"。

（6）如使用转盘，一定要注意转盘的均衡受重。上菜时，始终使下一道菜的菜盘在上一道菜的对面。

（7）如果有的热菜使用长盘，其盘子应横向朝主人。

（8）如果热菜上整只鸭、整只鸡、整条鱼时，中国传统的礼貌习惯是“鸡不献头，鸭不献掌，鱼不献脊”。

（七）分菜

中餐虽然不同于西餐的分餐制，而是合餐形式，但有的时候应客人要求或是为体现服务的档次，在用餐过程中会为客人进行分菜服务。分菜一般有两种形式，一种是将整个上桌的菜，如整只鸡、整只鸭，展示给客人看后撤到一旁的服务台将其分割成小块，方便客人取用；另一种是将一份菜均匀地分派给每个客人。第一种形式先要在客人餐桌旁放置服务桌，准备好干净的餐盘，放在服务桌上一侧，备好分菜用具。每当菜品从厨房传来后，服务员把菜品放在餐桌上向客人展示，介绍名称和特色，然后放到服务桌上分菜。第二种形式分菜时由两名服务员配合操作，一名服务员分菜，一名服务员为客人送菜。分菜服务员站在副主人位右边第一个位与第二个位中间，右手执叉、匙夹菜，左手执长柄匙接挡，以防菜汁溅在桌面上。另一服务员站在客人右侧，把餐盘递给分菜的服务员，待菜肴分好后将餐盘放回客人面前。

分菜服务时要注意：对每盘的菜肴数量，心中有数并分均匀；头、尾不给宾客；分菜用具不要在盘上刮出声响；分菜一般不要全部分光，要留菜的十分之一，以示菜的丰盛和准备宾客的添加。

二、餐饮服务程序

餐厅的类型不同，其服务方式也有所不同，但无论哪种情况都应按程序来开展服务，基本的环节包括餐前准备、迎宾、餐间服务和餐后工作。本书以中餐零点服务为例进行阐述。

（一）餐前准备工作

开餐前一个小时，各岗位服务员就应该到岗，做好充分的准备工作，保证服务工作顺利展开。

1. 迎宾

迎宾员首先应将自己的工作区域打扫干净，餐厅大门、迎宾服务台、宣传板、盆栽等均无灰尘污渍；然后准备好菜单和宾客预订名单。

2. 吧员

餐厅的吧员主要负责酒水的管理工作。开餐前同样要先做好自己区域的清洁卫生工作，检查酒水和酒具的储备量，保证开餐时能充足供应。

3. 值台服务员

值台服务员也叫看台服务员，主要是为本服务区内的客人提供各种服务，帮助客人顺利用餐。开餐前的准备工作相对其他岗位要复杂一些。

（1）做好工作区域内的清洁工作。要做到餐桌椅洁净无尘，转盘表面光洁，工作台物品码放整齐、外观干净。检查桌椅设备，保证安全。

（2）准备相关用品。首先要根据宾客进餐的情况，选好所使用的餐具、用具，整齐码放在备餐室柜中或服务桌上。包括瓷器（骨碟、饭碗、汤碗、汤匙、大汤匙、筷架、茶壶、茶杯、茶盘、花瓶、各类调料瓶和牙签盅、烟灰缸、保温杯等）、银器（餐叉、餐刀、果刀、冰桶、冰夹等）、玻璃器皿（各类酒水杯）、布件（台布、餐巾、小毛巾、抹布），还有各种托盘、启瓶工具、餐巾纸、暖壶、席次牌等。然后按照要求摆台。最后要熟记当日菜单，了解当日菜品的供应情况，包括品种、数量、价格、风味特点等，以便向宾客推荐。

4. 传菜员

传菜员的工作是将值台服务员送来的客人点菜单送到相关的厨房岗位，将制作好的菜肴从厨房送到餐桌旁，同时帮助将用过的餐具和用品撤到厨房。所以，开餐前传菜员要清洁好工作区域，检查传菜用具是否齐备，如托盘、餐巾、笔，等等，还要随时了解厨房菜品的供应情况，特别是短缺或没有的菜品，并将信息传递给值台服务员。

5. 收银员

在开餐前，收银员必须要检查各类单据是否齐备、电脑的收银系统是否正常运转、用于找补的零钱是否充分。

开餐前 30 分钟，由餐厅主管或领班主持召开餐前会。主要内容有检查员工出勤情况和仪容仪表、工作分工，通报客情和菜肴供应情况，总结上一餐的开餐情况，进行简短专题培训如 VIP 服务注意事项等。

（二）迎宾

当客人到达餐厅时，迎宾服务员应面带微笑礼貌地问候客人。询问客人是否预订，如已预订，则问清客人是以何名字预订的；如没有预订，则问清客人的人数。在客人左前方 1 米处引导客人，根据客人的人数、要求和餐厅的上座情况安排合适的餐桌，先宾后主、先女后男为客人拉椅。待客人落座后，将菜单和酒水单从右边递给客人，告知客人值台服务员很快会为他们点菜，祝客人用餐愉快。将客人的相关信息，如人数、特殊要求等告诉值台服务员后回到岗位。

（三）餐间服务

1. 点菜

当迎宾员将客人带到桌边后，值台服务员马上拉椅让座，为客人送上香巾、倒上茶水，并为客人点菜。

点菜时询问客人口味、爱好，介绍符合客人需求的菜品，推荐厨师及本店特色菜，帮助客人把握菜量大小、口味和品种搭配等，对制作时间较长的菜品进行说明，如告知客人清蒸鲈鱼需要 20 分钟时间。

主动询问客人饮用何种酒水，做好建议性销售，尽量使用选择疑问句，切忌强迫推销引起客人反感。

在客人点菜品、小吃、酒水的同时要填写相应订单，填清台号、人数、服务员姓名和日期，写清数量、规格单位和品名。填写完成后向客人重复所点菜肴酒水，得到客人确认。

注意：凉菜、热菜、小吃、酒水必须分单填写，以方便厨房出菜和吧台出酒。迅速将订单拿到收银处，第一联留给收银员，并让其在第二、三联加盖“现金收讫”的章。第二联单送至厨房和吧台，第三联单留给自己。

等待上菜的那段时间，服务员应该回到岗位上，为客人除去筷套、铺好餐巾，并添加茶水。满足客人的特殊需求，如为儿童送上专用的用餐椅等。

2. 上菜和酒水服务

要及时为每位客人斟倒所需的酒水。

传菜员把菜肴送至桌边，值台服务员要将其递送上桌，摆放到主宾和主人面前，清楚地报出菜名，并可视情况进行简要介绍。带壳、带骨的菜肴要同时送上洗手盅并提供热毛巾。注意上菜位置不能选在老人和孩子旁边，以防发生烫伤等事故。当菜肴全部上齐后，应告知客人并视情况做第二次推销。

3. 用餐服务

客人用餐时应密切关注，及时提供服务，如添加酒水、盛饭、送餐巾纸、更换骨碟和烟灰缸、及时撤换用过的毛巾和洗手盅等。

4. 结账服务

当用餐接近尾声，客人要求结账时，要迅速到收银台请收银员将单据结算并打印出来，放在收银夹内用小规格长方盘送到客人手中，收取现金后马上交到收银处，并将找零和发票一起送回给客人。

5. 送客服务

用餐完毕客人离开时，帮助客人离座，提醒客人带好自己的物品，若需要打包剩余食物，应将事先准备好的饭盒、食品袋送上并帮助打包。面带微笑礼貌地送别客人并欢迎他们下次光临。在餐厅门口，迎宾员再次送别客人。

在整个餐间服务中，值台服务员应该提高警惕防止事故发生，如为客人挂在椅背上的衣物罩上椅套防盗，提醒并制止客人的一些不安全行为等。

（四）餐后工作

客人离去后，要做好翻台工作。迅速将用过的餐具、用品撤到厨房洗碗处，更换桌布、餐巾，清洁地面，擦亮转盘，补充相应物品，重新摆台，最后将餐椅摆放整齐，准备迎接下一桌客人的到来。

以上就是餐饮服务的整个程序。餐饮企业管理者应该针对本餐厅的具体情况，对服务员进行培训，通过程序化、标准化的操作来规范服务员技能，并同时鼓励服务员发挥主观能动性，适时地为宾客提供个性化服务，这样才能优化服务质量，建设餐厅品牌。

第四节 餐饮服务质量控制方法

餐饮服务是餐饮部工作人员为就餐客人提供餐饮产品的一系列行为的总和。优质的餐饮服务是以一流的餐饮管理为基础的，而餐饮服务质量管理是餐饮管理体系的重要组成部分，它是搞好餐饮管理的重要内容，对其进行控制的目的是为宾客提供优质的服务，创造企业良好的社会效益和经济效益。

对餐饮服务质量的控制，必须具备以下三个基本条件才能有效进行：

首先，必须建立餐饮服务的标准规程。服务的标准规程是餐饮服务所应达到的规格、程序和标准。餐饮企业的服务工种、岗位很多，服务内容和操作要求也不尽相同。为了检查和控制服务质量，餐厅应根据不同筵席标准，对零点、宴会和团队餐以及包厢的整个服务过程制定出迎宾、引座、点菜、走菜、分菜、斟酒、送别等全套的服务程序。制定服务规程时，要先确定服务的环节程序，再确定每个环节统一的动作、语言、时间、用具，包括对意外事件、临时要求的化解方式、方法等。在制定服务规程时，应在广泛吸收先进管理经验、接待方式的基础上，紧密结合大多数顾客的饮食习惯和当地的风味特点，推出符合本店实际情况并具有特色的服务规范和程序。管理人员的任务是执行和控制规程，特别要抓好各套规程之间的薄弱环节，用服务规程来统一各项服务工作，从而使之达到服务质量标准化、服务岗位规范化和服务工作程序化、系列化。

其次，应抓好员工的培训工作。企业之间服务质量的竞争主要是员工素质的竞争，很难想象没有经过良好训练的员工能有高质量的服务。因此，新员工上岗前，必须对其进行严格的基本技能训练和业务知识培训，不允许未经职业技术培训、没有取得一定资格的人上岗操作。在职员工也必须利用淡季和空闲时间进行培训，提高业务技术，丰富业务知识。

最后，必须收集质量信息。餐厅管理人员应该知道服务的效果如何，即宾客是否满意，从而采取改进服务、提高质量的措施。应该根据餐饮服务的目标和服务规程，通过巡视、定量检查、统计报表、听取宾客意见等方式来收集服务质量信息。

根据餐饮服务的三个阶段——准备阶段、执行阶段和结束阶段，餐饮服务质量的控制可以按照时间顺序相应地分为预先控制、现场控制和反馈控制。

一、预先控制（第一阶段）

所谓预先控制，就是为使服务结果达到预定的目标，在开餐前所做的一切管理上的努力。其目的是防止开餐服务中各种资源在质和量上产生偏差。预先控制的主要内容包括人力资源、物质资源、卫生质量与事故。

（一）人力资源的预先控制

餐厅应根据客情灵活安排人员班次，保证营业时有足够的人力资源，开餐前对服务员进行合理分工，避免“闲时无事干，忙时疲劳战”、开餐中顾客与服务员人数比例失调的现象发生。

对所有员工的仪容仪表做一次检查。开餐前 10 分钟，所有员工必须进入指定的岗位，以最佳的服务姿势和状态迎候顾客的光临。

（二）物质资源的预先控制

开餐前按规格摆好餐台，准备好餐车、托盘、点菜单、预订单、开瓶工具及工作车、小物件等。另外，还必须备足相当数量的翻台用品，如桌布、餐巾、餐纸、刀叉、调料、火柴盒、牙签盅、烟灰缸等物品。

（三）卫生质量的预先控制

开餐前半小时，对营业区域的环境卫生从地面、墙面、柱面、天花板、灯具、通风口到餐具、餐台、转盘、台布、餐巾、餐椅、餐台摆设等都要仔细做一遍检查。发现不符合要求的地方，要迅速安排返工。同时要注意餐具的质量，保证无破损、残缺。

（四）事故的预先控制

开餐前，餐厅管理人员必须与后厨联系，核对前后台所接到的客情预报是否一致，以免因信息的传递失误而引起事故。另外，还要了解当日的菜肴供应情况，对数量少或缺货的菜品要通报全体服务员，使服务员在点菜时就能及时控制客人"点而无菜"情况的发生，避免引起宾客的不满和投诉。

二、现场控制（第二阶段）

现场控制，是指监督现场正在进行的餐饮服务，使其程序化、规范化，并迅速妥善地处理意外事件。这是餐厅管理者的主要职责之一，是管理工作的重要内容。餐饮服务质量现场控制的主要内容包括服务程序、上菜时机、意外事件及开餐期间的人力调控几方面。

（一）服务程序的控制

开餐期间，餐厅主管应始终站在第一线，通过亲身观察、判断、监督、指挥服务员按标准程序服务，发现偏差，及时纠正。

（二）上菜时机的控制

上菜时机要根据宾客用餐的速度和菜肴的烹制时间来掌握，尽量做到恰到好处，既不要让宾客等候太久（一般不宜超过 5 分钟），也不能将所有菜肴一下全上。餐厅主管应时常注意并提醒服务员掌握上菜时间，尤其是大型宴会，上菜的节奏应由餐厅主管亲自掌控。

（三）意外事件的控制

餐饮服务是与宾客面对面直接交往，容易引起宾客的投诉。一旦引发投诉，主管一定要迅速采取弥补措施，以防止事态扩大，影响其他宾客的用餐情绪。如果是由服务员方面原因引起的投诉，主管除向宾客道歉之外，还可在菜肴饮品上给予一定的补偿。发现有醉酒或将要醉酒的宾客，应告诫服务员停止添加酒精性饮料；对已经醉酒的宾客，要设法让其早点离开，以维护餐厅的和谐氛围。

（四）餐间人力控制

一般餐厅在工作时实行服务员分区看台负责制，服务员在固定区域服务（可按照每个服务员每小时能接待 20 名散客的工作量来安排服务区域）。但是管理人员应根据客情变化，对服务员进行第二次乃至第三次分工，做到人员的合理运作。例如某一区域突然进入大批客人，或是发生诸如醉酒客人呕吐之类的意外情况时，就应该从其他服务区域抽调人力来支援。当用餐高峰过去后，则可安排员工轮流休息，以提高员工的工作效率。这种方法对于营业时间长的零点餐厅、咖啡厅等特别有效。

三、反馈控制（第三阶段）

餐饮服务质量的反馈控制就是通过对质量信息的反馈，找出服务工作在准备阶段和执行阶段的不足，采取措施，加强预先控制和现场控制，提高服务质量，使宾客更加满意。

质量信息反馈系统由内部系统和外部系统构成。内部系统是指信息来自企业内部各岗位人员，每餐结束后召开班后会总结不足。外部系统是指信息来自就餐宾客，为了及时获取宾客的意见，餐桌上可放置宾客意见表；在宾客用餐后，也可主动征求宾客意见。宾客通过其他诸如互联网、消费者协会等渠道反馈回来的投诉，属于强反馈，应予以高度重视，切实保证以后不再发生类似的服务质量问题。对信息反馈系统的建立和维护，是餐饮服务质量不断提高，更好满足宾客需求的重要工作。

以合理方法对餐饮服务质量加以控制是餐饮管理工作的重要内容之一。管理人员应在实际工作中不断总结，不断修正，通过对员工的培训，完善服务环节，提高服务质量。

第五节　餐饮服务质量的监督检查

餐饮管理人员虽然以预先控制、现场控制和反馈控制的方法对服务质量进行了控制，但还需要建立完善的质量监督检查体系，才能真正发现服务中存在的问题并加以改进，最终实现餐饮服务质量的提升。

在餐饮服务质量系统中，部门和班组是执行系统的支柱，其以岗位责任制和各项操作规范为保证，以提供优质服务为主要内容，从上到下逐级形成工作指令系统、信息反馈系统，并将部门所制定的具体质量目标分解到班组和个人，由质量管理办公室或部门质量管理员协助部门经理负责对餐饮服务质量实施监督检查。

一、餐饮服务质量监督的内容

制定并负责执行各项管理制度和岗位规范，实现服务质量标准化、规范化；

通过反馈系统了解服务质量，及时总结工作中的正反典型事例的经验和教训并及时处理宾客投诉；

组织调查研究，提出改进和提高服务质量的方案、措施和建议，促进餐饮服务质量和餐饮经营管理水平提高；

分析管理工作中的强弱环节，改革规章制度，整顿工作纪律，纠正不正之风；

组织定期或不定期的现场检查，开展评比和组织优质服务竞赛活动。

二、餐饮服务质量检查

对餐饮服务质量的检查可通过定期大质检、不定期抽查、服务员自查和质量管理部门考核等方式进行。在进行检查时，其内容应紧紧围绕餐饮服务质量监督的内容，从服务规格、就餐环境、仪表仪容、工作纪律四方面对服务员的礼节礼貌、仪表仪容、服务态度、清洁卫生、服务技能和服务效率等方面进行检查和评判。通常餐厅都将服务质量指标进行分解细化，以表格计分的形式进行量化考核和检查。这种服务质量检查表既可以作为餐厅常规管理的细则，又可以作为班组与班组之间、个人与个人之间竞赛评比或餐饮服务员考核的标准。

在设计餐厅服务质量检查表时，应视餐饮企业的具体情况而增加或减少检查指标。可将四个大类的检查项目分成四张检查表在不同场合使用；评判标准可采用计分制或等级制（分别见表8－4、表8－5、表8－6、表8－7）。

表8－4　服务规范检查表

序号	检查细则	等级			
		优	良	中	差
1	对进入餐厅的宾客是否问候、表示欢迎？				
2	迎接宾客是否使用敬语？				
3	使用敬语时是否点头致意？				
4	在通道上行走是否妨碍宾客？				
5	是否协助宾客入座？				
6	对入席宾客是否端茶、送毛巾？				
7	是否让宾客等候过久？				
8	回答宾客提问是否清脆、流利、悦耳？				
9	与宾客讲话，是否先说“打扰了”？				
10	发生疏忽或不妥时，是否向宾客道歉？				
11	告别结账离座的宾客，是否说“谢谢”？				
12	接受点菜时，是否仔细聆听并复述？				
13	能否正确地解释菜单？				
14	能否向宾客进行建议并进行适时推销？				
15	是否根据点菜单准备好必要的餐具与佐料？				
16	斟酒是否按规程进行？				
17	递送物品是否使用托盘？				
18	上菜时，是否介绍菜名？				
19	宾客招呼时，是否快速到达桌边？				
20	撤换餐具时，是否发出大的声响？				
21	是否能及时、正确地撤换烟灰缸？				
22	结账是否准确、迅速、无误？				
23	是否检查餐桌、餐椅、地面有无宾客遗漏的物件？				
24	送客后，是否马上翻台？				
25	翻台是否按规程进行？				
26	翻台时是否影响周围宾客？				
27	与宾客谈话时是否点头致意？				
28	拿送玻璃杯是否叠放？				
29	持玻璃杯时是否只握杯的下半部？				
30	领位、值台时的站立、行走、操作等服务姿态是否符合规程？				

［资料来源］李勇平．餐饮服务与管理［M］．大连：东北财经大学出版社，2000.

表 8－5　　就餐环境检查表

序号	检查细则	等级			
		优	良	中	差
1	玻璃门窗及镜面是否清洁、无灰尘、无裂痕？				
2	窗框、工作台、桌椅是否无灰尘和污迹？				
3	地板有无碎屑及污迹？				
4	墙面有无污迹或破损处？				
5	盆景花卉有无枯萎、带灰尘现象？				
6	墙面装饰品有无破损、污迹？				
7	天花板是否清洁？				
8	天花板有无破损、漏水痕迹？				
9	通风口是否清洁？通风是否正常？				
10	灯泡、灯管、灯罩有无脱落、破损、污迹？				
11	吊灯照明是否正常？吊灯是否完整？				
12	餐厅内温度和通风是否正常？				
13	餐厅通道有无障碍物？				
14	餐桌椅是否无破损、无灰尘、无污迹？				
15	广告宣传品有无破损、灰尘、污迹？				
16	菜单是否清洁？是否有缺页、破损？				
17	台面是否清洁卫生？				
18	背景音乐是否适合就餐气氛？				
19	背景音乐音量是否过大或过小？				
20	总的环境是否能吸引宾客？				

［资料来源］李勇平．餐饮服务与管理［M］．大连：东北财经大学出版社，2000.

表 8－6　　仪容仪表检查表

序号	检查细则	等级			
		优	良	中	差
1	服务员是否按规定着装并穿戴整齐？				
2	制服是否合体、清洁？有无破损、油污？				
3	名号牌是否端正地佩戴于左胸前？				
4	服务员的打扮是否过分？				
5	服务员是否留有怪异发型？				
6	男服务员是否蓄胡须、留大鬓角？				
7	女服务员的头发是否清洁卫生？				
8	外衣是否烫平、挺括、无污边、无褶皱？				
9	指甲是否修剪整齐、不露出于指头之外？				
10	牙齿是否清洁？				
11	口中是否发出异味？				
12	衣裤口袋中是否放有杂物？				
13	女服务员是否涂有彩色指甲油？				
14	女服务员发夹样式是否过于花哨？				
15	除手表外，是否还戴有其他的饰物？				
16	是否有浓妆艳抹现象？				
17	使用香水是否过分？				
18	衬衫领口是否清洁并扣好？				
19	男服务员是否穿深色鞋袜？				
20	女服务员穿裙时是否穿肉色丝袜？				

［资料来源］李勇平．餐饮服务与管理［M］．大连：东北财经大学出版社，2000.

表 8-7 工作纪律检查表

序号	检查细则	等级			
		优	良	中	差
1	工作时间是否扎堆闲谈或窃窃私语?				
2	工作时间是否大声喧哗?				
3	工作时间内是否放下手中的工作?				
4	有无在上班时间打私人电话?				
5	有无在柜台内或值班区域内随意走动现象?				
6	有无交叉抱臂或手插入衣袋现象?				
7	有无在前台区域吸烟、喝水、吃东西现象?				
8	上班时间有无看书、干私事行为?				
9	有无在宾客面前打哈欠、伸懒腰的现象?				
10	值班时有无倚、靠、趴在柜台上的现象?				
11	有无随背景音乐哼唱现象?				
12	有无对宾客指指点点的动作?				
13	有无嘲笑宾客的现象?				
14	有无在宾客投诉时作辩解的现象?				
15	有无不理会宾客询问的?				
16	有无在态度上、动作上向宾客撒气的现象?				
17	有无对宾客过分亲热的现象?				
18	有无对熟客过分随便的现象?				
19	对所有宾客是否能做到既一视同仁，又提供个性化服务?				
20	有没有对老、幼、残、孕宾客提供方便服务?是否对特殊情况提供了针对性服务?				

[资料来源] 李勇平. 餐饮服务与管理 [M]. 大连：东北财经大学出版社，2000.

三、餐饮服务质量监督检查的主要措施

(一) 督查人员应从自身做起

餐饮企业各级管理人员都应具备丰富的质量管理经验，并能以身作则。严格各项规章制度和质量标准，以精深的专业知识和有效的督查手段，指导并督促员工自觉地接受并加以维护。

(二) 树立全员监控意识

关心和负责质量控制和质量维持的责任不仅是几个人的事情，只有全员进行全过程的管理和参与，才能有服务质量的稳定和提高，所以管理者在进行监管的时候应采取相应方法调动全员积极性，如轮流领班制度或设置纠错奖励等。

(三) 明确岗位职责

餐饮各部门应该有清晰的职能划分，各个岗位的工作人员应该有明确的职责分工，并严格遵循服务规格和规程，才能为宾客提供高质量的服务。

(四) 质量标准控制的一致性

对于餐饮服务质量的提高，后台操作同样很关键，所以前台与后台服务质量的监控必须一致，对两者的控制也应步调一致。前台质量管理的目的是确立并加强通向积极循环的机制；后台质量管理的目的是拥有可供选择的各种质量管理的策略。另外，还要坚持制度面前人人平等的公平性，对管理者和基层服务员的质量要求应该一致。

(五) 现场控制是提高服务质量的最佳手段

管理人员应明确职责，保证大部分工作时间坚守在服务现场，加强现场指挥，当场解决各类不符合质量标准的操作，切实提高销售水平和服务质量。

(六) 质量监管必须具有延续性

对已取得的质量成果要不断加强和巩固，并通过总结、订立制度、健全质量监控体系等方式，坚持长期不懈地进行餐饮服务质量检查和监督。

服务质量是餐饮企业的生命线，管理人员必须选择合理的管理方法、手段和先进的管理理念，在管理实践中不断总结、协调，确保优质服务，促进餐饮企业的长足发展。

本章小结

本章介绍了餐饮服务的功能与特点、餐饮服务环境的布置与安排、餐饮服务基本技能与服务程序、餐饮服务质量控制方法、餐饮服务质量的监督检查。其中餐饮服务基本技能与服务程序是进行餐饮服务的基础，是进入餐厅开展餐饮服务的必要条件；进行餐饮服务质量控制，则应当促使餐厅的每一项工作都围绕着给宾客提供优质的服务来展开。

复习思考题

1. 什么是餐饮服务？它对于餐饮企业经营有何意义？
2. 餐饮服务环境的设计应该遵循什么样的原则？
3. 餐饮服务质量的监控可从哪几个环节入手？怎么样做好监控工作？

案例分析与思考：大拌菜的观感

某晚宴，客人入座，只听副主人大喊：“服务员，这菜是中午的吧？”服务员看了看，小心地回答道：“是今天晚上新鲜的。”客人怒道：“不可能，要是新鲜的，怎么这个大拌菜是蔫的？”（注：大拌菜是由多种新鲜地方蔬菜混拌而成，要求菜叶水灵、新鲜）。服务员小心翼翼道：“半个小时前还不是这样的，很水灵的。”客人还是不信，最后请来餐饮经理，大家才洞悉原因。原来是客人订餐时讲的是六点开餐，结果路上堵车，大家晚来了半个多小时，前厅与后厨没有沟通，后厨便按照客人预订时的开宴时间前5～8分钟上凉菜，因为时间过长，大拌菜水分被盐渍出导致观感不好。最后客人表示理解，而酒店又马上重新给安排了一个现做的大拌菜。

思考题：

通过本案例，请思考餐饮服务过程中如何保证菜品的新鲜度与品质感。

实训指导

实训项目一：餐厅设计。

实训要求：考察现场，完成选址餐厅功能布局的设计方案；根据餐厅布局设计，完成家具设备的选型采购方案；根据目标市场定位，完成餐厅氛围的主题设计方案。

实训组织：项目引导，实地考察；小组讨论，场地设计；师生交流，项目汇报；作品展示，项目评价。

项目评价：小组互评；教师评价。

实训项目二：餐厅基本服务技能。

实训要求：根据托盘、餐巾折花、摆台、斟酒、上菜与分菜、撤换餐具、电子点菜及餐中服务、茶水服务、外卖服务、客房餐饮服务的要领和操作程序，分别安排实际操作训练。

实训组织：教师示范，学生分组轮流练习某一项技能。

项目评价：小组同学互评；教师评价。

实训项目三：餐饮服务综合技能。

实训要求：根据餐饮服务程序，安排服务过程实际操作训练。

实训组织：角色扮演，岗位落实到人。

项目评价：小组互评；教师评价。

第九章　宴会组织与管理

【学习目的】

掌握宴会预订的程序；

了解宴会台面设计、菜单设计的相关知识；

掌握宴会管理方式、方法。

【基本内容】

★宴会的预订：

承接宴会预订的组织；

宴会预订的方式；

宴会预订的程序。

★宴会菜单设计：

宴会菜单的内容；

设计宴会菜单的注意事项；

宴会菜单的设计步骤；

宴会菜单实例。

★宴会台面设计：

宴会台面的种类；

宴会台面设计的基本要求；

宴会台面的装饰方法；

主题宴会台面的设计与创新。

★宴会管理：

各项资源的合理调配和准备是宴会成功的前提；

有效监控宴会进程；

后续工作的完成。

【教学指导】

可采用情景模拟形式使学生熟悉宴会作业流程，也可以安排学生到大型酒店见习宴会预订与服务流程。

宴会是以餐饮聚会为表现形式的一种高品位的社交活动方式，是政府、社会团体、单位或个人之间为了迎送、答谢、庆祝等社交目的的需要，根据接待规格和礼仪程序而举行的一种隆重的、正式的聚餐活动。

依据不同的内容，宴会可划分为很多种类。从进餐形式上分为站立式宴会和设座式宴会；从规格上分为国宴、正式宴会和便宴；从餐别上分为中餐宴会、西餐宴会和中西合璧的宴会；从主题上分为迎送宴会、答谢宴会和庆祝宴会；按费用标准可分为豪华宴会、中档宴会、普通宴会；按用餐时间分为午餐宴会、晚餐宴会；按菜式可分为全鸭宴、全羊宴、素宴、清真宴、满汉全席等。

宴会是餐饮产品销售的最高级形式，具有较高的利润水平，是餐饮企业或部门经济收入的重要来源。但同时，宴会经营也有种类繁多，规模、档次、服务要求和零点餐饮有较大差别的特点，因此宴会的组织和管理是一项复杂、系统、覆盖面广的工作。

第一节 宴会的预订

所有的宴会都是通过预订进行的，因此宴会的预订是宴会组织管理的第一步。宴会预订过程既是产品推销过程，又是客源组织过程。

一、承接宴会预订的组织

负责宴会预订的部门或人员因饭店或餐饮企业的规模、组织机构的不同而不同。其主要组织形式有：宴会预订部、宴会销售部、餐饮部。

二、宴会预订的方式

宴会预订是指宴会承办单位和举办者关于宴会所涉及的各方面事项的事先约定。

宴会预订方式是指客人与宴会预订人员接洽联络、沟通宴会预订信息的方法。宴会预订工作要尽可能地方便预订顾客，所以应该视具体情况采用合适的方式进行预订。宴会预订的方式概括起来有以下几种：

（一）电话预订

电话预订主要用于接受客人询问，向客人介绍宴会有关事宜，为客人检查核对时间、地点和有关细节，用该方式预订的多为小型宴会。其操作程序为：

（1）当电话打来时，在铃响三声内接起，用礼貌用语问候对方，并用中英文报本部门名称。

（2）认真听清，问明客人的要求，在宴会预定登记表上做好记录（详见预订信息的有关内容）。

（3）介绍酒店。主动介绍宴会标准、场所、特色菜肴。一般宴会不必向主人主动介绍不同的宴会厅，高规格宴会则尽可能使用客人喜欢的宴会厅。

（4）重复客人要求，根据以上要求给主办单位安排宴会场所，及时记录在宴会预订一览表上后告之客人所安排的场地名称。结束谈话时感谢客人。

（5）如客人要求看菜单，及时将菜单传给对方，并提前确认菜单。

（6）根据宴会预订资料，与客人确认后做好宴会任务通知单，经部门经理签字后，发至各有关部门。

（7）如宴会有变化要及时通知有关部门，并在预订单上注明被通知人的姓名及时间。

（二）面洽预订

面洽预订是最直接、有效的一种预订方式，其他宴会预订方式大多也要结合面谈方式进行。面洽预订有客人临时上门与事先预约上门预订两种情形，均遵循以下程序：

（1）礼貌问候宾客。对初上门客人，热情相迎，交换名片；对再次上门客人，要使客人产生亲切感，并征求他对上次宴会的意见。引领客人入座上茶，问清信息，询问要求。

（2）推介参观。在洽谈的过程中，负责接洽的预订人员必须准备充足、翔实的资料供顾客参考，例如场地图、餐饮收费标准、客容量、租金、器材租借价目等，必要的时候要带领顾客亲临现场考察了解。一般来说，在获悉顾客有举办宴会的意愿后，预订人员最好能邀请客人亲临宴会厅，为客人讲解现场设备并为其解答疑问，这样更具说服力，能让顾客更易接受，从而增加承办宴会的成功概率。

（3）了解商洽。了解客人预订宴会要求，向客人提供标准菜单，让其挑选并确认；如果菜单中个别菜肴客人需更换，可视情况适当给予调整；特殊情况或客人有特殊要求，可请厨师长亲自安排菜单或视情况重新确定用餐标准，并让客人确认；如因为客人要求标准过低而不能接受预订时，应婉转向客人解释并致歉。

（4）确认预订。将得到的信息迅速认真地记录在宴会、会议预定记录簿上，并注明客人的特殊要求。将填好的预订表交给客人审阅，如无疑议，请客人签字确认。遇重大活动和宴会，应根据与客人达成的协议，草拟合同，一式两份；交纳订金，开具订金收据。对于客人改动事宜应注明，最后确认时间。

（5）感谢欢送。

（6）根据记录的资料，认真填写宴会通知单。

（7）迅速将宴会通知单发至厨房、楼面、酒吧等生产点和营业点。

（三）网络预订

客户通过互联网上餐饮企业的预订系统进行预订，是信息社会较为受欢迎的预订方式，具有快捷、方便、信息量大的特点。绝大多数的经营实体都不会放过互联网这个强大的宣传媒介，通过加盟其他网站或自建网站的形式，企业将相关信息发布到网上，供客户浏览并接受预订。此方式更多针对的是标准化与小型宴会。

（四）其他预订

除此之外，预订的方式还有信函预订、中介预订、指令性预订等。

总之，宴会预订的方法和形式是多种多样的，它当中包含了巨大的销售功能，是实现餐饮经营效益的关键。宴会预订必须采取灵活多样的方式，广泛开展预订业务，以销售额作为衡量标准，扩大宴会业务量，实现企业的效益目标。

三、宴会预订的程序

宴会预订关系到整个宴会销售和接待的效果，所以应该制定一套完整的操作程序，按照规范进行工作。

（一）预订前的准备工作

（1）掌握并通报已预订的宴会情况，包括时间、场所、人数、规格、标准等，避免在预订过程中发生冲突。

（2）掌握各类宴会的规格和容量，熟悉菜肴品种、特色以及定价标准和服务项目。

（3）将预订所需的资料和用品准备充分，包括宴会预订的各种表格，如预订单、预订表、记录表等和为方便客人、减少随意性管理的弊端而编制的供客人询问、比较、选用的书面或电脑资料。

（二）宴会预订受理工作

1. 了解客人需求，解答客人询问

无论是面谈预订还是电话预订，工作人员都应热情主动地接待客人，与客人建立良好联系。预订人员必须掌握有关宴会场所、设施、菜点、服务、收费等方面的具体情况。

为了掌握客户的意图和期望，并使客户了解餐厅的情况，预订人员在接受预订时，必须详细了解客户需求，介绍餐厅情况，并解答客人的询问。

2. 接受预订

在接受预订时，必须核查宴会预订的有关记录，以知晓宴会预订的可行性。

（三）填写宴会预订单，处理预订资料

接受预订主要是通过填写宴会预订单（见表9－1）来完成的。宴会预订达成意向后，无论是初步确认还是最终确认，均须填写宴会预订单。

表9－1　　　　酒店宴会预订单（样）

宴会举办单位		宴会日期	
宴会名称		宴会类别	
宴会地点		人数	
桌数		每人标准	
预订金		付款方式	
具体要求：			
预订人姓名		联系电话	
预订日期		预订员	

（四）编制宴会预算

宴会举办单位为了将宴会费用控制在某一范围内或将宴会开支纳入预算之中，一般都要求在接受宴会预订时提供宴会预算单，因此，预订人员要熟悉企业宴会设备、

场所、服务、菜肴等各方面的收费标准，以便在同客人协商的过程中，根据宴会预订单的内容，编制宴会预算单（见表9－2）。

表9－2　　宴会预算单（样）

客人：			年　月　日（午餐/晚餐）	
费用项目	数量	单价	金额	备注
菜肴				
饮料				
宴会厅费用				
餐桌装饰花				
……	……	……	……	……
（1）小计				
印制菜单费				
席间节目费				
开瓶费				
设备费				
（2）小计				
（3）合计＝（1）＋（2）				
（4）税金＝（3）×10%				
（5）服务费＝（1）×10%				
共计＝（3）＋（4）＋（5）				

（五）签订合同

按国际惯例，宴会预订要有书面的确认，客户支付订金以后宴会预订才正式成立。

宴会合同书必须明确几点：①时间；②地点；③客人认可的菜单、酒水单；④确认保证人数和预算人数；⑤顾客的要求；⑥详细的价目表；⑦付款方式；⑧订金原则，如订金的多少、订金的退还等制度；⑨餐厅的责任、义务，顾客的权利、义务等（见表9－3）。

表9－3　　宴会合同书（样）

宴会合同书

本合同是由__________饭店（地址）__________与__________公司（地址）__________为举办宴会活动所达成的具体条款。

活动日期：__________星期：__________时间：__________活动地点：__________

菜单计划：__________饮料：__________娱乐设施：__________其他：

结账事项：__________预付订金：__________

顾客签名：__________饭店经手人签名：__________日期：__________

注意事项：

* 宴会活动所有酒水应在餐厅购买。
* 大型宴会预收10%的订金。
* 所有费用在宴会结束时一次付清。

订金制度：为了保证宴会预订的确认，餐厅往往要求已确定日期的顾客预付一定数量的订金，特别是规格和标准较高的宴会，因其成本较高，更是要收取一定比例的订金。否则一个大型宴会临时取消，对饭店势必造成重大损失，因此预付订金对宴会经营单位而言是一种自保方式，实属必要。除此之外，若在原来预约宴席的顾客未付订金之前，另有顾客想订同一场地，预订人员应打电话给先预约的顾客，若确定要使用该场地，就必须请其先至饭店缴纳订金，否则将让与下一位想预约的顾客。

（六）发布宴会通知单

宴会正式确定后，预订人员对内应发布一份类似公文的宴会通知单（见表9－4），告知各个部门在该宴会中其部门所应负责执行的工作。

表9－4　　宴会通知单（样）

<table>
<tr><td colspan="5">发文日期：</td><td colspan="3">编号：</td></tr>
<tr><td colspan="5">宴会日期：　年　月　日 星期</td><td colspan="2">订金金额　元</td><td>收据单号：</td></tr>
<tr><td colspan="5">宴会名称：　宴会</td><td colspan="2">付款人：</td><td>接洽人：</td></tr>
<tr><td colspan="5">联络人：　电话：
客户名称：　传真：</td><td colspan="3">付款方式：</td></tr>
<tr><td>时间</td><td>类型</td><td>地点</td><td>保证数</td><td>预估数</td><td rowspan="2">海报内容</td><td colspan="2" rowspan="2"></td></tr>
<tr><td rowspan="2"></td><td rowspan="2"></td><td rowspan="2"></td><td rowspan="2"></td><td rowspan="2"></td></tr>
<tr><td>美工冰雕</td><td colspan="2"></td></tr>
<tr><td>西餐厨房</td><td colspan="4"></td><td rowspan="2">宴会服务部</td><td colspan="2" rowspan="2"></td></tr>
<tr><td>中餐厨房</td><td colspan="4"></td></tr>
<tr><td>酒吧</td><td colspan="4"></td><td>客房部</td><td colspan="2"></td></tr>
<tr><td>保安部</td><td colspan="4"></td><td>工程部</td><td colspan="2"></td></tr>
<tr><td>花房</td><td colspan="4">客人自请花商布置会场，请多配合</td><td colspan="3">器材收费：________</td></tr>
<tr><td colspan="5">预订业务员：×××</td><td colspan="3">宴会经理：×××</td></tr>
<tr><td>发送部门</td><td colspan="7">□总经理　□餐饮部　□宴会部　□财务部　□工程部　□客房部
□西厨房　□中厨房　□管事部　□餐厅部　□保安部　□采购部
□花房　□美工冰雕　□其他</td></tr>
</table>

由于成功举办一个宴会需靠许多部门通力合作，所以一张宴会通知单如果能够清楚地将所有工作事项列出来，对于举办宴会将有很大裨益。宴会通知单即可称为这些

工作部门的“工作订单”。宴会通知单的内容包括合约书中的主要资料，以及各单位所需准备的物品内容和相关事项，如宴会时间和相关事项、接洽人、桌数、厅别、菜单、特殊要求等。各部门接获宴会通知单后，必须按照通知单上的要求执行工作，工作内容大致如下：

（1）宴会部，根据宴会通知单上所记载的菜单，准备所需的摆设器皿及厨房装菜用的器皿，并且安排工作人员备餐。

（2）工程部，依据宴会通知单上的要求，派遣电工架设装备或予以支援。

（3）厨房，依据宴会通知单上客人所订的菜单进货，并做宴会前的准备工作。

（4）宴会服务部，依据宴会通知单上的需求和设计图进行摆设，并做好宴会前的准备，包括人力需求、工作计划及服务流程等。

（5）宴会酒吧，按照顾客需要准备酒和饮料。

（6）保安部，依照客人要求，指派保安人员至礼金台协助保护礼金，并协助疏散宴会进场和散场时的人群。

（7）营销部，帮助客人制作海报。

总而言之，宴会通知单是各部门之间的沟通方式。它在客户的要求与各部门的工作准备当中，直接搭起一座桥梁，以确保部门间彼此快速、直接地传达信息，获得最佳工作效率。

（七）更改或取消预订的处理

由于某种原因，已经预订的宴会可能被取消。对于取消预订，一般要求在宴会前一个月通知餐厅，这样可不收任何费用。然而若是在宴会前一个星期才通知，订金将不退还，还要收取整个宴会费用的5%。

如果某暂定的预订被取消，负责财务的主管要填写一份取消预订报告。

由于某种原因，宴会预订可能会发生变动（包括时间、地点和宴会内容的变动），无论是顾客方面还是餐厅方面的任何变动都要提前一周通知对方。

在宴请活动前两天，必须与顾客再次联系，进一步确认已谈妥的所有详情。

餐厅管理者应严密监控宴会预订程序，确保信息渠道畅通，保证预订工作顺利进行。

[补充阅读9-1] 婚宴预订注意事项

1. 舞台空间

婚礼既然邀请了来宾见证一系列的神圣环节，就要得体大方，局促的舞台不仅不雅观，也不足以呈现出婚礼的精彩。特别是来宾人数多的婚礼，舞台一定要大，30平方米的架高舞台是基本要求。相比之下，8~10桌的小型婚宴更会重视温馨亲昵的氛围，过大的舞台反而会太过空旷，让新人局促不安。需要向客人说明的事宜包括：①有无现成舞台或舞台大小不合规格，是否可以由婚庆公司搭建？②投影和幕布位置在哪里，幕布大小是否能让后排观众看清，是否需要双投影才能满足观看？

2. 音响设备

需要向客人说明的事宜包括：①酒店是否提供音效、灯控人员，和司仪或婚庆人员通常怎么协调关系？②是否提供无线麦克风？③酒店能否免费提供投影、幕布或者折扣租借，是否有专人操作？

3. 迎宾区

需要向客人说明的事宜包括：酒店提供的免费物件和布置有哪些？一般酒店提供签到台桌花、免费签到簿、迎宾牌和简单布置，可以为有经济考虑的新人从婚庆预算中省一笔。

4. 专用更衣间

优质的宴会厅会设有新人专用更衣室，新人既可以进行化妆更衣，也可以在仪式与仪式之间进行简短的休息。新人更衣室的地理位置很重要，离宴会厅越近越好，否则难保不耽误仪式进程。需要向客人说明的事宜包括：①有没有镜子？②有没有贵重物品保管箱？

5. 来宾休息区域

需要向客人说明的事宜：是否有免费饮料、点心提供？如果需要自行安排，怎么收费？

6. 服务质量

需要向客人说明的事宜包括：酒水统筹和摆桌由谁具体负责、怎样操作？当天酒店同时筹办的新人有几对？

［资料来源］百度资料搜集整理

第二节 宴会菜单设计

宴会用菜要求用料讲究、制作精良、搭配得当、营养科学、烘托主题、突出饮食文化色彩。宴会菜品的设计与选用关系到客人是否满意、主人的宴请目的是否达到，因此，按规格设计一份客人认同、主人满意的宴会菜单是宴会接待工作的首要环节。菜单设计的好坏不仅关系到宴会的成败，还是体现餐厅水平的重要标志。

一、宴会菜单的内容

宴会的种类虽然多种多样，但菜点格式大体一致，主要包括凉菜、热菜、甜菜、点心、汤、水果等内容。

（一）凉菜

凉菜又叫“冷盘”“冷盆”“冷拼”“拼盘”“冷碟”“冷荤”等，造型美观，色调鲜艳，层次清楚，图案逼真，主体感强。宴席中的凉菜一般可用“什锦拼盘”“花色冷拼”“双拼”“四拼”等，需在开席前事先摆好，多为双数，取吉祥之意。

（二）热菜

热菜在宴席中占的比重最大，口味多样，造型多变。一桌宴席中第一道热菜叫“头菜”或“头盘”，其成本一般占整桌宴席的20%，也就是所谓最贵的菜，选料珍贵、制作精美，是一席中的精华。

（三）甜菜

甜菜在宴席中比重虽不大，但不可缺少，是利口、解腻的佳品，体现健康、时令的特点，但最多两只。

（四）点心

点心有咸、甜两种，是大件的配伍，随大件上桌，多为一些糕、面、团、粉、包、饺等制品。点心的制作较为精细，每桌可配 2～4 道，具体多少可根据宴会规格决定。面点的配置应与宴会的主题相适应，如婚宴，是相爱的人结成终身伴侣的大喜之宴，面点的配合就应反映出吉祥如意的气氛，比如“鸳鸯盒”“莲心酥”“鸳鸯包”“子孙饺”等。

（五）汤

汤在宴席中是不可缺少的菜品之一，每桌可配 1～2 道，选料、做法根据宴会规格决定。

（六）水果

一般来说，应该在客人用餐接近尾声时送上一个精美的果盘，既丰富了菜品内容，又可起到营养、解腻、润喉、解酒的功效。果盘一般选用时令水果，去皮、去核后精心装盘而成。

二、设计宴会菜单的注意事项

宴会菜单并不是固定不变的，须按实际情况灵活设计。在设计时，必须注意以下几个方面：

（一）以满足客人需求为设计宗旨

设计菜单前必须详细了解客人的需求。一方面了解客人举办宴会的目的，是婚嫁还是迎送或祝贺等；另一方面了解宴请对象的一般生活习惯、口味特点、饮食忌讳等情况，例如，客人喜甜还是咸，喜酸还是辣，喜荤还是素，是否有饮食上的忌讳等；最后还需要了解有关原材料的库存情况和进货情况是否能满足客人的需要。

（二）宴席各组成部分比例、质与量的搭配

一般来说，宴席上各品种数量的组成应该遵循 2∶5∶1∶1∶1 的比例来搭配，即凉菜占 20%，热菜占 50%，甜菜、点心和汤各占 10%。

宴会菜点的数量应与参加宴会的人数一致。在确定的价格范围内，菜点数量过多，往往宴后剩余也多，易造成浪费；而菜点数量过少，则又会导致顾客的不满，甚至投诉，从而影响餐厅的声誉。只有数量合理，才会令宾客既满意又回味无穷。每桌宴席少者可 4 凉、8 热共 12 种，多者可有 12 种以上，要保证每位用餐者平均能吃到 0.5 千克左右的净料。

合理设计宴会菜单，既要保证企业的合理利润，又不使顾客吃亏，价格标准的高低也只能在食物材料的使用上有所区别，不能因价格影响宴会的效果和品质。一般来说，较高规格的宴会要求以精、巧、雅、优等菜品制作为主体，使用高级材料，并在菜肴中仅选用主料而不用或减少配料的使用，菜点的件数不能过多，但质量要精，讲究菜品的口味和装饰；中档的宴会组配以美味、营养、可口、实惠为主体，菜点的件数、质量比较适中；中低档的宴会组配以实惠、经济、可口、量足为主体，可使用一般材料，上大众化菜品，并且增加配料用量以降低食物成本，保证每人吃饱吃好。菜点的件数不能过少，又要实惠和丰满，在口味的设计与加工做法上，应本着粗菜细做、细菜精做的原则，将菜肴作适当调配，以丰富的数量及恰当的口味，维持宴会效果。

（三）要注意品种多样化

宴席是供多人聚餐的一种形式。设计菜单时，要考虑尽量满足不同对象的要求，因此一桌宴席的菜点应该是烹调方法多样、用料广泛、口味多种、造型美观。各菜点间要相互搭配、烘托。一道菜、一桌席都要相互协调，色、香、味、形俱佳，使之犹如一幅完美的精致艺术品。

（四）根据宴会规模的大小，掌握菜品预备的时间

大规模宴席菜的设计要考虑厨师制作的难度和设备情况。一般时间短、任务重大时，设计省工省时并能提前烹制又不失风味的菜肴；时间宽裕时，则要多设计些反映本餐厅风味特色及粗菜细做的花色菜、工艺菜。

三、宴会菜单的设计步骤

（一）选择合适的人员进行设计

一套完美的宴会菜单应由厨师长、采购员、宴会厅管理人员和宴会预订员共同设计完成。厨师长熟知厨房的技术力量与设备，不仅能设计出品种丰富、口味多样、搭配合理、体现餐厅特色的菜点，而且能保证菜点生产加工的质量；采购员了解市场原料行情，能就选料方面提出降低原材料成本以增加宴会利润的有效建议；宴会厅管理者能根据宴会厅接待能力和服务水平来指导菜单设计；而预订员熟知顾客需求，能按顾客需求设计菜单，才能使赴宴者称心如意。在进行宴会菜单设计时应考虑方方面面的因素，让相关的人员都参与到设计工作中来，才能设计出顾客满意、餐厅获利的双赢菜单。

（二）菜点设计

菜点设计是菜单设计的核心。宴会菜点的设计和选择要点如下。

1. 了解客人，投其所好

宴请菜单设计者一定要了解主办单位或主人举办宴会的意图，掌握其喜好和特点，并尽可能了解参加宴会人员的身份、国籍、民族、宗教信仰、饮食嗜好和禁忌，从而使我们设计的菜单尽最大可能满足客人的爱好和需要。

2. 分主次轻重，突出主题

宴会菜单的设计犹如绘画之构图，要分清主次轻重，突出主题，把观赏者吸引到

某一点上来。宴会菜单的设计必须注意层次，突出主菜，创造使人回味的亮点；同时应显示各个地方、各个民族、各家酒店、各个厨师的风格，独树一帜，别具一格。

3. 合理搭配，富于变化

宴会菜点要注意冷菜、热菜、点心、汤和水果的合理搭配。冷菜造型别致，刀工精细；热菜丰富多彩，气势宏大；点心小巧精致，品味独特；汤品滋润可心，体现厨艺；水果拼盘色彩艳丽、造型奇妙。

注意菜点原料、调味、形态、质感及烹调方法的合理搭配，使之丰富多彩，口味各异，回味无穷。

注意营养成分合理搭配，达到营养合理、膳食平衡的目的。

（三）菜名的设计

好的菜点应该配上好的菜名，通过好的菜名，能让一些简单的菜点成为一种思想情感交流的工具，突出和烘托主题，使宴会的菜点体现浓厚的文化色彩，表达美好愿望。如婚宴菜单中多选用“花好月圆”“鸳鸯戏水”“鸟语花香”“珠联璧合”“百合莲心”等菜名；而寿宴中常采用“南山不老松”“仙猴献桃”等菜名。根据宴会的目的，为菜点设计贴切的名称，可以烘托气氛、突出主题，表达宴请者的美好愿望，给人一种喜悦的遐想和享受。

（四）菜单的装帧设计

餐厅一般会事先设计好不同标准、不同规格的宴会菜单供客人在预订宴会时挑选，但大多数的宴会菜单会根据客人的要求和实际情况重新设计制定。在规格较高的宴会上，餐厅会打印宴会菜单放在每桌或是每个座席前，以供客人了解宴席的内容。无论是事先准备的，还是重新设计的，都会涉及一个问题，那就是宴会菜单的装帧。装帧精美的菜单能够体现餐厅的档次和宴会的规格，吸引人的注意，是餐饮产品促销必不可少的工具。

宴会菜单的装帧主要体现在制作菜单的材料、形状、大小、色彩、款式及印刷和书写等方面。在字体的大小上应适宜目标客源阅读为主要根据。在字体的选择上则可灵活行事，如中式宴会，可采用飘逸的毛笔字；若是儿童菜单，可选用幼稚活泼的卡通字；而寿宴，可选择古老的隶书。菜单上的标准色宜淡不宜浓，宜简不宜多，否则会影响主题的效果。菜单材质、款式的选择，则应体现别致、新颖、适度的准则。

四、宴会菜单实例

表9－5是一套设计感十足的宴会菜单。

表9－5　　开市大吉庆贺宴

一看盘：百花齐放
四凉菜：囊多锦绣、拌金银条、花枝会语、一帆风顺
八热菜：开市大吉、万宝献主、地利人和、腰缠万贯、恭喜发财、心花怒放、雪里埋金、大发财源
一汤：推纱望月
二面点：金银烙饼、八宝米饭

这套宴会菜肴可用作商店、饭店、餐馆、酒楼等单位开张时的贺喜宴。这套宴会菜肴紧扣“经商”这一主题，句句都是吉利话：开张营业，彩灯高悬，百花齐放，门庭若市，祝店主生意兴隆，招金进银，总是一帆风顺。同时，希望店主和善迎人，才能赢来顾客，腰缠万贯，进进出出，万宝献主。店主始终喜笑颜开，大发财源。推纱望月，要求店主延长服务时间，不能天未黑就关店门，把顾客拒之门外。要大小生意都做，才能挖得雪里埋金。最后的两道面点，又兼顾到了南方人和北方人的饮食习惯。

总之，宴会菜单的设计是宴会工作的核心，管理者一定要认真对待，聚集各方力量，考虑各种因素，设计出符合客人要求、体现餐厅特色、展现烹饪水平的高质量的宴会菜单。

第三节　宴会台面设计

宴会的台面设计不仅是一门科学，同时也是一门艺术。它的科学性表现在设计时应从美学、美术装饰学、心理学、商品学、营养学、卫生学、营销学等因素来考虑。它的艺术性表现在它既有前奏曲和序幕，也有主题和内容，然后再把情节推向高潮，直至尾声。宴会的台面设计要求有一定的艺术手法和表现形式，其基本原则就是要因人、因事、因地、因时而异，再按就餐者的心理要求，造成一个与之相适应的和谐统一的气氛，显示出整体美。

要设计一桌完美的宴会台面，不仅要求色彩艳丽醒目，而且每桌餐具必须配套。餐具经过摆放和各种装饰物品的点缀，拉开了整个宴会的序幕，就容易看出宴会的内容、主题、等级和标准，同时吸引起每位宾客对宴席美的艺术兴趣，并能增加食欲，这就是宴会台面设计的目的。由此可见，生动、形象而富有特色的台面，往往是设计者在了解并掌握宴会台面设计基本知识的基础上经过潜心研究才设计出来的，也才能使观赏者达到赏心悦目的效果。

一、宴会台面的种类

宴会台面的种类很多，一般按餐饮风格划分为中餐宴会台面、西餐宴会台面和中西混合宴会台面；也可按宾客的人数和就餐的规格划分为便宴台面和正式宴会台面；按台面的用途又可划分为餐台、看台和花台。

（一）按餐饮风格分

按餐饮风格可划分为中餐宴会台面、西餐宴会台面和中西混合宴会台面。

1. 中餐宴会台面

中餐宴会台面以圆桌台面为主，中餐宴会台面的小件餐具通常包括筷子、汤匙、骨碟、搁碟、味碟、口汤碗和各种酒杯。

2. 西餐宴会台面

西餐常见的酒席宴会台面主要有直长台面、横长台面、T 形台面、工字形台面、腰圆形台面和 M 形台面等。西餐台面的小件餐具通常包括各种餐刀、餐叉、餐勺、菜盘、面包盘和各种酒杯。

3. 中西混合宴会台面

中西混合宴会台面可用中餐宴会的圆台和西餐的各种台面，其小件餐具通常由中餐用的筷子及西餐用的餐刀、餐叉、餐勺和其他小件餐具组成。

（二）按台面用途分

按台面的用途划分为餐台、看台和花台。

1. 餐台

餐台也叫素台，在饮食服务行业中称为正摆式。此种宴会台面的餐具摆放应根据就餐人数的多少、菜单的编排和宴会的标准来配用，比如，7 件头、9 件头、12 件头等。餐台上的各种餐具、用具，间隔距离要适当，清洁实用，美观大方，放在每位宾客的就餐席位前。各种装饰物品都必须摆放整齐，而且要尽量相对集中。这种餐台多用于中档宴席，也可用于高档宴会的餐具摆设。

2. 看台

看台是指按宴席的性质、内容，用各种小件餐具、小件物品和装饰物品摆设成各种图案，供宾客在就餐前观赏。在开宴上菜时，撤掉桌上的各种装饰物品，再把小件餐具分给各位宾客，让宾客在进餐时便于使用。这种台面一般用于民间宴席和风味宴席。

3. 花台

花台就是用鲜花、绢花、盆景、花篮及各种工艺美术品和雕刻物品等点缀构成各种新颖、别致、得体的台面。这种台面设计要符合宴席的内容，突出宴会的主题。图案的造型要结合宴席的特点，要有一定的艺术性，色彩要鲜艳醒目，造型要新颖、独特。

二、宴会台面设计的基本要求

要想成功地设计和摆放一张完美的宴会台面，必须预先做好充分的准备工作。既要进行周密、细致、精心、合理的构想，又要大胆借鉴和创新。但无论怎样构想与创新，都必须遵循宴会台面设计的一般规律和要求。

（一）根据顾客的用餐需要进行设计

餐具和其他物件的摆放位置，既要方便宾客用餐，又要便于席间服务，因此，要求餐具摆放紧凑、整齐和规范。

（二）根据宴会主题进行设计

台面的造型要根据宴会的性质恰当安排，使台面图案所表达的意思和宴会的主题相称。例如，婚庆宴席就应摆“囍”字席、百鸟朝凤、蝴蝶戏花等台面；如果是接待外宾应摆设迎宾席、友谊席、和平席等。

（三）根据美观实用的要求进行设计

使用各种小件餐具进行造型设计时，既要设法使图案逼真美观，又要不使餐具过于散乱，宾客经常使用的餐具原则上要摆在宾客的席位上以便于席间取用。

（四）根据民族风格和饮食习惯进行设计

选用小件餐具，要符合各民族的用餐习惯，例如中餐和西餐所用的桌面和餐具不一样，必须区别对待，中餐台面要放置筷子，西餐台面则要摆放餐刀、餐叉。安排餐台和席位要根据各国、各民族的传统习惯确定，设置座位花卉不能违反民族风俗和宗教信仰的禁忌。例如，日本人忌讳荷花，因而日本人用餐的台面就不能摆放荷花及有关的造型。

（五）根据宴会菜单和酒水特点进行设计

宴会台面设计要根据宴会菜单中的菜肴特点来确定小件餐具的品种、件数，即吃什么菜配什么餐具，喝什么酒配什么酒杯。不同档次的酒席还要配上不同品种、不同质量、不同件数的餐具。同时，根据台面的不同，摆放相应的筷子、汤匙、味碟、酒杯，较高档的宴席在摆放基本的筷子、汤匙、味碟和水杯外，还要根据需要摆上各种酒杯（葡萄酒杯、白酒杯、啤酒杯等）。

（六）根据清洁卫生的要求进行设计

摆台所用的台布、餐巾、小件餐具、调味瓶、牙签盅和其他各种装饰物品都要保持清洁。

一个设计完美的宴会台面，不仅要求实用功能强，还应该能够满足与宴者的审美需要，同时还要体现宴会的规格、档次、主题，并且要符合礼仪规范和文明消费的要求。

三、宴会台面的装饰方法

宴会台面的装饰效果不仅决定了宴会的气氛，而且体现了宴会设计者的水平以及整个宴会的服务质量。宴会台面的装饰效果，主要通过餐具的摆放位置、餐巾折花以及餐桌上的摆花艺术来体现，具体方法如下：

（一）用餐具装饰台面

可用杯、盘、碗、碟、筷、勺等物件摆成各种象形或会意图案。用餐具装饰台面应掌握以下几点：

（1）高档宴会和名贵菜肴应配用较高级的餐具，以烘托宴会的气氛、突出名菜的身价。

（2）餐具的件数应依据宴会的规格和进餐的需要而定。普通宴会通常配 5 件餐具，中档宴会通常配 7 件餐具，高档宴会通常配 8 ~ 10 件餐具。

（二）用鲜花装饰台面

花是美的象征，它给人们带来愉快、活力和希望。餐桌以花装饰，使人赏心悦目、食欲大增，有力地烘托了宴会的气氛。

人们通常用插花来装饰餐桌。餐桌上的插花可随意些、轻松些，造型要注意顾及不同角度的观赏者。瓶插花材不宜太繁杂，有时仅一束错落有致的月季、康乃馨或扶郎花稍加些绿叶或香石竹陪衬，就足以让人心动。用盆花来装饰餐桌其效果不亚于插花，它具有花期长而生机蓬勃的优点。餐桌上的盆花应选择植株低矮、丛生、密集多花的种类，如仙客来、长寿花、紫罗兰、非洲紫罗兰、郁金香、风信子、三色锦、香石竹、金盏菊、大叶桐、蒲包花、四季（秋）海棠等。餐桌摆设盆花应注意盆与土的清洁卫生，并在盆底垫上雅致的盆座或盘碟。

餐桌上的鲜花应根据季节的变化予以调整。春季在餐桌上摆一盆报春、迎春，插一瓶桃花，能给人带来浓浓的春意。炎炎夏日，最适宜在餐桌上摆观叶植物或插些清香淡雅的花，如瓶插百合、马蹄莲、晚香玉、姜花、荷花、香雪兰、香石竹等。秋季可适当插些别致的小菊花或果蔬鲜花组合。冬季，一盆（瓶）暖色调的花卉能打破冬日的萧瑟和寒冷，给餐厅注入温馨，如盆栽矮串红、长寿花，或瓶插红色的月季、康乃馨、剑兰等。

（三）用餐巾花装饰台面

为了提高服务质量和突出宴会气氛，服务人员把小小的餐巾折叠成许多栩栩如生的鱼、虫、花、鸟等形状。形形色色的花卉植物和惟妙惟肖的实物造型，摆在餐桌上既可起到点缀、美化台面的作用，又能给酒席、宴会增添热烈欢快的气氛，给宾客以一种美的享受。餐巾花还可以其无声的形象语言，表达和交流宾主之间的感情，起到独特的媒介效果。它也能表明宾主的座次，体现宴会的规格与档次。根据餐巾和台布的颜色以及餐具的质地、形状、色泽等进行构思，使折出来的餐巾花同宴会台面融为一体，给人以艺术上的享受。要求能根据中西餐的要求、特点和对象不同，分别叠成不同样式的餐巾花。餐巾花的种类很多，总体原则是：

（1）根据宴会的性质来选择花型。如以欢迎、答谢、表示友好为目的的宴会餐巾花可设计成友谊花篮及和平鸽。

（2）根据宴会的规模来选择花型。一般大型宴会可选用简单、快捷、挺括、美观的花型。小型宴会可以在同一桌上使用各种不同的花型，形成既多样又协调的布局。

（3）根据花式冷拼选用与之相配的花型。如冷拼是游鱼戏水，则餐巾花可以选用金鱼造型。

（4）根据时令季节选择花型。用台面上的花型反映出季节的特色，使之富有时令感。

（5）根据宾主席位的安排来选择花型。宴会主人座位上的餐巾花称为主花，主花要选择美观而醒目的花型，其目的是使宴会的主位更加突出。主花要摆插在主位，一般的餐巾花则摆插在其他宾客席上，高低均匀，错落有致。

此外，还可采用印有各种具有象征意义图案的台布铺台，并以台布图案的寓意为主题，组织拼摆各小件餐具和其他物品，使整个台面协调一致，组成一个主题画面。也可用水果装饰台面，根据季节变化，将各种色彩和形状的水果，衬以绿色的叶子，在果盘上堆摆成金字塔形状上台，既可观赏，又可食用，简便易行。此法在传统的宴席摆台中运用较多。

关于国旗，在餐厅使用最多的是桌旗。通过订餐得知宾客为外国人时，最好桌上摆放那个国家的桌旗，这样可显得服务周到而友好。通常桌旗的摆放方法为外国国旗在上位席的左侧。摆放桌旗的数量要根据桌子的长度，一处摆放国旗的场合以餐桌中央为宜；两处摆放国旗的场合，要间隔相等。这里需要注意桌花的高度，桌花应比桌旗略低一些。

四、主题宴会台面的设计与创新

普通的宴会台面设计往往按照餐具摆台，辅以鲜花或食材雕刻工艺品以及餐巾花的方式进行。在一些档次较高、主题非常明确的宴会中，以精彩的台面设计来体现和深化主题是整场宴会成功的主要方面。在进行高档次的主题宴会台面设计时，要注意紧扣主题，选择适当的装饰材料，采用适当的装饰方法进行布置，并且充分运用色彩和照明烘托气氛，同时注重加入创新的元素。表9－6为主题宴会台面设计方面的一些要求。

表9－6　　主题宴会台面设计

主题宴会台面类型	台面风格特点	适用宴会
仿古宴	仿古代名宴的餐酒具、台面布局、场景布置，礼仪规格高	红楼宴、宋宴、满汉全席、孔府宴
风味宴	具有鲜明的民族餐饮文化和地方饮食特色	火锅宴、烧烤宴、清真宴、斋宴、民族宴
正式宴会	主题鲜明、政治性强、目的明确，场面气氛庄重高雅，接待礼仪严格	国宴、公务宴、会议宴
亲（友）情宴	主题丰富、目的单一，气氛祥和热烈，突出个性及个性化服务	接风洗尘、红白喜事、乔迁之喜、添丁祝寿、祝贺高升、毕业宴请
节日宴	传统节日气氛浓重、注重节日习俗	元旦、春节等节日
休闲宴	主题休闲，气氛雅静舒适	茶宴
保健养生宴	倡导健康饮食主题，就餐的环境、设施与台面设计有利于客人的健康需要	食补药膳宴、美容宴
会展宴	宴会的台面设计与会展主题相符，就餐形式多种多样	各种大型会展主题宴会、冷餐会、鸡尾酒会

第四节　宴会管理

宴会涉及饭店的多个部门，对整场宴会进行宏观设计调控和细节管理非常重要。创造卓越的宴会业绩，不仅要靠业务人员的努力，而且食物的品质和价值感以及服务人员的待客态度和专业服务，也都是建立和维持良好经营的重要因素。所以一场完美的宴会必须具备好的业务、好的烹调以及好的服务，缺一不可，唯有三者充分配合，才能保证宴会圆满成功。

一、各项资源的合理调配和准备是宴会成功的前提

（一）信息资源

充分掌握宴会信息是宴会管理者的首要工作。

（1）向销售部门了解预订宴会的信息，包括时间、地点、人数、规格、菜单等；

（2）向主办方了解宴会的详细活动内容，包括步骤、细节、特殊要求等，并进行商定。

（二）人力资源

了解宴会需要的人员数量、素质，合理分配工作，确保高效完成宴会接待任务。

（三）物质资源

充分了解所需物资的准备情况，如食材、餐具、设施设备等，及时把握物资动态，为宴会提供充足的物资保证。

（四）安全信息

为客人提供有效的安全保障是非常关键的要素，安全工作要贯穿于宴会工作的始末。接待宴会前应了解营业场所的各项安全设施，如安全通道、灭火器、监控设备等的运行情况；了解安全管理办法和事故预案的可行性，确保安全责任落实到个人。

充分了解相关信息，及时查漏补缺，协调调动所需部门、岗位，做好宴会的准备工作。

［补充阅读9－2］不同星级酒店宴会厅员工数量配备差异

饭店星级标准	宴会厅餐位	餐座率	人数/每餐位	总人数/人	服务员(60%)	厨师(40%)
五星级	300	80%	0．2	60	36	24
四星级	300	80%	0．15	45	28	17
三星级	300	80%	0．12	36	22	14
一、二星级	300	80%	0．1	30	18	12

二、有效监控宴会进程

对宴会进程的监控主要体现在对宴会服务的管理上。

（一）宴会服务的作用

宴会服务的作用主要表现在以下几个方面。

1. 宴会服务质量的高低直接影响企业的声誉

基层服务人员直接与宾客接触，他们的一举一动、一言一行都会在宾客的心目中留下深刻的印象，因此宾客可以根据宴会部为他们提供的食品、饮料的种类、质量和分量及服务人员的服务态度和服务方式来判断服务质量的优劣和企业管理水平的高低。所以，宴会服务的好坏不仅直接关系到宴会部的客源和经济效益，也直接影响企业的声誉和形象。

2. 宴会服务质量的高低直接影响宴会的气氛

不论是中餐宴会还是西餐宴会，都非常讲究宴会的气氛，席间往往要有宾主讲话或致辞，有时还要有席间表演或席间音乐。服务人员作为营造这种气氛的直接参与者，如果服务质量高，服务技巧成熟，则可起到锦上添花、画龙点睛的作用。如满汉全席的服务人员要求身着民族服装，步履轻盈，整齐一致，间或有满族舞姿造型，配以民族音乐，使宾客在享受民族名贵佳肴的同时，领略民族风情和民族风采，定会使席间气氛欢愉融洽，使宴会掀起一个又一个高潮，从而促成宴会的成功。

3. 宴会服务水平的高低决定宴会经营的成效

宴会的成功取决于诸多方面的原因。主办者举办宴会往往有其明显的目的，或表示友好，或表示答谢，或表示志庆，等等。经验丰富的宴会工作人员往往在了解宴会主办者的目的之后，运用各种服务技巧加强对宴会主题气氛的渲染，使气氛和谐统一，达到令主办者满意的效果，使宴会获得圆满成功。

4. 宴会服务水平的高低直接体现宴会规格的高低

不同规格的宴会对宴会厅的布局、摆台、座次的安排以及席间服务的要求是不同的。赴宴者有时可以根据服务人员的服务质量来评判宴会档次和规格的高低。为此，宴会工作人员要努力通过提高服务质量来提高宴会本身的规格。

（二）宴会服务的特点

宴会具有就餐人数多、消费标准高、菜点品种多、气氛隆重热烈、就餐时间长、接待服务讲究等特点。宴会一般要求格调高雅，在环境布置及台面布置上既要舒适、干净，又要突出隆重、热烈的气氛。在菜点选配上有一定的格式和质量要求，按一定的顺序和礼节递送上台，讲究色、香、味、形、器，注重菜式的季节性，用拼图及雕刻等形式烘托喜庆、热烈的气氛。在接待服务上强调周到细致，讲究礼节和礼貌，讲究服务技艺和服务规格。从这个意义上讲，宴会服务具有以下几个特点。

1. 宴会服务的系统化

宴会服务并不是仅指宴会服务员在宴请时为客人提供的服务，它同时还包括从客人问询开始到预订、筹办、组织实施、实际接待以及跟踪、反馈等环节，是宴会部各个部门全体员工共同努力、密切配合、共同完成的工作。因此，宴会服务是一项系统性很强的工作，每一个环节既自成一体，又属于整体规划的一部分。要求宴会部经理做好宏观控制，因为任何一个环节的服务不到位，都将影响到整个宴会的正常运转。

2. 宴会服务的程序化

宴会部各个岗位工作人员的工作应该是和谐统一的。不同的岗位对客人所提供的服务是有先后顺序的，也就是说，各个岗位的工作是按照一定的程序进行的。这个程序被各个岗位和部门所遵守，不能先后颠倒，更不能有中断，要求每个环节互相紧密衔接。

3. 宴会服务的标准化

每一项宴会服务工作都有一定的标准，要求服务人员严格遵循。比如预订，要求预订人员严格按预订程序操作，填写指定的单据。再如席间服务，要求按规定的顺序和操作规范上菜、斟酒。这些操作规范和服务程序是服务人员的工作准则，不允许有任何背离和疏漏。宴会服务的标准化还包括宴会厅内各项卫生是否达到要求；宴会厅的气氛是否按宴会目的要求安排设计；宴会所需各种设备是否按要求安排就绪，音响、照明等效果是否良好，空调运转是否正常；餐桌设计是否符合宴会主办单位的要求；座次卡是否已放在指定的位置上；摆台是否符合本次宴会服务方式的要求；餐具摆放及数量是否恰当；纪念品、礼品是否备齐；服务员的服装是否符合要求；签到桌、笔、纸或签到簿是否备齐等。

三、后续工作

宴会结束后，做好后续工作才能画上圆满的句号。

（一）总结

对整个宴会工作进行总结，征询顾客意见，针对工作中出现的问题进行探讨和改进。这是提升服务质量的关键所在。

（二）宴会客史档案的管理

宴会客史档案是餐饮企业的财富和资源。它可为企业领导的决策提供科学依据，为企业开展公关、提高知名度提供翔实资料，为宴会组织管理提供丰富经验，还可为新员工上岗培训提供生动、具体、真实的教材。

宴会客史档案是餐饮企业档案室的业务资料，应具体详实。加强宴会客史档案的管理，是餐饮企业宴会管理进入现代化的一个明显标志。

1. 内容

宴会客史档案因对象不同、宴会规模差异，客史档案内容也有几种情况：

（1）客史档案内容较少。有的仅保存订户姓名、宴会日期、人（桌）数、费用、菜单等记录。

（2）除预订记录外，还有菜单、活动计划等资料。

（3）承接贵宾（VIP）宴会的餐饮部门，设专人负责餐饮档案资料，进行现代化管理，能为餐饮经营提供国内外新资料。此类宴会客史档案的特点是详细、具体、完整，是宴会客史档案的整套复印和部门宴会活动记录的总和，档案内容更多、更详尽。如：

私人或企业团体的宴会预订表；

客人预订宴会的电话记录稿、书信复印件、传真；

政府指令性预订宴会的机密文件、资料；

贵宾（VIP）客人的有关资料；

团体客（VIP的随行人员）每个人的名单和简况；

大型宴会或高级宴会的领导小组成员、会议简报；

高级宴会的组织机构和岗位全员名单；

参与高级宴会活动的各部门所制订的活动计划；

宴会厅的布置计划和需求的物资用品清单；

整套的宴会菜单（包括宴会前会客、记者招待会、签字仪式、鸡尾酒会所需的茶水、饮料、小食品，还有随行、陪同、司机桌的菜单）；

宴会现场偶发事件和应急处理的情况记录；

参与高级宴会的各部门所撰写的宴会活动总结；受到表彰的宴会管理人员和服务人员名单以及先进事迹；

宴会演奏的国歌乐谱、受鼓掌欢迎的乐曲名称；

宴会主桌上主人、主宾等宾客位置和名单；

账单；

客人对宴会的赞誉题词和馈赠、答谢的资料；

客人对宴会的投诉复印件；

宾、主对餐饮食品的反映；

接待贵宾（VIP）（各国元首、领导人、国际著名人士及其主要亲属）宴会的档案资料；

宴会活动拍摄的录像、照片资料；

宴会前、宴会中的配套活动（如文艺演出节目单、服装表演、国画及书法当众表演）的资料；

宴会服务班组的工作汇报总结资料。

2. 信息来源

餐饮企业为搞好宴会，甚至仅仅为了开好一张菜单，或安排主桌中主、宾的座次，都要倾全力去收集信息，以满足宴会来宾的需求。信息的收集可从两个方面获得：

（1）外部输入

通过饭店行业、旅游系统来提供；

通过企业团体获取；

政府有关部门向餐饮企业提供宴会准备的重要信息；

从近阶段电视、新闻报道、重要客人的新闻中收集；

去有关档案资料馆和研究人员处咨询；

从国内外发行的书报杂志上去寻找信息资料；

通过贵宾（VIP）的至亲好友或司机、厨师、秘书、保姆等渠道打听。

（2）内部输入

餐饮企业为组织好重要宴会，可通过销售部、公关部提供有关信息；

去找企业老经理、离退休老服务员、老厨师了解历史情况；

从宴会档案室查资料，从已有的资料中去取得信息。

3. 管理方法

宴会客史档案的管理，在国内餐饮企业中还处于起步阶段。要想让宴会客史档案从书面资料转化为促进餐饮销售的活动，还需企业进行人力、财力投资。餐饮部经理应做到：

（1）设置餐饮档案管理岗位（如档案管理员或宴会预订秘书），配置符合条件的人员；

（2）购置必要的档案文件柜等物资，设有专门的办公场地；

（3）加强资料汇总；

（4）开展资料整理；

（5）对档案内容进行检查、分析、归类；

（6）建立保管和查阅等管理制度；

（7）建立班组、管理人员、宴会负责人记录管理网；

（8）运用先进方法和现代化手段将文字、图片、摄录像资料归类、编号、入档，及时补充新资料。设电脑终端，及时将档案资料输入电脑，以便于进行检索和资料输出。

本章小结

宴会是以餐饮聚会为表现形式的一种高品位的社交活动方式。宴会组织管理是对开展宴会业务过程中的各种活动进行计划、指导、监督、指挥和控制。本章按宴会作业流程介绍了宴会预订、宴会菜单设计、宴会台面设计、宴会管理等内容。

复习思考题

1. 宴会销售与宴会预订之间有何关系？
2. 设计宴会菜单时应考虑哪些因素？
3. 如何做好宴会台面设计？
4. 宴会服务的特点有哪些？
5. 如何加强宴会客史档案的管理？

案例分析与思考：员工的困惑

小张是某五星级酒店的餐饮服务生。某日，该酒店承接了一项重要的大型国际会议。小张的领班孙某在晚宴之前进行了详细的接待计划安排，考虑到在用餐高峰时客流量大，特别安排了原本负责值台的小张与领座员小王合作，在餐厅入口处领位。当天餐饮总监也在现场指挥，在用餐高峰来临之时，临时让小张去某包厢作增援。当小张做好包厢工作回到餐厅入口处时，客流量已经很大了，小王一人无法应付，导致不少客人产生不满情绪。领班对小张离开岗位的事给予严厉批评，小张非常委曲，认为自己是被餐饮总监调用的，自己并没有错。

思考题：

（1）小张应听谁的指挥？

（2）酒店应该如何避免员工的困惑？

实训指导

实训项目一：宴会预订。

实训要求：准备相关资料，通过角色扮演，掌握宴会预订的程序。

实训组织：分组进行，角色扮演。

项目评价：“客人”点评；教师总结。

实训项目二：宴会菜单设计。

实训要求：搜集资料，设计新颖的主题菜单，重点在于设计深刻体现宴会主题的菜品名。

实训组织：项目引导，任务分配；小组调研，内容设计；小组讨论，师生交流；方案汇报，项目评价。

项目评价：小组互评；教师评价。

实训项目三：宴会台面设计。

实训要求：设计一个主题鲜明的宴会台面。

实训组织：通过实践实验室或基地，或参加技能比赛的机会，采购相应的材料，分组设计主题鲜明的台面。

项目评价：小组互评；教师评价。

实训项目四：宴会管理实训。

实训要求：把握宴会各环节，包括宴会的预订、准备（人力、物力的分配）、餐间服务和宴会后总结。

实训组织：到实践基地的餐厅参与宴会服务，主要通过见习完成。

项目评价：自我评价、见习单位评价与教师评价相结合。

第十章　餐饮产品成本控制

【学习目的】

了解餐饮产品成本的含义、类型及特点；
了解餐饮成本控制的重要性；
了解餐饮成本控制的类型和原则；
掌握餐饮产品成本核算方法、餐饮管理成本控制方法和餐饮管理成本控制系统。

【基本内容】

★餐饮产品成本构成和成本分类：
餐饮产品成本的构成；
餐饮产品成本的分类；
餐饮产品成本的特点。
★餐饮成本核算的方法：
餐饮成本核算的定义；
餐饮成本核算的意义；
餐饮成本核算的方法。
★餐饮管理的成本控制：
餐饮管理成本控制的概念；
餐饮管理成本控制的类型；
餐饮管理成本控制的重要性；
餐饮管理成本控制的原则；
餐饮管理成本控制的基本方法；
餐饮管理成本控制的其他方法；
构建餐饮管理成本控制系统。

【教学指导】

通过讨论探讨如何利用报表进行经营成本控制，使学生明确各环节成本控制的关键点。

随着餐饮企业的迅速发展，市场竞争必然日趋激烈，如何在日益狭小的市场空间中树立竞争优势，寻求更大的发展空间，是餐饮企业生存与发展所面临的严峻挑战。要生存、求发展，就必须创新意、降成本。为此，加强餐饮企业成本控制，最大限度地降低餐饮成本，尽可能地为顾客提供超值服务，已成为餐饮企业经营成功的必然要求。

第一节 餐饮产品成本构成和成本分类

一、餐饮产品成本的构成

餐饮产品成本是指餐饮企业为生产产品、提供劳务而发生的各种耗费，包括原材料、燃料的耗费，员工工资，固定资产折旧费、修理费等。众所周知，成本是商品经济的产物。马克思在《资本论》中对成本的经济含义进行深刻剖析后认为：从耗费的角度看，成本是企业为生产商品所消耗的物化劳动（C）和活劳动价值（V）的货币表现。所以餐饮产品成本是经营过程中所耗费的物化劳动和活劳动的货币形式，它以价值的形式表现社会劳动的耗费。其中物化劳动耗费包括劳动对象的耗费（如原材料、燃料的耗费）和劳动手段的耗费（如固定资产折旧费、修理费）；活劳动的耗费是指企业支付的员工工资、福利和其他薪酬。它们构成了餐饮产品成本的三大要素。

在实务中，为了便于分析和利用，具体分为以下类别：

（1）外购材料。主要指餐饮企业耗用的从外部购入的原料及主要材料、半成品、辅助材料、包装物、修理用备件、低值易耗品和外购商品等。

（2）外购燃料。主要指餐饮企业耗用的从外部购入的各种燃料，包括固体、液体、气体燃料等。

（3）外购动力。主要指餐饮企业耗用的从外部购入的各种动力，包括电力、蒸汽等。

（4）职工薪酬费用。主要指支付给职工的各种货币性和非货币性职工薪酬，包括职工工资、职工福利费、职工社会养老保险金、职工医疗保险金、住房公积金等。

（5）折旧费。主要指按照规定计算提取的固定资产折旧。如蒸饭柜、和面机、消毒柜、冰柜等的折旧。

（6）利息支出。主要指应计入费用的各种银行借款利息费用减去利息收入后的净额。

（7）税金。主要指应计入生产经营成本的各项税金，例如土地使用税、房产税、印花税、车船税等。

（8）其他支出。主要指不属于以上各要素的耗费，例如邮电通信费、差旅费、租赁费、外部加工费等。

二、餐饮产品成本的分类

（一）按经济用途分类

餐饮生产经营成本按经济用途分为生产成本、销售费用和管理费用三大类。

1. 生产成本

它包括4个成本项目：

（1）直接材料。主要指直接用于餐饮产品生产、构成产品实体的原料及主要材料、外购半成品、有助于餐饮产品形成的辅助材料以及其他直接材料。

（2）直接人工。主要指直接参加餐饮产品生产的工人的工资、福利费等各项薪酬费用。

（3）燃料和动力。主要指直接用于餐饮产品生产的外购和自制的燃料及动力费。

（4）制造费用。主要指为生产餐饮产品和提供服务所发生的各项间接费用，包括厨房管理人员和职工的薪酬、机物料消耗、折旧费、办公费、水电费、劳动保护费、季节性和修理期间的停工损失等。

为了使生产成本项目能够反映企业生产的特点，满足成本管理的要求，制度允许餐饮企业根据自己的特点和管理要求，对以上项目做适当的增减调整。如果产品成本中燃料和动力费所占比重很小，也可以将其并入“制造费用”成本项目中。

2. 销售费用

它是指餐饮企业在销售商品、提供劳务的过程中发生的各种费用，包括餐饮企业在销售商品过程中发生的包装费、展览费、运输费、装卸费、保险费和广告费以及专设销售机构的各项经费等。

3. 管理费用

它是指餐饮企业为组织和管理企业生产经营所发生的管理费用，包括业务招待费、排污费、技术转让费、诉讼费、房产税、车船使用税、土地使用税、印花税、公司经费、存货盘亏或盘盈、计提的坏账准备和存货跌价准备等。

成本按经济用途分类，反映了企业不同职能的耗费，也叫成本按职能的分类。这种分类有利于成本的计划、控制和考核。

（二）按转为费用的方式分类

为了贯彻配比原则，餐饮生产经营成本按其转为费用的不同方式分为产品成本和期间成本。

产品成本是指可计入存货价值的成本，包括按特定目的分配给一项产品的成本总和。“产品”在这里是广义的，不仅指产成品，还包括提供的劳务，实际上是指餐饮企业的产出物即最终的成本计算对象。

期间成本是指不计入产品成本的生产经营成本，包括除产品成本以外的一切生产经营成本。期间成本不能经济合理地归属于某特定产品，因此只能在发生当期立即转为费用，是“不可储存的成本”。正因为期间成本不可储存，在发生时就转为费用，因此也称之为“期间费用”。

期间成本包括销售费用、管理费用和财务费用。其中财务费用是指餐饮企业为筹集生产经营所需资金等而发生的各项费用，包括企业发生的现金折扣或收到的现金折扣、利息支出（减利息收入）、汇兑损失（减汇兑收益）以及相关的手续费等。

（三）按性态分类

餐饮成本按其性态可分为固定成本、变动成本和混合成本三大类。

固定成本是指在特定的产量范围内不受产量变动影响，一定期间的总额能保持相对稳定的成本。例如，餐厅中设施设备的折旧费、固定月工资、职工培训费、新产品开发费、广告费、财产保险费等。

变动成本是指在特定的产量范围内其总额随产量变动而成正比例变动的成本。例如，原材料成本、酒水成本、洗涤费用等。

混合成本是指除固定成本和变动成本之外的，介于两者之间的成本，它们因产量变动而变动，但不是成正比例关系。例如，餐饮管理人员、主要厨师、餐厅服务人员的薪酬一般是底薪加提成，所以其薪酬属于混合成本。

（四）按可控性分类

餐饮成本按可控性分类分为可控成本和不可控成本。

可控成本是指在特定时期内，特定责任中心能够直接控制其发生的成本。其对称概念是不可控成本，即指在特定时期内，特定责任中心不能够直接控制其发生的成本。两者的区别如下：

可控成本总是针对特定责任中心来说的。一项成本，对某个责任中心来说是可控的，对另外的责任中心则是不可控的。例如，耗用材料的进货成本，采购部可以控制，使用材料的厨房则不能控制。有些成本，对于下级单位来说是不可控的，而对于上级单位来说则是可控的。例如，传菜员不能控制自己的工资，而他的上级则可以控制。

可控成本和不可控成本的区别还在于成本发生的时间范围。一般来说，在消耗或支付的当期成本是可控的，一旦消耗或支付就不再可控。有些成本是以前决策的结果，如折旧费、租赁费等，在添置设备和签订租约时曾经是可控的，而使用设备或执行契约时已无法控制。

（五）按成本的可追溯性分类

餐饮成本按成本的可追溯性分为直接成本和间接成本。

直接成本是直接计入各大类产品等成本对象的成本，如饮料成本、食品成本等。间接成本是直接成本的反义词，它是指不能直接计入餐饮产品成本，必须先进行归集，然后按一定标准分配计入的费用。因为间接成本是由几类产品或部门共同引起的成本，应该由这几类产品或部门共同负担。例如，采购部的折旧、人员工资、厨房的制造费用等。

三、餐饮产品成本的特点

（一）变动成本是餐饮产品成本构成的主体

餐饮产品与工业企业产品一样，都要购进原材料进行生产，原材料成本不仅会随着销售数量的增加而成正比例地增加，还在整个产品成本中占了较大比例。

（二）人工成本比重高

餐饮不同于制造业，它不能大批量地进行机械化生产，而是根据顾客的需要进行小批量加工生产，大部分产品不能够储存，即产即销，因而为及时满足顾客的需要，必须随时拥有一支庞大而高效的员工队伍，人工成本大大增加。

（三）成本泄漏点多

餐饮管理中采购、验收、储存、准备与加工、服务、销售等每一环节都可能产生成本泄漏。如，食品冷藏温度不够低引起原料变质；烹调技术欠佳，导致用料折损；采购的原料质量不高，造成浪费，等等。

（四）原材料对餐饮设备设施的依赖性强

餐饮原料活养需用循环水及温控设备；原料、半成品储存需要冷藏和冷冻设施；厨房生产加工需要各种器械、炉灶用具；餐厅服务少不了音响、空调等系统，这些设施设备的性能及状态直接影响餐饮成本。

第二节　餐饮成本核算的方法

一、餐饮成本核算的定义

餐饮成本核算是餐饮企业为了满足成本控制需要，对餐饮产品成本进行确认、测定、记录、分配、计算，以确定产品实际总成本的一系列行为。它实质上是对餐饮企业生产经营活动中有关资金耗费及产生的劳动成果的数据进行汇集、归类、加工和转换为成本信息的一种信息处理过程。餐饮成本核算为如实反映成本管理系统的运行过程和结果，以及对成本的分析考核提供了资料。

二、餐饮成本核算的意义

餐饮企业正确组织产品成本核算工作，具有非常重要的意义，主要表现在如下几个方面：

（一）成本核算有利于反映企业成本的真实信息进而为产品定价建立基础

通过对餐饮产品进行成本核算，计算出产品的实际成本，可以作为生产耗费的补偿尺度，也是确定企业盈利的依据；同时，产品实际成本又是有关部门制定产品价格和企业编制财务成本报表的依据。

（二）成本核算有利于衡量企业成本预算的执行情况，从而为提高企业的管理效率和管理水平提供合理依据

一方面，产品成本核算通过反映和监督各项消耗定额及成本预算的执行情况，可以控制生产过程中人力、物力和财力的耗费，从而做到增产节约、增收节支；另一方面，成本改善可以全面反映企业生产经营管理水平，对企业而言，生产效率的高低、资产使用效率和运营效率的状况都需要通过有关的成本信息加以反映。

（三）成本核算是制定和完善企业成本管理手段的重要环节

通过产品成本的核算计算出的产品实际成本资料，可与产品的标准成本等指标进行对比，除可对产品成本升降的原因进行分析外，还可据此对产品的定额成本或标准

成本进行适当的修改，使其更加接近实际。

三、餐饮成本核算的方法

餐饮产品成本从理论上讲，既包括物化劳动的耗费又包括活劳动的耗费，但餐饮主要是以提供劳务为主，服务往往是综合性的，哪种劳务花费了多少人工费用、应负担多少工资，没有比较合理的分摊标准和分摊依据，不易分清成本计算对象，所以人工费用在餐饮产品成本核算上采用了直接计入期间费用的方式，而没有直接计入产品成本。这是由餐饮自身的特点所决定的。另外，由于餐饮产品的种类多，数量零星，生产、销售和服务功能通常融为一体，因而在核算中，很难将劳动手段的耗费如厨房设施设备的折旧等严格地对象化，只能列为期间费用。因此核算餐饮产品成本时仅核算餐饮企业在一定时期内耗用的主料、配料和调料的总成本。

在实际工作中，如果按每一道菜（或主食品）核算其单位成本，成本计算工作将十分繁重。为了减轻成本计算的工作量，餐饮食品成本通常按总成本或大类成本计算。其成本的计算与结转可分别采用永续盘存法和实地盘存法。

（一）永续盘存法

永续盘存法是指按厨房等生产单位实际耗用的原材料数额计算与结转已销食品成本的一种方法。

1. 月食品成本核算

其成本计算公式如下：

本期耗用原材料实际成本 = 本期“原材料”账户的贷方发生额

“原材料”账户用于核算企业库存的各种材料，包括原料及主要材料、辅助材料、外购半成品（外购件）、修理用备件（备品备件）、燃料、包装材料等的实际成本。该账户可按材料的保管地点、材料的类别、品种和规格等进行明细核算，如“原材料——仓库”“原材料——主料”和“原材料——大米”等。餐饮企业可根据核算需要设置原材料二级或三级明细账。“原材料”账户贷方发生额反映本期企业各生产单位领用原材料的实际成本；“原材料”账户借方发生额反映本期企业购进原材料的实际成本；“原材料”账户期末余额反映企业期末库存原材料的实际成本，本期期末余额为下期期初余额。

例：某餐饮企业2017年1月1日结存原材料5 600元；1月3日购进30 000元原材料，1月4日厨房领用14 600元原材料，1月6日又购进32 000元原材料，1月7日厨房领用24 200元原材料。财会部根据相关凭证登记入“原材料”账户，如表10－1所示。

表 10－1　　原材料　　单位：元

2017 年		凭证号		摘　要	借方	贷方	借或贷	余额
月	日	字	号					
1	1			期初余额			借	5 600
	3			购进	30 000		借	35 600
	4			领用		14 600	借	21 000
	6			购进	32 000		借	53 000
	7			领用		24 200	借	28 800
	…			…	…	…	…	…
	31			本月合计	62 000	38 800	借	28 800

本期耗用原材料实际成本＝本期“原材料”账户的贷方发生额＝38 800（元）

实行永续盘存法的餐饮企业一般均设有专门的原材料仓库保管人员，并采用领料制方法管理原材料收、发、存情况。厨房等生产单位领用原材料时，根据当日食品生产用料计划，填制领料单。领料单一般是一式三联，由用料单位填制。其中一联交仓库保管员据以发料，并登记原材料仓库明细账；一联由领料部门留存，据以登记耗用记录；一联交财会部作为登记“原材料”账户的凭证。财会部按领料单上的领料数额，借记“主营业务成本”账户，贷记“原材料”账户。

月末时，厨房等生产单位可能有部分已领未用原材料和未售制成品，因此必须将其从领料数中剔除，才能计算出本月实际耗用原材料数额。一般来讲，按假退料手续作账务处理，从“主营业务成本”账户中冲减月末盘存数，用冲减后的数额表示生产耗用原材料总成本。其具体手续是：月末由厨房根据实际盘存数填制红、蓝字领料单各一份，用红字领料单作为当月月末退料的凭证，冲减当月成本。蓝字领料单作为下月初领料凭证，计入下月成本。

例：仍依上例，假设月末盘点，厨房结余材料 3 260 元，按盘点表填制如下红字凭证冲账，作假退料：

借：主营业务成本　　3 260

　贷：原材料　　3 260

将上述红字凭证登记入原材料账簿，如表 10－2 所示。

表 10－2　　原材料　　单位：元

2017 年		凭证号		摘　要	借方	贷方	借或贷	余额
月	日	字	号					
1	1			期初余额			借	5 600
	3			购进	30 000		借	35 600
	4			领用		14 600	借	21 000

表 10 - 2（续）

2017 年		凭证号		摘　　要	借方	贷方	借或贷	余额
月	日	字	号					
	6			购进	32 000		借	53 000
	7			领用		24 200	借	28 800
	…			…	…	…	…	…
	31			假退料		3 260	借	32 060
	31			本月合计	62 000	35 540	借	32 060

本期耗用原材料实际成本 = 本期“原材料”账户的贷方发生额 = 35 540（元）

下月初，再用蓝字凭证将上月末冲销原材料的金额重新入账，如表 10 - 3 所示。

借：主营业务成本　　3 260

　贷：原材料　　3 260

表 10 - 3　　**原材料**　　单位：元

2017 年		凭证号		摘　　要	借方	贷方	借或贷	余额
月	日	字	号					
2	1			期初余额			借	32 060
	1			冲销上月假退料		3 260	借	28 800

如上所示，每月末根据公式计算出本期食品成本后，再依据原材料各明细账户的详细数据编制月食品成本报表，如表 10 - 4 所示。

表 10 - 4　　**食品成本核算月报表**

填制单位：　　年　月　日

	品名规格	摘 要	耗用量	金 额	单位成本	备注
食品成本消耗						
合　　计						

2. 日食品成本核算

根据餐饮企业的实际情况，有时需要进行日食品成本核算。其计算公式如下：

本日耗用原材料总成本 = 昨日厨房等生产单位结存原材料成本 + 本日领用原材料成本 − 本日厨房等生产单位结存原材料成本

例：某餐饮企业 2017 年 3 月 3 日厨房结存原材料 40 060 元；3 月 3 日领用 30 000 元原材料，当日晚厨房进行盘点还有剩余材料 560 元尚未使用，则当日成本为：

本日耗用原材料实际成本 = 昨日厨房等生产单位结存原材料成本 + 本日领用原材料成本 − 本日厨房等生产单位结存原材料成本 = 40 060 + 30 000 − 560 = 69 500（元）

对于厨房等生产单位每日结存的原材料，在进行日食品成本核算时不需办理假退料手续，而是采用上述公式进行计算。

根据公式计算出本日食品成本后，再依据原材料各明细账户的详细数据编制日食品成本报表，如表 10 − 5 所示。

表 10 − 5　**食品成本核算日报表**

填制单位：　　　　　　　　　　　　　　　　　　　　年　月　日

	品名规格	摘要	昨日存货		本日供货		本日存货		本日耗用原材料总成本		单位成本
			数量	金额	数量	金额	数量	金额	数量	金额	
食品成本消耗											
合　计											

采用永续盘存法的餐饮企业必须分品名、规格设置原材料明细账，逐笔或逐日地登记收入发出的原材料，并随时记录结存数。通过会计账簿资料，就可以完整地反映原材料的收入、发出和结存情况，为餐饮成本核算提供准确的数据。

永续盘存法适用于可储存的原材料的成本核算。它的优点是有利于加强对原材料的管理。另外在各种原材料明细记录中，可以随时反映每一种原材料的收入、发出和结存的情况；通过账簿记录中的账面结存数，结合不定期的仓库实地盘点，将仓库的实际盘点数与账存数相核对，可以查明仓库溢余或短缺的原因；通过账簿记录还可以随时反映出原材料是否过多或不足，以便及时合理地组织货源，避免不合理的库存，加速资金周转。

永续盘存法的缺点是原材料明细记录的工作量较大，原材料品种、规格繁多的企业尤其如此。

（二）实地盘存法

实地盘存法也称定期盘存制，是指按照期末实际盘存原材料的数量、金额，倒挤本期已销餐饮产品所消耗原材料成本的一种方法。采用这种方法，平时对有关原材料账户只记借方，不记贷方，每期期末，通过实地盘点确定原材料数量，据以计算期末原材料成本，然后计算出本期耗用的原材料成本，再计入有关“原材料”账户的贷方。实地盘存法只适用于小型的餐饮企业或鲜活商品的成本核算。其计算公式如下：

本期耗用原材料实际成本 = 期初原材料的结存金额 + 本期原材料的购进金额 − 期末原材料的盘存金额

“期初原材料的结存金额”和“本期原材料的购进金额”可从会计部门所设置的“原材料”账户及其所属明细账获得。“期末原材料的盘存金额”可通过盘点仓库库存原材料和厨房已领未用的原材料数量而得。

例：某餐饮企业2017年3月1日结存原材料6 600元；3月3日购进20 000元原材料，3月4日厨房领用原材料，3月6日又购进11 000元原材料，3月7日厨房又领用原材料。财会部平时依据相关凭证登记原材料账户只登记收入（借方），不登记支出（贷方），如表10－6所示。

表10－6 原材料 单位：元

2017年		凭证号		摘要	借方	贷方	借或贷	余额
月	日	字	号					
3	1			期初余额			借	6 600
	3			购进	20 000			
	6			购进	11 000			

期末根据仓库和厨房的盘存单计算本期耗用的原材料成本。

表10－7 盘存单

企业名称： 存放地点： 编号：

材料类别： 盘点时间：

序号	名称	规格	计量单位	盘点数量（件）	单价（元）	金额（元）	备注
1	猪肉		千克	50	18.00	900	厨房
2	鸡蛋		千克	20	5.20	104	厨房
3	面粉		千克	300	3.00	900	仓库
合计			千克	370		1 904	

盘点人签章： 负责人签章：

本期耗用原材料实际成本 = 期初原材料的结存金额 + 本期原材料的购进金额 - 期末原材料的盘存金额 = 6 600 + 31 000 - 1 904 = 35 696（元）

根据以上计算得出的本期所耗原材料实际成本，财会部编制相应的会计凭证，登记“原材料”账户，如表 10 - 8 所示。

借：主营业务成本　　35 696

　贷：原材料　　35 696

表 10 - 8　　**原材料**　　单位：元

2017 年		凭证号		摘　要	借方	贷方	借或贷	余额
月	日	字	号					
5	1			期初余额			借	6 600
	3			购进	20 000			
	6			购进	11 000			
	31			本月合计	31 000	35 696	借	1 904

采用实地盘点法，根据公式计算出食品成本后，编制食品成本报表，如表 10 - 9 所示。

表 10 - 9　　**食品成本核算报表**

填制单位：　　年　月　日

	品名规格	摘要	期初存货		本期供货		期末存货		本期耗用原材料总成本		单位成本
			数量	金额	数量	金额	数量	金额	数量	金额	
食品成本消耗											
合　计											

实地盘存法的主要优点是简化了原材料的日常核算工作。其主要缺点，一是增加了期末工作量；二是不能随时反映原材料收入、发出和结存的动态情况，不便于管理人员掌握有关情况；三是易掩盖原材料管理中存在的自然的和人为的损失，这是由于“以存计销”和“以存计耗”倒挤成本，从而使非正常耗用的原材料损失、差错，甚

至偷盗等原因所引起的短缺，全部挤入耗用的原材料成本当中，掩盖了仓库管理上存在的问题，削弱了对原材料的控制；四是采用这种方法只能等到盘点时才能结转已耗用的原材料成本，而不能随时结转成本。因此，实地盘存法的实用性较差。

餐饮企业可根据原材料类别和管理要求，对一些原材料实行实地盘存法，而对另一些原材料实行永续盘存法，但是不论采用何种盘存方法，前后各期必须一致。

第三节　餐饮管理的成本控制

一、餐饮管理成本控制的概念

餐饮管理的成本控制是指餐饮成本管理者对成本的发生和形成过程以及影响成本的各种因素和条件施加主动的影响，以实现最优成本和保证合理的成本补偿的一种行为。它在空间上渗透到餐饮企业的方方面面，在时间上贯穿了餐饮企业生产经营的全过程。

二、餐饮管理成本控制的类型

餐饮成本的构成特点决定了餐饮管理的成本控制具有一定的难度。餐饮成本控制是一项复杂的工作，其成本控制方法的类型多种多样。

（一）根据成本控制的主要手段进行划分

根据成本控制的主要手段进行划分，可以分为绝对成本控制和相对成本控制。

绝对成本控制采取的主要手段是节约开支，杜绝浪费，通过节流的途径进行成本控制。而相对成本控制采取的主要手段是节流与开源双管齐下，既要节约开支，降低成本，又要扩大销售，增加利润。餐饮企业的成本控制应以相对成本控制为主，不能一味地为控制成本的绝对额而影响企业正常经营业务的开展，更不能以控制成本为借口，影响对餐饮企业具有重大意义和长远意义的新产品开发和人力资源的投资及企业的制度建设等。

（二）按照成本形成的过程进行划分

餐饮管理成本控制按照成本形成的过程可分为事前成本控制、事中成本控制和事后成本控制。

事前成本控制是指在成本形成之前，对影响成本的各有关因素所进行的事前规划、审核与监督；同时建立健全各项成本管理制度，达到防患于未然的目的。

事中成本控制是指在成本形成过程中，根据事先制定的成本预算，对餐饮企业日常发生的各项生产经营活动按照一定的原则，采用专门的方法进行严格的管理和监督，把各项成本控制在一个容许的范围之内。如果成本发生偏差，还应及时分析差异产生的原因，并采取及时而有效的措施来加以纠正。

事后成本控制是指在餐饮企业成本发生后，根据成本核算所提供的成本数据和其他有关资料，对实际成本脱离预算的原因进行深入分析，查明形成成本差异的主客观原因，确定责任归属，据以考核责任单位业绩，并为下一个成本循环提出积极有效的措施，消除不利差异，发展有利差异，修正原定的成本控制标准，以促使成本不断降低。

（三）按照成本费用的构成进行划分

餐饮管理成本控制按照成本费用的构成可分为生产成本控制和非生产成本控制。

生产成本控制是指控制生产过程中为制造产品而发生的成本，主要包括直接材料成本控制、直接人工成本控制、制造费用成本控制。

非生产成本控制是指控制生产成本以外的非生产成本，主要包括销售费用的控制、管理费用的控制、财务费用的控制。销售费用是餐饮企业在销售产品、提供服务的过程中发生的各种费用。管理费用是餐饮企业为组织和管理企业的生产经营活动所发生的管理费用。财务费用是指餐饮企业为筹集生产经营所需资金等而发生的筹资费用，包括利息支出（减利息收入）、汇兑损益以及相关的手续费、企业发生的现金折扣或收到的现金折扣等。

三、餐饮管理成本控制的重要性

（一）餐饮管理成本控制是企业提高餐饮盈利水平的根本途径

众所周知，盈利是企业经营管理的目标之一，也是社会经济发展的动力。企业获利与否取决于餐饮营业收入和餐饮成本这两大要素。成本降低，盈利就随之增加，反之亦然。所以，增收节支是提高餐饮经济效益的基本途径。

（二）餐饮管理成本控制是增强企业竞争实力的主要手段

在竞争激烈的市场经济中如何抵抗内外压力，求得生存？其主要的手段就是努力降低成本，使自己的餐饮经营成本低于社会平均成本，从而为餐饮价格在市场竞争中占据优势奠定良好的基础。

（三）餐饮管理成本控制是提升企业经营管理水平的有效保障

餐饮成本的高低在一定程度上反映了餐饮管理水平的高低。它是一项综合的经济指标，企业各有关部门履行职责，认真贯彻增收节支原则，处处精打细算。揭示餐饮经营管理中的成绩与存在的问题，推动餐饮管理水平不断提高。可以说餐饮成本控制不仅是餐饮经营管理的核心内容，也是一门高超的管理技术，需要管理人员在掌握传统技术的基础上，不断打破常规，进行逆向思维和创造性活动。

四、餐饮管理成本控制的原则

虽然各个餐饮企业的成本控制系统不一样，但是有效的控制系统仍有一些共同特征，它们是任何餐饮企业实施成本控制都应遵循的原则，也是有效控制的必要条件。餐饮管理的成本控制原则可以概括为以下四点：

（一）经济原则

经济原则，是指因推行成本控制而发生的成本不应超过因缺少控制而丧失的收益。换句话说，实施成本控制需要花费一定的人力或物力，付出一定的代价。但这种代价不应超过建立这项控制系统所能节约的成本。这里所说的节约成本，不单纯指的是成本的绝对数，而更注重相对的节约，以较少的耗费获得更多的成果。因此，成本控制指标的确定、成本控制方法的选择、成本控制组织体系的建立等，都要以提高经济效益为出发点。

（二）全员参加原则

餐饮企业的任何活动，都会发生成本，都应在成本控制的范围之内。任何成本都是人的某种作业的结果，只能由参与者或者有权干预这些活动的人来控制，不能指望另外的人来控制成本。任何成本控制方法，其实质都是设法影响执行作业或有权干预作业的人，使他们能做到自我控制。所以，餐饮企业必须依靠每个部门、每个职工在每项工作、每个环节中进行成本控制，充分发挥他们的积极性、主动性和创造性，才能取得良好的效果。

（三）责、权、利相结合原则

实施成本控制应遵循责、权、利相结合的原则。成本控制必须首先明确经济责任，并赋予责任者相应的实施成本控制的权力，否则无法履行其责任。同时，只有责任和权力，没有一定的经济利益，责任者就会失去进行成本控制的动力，所以应将控制效果的好坏与经济利益的大小挂钩，才能调动责任人的主动性和积极性。

（四）因地制宜原则

因地制宜原则，是指成本控制系统必须个别设计，适合特定部门、岗位和成本项目的实际情况，不可照搬别人的做法。

适合特定企业的特点，是指大型餐饮企业和小型餐饮企业，老餐饮企业和新餐饮企业，发展快和相对稳定的餐饮企业，同一餐饮企业的不同发展阶段，其管理重点、组织结构、管理风格不同，成本控制方法就会有所区别。

五、餐饮管理成本控制的基本方法——标准成本控制

标准成本控制是成本控制中应用最为广泛和有效的一种成本控制方法，也称为标准成本制度或标准成本法。它是以制定的标准成本为基础，将实际发生的成本与标准成本进行对比，揭示成本差异形成的原因和责任，采取相应措施，实现对成本的有效控制。其中，标准成本的制定与成本的事前控制相联系，成本差异分析、确定责任归属、采取措施改进工作则与成本的事中和事后控制相联系。标准成本控制制度实质上是围绕标准成本的相关指标而设计，它将成本的前期控制、反馈控制和核算功能有机结合，具有事前估算成本、事中及事后计算与分析成本并揭露其矛盾的功能。

（一）标准成本的含义

标准成本，是指通过精确的调查、分析与技术测定而制定的，在有效的经营条件

下应该实现的，用来评价实际成本、衡量工作效率的成本。标准成本基本上排除了不应该发生的浪费，因此被认为是一种“应该成本”。它是根据产品的耗费标准和耗费的标准价格预先计算的产品成本。

（二）标准成本的制定

制定标准成本，通常首先应确定直接材料和直接人工的标准成本；其次确定制造费用的标准成本；最后确定单位产品的标准成本。在制定时，无论是哪一个成本项目，都需要分别确定其用量标准和价格标准，两者相乘后得出成本标准。

在前文中已经谈到，从理论上看，餐饮产品的标准成本和工业制成品一样也应由直接材料成本、直接人工成本和制造费用构成，但由于餐饮产品种类多，各种产品加工程度要求不一，价格悬殊，且产品制作人工费和销售、服务人工费融为一体，所以为了突出重点、简化工作，往往将人工成本和制造费用视为期间费用处理，按部门按期间归集。因而餐饮产品的标准成本就只包括直接材料成本，具体分为主料标准成本、辅料标准成本和调料标准成本三部分。

制定餐饮产品的标准成本需要分别确定其耗用的原材料的用量标准和价格标准，两者相乘后得出成本标准。餐饮产品的用量标准是指单位产品材料消耗量，主要由厨师、销售人员、生产管理人员采用统计方法或其他技术分析方法确定。它是现有技术条件下生产单位产品所需的材料数量，其中既包括必不可少的材料消耗，也包括各种难以避免的损失。价格标准主要指原材料单价，包括买价、运杂费和正常损耗等成本，是取得原材料的完全成本。价格标准由财会部和采购部共同研究确定。标准成本的计算公式如下：

标准成本 = 用量标准 × 价格标准 = 单位产品材料消耗量 × 原材料单价

餐饮产品的标准成本具体分为主料标准成本、辅料标准成本和调料标准成本三部分，以下将分别介绍它们的制定方法：

（1）主料标准成本等于单位产品主料的净料消耗量乘以净料单位成本。有些餐饮产品存在两种以上主料，其主料标准成本则是单位产品主料的净料消耗量分别乘以净料单位成本之和。其计算公式如下：

单种主料：主料标准成本 = 单位产品主料的净料消耗量 × 净料单位成本

多种主料：主料标准成本 = Σ（单位产品主料的净料消耗量 × 净料单位成本）

由于餐饮中使用的原材料大多数属于鲜活商品，它们在烹饪前要经过清洗，即将毛料初步加工成适合烹调制作的净料，如将猪肉除去皮、骨后制成净肉，再加工成片、丝、丁等。因此公式中的材料消耗量应当是主料的净料消耗量。公式中的价格标准也应当是净料单位成本。

由于食品原材料大部分是农副产品，其获取性、季节性、时间性很强，若原材料价格变化很大，每次进货的价格不同，净料的单位成本也会发生相应的变化。为了避免因价格的变动而重新逐项计算净料的单位成本价格，就可以利用成本系数进行成本调整。成本系数是指原材料经加工制作形成净料后的单位成本和毛料单位成本之间的比值。其计算公式如下：

成本系数 = 净料单位成本 ÷ 毛料单位成本

净料单位成本 = 原材料总价 ÷ 净料重量

毛料单位成本 = 原材料总价 ÷ 毛料重量

原材料总价包括购买价款、相关税费、运输费、装卸费、保险费以及其他可归属于原材料成本的费用。

例：土豆 90 千克，价款共 27 元，经过洗净削皮，得净土豆 84 千克，计算净土豆的成本系数？

净料单位成本 = 原材料总价 ÷ 净料重量 = 27 ÷ 84 = 0.321 4（元）

毛料单位成本 = 原材料总价 ÷ 毛料重量 = 27 ÷ 90 = 0.3（元）

成本系数 = 净料单位成本 ÷ 毛料单位成本 = 0.321 4 ÷ 0.3 = 1.071 3

若原材料的价格变化很大，在计算标准成本时可通过成本系数进行成本调整。其计算公式如下：

净料单位成本 = 毛料成本 × 成本系数

例：生产糖醋鱼，已测定出所用鲤鱼的成本系数为 1.213 8。当日采购鲤鱼的成本为 11.25 元/千克。盘菜用量为 0.63 千克，请核定糖醋鱼的主料标准成本。

标准成本 = 0.63 × 11.25 × 1.213 8 = 8.6（元）

成本系数法是一种计算简便且较为准确的方法，由于进货渠道、原材料质地、采购价格及加工水平的高低不同，每一种原材料的成本系数必须经过反复测算才能确定，即使是已测定的成本系数也要经常进行抽查复测。只有这些基础工作规范化、系统化后，标准成本的建立才具有科学性和实用价值。

（2）辅料标准成本的确立与主料相同。

（3）调料标准成本往往以总金额表示，因为每个产品消耗的调料品种多（油、盐、酱、醋等）、数量少、成本低且价格稳定，一般可采用统计方法或技术分析法测定。

单位产品标准成本核定后，逐一设计制作单位产品标准成本卡，如表 10 - 10 所示。

表 10 - 10　　**单位产品标准成本卡**

年　月　日

菜名：青椒炒鸡丁　　份数：1

每份成本：9.69 元　　预计售价：25 元　　编号：321

用料名称		净料标准用量	净料标准价格	成本标准	净料率	成本系数
主料	鸡丁	200 克	20 元/500 克	8 元	75%	1.333 3
	青椒	100 克	2 元/500 克	0.4 元	95%	1.900 2
辅料	姜	150 克	3 元/500 克	0.9 元		

表 10－10（续）

用料名称		净料标准用量	净料标准价格	成本标准	净料率	成本系数
调料	料酒	10 克	2 元/500 克	0.04 元		
	精盐	6 克	0.85 元/500 克	0.01 元		
	味精	1.25 克	15 元/500 克	0.04 元		
	清油	50 克	3 元/500 克	0.3 元		
单位产品标准成本			9.69 元			
制作程序及要求					菜品照片	
菜肴特点						

（三）计算成本差异

标准成本是一种目标成本，由于种种原因，产品的实际成本会与目标不符。实际成本与标准成本之间的差额，称为成本差异。成本差异是反映实际成本脱离预定目标程度的信息。

成本差异的计算可根据标准成本卡确定实际销量的标准成本总额，并与实际成本总额相比较。因为餐饮企业生产经营的特点是完全按订单（即点菜单）生产，接到订单后即时生产、即时销售、即时服务，产品产量和销量一致。所以确定一定期间内实际销量的标准成本总额并将其与实际成本总额相比较即可算出成本差异。其计算公式如下：

成本差异＝实际成本－标准成本＝实际用量×实际价格－标准用量×标准价格

一定时期内餐饮企业生产产品的实际成本，采用第二节中成本核算的办法可以算出；而已售餐饮产品标准成本的计算方法应先根据销售记录汇总计算出每种产品的销售量（亦即产量），然后分别乘以单位产品标准成本求出成本总额。其计算公式如下：

已售产品标准成本总额＝∑（各种产品标准成本×各种产品销售量）

将实际成本总额减去标准成本总额后的差即为当期成本控制的结果，成本差异为正数时是超支，表示实际成本大于标准成本；成本差异为负数时是节约，表示实际成本小于标准成本。

（四）成本的差异分析

如前所述，成本差异是反映实际成本脱离预定目标程度的信息。为了消除这种偏差，要对产生的成本差异进行分析，找出原因和对策，以便采取措施加以纠正。

原材料的实际成本高低取决于实际用量和实际价格，标准成本的高低取决于标准用量和标准价格，所以其成本差异可以归结为价格脱离标准造成的价格差异与用量脱离标准造成的用量差异两类。前者按实际用量计算，后者按标准价格计算。其计算公式如下：

成本差异 = 实际成本 − 标准成本

　　= 实际用量 × 实际价格 − 标准用量 × 标准价格

　　= 实际用量 × 实际价格 − 实际用量 × 标准价格 + 实际用量 × 标准价格 − 标准用量 × 标准价格

　　= 实际用量 ×（实际价格 − 标准价格）+（实际用量 − 标准用量）× 标准价格

　　= 价格差异 + 数量差异

有关数据之间的关系如图 10 − 1 所示。

①实际用量 × 实际价格
②实际用量 × 标准价格
③标准用量 × 标准价格

价格差异 ① − ②（①与②之差）
用量差异 ② − ③（②与③之差）
成本差异 ① − ③（价格差异与用量差异之和）

图 10 − 1　成本差异关系图

例：某餐饮企业生产清蒸螃蟹菜，按照标准需投主料螃蟹 500 克，采购价为 25 元/500 克，生产 20 份共需 10 000 克，计 500 元。而实际是按 23 元/500 克采购的，实际投入了 12 000 克。其成本差异计算如下：

价格差异 = 实际用量 ×（实际价格 − 标准价格）

　　= 12 000 ×（23 − 25）÷ 500 = −48（元）

用量差异 =（实际用量 − 标准用量）× 标准价格

　　=（12 000 − 10 000）× 25 ÷ 500 = 100（元）

成本差异 = 实际成本 − 标准成本 = 价格差异 + 用量差异 = −48 + 100 = 52（元）

通过以上计算可以看出，清蒸螃蟹菜肴成本差异为 52 元，其中价格脱离标准造成的价格差异为 −48 元，是节约差异；用量脱离标准造成的用量差异是超支 100 元；两者相抵，净超支 52 元。

计算成本差异的目的是为了消除实际成本脱离标准成本的差异，所以为了减少差异的产生，就要对造成偏差的价格差异和用量差异进行进一步的分析，要找出关键原因，寻求对策，加以纠正。

材料价格差异是在采购过程中形成的，通常不应由耗用材料的生产部门负责，而应由采购部对其做出说明。采购部未能按标准价格进货的原因有许多，如供应厂家价格变动、未按经济采购批量进货、未能及时订货造成的紧急订货、采购时舍近求远使运费和途中损耗增加、不必要的快速运输方式、违反合同被罚款、承接紧急订货造成额外采购等，需要进行具体分析和调查，才能明确最终原因和责任归属。

材料用量差异是在材料耗用过程中形成的，反映生产部门的成本控制业绩。材料数量差异形成的具体原因有许多，如生产菜肴时操作疏忽造成废品和废料增加、厨师操作技术改进而节省材料、新员工上岗造成多用料、机器或工具不适用造成用料增加等。有时多用料并非生产部门的责任，如购入材料质量低劣、规格不符也会使用料超过标准；又如工艺变更、检验过严也会使数量差异加大。因此，要进行具体的调查研究才能明确责任归属。

综上所述，实施标准成本进行成本控制一般有以下几个步骤：①制定单位产品标准成本；②根据实际销量和成本标准计算产品的标准成本；③汇总计算实际成本；④计算标准成本与实际成本的差异；⑤分析成本差异的发生原因；⑥向成本负责人提供成本控制报告。

六、餐饮管理成本控制的其他方法

（一）制度控制法

制度控制法是指餐饮企业通过建立和健全餐饮成本控制制度，形成正常的成本管理机制，以有效地控制餐饮成本。作为餐饮管理本身来讲，为有效地控制成本费用，首先必须制定全面可行的制度，如各项开支消耗的审批制度、日常考勤考核制度、各项设施的维修保养制度、各种材料物资的采购、验收、保管、领发制度及程序、申报审批制度等。成本费用控制制度中还要包括奖惩制度，对成本控制效果显著的予以重奖，对成本费用控制不力造成超支的要予以惩罚，只有这样，才能真正调动员工节约成本、降低消耗的积极性。

（二）预算控制法

预算是餐饮企业未来一定时期计划的货币数量表现。预算控制是以预算为核心建立起来的一种明确责、权、利关系的机制，以提高经济效益为目的。这种控制方法以预算指标作为控制支出的依据，通过分析对比，找出差异，采取相应的改进措施，来保证预算的顺利实现。具体做法是把每个报告期实际发生的各项费用总额与预算指标相比，在接待业务不变的情况下，要求费用支出不能超过预算。当然，这里首先要求有科学的预算指标。一般编制滚动预算、弹性预算，使预算具有较大的灵活性，更加切合实际情况。

预算本身是一个决策过程、计划过程和执行过程的完整体系。为了更好地实现预算制度，必须按不同的经营项目来分别制定预算，并且将预算期间进行更细的划分，如划分为月度成本预算，这样才便于分部门、分项目、分时期地进行成本费用控制。

（三）定额成本控制法

定额成本控制的基本原理是：在实际费用发生时，将其划分为定额成本和各种差异两部分来汇集，并分析差异产生的原因，反馈到成本管理部门及时予以纠正，月终以产品定额成本为基础，加减汇集和分配的各种成本差异（包括定额变动差异、脱离定额差异、材料成本差异），就得到产品实际成本，用公式表示如下：

定额成本 ± 各种成本差异 = 实际成本

采用这种方法，由于在生产费用发生的同时及时揭示了实际费用与定额的差异，就将事后成本计算发展为事中成本控制。

（四）主要消耗指标控制法

餐饮管理各项经营项目的开展都会伴随着一系列费用的开支。在这一系列的成本费用开支中必然有一种或几种费用的发生和控制起着决定性的作用。

主要消耗指标控制法就是对成本费用的发生有着决定性影响的各种消耗指标实行重点控制，从而达到控制整个餐饮企业成本费用的目的。主要消耗指标的控制，就是抓住主要矛盾，对餐饮企业的主要消耗指标实施严格的控制。为了有效控制主要原材料消耗和主要费用支出，在编制餐饮管理成本费用计划时，应确定各类原材料的消耗定额和支出控制数，如食品原材料消耗定额、餐具支出控制数等。

上述几种控制方法，是互相配合，互为补充的。在实际工作中，要根据各餐饮企业的规模和特点、组织机构的设置以及管理工作的需要和条件，灵活掌握运用。只有这样才能探索出一套适合企业自身特点、有较强针对性的成本控制体系，以获得理想的成本控制效果，取得良好的经济效益。

七、构建餐饮管理成本控制系统

餐饮管理成本控制是一个复杂的系统工程，为了有效地控制成本，避免某些环节成本控制过分严格，某些环节成本流失严重，导致总成本并没有得到真正控制的局面，必须采用系统思维方法，对餐饮成本进行全面、系统的控制，以堵住每一个环节、每一个部门的成本漏点。为此，有必要设计一个完整的餐饮成本控制体系。

（一）餐饮管理成本控制系统的构成

1. 建立责任中心

责任中心是承担一定经济责任，并拥有一定权力和利益的企业内部（责任）单位。它是餐饮企业内部可在一定的范围内控制成本发生、收益实现和资金使用的组织单位。首先，企业应根据自身的管理体制和经营管理工作的需要，把所属的各部门、各单位或者各作业划分为若干既相互区别又相互联系的责任中心。责任中心可以在原有的组织机构基础上进行划分，也可以把原有的几个部门或几项作业合并为一个责任中心。它可大可小，可以是个人，可以是一个销售部门，也可以是分公司、事业部，甚至是整个企业。

餐饮企业为了实行有效的成本控制，应按照统一领导、分级管理的原则，明确各责任单位应承担的经济责任、应有的权力、应享的利益，促使各责任中心尽其责任协同配合实现企业预算总目标。责任中心通常分为成本责任中心、利润责任中心和投资责任中心。

2. 确定各责任中心目标，编制责任预算

责任中心目标是有关责任中心在其权责范围内，预定应当完成的生产经营任务和财务指标。它是把企业全面预算所确定的总目标和任务进行分解，为每一责任中心确定相应的责任目标，为每一责任中心编制相应的责任预算，以便各责任中心了解其在实现企业总体目标的过程中所应完成的具体工作任务。

具体做法是，按照责任中心逐层进行指标的纵向和横向分解，如将目标划分为几个子目标，并分别指定下级责任中心负责完成。每个子目标可再划分为更小的目标，并指定更下一级的责任中心去完成，从而在企业内部形成一个逐级控制并层层负责的责任中心体系。

最后将各责任中心的指标定量化，编制出相应的责任预算。责任预算是指以责任中心为对象，对可控成本、收入、利润或投资所编制的预算。它是企业总预算的补充和具体化。责任预算由不同的指标构成，包括主要指标和其他指标两部分。主要指标是指各责任中心所涉及的考核指标，也是必须保证实现的指标。其他指标是为保证主要指标的完成而设定的，或是根据餐饮企业其他总目标分解的指标，通常有劳动生产率、设备完好率、出勤率和职工培训等指标。

例：某餐饮企业根据近期的销售情况和各菜品的标准成本卡编制的原材料采购预算，如表 10－11 所示。

表 10－11 **原材料采购预算**

2009 年 3 月 3 日

原材料名称	采购单价（元/500g）	需用量（500g）	加：期末材料存量（500g）	减：期初材料存量（500g）	本期采购量（500g）	材料采购成本（元）
甲材料	4	5 110	1 432	1 500	5 042	20 168
乙材料	5	1 640	612	480	1 772	8 860
丙材料	6	1 060	492	300	1 252	7 512
丁材料	10	1 000	–	–	1 000	10 000
合计						46 540

某种材料的需用量根据近期食品的销售份数和标准成本卡中的“净料标准用量”和“净料率”预测得出。净料率是指清洗、摘除、加工后原料的净重量占毛料总重量的百分比。其计算公式如下：

净料率＝净料重量/毛料重量×100%

例：厨房用红薯 20kg 做原料，红薯进价 1.2 元/千克。经加工处理后，得到红薯净料 19 千克。请确定红薯的净料率。

红薯的净料率＝19÷20×100%＝95%

3. 建立责任核算系统

责任核算系统是成本控制系统的信息系统。它是一套完整的日常记录、计算和考核有关责任预算执行情况的信息系统，主要为餐饮企业进行成本控制提供必要的参考数据和信息。具体做法有两种：

（1）“单轨制”。它指的是简化日常核算，不另设专门的责任会计账户，而是在传统财务会计的各总账中，为各责任中心分别设立明细账进行登记、核算。如将原先属于“管理费用”“销售费用”“财务费用”的费用项目按照“谁受益谁负担”的原则分别划分归属到采购、验收、储存中心、生产、服务、销售中心等责任中心的责任成本之中，划分时应保证成本负担的公平合理和相对准确。

（2）“双轨制”。它指的是与传统财务会计分开核算，由各责任中心指定专人把各责任中心日常发生的成本、收入以及各中心相互间的结算和转账业务记入单独设置的责任会计的账户内，然后根据管理需要，定期计算盈亏。

计算机网络技术和会计电算化的应用使得企业能够全面、动态、明细地核算各责任中心的收入和成本并适时提供责任会计报告，便于总体管理部门及时、正确地考评其经营业绩，以及各责任中心提出有针对性的改进措施，提高经营效率和效果。

4. 编制责任报告

责任报告又称“成本控制报告”“业绩报告”，是为反映各责任中心责任预算执行情况而编制的书面文件。其目的是将各责任中心的实际成本与预算相比较，以判断成本控制的业绩。

编制责任报告可以帮助责任中心对预算与实际之间的差异进行分析和比较，从而评价和考核各责任中心的工作成绩和经营效果，并分别揭示它们取得的成绩和存在的问题，以保证经济责任制的贯彻执行。

5. 责任业绩考核

责任业绩考核是成本控制系统发挥作用的重要因素。它是以责任报告为依据，分析、评价各责任中心责任预算的实际执行情况，找出差距，查明原因，借以考核各责任中心成本控制效果，实施奖惩，促使各责任中心积极纠正行为偏差，努力降低成本，完成成本控制预算目标的过程。

6. 实施奖惩

奖惩制度是维持成本控制系统长期有效运行的重要手段。餐饮企业应规定明确的奖惩办法，让各责任中心明确业绩与奖惩之间的关系，知道什么样的业绩将会得到什么样的奖惩。恰当的奖惩制度会引导所有员工主动约束自己的行为，控制成本费用，尽可能以较少的支出获取较大的收益。

（二）成本中心

1. 成本中心的含义

所谓成本中心，是指对成本或费用承担责任的责任中心。餐饮企业内部凡是有成本发生，需要对成本负责，并能实施成本控制的单位，都要建立成本中心。上至整个企业，下至各职能部门甚至个人。成本中心既是餐饮企业主要成本的产生点，又是降低企业经营成本的关键点。成本中心的任务是在餐饮企业确定的产品或服务的质量和数量目标下，千方百计实现成本降低。它包括采购、验收、储存以及准备与加工、服务、销售和其他管理部门等成本中心。

2. 成本中心的类型

成本中心有两种类型：标准成本中心和费用中心。

标准成本中心是指成本发生的数额可以通过技术手段相对可靠地估算出来的成本中心。其典型代表是厨房、操作间等，在菜肴的生产过程中，每个菜品标准成本卡上都明确规定出原材料的用量标准和价格标准。

费用中心是指费用是否发生以及发生数额的多少是由管理人员决策所决定的成本中心。如宣传特色菜肴的广告费用。

3. 成本中心的考核指标

成本中心控制和考核的内容是责任成本，责任成本是指特定责任中心全部的可控成本。考核指标主要采用相对指标和比较指标，包括成本（费用）变动额和成本（费用）变动率两个指标。其计算公式是：

成本（费用）变动额 = 实际责任成本（费用） - 预算责任成本（费用）

若实际数小于预算数，称为有利差异；若实际数大于预算数，称为不利差异。

成本（费用）变动率 = ［成本（费用）变动额 ÷ 预算责任成本（费用）］ ×100%

例：A、B、C 三个成本中心 6 月份责任成本预算分别为 4 500 元、6 400 元、7 400 元，而实际完成情况分别为 4 350 元、6 720 元和 7 340 元。计算成本变动额和变动率。

A 成本中心：成本变动额 =4 350 -4 500 = -150（元）

成本变动率 = -150 ÷4 500 ×100% = -3.33%

B 成本中心：成本变动额 =6 720 -6 400 =320（元）

成本变动率 =320 ÷6 400 ×100% =5%

C 成本中心：成本变动额 =7 340 -7 400 = -60（元）

成本变动率 = -60 ÷7 400 ×100% = -0.81%

如果预算产量与实际产量不一致，应注意按弹性预算的方法先行调整预算指标，然后再代入公式计算。

例：某餐饮企业点心房为成本中心，生产蛋糕，预算产量 6 000 个，单位成本 100 元，实际产量 7 000 个，单位成本 95 元。计算成本变动额和变动率。

成本变动额 =95 ×7 000 -100 ×7 000 = -35 000（元）

成本变动率 = -35 000 ÷ （100 ×7 000） ×100% = -5%

计算结果表明，该成本中心的成本降低额为 35 000 元，降低率为 5%。

成本指标具有很强的综合性，无论哪一项生产作业或管理作业出了问题，都会引起成本失控。

4. 成本中心的成本控制报告

成本中心的成本控制报告主要反映其责任成本的预算额、实际发生额及其差异额，并按成本或费用的项目分别列示。成本控制报告应以可控成本为重点，对于不可控成本可以不予列示。但为了便于了解成本中心的全貌，也可同时列示，作为成本控制报告的参考资料。如表 10 -12 所示。

表 10 -12　　成本控制报告表

成本中心名称：　　年　月　日　　单位：元

项　目	实际金额	预算金额	差异额
可控成本			
直接材料			
直接人工			
燃料和动力			

表 10－12（续）

项　　目	实际金额	预算金额	差异额
制造费用			
小　计			
下属责任中心转来责任成本			
……	……	……	……
小　计			
不可控成本			
设备折旧			
其他费用			
小　计			
总　计			

（三）利润中心

1. 利润中心的含义

一个责任中心，如果能同时控制生产和销售，既要对成本负责又要对收入负责，但没有责任或没有权力决定该中心资产投资的水平，而可以根据其利润的多少来评价该中心的业绩，那么，该中心称为利润中心。如企业的事业部、分店、分公司。

利润中心往往处于企业内部的较高层次，一般具有独立的收入来源或能视同一个有独立收入的部门，一般还具有独立的经营权。利润中心对成本的控制是联系着收入进行的，它强调对相对成本的节约。

2. 利润中心的类型

利润中心有两种类型：一种是自然的利润中心，它直接向企业外部出售产品，在市场上进行购销业务。例如，某餐饮公司采用事业部制，每个事业部均有销售、生产、采购的职能，有很大的独立性，这些事业部就是自然的利润中心。另一种是人为的利润中心，它是指只对内部责任中心提供产品或服务，而取得“内部销售收入”的利润中心。这种利润中心一般不直接对外销售产品。成为人为利润中心应具备两个条件：一是该中心可以向其他责任中心提供产品或服务；二是能为该中心的产品确定合理的内部转移价格，以实现公平交易、等价交换。

一般来说，利润中心要向顾客销售其大部分产品，并且可以自由地选择大多数材料、商品和服务等项目的来源。

3. 利润中心的考核指标

利润中心的考核指标为利润，通过比较一定期间实际实现的利润与责任预算所确定的利润，可以评价其责任中心的业绩。但由于成本计算方式不同，各利润中心的利润指标的表现形式也不相同。

（1）当利润中心不计算共同成本或不可控成本时，其考核指标是利润中心边际贡献总额。人为利润中心适合采用这种方式。

利润中心边际贡献总额 = 利润中心销售收入总额 − 利润中心可控成本总额（或变动成本总额）

（2）而当利润中心计算共同成本或不可控成本时，其考核指标包括利润中心边际贡献总额和利润中心可控利润总额等。自然利润中心适合采用这种方式。

利润中心边际贡献总额 = 该利润中心销售收入总额 − 该利润中心变动成本总额

利润中心可控利润总额 = 该利润中心边际贡献总额 − 该利润中心固定成本

企业利润总额 = 各利润中心可控利润总额之和 − 企业不可分摊的各种管理费用、财务费用等

例：某利润中心本期实现销售收入 90 万元，销售变动成本为 65 万元，该中心可控固定成本为 5 万元，不可控的且应由该中心负担的固定成本为 4 万元。

则该中心实际考核指标计算如下：

利润中心边际贡献总额 = 90 − 65 = 25（万元）

利润中心可控利润总额 = 25 − 5 − 4 = 16（万元）

4. 利润中心的责任报告

利润中心的责任报告是对各个利润中心执行责任预算情况的系统概括和总结。其主要形式有报表、数据分析和文字说明等。将责任预算、实际执行结果及其差异用报表予以列示是责任报告的基本形式。其基本内容和特点，可用表 10 − 13 来说明。

表 10 − 13　　　　责任报告表

利润中心名称：　　　　年　月　　　　单位：元

项　目	实际金额	预算金额	差异额
销售收入总额			
减：变动成本总额			
边际贡献			
减：可控固定成本			
减：不可控固定成本			
利润中心可控利润总额			

利润中心的利润差异较大时，应在责任报告中进行分析并写出说明。通过利润中心的责任报告，可以了解利润完成的主要原因，并据以对利润中心的工作业绩进行考评。

（四）投资中心

1. 投资中心的含义

投资中心是指既对成本、收入和利润负责，又对投资效果负责的责任中心。

它是最高层次的责任中心，具有最大的决策权，也承担最大的责任。一般而言，

大型餐饮集团所属的子公司、分公司、事业部往往都是投资中心。投资中心同时也是利润中心，它与利润中心的区别主要有两个：一是权力不同。利润中心没有投资决策权，而投资中心既有生产经营决策权也有投资决策权。二是考核办法不同。考核利润中心业绩时，不进行投入产出的比较；考核投资中心业绩时，必须将所获利润与所占用的资产进行比较。

在组织形式上，成本中心一般不是独立法人，利润中心可以是也可以不是独立法人，而投资中心一般是独立法人。

2. 投资中心的考核指标

投资中心的考核指标主要有投资报酬率和剩余收益。

（1）投资报酬率也称投资利润率，是指投资中心所获得的利润与投资额之间的比率，它是全面反映投资中心各项经营活动的质量指标，用于综合评价和考核投资中心的投资经营成果。用公式表示为：

投资报酬率（净资产利润率）=利润÷投资额×100%=利润÷净资产×100%

以上公式中，投资额是指投资中心的总资产扣除负债后的余额，即投资中心的净资产。所以该指标也可以称为净资产利润率。它主要说明投资中心运用公司产权供应的每一元资产对整体利润贡献的大小，或投资中心对所有者权益的贡献程度。

值得说明的是，由于利润是期间性指标，故上述投资额或总资产占用额应按平均投资额计算。

例：假定某一投资中心下年度的有关预算资料为利润 20 000 元，平均投资额 100 000元。计算该投资中心的投资报酬率。

投资报酬率=20 000÷100 000×100%=20%

投资报酬率能综合反映一个投资中心、一个企业甚至一个行业的各个方面的全部经营成果。通过这项指标可以在同一个企业不同的投资中心之间，或者在同行业不同企业之间进行比较，从而做出最优投资决策。其不足是可能会使投资中心只考虑本身利益而放弃对整个企业有利的投资机会，造成投资中心的近期目标与整个企业的长远目标相背离。

（2）剩余收益。剩余收益是一个绝对数指标，是指投资中心获得的利润扣减其最低投资收益后的余额。最低投资收益是投资中心的投资额（或资产占用额）按规定或预期的最低报酬率计算的收益。其计算公式如下：

剩余收益=利润－投资额×预期的最低投资报酬率

　　　　=投资额×（投资利润率－预期的最低投资报酬率）

以剩余收益作为投资中心经营业绩评价指标时，只要投资中心的某项投资的投资利润率大于预期的最低投资报酬率，那么该项投资便是可行的。该指标体现了投入与产出的关系，可以保持各投资中心获利目标与企业总的获利目标一致。剩余收益和投资报酬率起互补作用。剩余收益弥补了投资报酬率的不足。

例：某餐饮企业的预期最低投资报酬率为9%，其下属两个投资中心的剩余收益计算如表 10－14 所示。

表 10-14　　剩余收益计算表

单位：元

投资中心	利　润 ①	平均投资额 ②	最低投资报酬率 ③	剩余收益 ④=①-②×③
一分店	480 000	2 200 000	9%	480 000 - 2 200 000 × 9% = 282 000
二分店	650 000	5 600 000	9%	650 000 - 5 600 000 × 9% = 146 000

3. 投资中心的责任报告

投资中心责任报告主要反映责任预算实际执行情况，揭示责任预算与实际执行的差异。在揭示差异时，还必须对重大差异予以定量分析和定性分析。定量分析旨在确定差异的发生程度，定性分析旨在分析差异产生的原因，并根据这些原因提出改进建议。责任报告的格式多种多样，但必须包括以下内容：

（1）考核指标的实际资料。它回答“完成了多少”。

（2）考核指标的预算数。它回答“应该完成多少”。

（3）两者之间的差异和原因。它回答“完成得好不好，是谁的责任”。

综上所述，责任中心根据其控制区域和权责范围的大小，分为成本中心、利润中心和投资中心三种类型。它们都不是孤立存在的，每个责任中心承担各自的经营管理责任，同时为企业总体目标服务。最基层的成本中心应就其经营的可控成本向其上层成本中心负责；上层的成本中心应就其本身的可控成本和下层转来的责任成本一并向利润中心负责；利润中心应就其本身经营的收入、成本（含下层转来成本）和利润（或边际贡献）向投资中心负责；投资中心最终就其经营管理的投资利润率和剩余收益向总经理和董事会负责。所以，餐饮企业各种类型和层次的责任中心形成一个连锁责任网络，这就促使每个责任中心为降低企业总成本，保证企业总体目标的实现而协调运转。

本章小结

餐饮成本是指制作和销售餐饮产品所付出的各项费用的总和，它由食品原材料成本、饮料成本和属于成本范畴的经营费用诸方面的内容构成。餐饮成本可以从不同的角度进行分类。餐饮成本具有变动成本是餐饮产品成本构成的主体、人工成本比例大、成本泄漏点多、原材料对餐饮设备设施的依赖性强等特点。

餐饮产品的成本核算是控制食品和饮料成本、提高经济效益的必要手段，它能及时帮助管理人员掌握食品饮料的成本消耗额，核实仓库存货额，杜绝食品饮料成本的泄漏点。成本核算方法主要有永续盘存法和实地盘存法。

成本控制是餐饮管理的核心内容之一。要做好成本控制，绝不能单纯地根据实际偏离预算或标准的数额来分析原因，并消极地加以限制，更重要的是应对成本的形成过程实事求是地进行指导和监督，促使各个责任中心对企业的总体目标具有强烈的责任感，确立经营目标的一致性，并充分调动它们为实现全面预算所确定的各项成本控制目标工作的积极性、创造性。

复习思考题

一、名词解释

餐饮产品成本、餐饮成本控制、可控成本、固定成本、期间费用、成本系数、标准成本、成本差异、成本中心

二、问答题

1. 简述餐饮产品成本的分类。

2. 造成餐饮成本差异的原因有哪些？

3. 进行餐饮成本控制的原则有哪些？

4. 试述餐饮成本核算的方法及其优缺点。

5. 请谈谈餐饮成本控制系统的构成内容。

6. “变动成本是可控的，固定成本是不可控的。”你同意这种观点吗？说明理由。

三、计算题

1. 用做扣肉的五花肉 2 千克，每千克 12 元，煮熟损耗 30%，请计算熟肉的成本系数和净料率。

2. 某餐饮股份有限公司中餐厅 12 月份的成本预算资料如下：可控成本总额为 50 万元，其中固定成本为 12 万元；不可控成本（全部为固定成本）为 18 万元，预算食品销量为 1 万件。12 月份的实际成本资料如下：可控成本为 54 万元，其中固定成本为 14 万元；不可控成本（全部为固定成本）为 20 万元，实际销量为 1.1 万件。若该公司将中餐厅作为成本中心进行考核，请分析其成本控制业绩。

案例分析与思考：餐饮成本分析会

某餐饮店第一次餐饮成本分析会由总经理主持，与会者有分管财务的总经理助理，中餐部、西餐部、财务部等部门的负责人，验收处主管和餐厅经理等人。首先由财务成本核算组做示范报告，从上月的营业收入、营业成本、营业费用、部门利润 4 个方面做了对比研究，有数据，也有分析，一清二楚，令人信服。然后，中餐部、西餐部在财务部的具体指导下分别向出席会议者做了成本分析报告。

第一次成本分析会取得了成功，一些原来对成本控制不甚了解的管理人员也开始研究如何降低成本了。为了能在以后的成本分析会上向大家如实报告，一些新的制度纷纷出台。例如，财务成本核算组每天必须做好成本日报表，月末累计综合成本率与当月经营情况的成本率差额不得超过 ±2%，并以制度形式规定，核算组必须协助引导中餐部、西餐部加强各餐厅的成本转账、标准成本卡的制作、酒水的控制和考核等。另外，验收处和物资采购供应部门还制定了成本核算的其他一些制度和奖惩条例。这

些条例符合实际情况，行之有效。

随着经验的积累，成本分析会的质量越来越高，降低成本的对策越来越富有成效，取得的直接效果一次比一次好，每次分析会都有收获，餐饮店的经济效益也越来越好。

思考题：

1. 饭店为什么要定期举行餐饮成本分析会？
2. 你认为餐饮成本分析会应有哪些人员参加？
3. 进行餐饮成本分析的时候应掌握哪些信息和数据？

实训指导

实训项目：食品成本分析

实训要求：掌握食品成本分析方法。

实训组织：对×饭店×月份食品成本进行分析。

项目评价：小组互评；教师评价。

参考文献

［1］江丽容．餐饮服务与管理实务［M］．北京：高等教育出版社，2017.

［2］马开良．餐饮服务与经营管理（第三版）［M］．北京：北京旅游教育出版社有限责任公司，2017.

［3］欧荔，陈鹭洁，李荔娜．餐饮服务与管理［M］．上海：上海交通大学出版社，2017.

［4］汪京强．餐饮服务与管理（第二版）［M］．北京：科学出版社，2016.

［5］段仕洪．现代餐饮成本核算与控制［M］．上海：上海财经大学出版社，2016.

［7］叶伯平，王志民，许莲．餐饮服务与管理实务（第二版）［M］．南京：东南大学出版社，2014.

［8］李晓云，鄢赫．宴会策划与运行管理［M］．北京：旅游教育出版社，2014.

［9］叶伯平．宴会设计与管理（第四版）［M］．北京：清华大学出版社，2013.

［10］王秋明．主题宴会设计与管理实务［M］．北京：清华大学出版社，2013.

［11］马开良，叶伯平．酒店餐饮管理［M］．北京：清华大学出版社，2013.

［12］肖晓．餐饮管理实训教程［M］．北京：经济管理出版社，2012.

［13］孙娴娴．餐饮服务与管理综合实训［M］．北京：中国人民大学出版社，2011.

［14］崔学琴，刘菲菲．酒店物品艺术赏析［M］．上海：上海交通大学出版社，2011.

［15］李勇平．餐饮服务与管理（第四版）［M］．大连：东北财经大学出版社，2010.

［16］贺习耀．宴会设计理论与实务［M］．北京：旅游教育出版社，2010.

［17］马开良．现代厨政管理［M］．北京：高等教育出版社，2010.

［18］蔡万坤．饭店餐馆集团管理实务［M］．北京：高等教育出版社，2010.

［19］杜建华．酒店餐饮服务技能实训［M］．北京：清华大学出版社，2009.

［20］游一行．宴会的语言艺术［M］．北京：中国社会出版社，2008.

［21］丁应林．宴会设计与管理［M］．北京：中国纺织出版社，2008.

［22］王天佑．饭店餐饮管理［M］．北京：北京交通大学出版社，2007.

［23］李玉双．职业点菜师培训教程［M］．沈阳：辽宁科技出版社，2007.

［24］陆永庆．旅游交际礼仪［M］．大连：东北财经大学出版社，2006.

［25］何丽芳，牛小斐．酒店酒水服务与管理［M］．广州：广东经济出版

社，2005.

［26］汪纯孝. 饭店食品和饮料成本控制［M］. 北京：旅游教育出版社，2005.

［27 蒋炎. 国宴用瓷与国家形象——从 2014APEC 国宴用瓷设计所引发的思考［J］. 南京：南京艺术学院学报，2015（05）：197－200.

［28］董鸿安. 酒店婚宴预订之法律风险防范探讨——从 W 先生与宁波 FH 酒店的婚宴预订纠纷案说起［J］. 法制博览，2015（07）：66－67.

［29］乔兴. 现代西式宴会菜品质量流程管理探究——以法国“L'Imperial Palace”酒店为例［J］. 现代商业，2015（21）：18－19.

［30］赵霞. 宴会客史档案的有效建立与充分利用［J］. 兰台世界，2014（10）：72－73.

［31］鄢赫. 中西餐宴会座次原则及其文化内涵之比较［J］. 饭店现代化，2013（6）：60－62.

［32］韩茂. 广东地区高星级商务酒店餐饮宴会空间设计研究［D］. 广州：华南理工大学，2012.

［33］刘澜江. 我国主题宴会设计现状与创新研究［J］. 价值工程，2012，31（8）：69－71.